法律解读书系

侵犯人身罪与侵犯财产罪

张明楷 著

图书在版编目(CIP)数据

侵犯人身罪与侵犯财产罪/张明楷著. —北京:北京大学出版社,2021.1
(法律解读书系)
ISBN 978-7-301-31881-2

Ⅰ.①侵… Ⅱ.①张… Ⅲ.①侵犯人身权利罪—研究—中国 ②侵犯财产罪—研究—中国 Ⅳ.①D924.344 ②D924.354

中国版本图书馆 CIP 数据核字(2020)第 241908 号

书　　　名	侵犯人身罪与侵犯财产罪
	QINFAN RENSHENZUI YU QINFAN CAICHANZUI
著作责任者	张明楷　著
责 任 编 辑	邓丽华
标 准 书 号	ISBN 978-7-301-31881-2
出 版 发 行	北京大学出版社
地　　　址	北京市海淀区成府路 205 号　100871
网　　　址	http://www.pup.cn
电 子 信 箱	law@pup.pku.edu.cn
新 浪 微 博	@北京大学出版社　@北大出版社法律图书
电　　　话	邮购部 010-62752015　发行部 010-62750672
	编辑部 010-62752027
印 刷 者	大厂回族自治县彩虹印刷有限公司
经 销 者	新华书店
	965 毫米×1300 毫米　16 开本　23.75 印张　342 千字
	2021 年 1 月第 1 版　2021 年 10 月第 3 次印刷
定　　　价	66.00 元

未经许可,不得以任何方式复制或抄袭本书之部分或全部内容。
版权所有,侵权必究
举报电话:010-62752024　电子信箱:fd@pup.pku.edu.cn
图书如有印装质量问题,请与出版部联系,电话:010-62756370

前　言

本书不是专著,并非教材,亦非讲义稿,更非论文集,而是给研究生讲授《刑法各论》课程的笔记整理,不三不四、不伦不类。"问书那得烂如许,为有新冠病毒来"。

2020年1月21日前往东京,住在鲁迅先生一直记得的日暮里。本欲1月31日回国,但因新冠病毒疫情毅然决然退掉机票,忐忑不安地等待疫情好转。在日常生活之外大抵只做两件事:于互联网上下载论文,在上野公园来回溜达。上野公园里有樱花大道,虽非樱花烂熳的时节,也能见到早樱的绯红。山樱如美人,红颜易消歇。上野公园里还有不忍池,池上柳依依,柳边人掩扉。

不久后,北京疫情得到控制,东京疫情愈发严重。既有亲人劝说尽快回到北京,亦有朋友建议继续留在东京。天下多少左右事,人间难断去或留。2月21日上午在办理登机手续时,机场人员以出生地是湖北为由,将事先选定的前排座位改为最后排座位,所有解释都无济于事。此事可待成追忆,只是当时已惘然。从羽田机场登机到走出首都机场,六个小时,粒米未进、滴水未沾。千里万里,二月三月,行色苦愁人。

最是一年春好处,却要隔离在陋室。如何度过两周,教人每日思量。看到微信群的课堂笔记之后,突生将其整理出版之念。不管是"踏破铁鞋无觅处,得来全不费工夫",还是"山穷水尽疑无路,柳暗花明又一村",都可以用来形容当时的心情。

2017年至2020年,连续四年在春暖花开的季节给研究生讲授《刑法各论》。每周一次课,每次三小节(实际讲授 15 周、45 小节)。虽然讲授的时间越来越多,但讲授的罪名愈来愈少。2020 年春季学期,仅讲授了侵犯人身罪与侵犯财产罪。书有断管残渖,月有阴晴圆缺,此事古难全。每次授课大约讲出 4 万字,学生大抵记录 1 万字,本人大概整理成 2 万字。本书以 2020 年春季的讲授内容为基础,少量增加了 2019 年春季的讲授内容。两次的课堂笔记分别由孟红艳、傅忆文提供。桃花潭水三千尺,不及学生送笔记。与撰写论著不同,在研究生课堂上奇谈怪论脱口而出,幼稚观点随处可见,立等方家不吝雅教。法学源远流长,博大精深,未明心地,难免狐疑;刑法学千头万绪,剪不断,理还乱,不是离愁,也别是一般滋味在心头。

课程讲授参考了 Rudolf Rengier、西田典之、山口厚、井田良、松原芳博等教授的刑法各论教科书,以及十河太郎、土井和重、大塚雄祐、山中敬一、山田龙太、川口浩一、内田幸隆、长井圆、末道康之、辻胁叶子、生田胜义、江藤隆之、吉川真理、伊藤司、芥川正洋、佐竹宏章、近藤和哉、荒木泰贵、桥爪隆、铃木佐斗志、铃木彰雄、斋藤实、菊地一树、深町晋也、冨川雅满、冨高彩、萩野贵史、森永真纲、渡边卓也、渡边靖明、照沼亮介、福永俊辅、樋口亮介、薮中悠等学者的论文。犹有报恩方寸在,不知通塞竟何如。

张明楷
2020 年 7 月 1 日于蓝旗营

目 录

第一讲 ··· (1)
 【罪刑各论概述】 ·· (1)
  一、目的性 ·· (1)
  二、均衡性 ·· (6)
  三、协调性 ·· (9)
  四、体系性 ··· (14)
  五、实践性 ··· (15)
  课堂提问 ·· (21)

第二讲 ·· (22)
 【故意杀人罪】 ·· (22)
  一、行为对象 ··· (22)
  二、行为与结果归属 ··· (24)
  三、故意内容 ··· (25)
  四、罪数问题 ··· (28)
  五、参与自杀 ··· (29)
  课堂提问 ·· (37)
  课外作业 ·· (39)

第三讲 ·· (40)
 作业解答 ·· (40)
 【故意伤害罪】 ·· (42)
  一、胎儿伤害 ··· (42)
  二、保护法益与伤害行为 ·· (43)
  三、身体与财物的区别 ··· (50)
  四、伤害致死的认定 ··· (53)

课堂提问 …………………………………………… (61)
　　课外作业 …………………………………………… (62)

第四讲 ………………………………………………… (63)
　　作业解答 …………………………………………… (63)
　　【遗弃罪】 ………………………………………… (65)
　　　一、遗弃罪概述 …………………………………… (65)
　　　二、遗弃罪与杀人罪的关系 ……………………… (68)
　　【强奸罪】 ………………………………………… (78)
　　　一、强奸罪的保护法益 …………………………… (78)
　　　二、行为对象与行为主体 ………………………… (79)
　　　三、行为手段 ……………………………………… (83)
　　　四、奸淫行为 ……………………………………… (88)
　　　五、违背妇女意志 ………………………………… (91)
　　　六、强奸故意 ……………………………………… (92)
　　　七、奸淫幼女 ……………………………………… (92)
　　　八、轮奸的认定 …………………………………… (93)
　　课堂提问 …………………………………………… (93)
　　课外作业 …………………………………………… (94)

第五讲 ………………………………………………… (96)
　　作业解答 …………………………………………… (96)
　　【猥亵罪】 ………………………………………… (97)
　　　一、猥亵罪概述 …………………………………… (97)
　　　二、猥亵行为 ……………………………………… (99)
　　　三、内心倾向 ……………………………………… (104)
　　　四、第237条的侮辱行为 ………………………… (106)
　　　五、与强奸罪的关系 ……………………………… (109)

六、加重处罚的情节 …………………………………… (111)
　　课堂提问 ……………………………………………… (113)
　　课外作业 ……………………………………………… (114)

第六讲 …………………………………………………………… (116)
　　作业解答 ……………………………………………… (116)
　　【非法拘禁罪】 ……………………………………… (117)
　　　一、保护法益 ……………………………………… (117)
　　　二、拘禁行为 ……………………………………… (122)
　　　三、结果加重犯 …………………………………… (124)
　　　四、法律拟制 ……………………………………… (124)
　　【绑架罪】 …………………………………………… (127)
　　　一、保护法益 ……………………………………… (127)
　　　二、绑架行为 ……………………………………… (128)
　　　三、与非法拘禁罪的关系 ………………………… (129)
　　　四、绑架罪的处罚 ………………………………… (132)
　　【拐卖妇女、儿童罪】 ……………………………… (133)
　　　一、本罪的保护法益是什么 ……………………… (133)
　　　二、妇女的同意是否阻却犯罪的成立 …………… (134)
　　　三、如何处理出卖亲生子女的行为 ……………… (135)
　　　四、如何处理认识错误的情形 …………………… (137)
　　课堂提问 ……………………………………………… (138)
　　课外作业 ……………………………………………… (139)

第七讲 …………………………………………………………… (141)
　　作业解答 ……………………………………………… (141)
　　【诬告陷害罪】 ……………………………………… (143)
　　　一、保护法益 ……………………………………… (143)

二、客观行为 …………………………………………………(144)
　　三、危害结果 …………………………………………………(145)
　　四、主观要素 …………………………………………………(147)
【非法侵入住宅罪】 ………………………………………………(148)
　　一、法益 ………………………………………………………(148)
　　二、住宅 ………………………………………………………(149)
　　三、侵入 ………………………………………………………(150)
　　四、同意 ………………………………………………………(151)
【刑讯逼供罪】 ……………………………………………………(152)
　　一、为什么会有刑讯逼供 ……………………………………(152)
　　二、刑讯逼供与正当防卫是什么关系 ………………………(153)
　　三、第247条后段是注意规定还是法律拟制 ………………(154)
【暴力干涉婚姻自由罪】 …………………………………………(156)
【虐待罪与虐待被监护、看护人罪】 ……………………………(156)
【拐骗儿童罪】 ……………………………………………………(158)
【组织残疾人、儿童乞讨罪】 ……………………………………(158)
【侮辱、诽谤罪】 …………………………………………………(159)
　　一、保护法益 …………………………………………………(159)
　　二、客观行为 …………………………………………………(160)
　　三、与强制猥亵、侮辱罪的关系 ……………………………(161)
【侵犯公民个人信息罪】 …………………………………………(161)
　　课堂提问 ………………………………………………………(163)
　　课外作业 ………………………………………………………(164)

第八讲 ………………………………………………………………(166)
　　作业解答 ………………………………………………………(166)
　　【盗窃罪】 ……………………………………………………(167)

一、保护法益 ·················· (168)

二、财物 ···················· (174)

三、占有 ···················· (177)

课堂提问 ···················· (185)

课外作业 ···················· (187)

第九讲 ······················ (188)

作业解答 ···················· (188)

【盗窃罪】 ··················· (188)

四、转移占有 ·················· (188)

五、违反被害人意志 ··············· (193)

六、特殊盗窃 ·················· (202)

七、着手和既遂 ················· (207)

课堂提问 ···················· (209)

课外作业 ···················· (210)

第十讲 ······················ (211)

作业解答 ···················· (211)

【盗窃罪】 ··················· (212)

八、主观要素 ·················· (212)

九、罪数 ···················· (218)

十、处罚 ···················· (222)

【侵占罪】 ··················· (223)

一、侵占罪概述 ················· (223)

二、委托物侵占 ················· (224)

三、遗忘物埋藏物侵占 ·············· (230)

课堂提问 ···················· (231)

课外作业 ···················· (233)

第十一讲 ·· (234)
作业解答 ·· (234)
【抢劫罪】 ·· (236)
一、抢劫罪概述 ··· (236)
二、压制反抗后产生取得财物的意思而取走财物的情形 ······ (241)
三、抢劫致死的认定 ······································· (253)
四、抢劫罪的其他加重类型 ································· (256)
课堂提问 ·· (260)
课外作业 ·· (262)

第十二讲 ·· (263)
作业解答 ·· (263)
【事后抢劫罪】 ·· (265)
一、事后抢劫的实质根据 ··································· (266)
二、事后抢劫的构造 ······································· (269)
三、事后抢劫的前提犯罪 ··································· (271)
四、事后抢劫的主观要素 ··································· (272)
五、主观目的是否需要客观化 ······························· (273)
【抢夺罪】 ·· (275)
【诈骗罪】 ·· (277)
一、保护法益 ··· (277)
二、诈骗对象 ··· (280)
课堂提问 ·· (284)
课外作业 ·· (286)

第十三讲 ·· (287)
作业解答 ·· (287)

【诈骗罪】 .... (291)
　三、欺骗行为 .... (291)
　四、陷入错误 .... (293)
　五、处分行为与处分意识 .... (298)
　六、行为人取得财产与被害人遭受损失 .... (305)
　课堂提问 .... (308)
　课外作业 .... (311)

第十四讲 .... (313)
　作业解答 .... (313)
　【敲诈勒索罪】 .... (315)
　　一、基本性质 .... (316)
　　二、客观行为 .... (318)
　　三、处分行为 .... (320)
　　四、特殊类型 .... (322)
　　五、权利行使 .... (325)
　　六、罪数问题 .... (327)
　【职务侵占罪】 .... (330)
　课堂提问 .... (335)
　课外作业 .... (338)

第十五讲 .... (339)
　作业解答 .... (339)
　【挪用资金罪】 .... (343)
　　一、挪用罪的基本性质 .... (343)
　　二、客观行为与主观要素 .... (344)
　　三、关于变相挪用的问题 .... (347)
　　四、个人决定将公款给其他单位使用 .... (349)

五、共犯 …………………………………………………… (351)
六、罪数 …………………………………………………… (352)
【故意毁坏财物罪】………………………………………… (353)
一、德国的判例与学说 …………………………………… (353)
二、日本的判例与学说 …………………………………… (359)
三、我国刑法中的毁坏概念 ……………………………… (361)
【破坏生产经营罪】………………………………………… (364)
课堂提问 …………………………………………………… (365)

附录　期末试题 …………………………………………… (368)

第一讲

【罪刑各论概述】

今天讲罪刑各论概述,重点讲如何学好刑法各论。在我看来,学好刑法各论,需要把握以下几点。

一、目的性

所谓目的性,就是指要把握具体犯罪的保护法益是什么。因为刑法的目的是保护法益,刑法分则的每个罪刑规范都是为了保护某种法益,要以保护法益为指导解释所有犯罪的构成要件。如果对保护法益理解不同,对构成要件的解释就不同,对具体案件的结论也就不同。

例如,在司法实践中,有的行为人把自己的汽车质押给别人,让别人借30万元现金给自己,可是借了30万元之后没有能力偿还,就用备用钥匙把汽车偷开回来了。行为人的行为是否成立盗窃罪,完全取决于如何理解盗窃罪的保护法益。如果认为盗窃罪的保护法益只是所有权,行为人的行为就不构成犯罪;如果认为盗窃罪的保护法益包括一定的占有,如合法的占有、平稳的占有、可以与本权相对抗的占有等,行为人的行为就构成盗窃罪。

再如故意伤害罪。行为人将他人的头发剪掉是否构成故意伤害罪,就取决于如何理解故意伤害罪的保护法益。如果说,故意伤害罪的保护法益是身体的不可侵犯性或者身体的完整性,就完全可能将这种行为认定为故意伤害罪。反之,如果认为故意伤害罪的保护法益是身体机能的健全性等,则剪掉他人头发的行为不可能成立故意伤害罪。

诬告陷害罪更能说明这一点。《刑法》第243条第1款规定:"捏造事实诬告陷害他人,意图使他人受刑事追究,情节严重的,处三年以下有期徒刑、拘役或者管制;造成严重后果的,处三年以上十年以下有期徒刑。"比如,乞丐A在冬天没有住处,就请甲向公安机关诬告自己盗窃了甲的3000元现金,以便自己被判处5个月的拘役,到了春天再出来。甲就按A说的告发了A,后来A被判处5个月的拘役。如果认为,诬告陷害罪的保护法益是国家的司法活动,甲的行为就构成犯罪,而且,A还可能成立教唆犯。因为他们的行为的确侵犯了司法活动。反之,如果认为诬告陷害罪的保护法益是公民的人身权利,则甲的行为因为有A的承诺而不成立犯罪,A更不可能成立教唆犯,当然二人可能成立诈骗罪,诈骗的对象是看守所的食物等。这个案件怎么处理,从《刑法》第243条的字面含义是得不出结论的。只有把握了本罪的保护法益,才能认定甲的行为是否成立诬告陷害罪。

对犯罪的保护法益的理解不同,还会影响既遂与未遂的认定。比如受贿罪的保护法益,如果认为是不得利用职务谋取私利性,只有当国家工作人员取得了财物时,才能认定为受贿既遂。反之,如果认为是职务或者职务行为的不可收买性,则索取财物时就构成受贿罪的既遂。同样,如果认为是职务行为的公正性,同时认为本罪是抽象的危险犯,也会肯定索取财物时就是受贿既遂。不过,可以肯定的一点是,对受贿罪的保护法益的归纳必须体现出国家法益。

现在大家都承认法益对构成要件解释的指导机能,也就是说,承认法益概念的方法论机能、解释论机能,即保护法益不仅可以指导对构成要件的解释,而且可以使各种犯罪体系化。各国对具体犯罪的分类,就是以保护法益作为区分标准的。但是,德国以及我国争议最大的问题在于,法益概念有无立法批判机能,也就是说,是否承认实质的法益概念。很多人只承认方法论的法益概念或者形式的法益概念,而不承认立法批判的法益概念或者实质的法益概念。可是,既然承认保护法益概念具有指导构成要件解释的机能,就表明刑法分则规定的每一种犯罪都应当有其保护法益;如果所保护的不是法益,就没有办法解释其构成要件,这个构成要件就是不明确的,应当是无效的。这实际上就肯定了立法批判的法益概念。德国一部分学者实际上认为,只要刑法规定了的就是合理的,只要德国联邦宪法法院没有宣布违宪的刑法条文,就是具有正当化根据的条文。所以,即使某个法条所保护的不是法益,而是其他内容,也是合宪的。比如德国的血亲相奸罪,罗克辛教授就认为这个罪没有保护法益,应当废止。但德国联邦宪法法院认为,这个罪的设立并不违反宪法原则,因此,不承认立法批判的法益概念。一些学者也赞成联邦宪法法院的观点。但是,如果存在的就是合理的,根本不需要立法批判的法益概念。正是因为存在的不一定是合理的,所以需要有立法批判的法益概念。

有人说,法益概念是彻底模糊的,是空洞的。德国还有著名刑法学者说,不知道什么法益是重要的、什么法益是不重要的。我对此持怀疑态度。法益首先是指人的生活利益,难道什么是利益我们都不知道吗?其实,每个人都是自己利益的最佳判断者,每个理性的人都会进行利弊权衡,都会进行法益衡量。一般人都知道什么利益是重大的,什么利益没有那么重大,怎么著名刑法学者反而不知道呢?按照他们的逻辑,因为人们都不知道什么利益重大,刑法规定敲诈勒索罪就是一个天大的错误。可是,各个国家都规定敲诈勒索罪,之所以如此,就是因为行为人利用了被害人的利益权衡。比如,有的人根据自己的情况愿意通过交付财物来保护自己的名誉,有的人根据自己的情况则宁愿名誉受损也不交付财物。再比如一些人盗窃或者隐藏了他人的车牌后留下电话,只是要求他人给自己200元,而没有要求给300元的,为什么?因为行为人知道,如果索要300元,他人就会花200元补办车牌,而不是将300元给行为人。正是因为只索要200元,所以,他人通过利弊权衡,有可能同意给行为人200元。所以,建议你们不要跟着一些人说"我不知道什么是法益"。当你的确不知道什么是法益时,你就要通过阅读论著和观察社会来领会什么是法益。

当然,学习刑法各论最重要的是掌握方法论的法益概念,但不排除利用立法批判的法益概念就少数犯罪进行分析。从宪法的角度来说,要追问三个方面的问题:其一,是否允许规制?也就是说,根据宪法能否规制某种行为?因为保护法益不得与宪法相抵触。其二,以其他法进行规制行不行?其三,如果要用刑法规制的话,用什么样的刑罚去规制?这大体上是从立法批判的法益概念的角度来说的。

就方法论的法益概念而言,核心的问题是,我们如何确定某个罪的保护法益是什么?或者说从刑法学的角度讲,如何确定某个犯罪的法益是什么呢?

第一,要看法条的表述,尤其是其中对结果是怎么表述的。因为构成要件结果是保护法益的反面。从立法程序来说,立法机关是因为某种行为造成什么危害结果,才将这种行为规定为犯罪的,反过来就知道保护法益是什么。这一点不是很难。当然,有一些法条对结果没有具体表述,有一些法条所表述的结果很抽象,比如扰乱社会秩序、扰乱市场秩序等。在这样的场合,就需要根据其他的判断资料,使保护法益具体化。

第二,要看具体犯罪规定在刑法分则的哪一章、哪一节。因为刑法分则大体上是按保护法益将具体犯罪进行分类的,所以,每一章的犯罪就有一个同类保护法益。一般来说,对具体犯罪保护法益的确定不能超出同类法益。比如,前面提到的诬告陷害罪,由于规定在刑法分则第四章,所以不能认为本罪的保护法益是司法活动。即使你认为诬告陷害罪保护的是双重法益,也应当将人身权利作为主要保护法益。当然,也并非没有例外。也就是说,在少数情况下,也可能不完全按照同类保护法益确定具体犯罪的保护法益。例如,刑法分则第三章虽然规定的是破坏社会主义市场经济秩序罪,但刑法理论上在研究金融诈骗罪时,基本上都是将其作为侵犯财产罪来对待的。如果将经济秩序当作主要保护法益,就可能认为只要实施了金融诈骗行为就构成犯罪既遂的结论,这显然不妥当。再如,刑法分则第六章规定得很杂、很乱,其中既有侵害国家法益的犯罪,如第一节的妨害公务罪,第二节的妨害司法罪,第三节的妨害国(边)境管理罪;也有侵害个人法益的犯罪,如强迫卖淫罪、引诱未成年人聚众淫乱罪,我觉得作为对个人法益的犯罪去理解可能更合适；其他的大多是对社会法益的犯罪。

第三，一定要知道法益必须是一种利益，这个我前面就讲过了，并不是那么难，去想一想什么对你、对一般人是直接有利或有害的，间接有利或有害的。只能将一种利益解释为保护法益，不能将不是利益的现象解释为法益。

第四，一定要跟人联系起来，而且要跟活着的人联系起来，也就是说，法益必须是人的生活利益，即使是国家法益、社会法益，也必须是能够还原为个人法益的，或者说最终就是为了个人法益的，才能成为法益。不能承认死者具有利益。比如侮辱尸体罪，国外很多人讲，这个罪的保护法益是死者的名誉，但这个说法有问题。人都死了，还怎么保护他的名誉呢？保护他的名誉对他还有什么意义呢？难道他真的在九泉之下能够认识到这一点？所以，即使是侮辱尸体罪，也要将活着的人的利益作为保护法益。我认为，日本的松原芳博教授说的有道理：每个活着的人都有自己死了之后不会受到那种对待的期待，所以，侮辱尸体罪的保护法益就是活着的人的这种期待，侮辱尸体的行为就侵害了这种期待。这里讲的就是活着的人的利益了。

第五，对保护法益的确定一定要尽可能稍微具体化一点，不能过于抽象。法益不一定是物理的存在，但必须是一种经验性的存在，一定是我们可以认识、认定的；从我们的一般社会经验来看，就是有这个利益存在的。比如，将某个罪的法益只是表述为"社会秩序""经济秩序"或者"公共秩序"就过于抽象，需要相对具体化一点。

当然，从我的阅读范围来看，我国刑法理论对具体犯罪保护法益的理解与表述，确实还比较粗放。比如刑法分则第六章第二节，大家对每一个具体犯罪的保护法益或者保护客体表述的都是一样的，就是司法活动或者司法的客观公正，但这太抽象了。如果每个罪的保护法益完全相同，怎么说明一些犯罪的法定刑相差很大呢？其实，司法也好，司法活动也好，有许多具体的内容。比如，德国有学者讲，伪证罪的保护法益是司法证明过程的纯洁性，意思是司法证明过程不能掺杂使假的。再比如，日本学者说,脱逃罪、聚众越狱罪的保护法益是国家的拘禁活动的作用。我们也需要根据司法活动的环节与特点具体表述相关犯罪的保护法益。比如,在我国,对打击报复证人罪、扰乱法庭秩序罪等,都需要根据法条的表述以及司法活动的特点,使保护法益具体化。

以上就是我要讲的"目的性"的内容,就是强调正确理解和把握具体犯罪的保护法益,同时要以保护法益为指导解释构成要件。当然,我不是说不要考虑法条文字的含义。由于刑法实行罪刑法定原则,所以,对刑法分则条文的解释必须同时符合两个基本要求:一是符合法条的目的,二是没有超出法条文字可能具有的含义。这二者缺一不可。

二、均衡性

这里所说的均衡性,主要是指罪与刑之间的均衡性,当然也可以说包括部分罪与罪之间的均衡问题。

这几年刑法学界一直有一个提法,就是以刑制罪。大家对这个提法要有正确的理解,不要理解偏了。

首先,可以肯定的是,犯罪是适合科处刑罚的行为。为什么国外的许多教科书一定要先讲刑罚以及刑罚的正当化根据呢?就是因为犯罪是适合科处刑罚的行为。这是从特别宏观意义上讲的以刑制罪。

其次,对构成要件的解释要受法定刑的制约。最为重要的是,不能把轻微的不法行为解释到法定刑很重的构成要件中去。比如,不能将轻微的拘禁行为解释到绑架罪的构成要件中去,不能将送养儿童时收取抚养费用的行为解释到拐卖儿童罪中去。会不会有这样的情况呢?这个行为的不法程度很严重,但无论如何不能解释到重罪的构成要件中去。应该会有这样的情况,如果遇到这样的情况,你就一步一步地看能否解释到次重犯罪的构成要件中去。如果能够解释到次重犯罪的构成要件中去,也算是理想的。如果不能解释到次重的构成要件中去,就再看看能否解释到一般或者较轻的犯罪构成要件中去。你们一定要知道,学习刑法时,不讲逻辑不行,只讲逻辑也不行。

再次,要考虑我国自然犯、法定犯一体化的规定,即使在一个罪中也要按自然犯与法定犯的不同情形去解释。上学期我讲过销售假药行为的处理问题。在修改《药品管理法》之前,对于销售擅自进口的疗效良好的药品,大多是按销售假药罪论处的。其中一个重要原因是,刑法明文规定按《药品管理法》确定假药的范围,其中就包括了未经许可进口的药品。按理说,擅自销售这种药品只是侵害了药品进出口管理秩序,而没有侵害患者健康,因而与真正的销售假药行为存在明显的区别。可是,司法解释没有区分二者,在没有造成伤亡结果的情况下,一律按销售金额来决定情节轻重。于是出现这样的怪现象:销售真正的假药致人死亡的,与销售未经许可进口的合格药品挽救患者生命但销售金额在50万元以上的,适用相同的法定刑。天下怎么会有这样的刑法?谁也不可能接受!问题出在哪里?其实就是因为没有区分自然犯与法定犯。如果对后一种情形只是适用《刑法》第141条第一档的法定刑,就不会出现这样的现象。任何国家都对药品实行严格管理,不可能允许任何人进口药品后擅自出售。现在《药品管理法》虽然修改了假药与劣药的规定,但面临一个新的问题:以后擅自进口药品在境内销售的不成立犯罪吗?不可能,很可能认定为非法经营罪,或者会增设新的犯罪。这样的话,比认定为销售假药罪但仅适用《刑法》第141条的第一档法定刑就处罚更重了。虽然现在修改了《药品管理法》,但我们考虑修改前的规定,就会发现自然犯和法定犯的区分很重要。再比如,买卖爆炸物品行为。用途不同,不法程度就差别很大,但司法解释就喜欢按数量确定法定刑的适用。但是,在我看来,法官、检察官对于买卖爆炸物品情节严重的认定,就不能只看数量,而是要重点看用途,用途是衡量情节严重的重要标志。

  最后,要区分实害犯和危险犯。就侵害同一法益的犯罪来讲,实害犯和危险犯的差异是很大的。这一点好理解,比如,杀人既遂是实害犯,杀人未遂是危险犯。再如,《刑法》第114条规定的是危险犯,而第115条规定的是实害犯,法定刑相差很大。但是,不要不分犯罪类型就一概认为,危险犯都是很轻的犯罪,更不要以为抽象危险犯都是很轻微的犯罪。比如,《日本刑法》第108条规定的对现住建筑物放火罪是抽象危险犯,最高刑是死刑;后面的法条规定的是具体的危险犯,法定刑反而轻得多。我们国家刑法分则规定的盗窃、抢夺、抢劫枪支、弹药的犯罪,也是抽象危险犯,最高刑同样是死刑。抽象危险犯有不同的含义、不同的类型,要看具体的保护法益是什么,不能动不动就说要限制抽象危险犯的成立范围。事实上,有一些抽象危险犯实际上是实害犯,只是司法实践无法证明实害的发生,比如侮辱、诽谤罪虽然是抽象危险犯,但与实害犯没有重要区别。至于行为犯与结果犯的区分,也要看保护法益是什么。比如虚假诉讼罪,对于司法活动的侵害来讲就是行为犯;但就对其他人利益的侵害而言,则是结果犯。

一定要注意的是,当我们根据保护法益、法定刑的轻重、法条的表述等对某个犯罪形成了构成要件之后,就要严格按构成要件来认定犯罪。不能因为要以刑制罪,就在具体的案件中,对于符合重罪构成要件的行为,也否认重罪成立,随便认定为一个轻罪。比如,如果我们合理地确定了入户抢劫的构成要件之后,对于符合这一构成要件的行为就要认定为入户抢劫。不能因为认定为入户抢劫会导致处罚过重,就认定为盗窃罪。如果认定为入户抢劫导致处罚过重,只能采取其他路径,比如适用《刑法》第63条。再如,当一个学者认为许霆案完全符合盗窃罪的构成要件时,就不能因为判处盗窃罪过重了,就以以刑制罪为由,主张以侵占罪论处。实际上,在刑法里,不可能出现一个轻法条优于重法条的原则。当然,特别法条优于普通法条时,可能会出现这种结局,但那是因为,特别法条规定了减轻的不法要素或者责任要素。也就是说,我们虽然能坚持特别法条优于普通法条的原则,但不可能提出一个轻法条优于重法条的原则。比如在德国、日本刑法中,得承诺的杀人罪的法定刑比普通故意杀人罪的法定刑轻,对于得承诺的杀人行为要适用特别法条优于普通法条的原则。但不能据此认为,特别法条优于普通法条就是轻法条优于重法条,因为特别法条所规定的犯罪既可能是更严重的犯罪,也可能是更轻微的犯罪,而且主要是更严重的犯罪。所以,以刑制罪既不能违反罪刑法定原则,也不能违反其他具体的规则。此外,还有一些情形在解释论上可能无能为力。比如大义灭亲的案件,我们一般都认为要按故意杀人罪情节较轻适用3年以上10年以下有期徒刑的法定刑。但是,父母对为非作歹的儿子很气愤,就想把他打伤后养在家里,可一不小心打死了,这显然构成故意伤害致死。然而,故意伤害致死并不存在情节较轻的情形,按照《刑法》第234条的规定,应当处10年以上有期徒刑、无期徒刑或者死刑,可是与大义灭亲相比,就显得判重了。但是,这个时候不可能以以刑制罪为由,将父母的行为认定为故意杀人罪,再适用情节较轻的故意杀人罪的法定刑,处3年以上10年以下有期徒刑。因为这时候不可以认定为大义"灭"亲,行为人主观上没有杀人的故意。否则,就违反了罪刑法定原则。

分析案件虽然要以一般原理为指导,但不能直接根据一般原理得出结论。一个案件构成什么罪,要根据罪刑法定原则,按照构成要件符合性、违法性、有责性逐步进行分析和判断。不能离开构成要件直接将以刑制罪的观念用于分析具体案件,不能因为某个案件的被告人只应判处3年有期徒刑,就认为他的行为不符合重罪的成立条件。正是因为存在一些特殊情形,所以,刑法规定了特殊的减轻、免除处罚措施。

三、协调性

协调性包括刑法与宪法的协调、刑法与其他法律的协调,以及刑法内部的协调。我在这里主要讲刑法内部的协调问题,就刑法分则而言,主要是具体犯罪之间的协调问题。

研究刑法分则中的任何一个犯罪,都至少要找出30个左右相关的条文,不要研究一个条文就只看一个条文,这样是不可以的。刑法本身就是一个内部协调的体系,如果不协调,就必然导致刑法的处理不公平,这当然不合适。你阅读的相关法条越多,就越能照顾到相关法条的关系,从而使相关法条之间没有冲突和矛盾。

我要强调的是,要使刑法条文的内部协调,一定要以基础法条为基准,让其他相关法条与基础法条协调。所谓基础法条,也可以说是基准法条,也就是很成熟的法条,就是保护法益比较清楚,构成要件比较清晰,法定刑比较合理的那些分则法条。

比如说,抢劫罪、敲诈勒索罪与强迫交易罪的关系。首先要肯定的是,有关抢劫罪与敲诈勒索罪的法条是基础法条,它们是自古以来就有的犯罪,虽然存在许多争论,但其保护法益、构成要件是比较清楚的,法定刑也是相对合理的。强迫交易罪在我国就是新的犯罪,其构成要件的表述可以涵摄大量严重犯罪,包括抢劫罪与敲诈勒索罪,但法定刑却很轻。一些学者将强迫交易罪作为基准,得出了这样的结论:只要行为人与被害人之间有交易,就不可能成立抢劫罪与敲诈勒索罪,因为只要有交易就属于强迫交易罪。可是,这样的结论难以被人接受。比如,行为人在马路上以暴力相威胁,要求被害人用2万元买走自己的一支普通圆珠笔,否则就杀死被害人。这是强迫交易吗?你也可以说是,但不能说行为人仅构成强迫交易罪而否认抢劫罪的成立,更不能因此认为凡是有交易的就不成立抢劫罪与敲诈勒索罪。这个案件,你可以说是抢劫罪与强迫交易罪的想象竞合。当你以抢劫罪或敲诈勒索罪作为基础法条时,你就会发现,抢劫罪与敲诈勒索罪的成立,并非以不存在交易为前提。只要符合这两个罪的构成要件的,就成立这两个罪。抢劫罪的法条也好,敲诈勒索罪的法条也好,都没有说不能有交易。

又如,有一些学者与司法人员认为诈骗罪必须是没有对价的取得,必须是空手套白狼。为什么会形成这个结论?其中一个原因就是我们国家刑法规定了生产、销售伪劣产品罪,在以这个犯罪作为基准判断时就会发现,如果行为人提供了某种物品,就不成立诈骗罪。但是,我们要以有关诈骗罪的规定作为基础法条或者基准法条。有关诈骗罪的法条是一个相对成熟的法条,要以诈骗罪为基准判断相关行为。你能说凡是有交易的就不构成诈骗罪吗?稍微考察一下诈骗罪的形成和发展的过程,就不能得出这个结论。不管是中国还是外国,刑法中最早没有一个一般的诈骗罪,只有交易过程中的特殊诈骗罪,比如伪造量衡等。也就是说,诈骗罪原本主要发生在交易领域。既然如此,就不能说只要有交易就不成立诈骗罪。很多国家刑法中没有我国的生产、销售伪劣产品罪,他们对这种行为怎么处理呢?当然是定诈骗罪。也就是说,将伪劣产品冒充合格产品卖给他人的,就构成诈骗罪。所以,我认为,销售伪劣产品罪与诈骗罪大多存在想象竞合。

再如非法持有枪支、弹药罪与非法携带枪支弹药危及公共安全罪。

《刑法》第130条规定的非法携带枪支、弹药危及公共安全罪的成立条件很严格,除要求进入公共场所或者公共交通工具外,还要求危及公共安全,并且情节严重,其中的危及公共安全显然是指具体的危险。如果以这一条为基准,那么,非法持有枪支、弹药的行为连这个轻罪都不成立,怎么还能成立非法持有枪支、弹药罪这个更重的罪呢?所以,一定要以非法持有枪支、弹药罪为基准法条。一方面,第130条主要考虑到了非法携带管制刀具及其他危险物品进入公共场所的情形,显然不能认为只要行为人上公交车时携带着管制刀具就构成犯罪,所以法条增加了一些提高不法程度的要素。但是,枪支、弹药就不一样了。在我看来,如果以非法持有枪支、弹药为基础法条,那么,即使是有持枪证的人,如果将枪支携带到公共场所,符合《刑法》第130条规定的其他条件的,虽然不能认定为非法持有枪支罪,但也可能认定为非法携带枪支危及公共安全罪。如果是没有持枪证的人非法携带枪支进入公共场所,符合《刑法》第130条规定的其他条件的,那就是非法持有枪支罪与非法携带枪支危及公共安全罪的想象竞合了,当然也不排除成立数罪的可能。

再又如,虚开发票与虚开增值税专用发票罪,相对于不同的情形存在不同的争议问题,可能对基础法条的选择标准不一样。现在有许多不以抵扣、骗取增值税款为目的的虚开增值税专用发票的行为,或者客观上根本没有抵扣联,不可能抵扣、骗取增值税的案件,但许多司法机关仍然认定为虚开增值税专用发票罪。理由是什么呢?既然虚开普通发票的都构成犯罪,为什么虚开增值税专用发票的反而无罪呢?这种以虚开发票罪作为基础法条的追问不是没有道理的。但问题是,虚开增值税专用发票罪的法定刑很重,所以有的学者要求有骗取增值税税款的目的,有的人要求客观上有骗取增值税的危险。如果不具备这样的条件,那么,就不属于《刑法》第205条的虚开增值税专用发票,只能认定为虚开普通发票。所以,如果以虚开增值税专用发票罪作为基准法条,同时要求其虚开的发票必须客观上能够抵扣、骗取税款,主观上具有抵扣、骗取税款的故意或目的,那么,对于不符合这些条件的虚开行为,就理所当然地认定为虚开发票罪。

还如,侵犯著作权罪和销售侵权复制品罪。我觉得要以侵犯著作权罪为基础法条。当然,如果以侵犯著作权罪作为基础法条,认为侵犯著作权罪中的复制发行包括复制、发行以及复制且发行,同时又认为销售属于发行,那么销售侵权复制品罪就几乎没有了。但是,如果反过来以销售侵权复制品罪作为基础法条,就需要大幅度提高侵犯著作权罪的入罪标准,这显然不合适。所以,在我看来,要以侵犯著作权罪为基础法条,销售侵权复制品罪是否还存在,则无关紧要。不能为了让这个罪有适用的空间,就将侵犯著作权罪中的一部分拿到这个罪中来。可是,你将哪一部分拿到这个罪中来呢?因为这个罪的成立要求违法所得数额巨大,将哪一种行为拿到这个罪中来,都会造成定罪量刑的不协调。不要总是想激活刑法中不常用的法条,这个想法不好。一个法条不常用,一般来说就是触犯这个法条的行为少,或者这个法条的设置本身有问题,没有必要激活它。例如,《刑法》第 102 条规定了背叛国家罪,一直没有得到适用,谁能激活呢?再比如,已经有许多年没有适用劫持航空器罪的法条了,谁能激活呢?只有特定的犯罪人才能激活,刑法学者不可能激活。同样,如果没有《刑法》第 218 条关于销售侵权复制品的规定,刑法也不存在处罚漏洞,而且不会存在处罚不均衡的问题。既然如此,让这个法条一直沉睡就可以了,唤醒了、激活了反而造成罪与罪之间的不协调。当然,如果有人能够很好地处理这两个罪之间的关系,使两个罪各有自己的适用空间,那我也能接受。但现有的一些方案,好像都没有做到这一点。

当然,协调性还涉及其他一些问题。比如,在处理具体案件时,要以没有疑问的结论作为基准衡量对相关案件的处理是否妥当。例如,国有公司的负责人甲个人决定以单位名义将 2000 万元挪用给 A 民营企业使用,收受 A 民营企业 10 万元好处费。这一行为肯定构成挪用公款罪,没有任何疑问。另一真实案件是,国有公司的负责人乙个人决定以单位名义无偿送给 B 民营企业 2000 万元,不要求 B 民营企业返还,也收受了 B 民营企业 10 万元。一种观点认为,对乙应当认定为国有公司人员滥用职权罪。可是,挪用公款罪的最高刑为无期徒刑,而国有公司人员滥用职权罪的最高刑为 7 年有期徒刑。无论从哪个角度来说,乙的行为的不法与责任都重于甲的行为,凭什么对乙以较轻的犯罪论处呢?换言之,无论如何都不能让乙的处罚轻于甲的处罚,因为对甲以挪用公款罪论处是完全妥当的。所以,要么将乙的行为也评价为挪用公款罪,亦即,既然要求归还的行为都构成挪用公款罪,不要求归还的行为更成立挪用公款罪。要么将乙的行为认定为贪污罪,也就是说,贪污罪中的非法占有目的,不限于本人非法占有,还包括第三者占有,其中的第三者当然包括民营企业。我是主张后一种认定方法的,也就是说,将乙的行为认定为贪污罪,当然同时也能肯定其行为成立国有公司人员滥用职权罪,二者是想象竞合关系。至于另外的受贿罪,则可以与贪污罪实行并罚。在这个案件中,你们千万不要认为,乙的行为不符合挪用公款罪的构成要件,挪用公款罪只是不要求行为人具有非法占有目的,而不是说只要具有非法占有目的就不构成挪用公款罪。也不要以为非法占有目的只限于行为人本人占有,这一点我以后还会讲的。此外,更不要认为刑法规定本身有什么缺陷。我要反复说明这一点。如果你认为刑法规定有缺陷,一定是你的解释有缺陷,要首先反思自己的解释方法与解释理由。类似这样的问题,我们以后还会经常碰到。

我今天所要强调的是,你们一定要就一个问题找到相关的许多法条,尤其是找准基础法条,善于用一个法条印证你对相关法条的解释。比如,对重伤的承诺是否有效,从纯理论的角度来说一定是公说公有理、婆说婆有理,尤其是基本立场不同得出的结论就不同。我之所以认为,对有生命危险的重伤的承诺无效,就是因为有相关分则条文的印证。一个条文是《刑法》第292条规定的聚众斗殴罪,其中第2款规定,聚众斗殴致人重伤的,要以故意伤害罪定罪处罚。聚众斗殴时,参与者其实知道自己可能被对方打成重伤,但仍然参与斗殴,可以认为他对重伤害是有承诺的。尽管如此,刑法还是规定按故意伤害罪论处,而不是按聚众斗殴罪论处,这就表明被害人对重伤害的承诺无效。如果你们认为这一条还不能说明问题,或者说如果你们认为聚众斗殴的参加者对重伤害没有承诺,那么我再举一个例子。《刑法》第333条规定了非法组织卖血罪,法定刑比轻伤害、重伤害的法定刑要高,可是,该条同时规定,对他人造成伤害的,要按故意伤害罪定罪处罚。组织他人卖血时,显然他人是承诺了卖血的后果的,其中包括了重伤害。尽管如此,刑法还是规定按故意伤害罪定罪处罚。这进一步印证了对重伤害的承诺无效的结论。

四、体系性

这里讲的体系性,主要是指刑法各论与总论的协调关系。一方面,学习刑法各论时要以刑法总论的理论为指导,另一方面,如果能从分则研究中修正总论的理论问题,或者提升一些具体问题成为总论问题,那就更好了。

在以总论为指导分析具体罪名的时候,就按照总论的犯罪论体系解释具体犯罪的构成要件、违法阻却事由与责任要素。也就是说,要先看客观的构成要件是什么,然后判断有无违法阻却事由,再看责任的要素,最后考虑未遂、共犯、罪数问题。

例如,一个行为是成立故意杀人罪还是成立故意伤害致死或者过失致人死亡?首先要看客观行为是否已经致人死亡,如果没有致人死亡,就判断有没有导致他人死亡的紧迫危险。如果得出肯定结论,就可以说这个行为符合了故意杀人罪的客观构成要件,如果没有违法阻却事由,就判断行为人是否认识到了死亡结果,如果认识到了还实施这种行为,当然就认定为故意杀人罪。如果没有认识到死亡结果,就再判断是否认识到了伤害结果以及对死亡结果有没有过失,如果有,就认定为故意伤害致死。如果对伤害结果没有认识,就再判断是否成立过失致人死亡罪。不要一开始就判断行为人有没有杀人故意,不要以为故意内容决定行为性质。这样的思维观念必然导致定罪的错误。

再如,未遂犯中什么叫着手,着手和实行行为究竟是什么关系?德国刑法规定:接近构成要件的时候就可以是着手。用我们的话来说,他们的刑法总则法条肯定了着手可以在实行行为之前。在我们国家也要承认着手可以存在于实行行为之前的情形。不能像通说那样,说着手是实行行为的起点,因为说着手是实行行为的起点是没有意义的。比如盗窃罪,什么时候是盗窃的着手?行为人到别人家里去物色财物的时候就是着手。这就是着手在实行行为之前的情形。因为盗窃罪的实行行为是转移占有,但物色财物时还没有开始转移财物,只是具有转移财物的紧迫危险。那么,着手可不可以在实行行为之后呢？德国、日本都承认这种情形。德国虽然没有用实行行为这个词,但并没有说开始实施构成要件就是着手。日本通说承认着手可以在实行行为之后,比如在隔离犯的时候,也就是行为与结果存在时间、场所的隔离的时候,一般会认为着手在实行行为之后。例如,从东京寄毒药到北京被害人家里,不能说到邮局寄的时候就是故意杀人罪的着手,日本通说采取到达主义,甚至还有人认为是被害人准备开始吃毒药时才是着手。认定了着手之后才追溯当初寄送毒药的行为是故意杀人罪的实行行为。当然,我们也可以说利用邮寄人的行为是间接正犯的行为,间接正犯的利用行为一直存在于整个邮寄过程中,于是整个利用行为是实行行为。

总论的共犯理论需要在分论中检视,我希望你们用共犯去检验各种观点。我以前多次跟你们讲过,事实不清、认识错误、共犯是检验一个理论妥当与否的最重要的三个环节。一个理论不管是如何得到论证的,你用事实不清、认识错误、共犯三种情形看这个理论会得出什么结论,如果结论不当,这个理论就不当。如果一个理论能够就这三个问题得出合理结论,这个理论一般来说就是比较妥当的。

罪数在各论领域是一个大问题。比如所谓两头骗,行为人欺骗别人为自己骗取银行贷款提供担保,是只定一个罪还是定两个罪？如果定两个罪,是想象竞合、牵连犯还是数罪并罚？你单纯用总则的理论未必都能解决。

总之,在总论与各论的问题上,既要善于用总论的理论为指导,又要善于通过各论的解释发现总论的问题,纠正总论的缺陷,还要善于提升各论的问题,这就需要有归纳能力。

五、实践性

人们都说刑法学是实践性很强的一门学问,与总论相比,各论的实践性更强。你们一定要联系具体的案例去学习各论。脑子不装进大量案例是学不好刑法各论的。什么案例呢？就是经常讲的三类:一是真实的案例;二是课堂设例,是教授们编出来的,但有发生的可能性;三是其他法领域里的案例,但稍微改编就成为刑法上的案例;甚至是日常生活行为,往前一发展或者改编一下,就成为刑法上的案例。我们要重点关注疑难案件,疑难案件总是推动我们对法条作出新的解释,得出新的结论。

表面相同的案例在不同的时间场合,使人产生的看法会不一样。比如,前几天网上流传的一个视频中,一名女子把口水反复抹到电梯的按钮上,于是人们怀疑她是传播新冠肺炎病毒。监控视频被传播开了,引起了一些人的恐慌和愤怒。事后查明,这名女子没有感染新冠肺炎,也没有接触史,是出于其他原因才这么做的,但公安机关还是以寻衅滋事拘留了她。公安机关的刑事拘留是否妥当是另一回事,但可以肯定的是,如果不是在新冠肺炎流行期间,或者说如果是在平时,没有人会认为这种行为可能触犯刑法。

有些发生在特殊时期的案件,会让人对刑法规定产生新的理解。比如,什么是虚假信息?以前我们习惯于认为,只要与事实不相符合的信息,就是虚假信息。现在看来,这种说法就存在明显的问题。一方面,要判断行为人传播某种信息是否具有一定的根据,只要是有一定根据的,即使该信息与事实有出入,也不能说是捏造的。一个人根据客观事实作出某种判断的时候,更不能说人家散布的就是虚假信息。另一方面,行为人是在什么时候、什么场合发布的信息?这种信息对社会大众起到了什么作用?这也是要考虑的。例如,在有关机关及时发布了真实信息的情况下,认定为行为人发布虚假信息的范围就可以宽泛一些;但在有关机关没有及时发布信息或者发布了错误信息的情况下,认定行为人发布虚假信息的范围就必然窄得多。

总之,学刑法各论一定要注重案例。日本刑法学者的各论教科书,都是拿案例说理,而不是讲空道理、大道理。比如,当一个教授采取 A 观点时,另一个教授会举例说 A 观点就这个案例得出的结论并不妥当,所以不能采取 A 观点。我们也要运用案例讲道理。但是,在我们国家,不能认为,法院判的都是对的,与法院判决相反的就是不符合中国司法实践的。是否符合中国司法实践,重点在于是否能够妥当处理中国司法中的问题,包括具体案件,而不是说要与中国法院的判决相符合。在中国,判决不是检验解释结论的标准,更不是唯一标准。

以上是我就如何学好刑法各论所讲的五点意见。接下来我再讲讲刑法各论中的几个关系或者几个区分、界限问题。

第一是罪与非罪的区分。

关于罪与非罪的区分问题,一定要回到构成要件符合性、违法性、有责性三个层面上来,不要试图在此之外找出一个区分罪与非罪的标准或者方法。离开了三阶层讲罪与非罪的区分是没有任何意义的。我们通常不会说犯罪和正当行为很难区分,不会说如何区分上课、跑步与犯罪的区别。所谓罪与非罪的区分,要么就是行为是否符合相关犯罪的构成要件,要么是行为是否存在违法阻却事由,要么是行为人是否存在责任的问题,当然在某些场合还存在是否具备客观处罚条件的问题。

比如,人们经常讨论民事欺诈和刑事诈骗的区分。但我从来不认为这样的讨论有什么意义。因为民事欺诈包括了刑事诈骗,民法学上讲的民事欺诈从来就没有排除刑事诈骗。如果要谈民事欺诈与刑事诈骗的区分,无非是谈刑事诈骗与不构成刑事诈骗的民事欺诈的区分。这不就是要讲刑事诈骗的成立条件吗?符合诈骗罪的构成要件,具有违法性与有责性的,就成立诈骗罪。根本不需要回过头去问这个行为是不是民事欺诈。民事欺诈与刑事诈骗的关系,就相当于交通工具与飞机的关系,飞机属于交通工具,但交通工具不一定是飞机。要谈飞机与交通工具的区分,只能谈飞机与不是飞机的交通工具的区分,当然是符合了飞机的特征的就是飞机,根本不需要讨论飞机与交通工具有什么区别。同样,一个行为是否构成犯罪,只需要判断它是否具备犯罪的特征,也就是构成要件符合性、违法性与有责性。在此之外的讨论,都是没有意义的。比如,我总是听到有人说,民事欺诈的行为没有非法占有目的。你们相信这一说法吗?如果没有非法占有目的,人家实施民事欺诈的意义何在?就是骗你玩一下?

再比如,所谓故意伤害与一般殴打行为的区分,也只需要讨论行为是否具有故意伤害罪的构成要件,以及是否具备违法性与有责性,不要试图从其他方面进行区分。

第二是此罪与彼罪的区分。

不是任何犯罪之间都要讨论这个问题,只有一个场合需要讲此罪与彼罪的区分,这就是两个罪处于对立关系的场合。比如,按照通说,盗窃和诈骗是对立关系,区别不在于有没有欺骗行为,而在于是不是欺骗行为使被害人受骗产生认识错误进而处分财产。近年来经常看到盗骗交织的说法,这是在滥用概念。一方面,如果承认盗窃与诈骗是对立关系,就同一犯罪对象而言,就不可能有盗骗交织,要么就只有盗窃,要么就只有诈骗。也就是说,在盗骗交织中,要么盗是假象,要么骗是假象,不可能交织。另一方面,如果承认盗窃与诈骗是中立关系,可以竞合,那么,盗骗交织就是想象竞合,也没有什么难以认定的。但事实上,主张盗骗交织的人,都认为二者是对立关系。既然如此,就只需要按照构成要件中的特定要素去区分,不需要采用其他方法。即使认为盗窃与诈骗有时难以区分,也不需要使用盗骗交织这一概念。再如,在大部分场合,也就是不存在事实不清与认识错误的时候,侵占罪和盗窃罪是对立的,盗窃罪是窃取他人占有的财物,侵占罪是将自己占有或者没有人占有的他人财物据为己有。在这一点上二者是对立的。但是,如果考虑到事实不清与认识错误的情形,就可能认为侵占是兜底条款,其与盗窃罪也不是对立关系。

除了对立关系以外的场合,都不需要讨论此罪与彼罪的区别。可以用"此罪与彼罪的关系"这样的表述,但不要用"此罪与彼罪的区别"的表述。比如,不要讨论杀人与伤害有什么区别,因为杀人包括了伤害。

法条之间除了第一种对立关系外,还有其他关系。比如第二种是同一关系,一般是不存在的,同一关系意味着两个法条的构成要件相同,或者一个构成要件没有适用的余地,比如我们前面讲的,有可能认为侵犯著作权罪与销售侵权复制品罪是同一关系,导致后者没有适用余地。第三种是中立关系,就是两个罪彼此独立,比如盗窃和杀人就是中立关系,但中立关系的犯罪依然可能想象竞合,比如在严重心脏病患者的心脏病发作时,行为人扒窃了他的救心丸,导致他人死亡。这个行为就同时触犯了盗窃罪与故意杀人罪。但是,我们从来不会讨论盗窃罪与杀人罪的什么区别。第四种是交叉关系,也不需要讲二者之间的区别,只需要判断一个行为是否同时触犯了两个罪,也就是说,只需要判断一个行为是否处于两个罪的交叉之处。比如《刑法》第260条规定了虐待罪,第260条之一规定了虐待被监护、看护人罪,后者的法定刑重于前者,如果行为人虐待的未成年人、患病的人、残疾人是家庭成员时,就同时触犯了这两个罪。我的观点是,交叉关系的场合都是想象竞合,而不是法条竞合。第五种就是特别关系,这个我就不讲了,只是强调一句,对普通法条与特别法条也不需要讲区别,只需要重视特别法条的特别要素是什么。第六种是补充关系,补充关系就是反过来的特别关系。比如说,按理说,《刑法》第153条关于走私普通货物、物品罪的规定是普通法条,但刑法是以补充规定的方式出现的。总而言之,在上述法条关系中,只需要就对立关系的法条讲此罪与彼罪的区别。

第三是量刑规则与加重构成要件的区分。

这一点我在教材上以及相关论述中还是讲得比较清楚的。我所说的"教材"或"教科书",除另有说明的以外,均指我著的《刑法学》(法律出版社2016年第5版)。有人批评说,我讲的量刑规则并不符合德国刑法关于量刑规则的规定,可是,我为什么要按德国刑法关于量刑规则的规定来区分我国刑法分则中的量刑规则与加重构成要件呢?我只是借用了德国的量刑规则这一名词,但并没有完全按照德国人讲的量刑规则来讲我国刑法中的量刑规则。我扩大了量刑规则的范围,就是因为我国刑法的法定刑太重,法官量刑太重,所以要尽可能多地承认量刑规则,这样可能使刑罚处罚轻一点。因为量刑规则没有未遂,完全具备了量刑规则所要求的条件,才能适用相应的法定刑。

加重的构成要件就是有未遂的,比如说入户抢劫是加重的构成要件,有未遂;持枪抢劫也是加重的构成要件,也有未遂的。对于这样的情形,要适用加重的法定刑,同时适用总则关于未遂犯的规定。我将违法所得数额巨大,首要分子视为量刑规则,好像没有见到人反对。但是,有些学者对于我将数额巨大与特别巨大、情节严重与特别严重归入量刑规则,则持反对态度。理由是,这些情形都属于结果加重犯,结果加重犯当然有未遂。比如,行为人想骗100万元,客观上也有可能骗100万元,但事实上只骗到2万元,怎么办?我认为只能按诈骗2万元既遂处罚,也就是处3年以下有期徒刑、拘役或者管制。但是,反对的学者都主张适用10年以上有期徒刑或者无期徒刑的法定刑,因为行为人的行为具有骗取100万元财物的危险,只是危险没有现实化。可是,一方面,结果加重犯原本就是责任主义的残余,应当严格限制结果加重犯的范围;另一方面,上述观点必然导致处罚过重。所以,我还是觉得将数额巨大与特别巨大、情节严重与特别严重归入量刑规则比较合适。

第四是注意规定与法律拟制的区分。

国外刑法理论都会讲注意规定与法律拟制的区分,但讲得不多,因为国外刑法中的注意规定罕见,法律拟制也不多。而我国刑法分则中,注意规定与法律拟制都很多,所以需要注意区分。区分二者具有重要意义,注意规定可以删除,删除了之后不会影响其他法条的适用。但法律拟制就不一样了。法律拟制是把不同规定为相同,是一种特别规定,不可以"推而广之"。不可以将法律拟制作为可以类比的法条。

将近二十年前,在最高人民法院开过一次会,讨论奸淫幼女要不要明知对方是幼女。有人就提出,为什么刑法分则对奸淫幼女没有规定明知这一条件,而对掩饰、隐瞒犯罪所得罪则规定了明知这一条件?这是否意味着奸淫幼女罪的成立不需要行为人认识到对方是幼女?我的回答是,刑法分则中的明知都是注意规定,提醒司法人员注意一些案件可能存在行为人不明知的情形。也就是说,刑法分则中关于明知的规定都是可以删除的,只需要按照总则关于故意的规定,要求行为人对分则的犯罪具备哪些认识因素与意志因素就可以了。由于奸淫幼女犯罪中的被害人年龄是构成要件要素,行为人当然需要认识。所以,不能以刑法分则没有规定必须明知是幼女为由,不要求行为人对幼女年龄具有认识。

盗窃信用卡在商场购物就不一样了。这个行为是典型的冒用他人信用卡,构成信用卡诈骗罪。但是,《刑法》第196条规定,盗窃信用卡并使用的,按盗窃罪定罪处罚。这其中就将部分信用卡诈骗行为拟制规定为盗窃罪了。这个法律拟制就不可以推而广之普遍适用,不能据此认为,拾得信用卡并使用的就定侵占罪,抢夺信用卡并使用的就定抢夺罪。

至于如何区分注意规定与法律拟制,教材上讲得比较清楚。以后讲到相关规定时,我还会具体讲一下。比如,刑讯逼供致人死亡的要定故意杀人,我认为是法律拟制。如果刑讯逼供过程中产生杀人故意后杀人的,其实是两个罪了。也就是说,既然是刑讯逼供,就不可能有杀人故意,否则,逼出来的供有什么用呢? 所以,认为只有产生杀人故意之后才能认定为故意杀人罪,实际上是自己将数罪拟制为一罪了,可是,这一拟制没有法律根据和实质理由。

课堂提问

问:违法发放贷款罪的保护法益是单一法益还是复合法益?

答:我在2020年的《当代法学》第1期发表了一篇《骗取贷款罪的保护法益及其运用》的论文,你可以去看一下。

问:什么样的利益才能成为刑法上的法益?

答:一定是要有利于个人自由发展的利益,才有可能成为刑法上的法益。不要把个人法益和社会法益对立起来,法益是直接或间接有利于个人自由发展的。当然这涉及其他一些问题,包括运用比例原则进行判断。

问:关于财产犯罪的保护法益,有关本权说、占有说的学说与有关经济的财产说、法律的财产说的学说是什么关系?

答:本权说、占有说是以盗窃罪为中心讨论的。德国通说在这个问题上采取的是所有权说,与日本不一样。经济的财产说与法律的财产说是以诈骗罪为中心讨论的,德国刑法规定的诈骗罪的对象就是财产,保护法益也是财产,所以,要弄清楚什么是财产。而财产的对立面是财产损失,所以,被害人有没有财产损失,也取决于采取经济的财产说还是法律的财产说抑或折中说。盗窃罪不需要专门讨论财产损失,因为转移占有就是财产损失的具体内容。但诈骗罪不一样,诈骗行为一般发生在交易过程中,而不是说只要转移了财产就有财产损失,必然要考虑交易目的是否实现。但能否将两类讨论予以融合,是可以研究的,我以后会讲到。

第二讲

【故意杀人罪】

今天讲杀人罪,主要是讲故意杀人罪,也会提一下过失致人死亡罪。

一、行为对象

杀人罪的对象当然是自然人,而不可能是法人。

胎儿不是自然人,出生之后才是自然人,问题是,什么时候算出生?刑法理论上有几种学说,下面我按确定出生时间的顺序来讲一下。

第一是时间最早的阵痛说。孕妇因为分娩而开始阵痛时,胎儿就成为人了。这个学说现代基本上没什么人采取。

第二是一部露出说,这是德国的通说,在日本也是十分有力的学说,也有人说是日本的通说。这个学说有利于增加人口,其基本理由是,胎儿一部露出之后就可以直接对他加以侵害,因而可以当杀人罪来处理。你们要注意的是,一方面,在刑法学上讲人的出生,不是只为了确定故意杀人罪的对象,同时也是为了确定过失致人死亡罪的对象;另一方面,杀人的人不是只有第三者,同样要考虑医生和护士的行为有没有可能成立故意杀人罪与过失致人死亡罪。事实上,孕妇到了产房之后,在场的基本上只有医生和护士。所以,一部露出说在很大程度上考虑了医生和护士的行为可能成立故意杀人罪与过失致人死亡罪,也就是说可以规制医生和护士的行为。为孕妇分娩的行为很难说是堕胎行为，但一部露出之后如果由于医生或护士的过失行为导致胎儿没有生命，就有可能认定为过失致人死亡罪。日本也有不少学者采取一部露出说，但一部露出说受到了批评。首先，胎儿没有露出的时候，行为人也可以借助工具、药物侵害胎儿的生命，这就不需要一部露出。其次，胎儿一部露出后，也可能回到母体内，于是，这个生命体一下是人一下又不是人，让人感觉有点奇怪。最后，一部露出说中的一部究竟该如何判断？可能也存在疑问。

第三是全部露出说，这在日本是强有力的学说，平野龙一、町野朔、松原芳博等教授都采取这种学说。全部露出说是各国民法上的通说，也被认为是标准比较明确的学说。

第四是我们国家一直采取的独立呼吸说，也就是说，在胎儿全部露出后能够独立呼吸了，才成为人。但这个学说问题太大了。即使在以前实行计划生育的年代，独立呼吸说也有致命的缺陷。胎儿完全脱离了母体之后，一般都要医护人员拍一拍才开始呼吸。如果说独立呼吸后才是人的话，胎儿离开母体之后，医生护士不拍胎儿就让他窒息了，就什么罪都不构成了，这显然不合理。如果考虑到我们现在并没有像以前那样控制人口生育，甚至是鼓励生育，更不能采取独立呼吸说了。

所以，我现在主张全部露出说。当然，有人可能会问，如果胎儿全部露出了，但原本就是死胎呢？原本就是死胎的话，当然不可能成为人。采取全部露出说，是以存在生命为前提的。

同样有争论的是何谓死亡。以前都是采取传统的三征候说，现在成了跟人体器官移植联系起来的问题。越是考虑器官移植的人，越喜欢主张脑死亡说，因为脑死亡后就可以对很多器官进行移植。死亡概念不能不考虑老百姓的一般观念，可是，在死亡问题上，一般人总是愿意采取三征候说，尤其是患者的家属都愿意接受三征候说。一个患者的心脏还在跳时，要让家属接受患者已经死亡的结论，显然有难度。所以，这是一个两难的问题。此外，尽管脑死亡在医学上似乎有很明确的判断标准，但明确的判断标准还是受到两个方面的制约：一是如何运用所谓明确的判断标准？例如，凤凰卫视有一位女主持人在英国出车祸后被宣布脑死亡，但后来并没有死亡,回到香港后还在凤凰卫视露过面,我还在电视上亲眼看到过。二是对判断医生的伦理要求特别高。宣告脑死亡不能由某个医生或者某几个医生说了算,应当有严格的程序,需要经过医学伦理委员会的讨论和决定。在医生值得信赖的情况下,脑死亡的判断风险可能小一点。

不管怎么说,是否承认脑死亡概念都面临两难境地。正因为如此,日本就出现了死亡标准的相对性理论,也就是二元论:在器官移植的场合采取脑死亡说,在其他场合采取三征候说。当然,需要器官移植的时候还是要家属或死者生前的同意,如果不同意也就只能采取三征候说。这种观点似乎可以解决死亡判断标准的两难境地问题,但是,这种观点面临着一个最重要的质疑:为什么同样是人,死亡的标准还不一样?二元论恐怕也只能回答说,就是为了克服两种学说的缺陷,为了解决死亡标准面临的两难境地,所以采取不一样的标准。我也倾向于二元论。

二、行为与结果归属

杀人行为一定是具有导致他人死亡的紧迫危险的行为,而不是说只要行为人有杀人故意,其行为就是杀人行为。例如,老年妇女甲希望仇人死亡,每天求神拜佛,但不可能成立故意杀人罪。有的人以甲愚昧无知为由否认故意杀人罪的成立。这显然不合适,因为愚昧无知而犯罪的现象多的是。由于甲的行为不可能致人死亡,也就是说没有故意杀人罪的实行行为与预备行为,所以不成立犯罪。

这涉及刑法总论中的不能犯的问题。我在这里顺便讲一下,客观的危险说,也就是区分绝对不能与相对不能的学说,并不是费尔巴哈最早提出来的,而是意大利学者 Rossi 最早提出来的,他在讲未完成的犯罪行为时,归纳出了三类未完成的原因:一是绝对不能,这种情形不构成犯罪,这也就是我们所说的不可罚的不能犯;二是相对不能,这种情形成立犯罪未遂;三是自动的不能,也就是犯罪中止。这一学说先传到了法国,然后再传到了德国。那么,怎么区分绝对不能与相对不能呢?Rossi 说,如果反复实施依然不可能发生结果,就是绝对不能;如果反复实施就会发生结果,则是相对不能。这一说法很有道理,从刑法规制目的、预防犯罪的角度来说,完全可以接受。问题是,反复实施的时候要不要抽象事实呢?如果不进行任何抽象的话,你会发现相对不能也是绝对不能。也就是说,如果你完全按照前一次的所有细节去重复实施,结果还是不会发生。比如,杀人犯瞄准被害人的头部开枪,扣动扳机时被害人的头部刚好歪了一下,没有打中。重复实施一次时,要不要让被害人的头部再歪一下?如果说还是再歪一下,仍然不能打中。所以,这里还是存在要不要对事实进行一定抽象的问题。在《刑法的基本立场》(修订版)一书里,我只是将其大体上分成了两类:一类是行为的危险程度很高的,像刚才说的开枪杀人案件,由于危险程度很高,在一般情况下会导致人死亡,可以对事实进行抽象,肯定成立杀人未遂。另一类是危险程度较低的,一般情况下不会导致人死亡,只是在特殊的情况下或者具备特殊条件才能导致他人死亡的时候,就不能不考虑具体的事实,不能过度地抽象。否则,就会导致很多危险很小的行为都会成为未遂犯。比如,向一个成年人的静脉里注射2毫升的空气,这是不可能致人死亡的。但是,如果把这个事实抽象化,只是说向他人静脉注射空气,大家就会说有致人死亡的危险。再比如,让人吃少量安眠药,不会致人死亡,只有吃得比较多才会致人死亡。在这样的场合,就不能将药量抽象掉,否则,也会导致将不能犯认定为未遂犯。

结果归属问题,在总论里面都是以死亡结果能否归属于某种行为为例的,所以我就不具体讲了。

三、故意内容

这个问题我想联系故意伤害罪来讲一下。我上次课就说过,不要认为故意杀人和故意伤害的区别是故意内容决定的。

判断行为是成立杀人罪还是伤害罪的时候,首先判断被害人是不是死亡了,如果死亡了,再看造成死亡的行为是哪个行为。如果能够将死亡结果归属于某个危险行为,就表明这个行为符合了杀人罪的客观构成要件。如果没有违法阻却事由,就判断行为人当时是否认识到了死亡结果却仍然实施该行为。这个判断并不难,你不要总是习惯于问被告人是否想杀人,你可以先问自己:如果我在当时的情景下实施那样的行为,我是否认识到了对方可能死亡;如果你还觉得有疑问,你就问问一般人,问路人,问出租车司机,不一定要问法官、检察官。如果得出肯定结论,就认定为故意杀人罪。如果得出否定结论,就再判断行为人是否认识到会造成伤害结果,如果得出肯定结论,就认定为故意伤害罪,如果对死亡有过失,则是故意伤害致人死亡。

总是有人说,杀人行为与伤害行为的性质不同,我建议你们千万不要说两者的行为性质不同。这个说法没有任何意义,只会误导犯罪的认定。故意伤害致死的行为也是杀人行为,否则被害人怎么死了呢?故意伤害致死不也有个致死吗?认定故意伤害致死,不是因为行为人的客观行为不是杀人行为,而是因为行为人没有杀人的故意,只有伤害的故意和对死亡的过失,所以不能定故意杀人罪。也就是说,故意杀人既遂与故意伤害致死的区分,不是客观构成要件决定的,而是主观要素或者说责任要素决定的。两罪都符合故意杀人罪的客观构成要件。

在被害人没有死亡的时候,首先要判断行为人客观上有无致人死亡的紧迫危险,如果有,就要肯定行为人的行为是杀人行为,再按我说的上述方法去判断。如果行为人知道自己的行为可能致人死亡,就认定为故意杀人未遂;如果没有认识到,就判断是否有伤害的故意,如果有就认定为故意伤害罪。

如果与日本的判例相比较的话,我觉得排除异常情况,我国认定故意杀人的范围比日本窄,也就是说,完全相同的案件在日本会认定为故意杀人罪,但在我国可能只是认定为故意伤害致死。例如,完全相同的案件:行为人为了骗取保险把被害人双脚砍下扔掉了,后来经医院抢救没有死亡。日本对这个案件认定为故意杀人未遂,而我国的法院认定为故意伤害罪。日本为什么认定为故意杀人未遂呢?首先判断这种行为有没有致人死亡的紧迫危险?当然有!流血过多就会死,这是一般人都知道的。所以,首先要肯定行为人的行为是杀人行为。其次判断行为人是否知道自己的行为会导致被害人死亡?当然知道!所以,要认定为故意杀人未遂。你们一定要注意,行为有没有致人死亡的紧迫危险,一定要以行为时存在的所有事实为根据判断；行为人有没有杀人故意，要以行为时行为人对死亡有没有认识为标准进行判断。不能因为事后经医院抢救脱险，就否认行为有致人死亡的紧迫危险与杀人故意。

我在这里顺便讲一下择一的故意的问题。两名警察在追逃犯，逃犯的手枪里只有一颗子弹，眼看两名警察追上来，回过头开了一枪。逃犯清楚地认识到，自己只能打死一名警察，但不确定能打死谁，但结果是这一枪把两名警察都打死了。

这涉及是一故意还是数故意的问题。如果说只针对其中一名被害人认定为故意杀人罪，对另一名被害人认定为过失致人死亡罪，那么，问题出来了，哪一名警察是故意杀人罪的对象，哪一名警察是过失致人死亡罪的对象？从现有的刑事司法的做法来看，不回答这个问题是不合适的。检察官可以这样指控吗？逃犯故意杀了一名警察，至于故意杀害的是哪名警察，我们无法判断。因为故意杀人罪是对个人专属法益的犯罪，必须证明具体的被害人。松原芳博教授列举过6种可能采用的用于确定逃犯杀害了哪名警察的方法，但他自己也认为没有一种是可取的。所以，在这个问题上，不管是德国还是日本，通说都是肯定数故意，也就是说，逃犯对两名警察都有杀人的故意，因而对两名警察都成立故意杀人既遂，但由于只有一个行为，可能成立想象竞合。换成警察和警犬在后面追逃犯的例子也一样。行为人回头开一枪，把警察和警犬都打死，尤其是只有警犬被打死的时候，只评价为一个罪是不可能的，不可能只定故意毁坏财物罪，而是要同时认定为故意毁坏财物罪与故意杀人未遂。所以择一故意的场合，数故意说是通说，但在这种场合，行为人明确知道只能打中一个。而在普通的打击错误的场合，行为人虽然也是要杀一个人，但不一定像逃犯这样清楚地认识到自己只能打中一个人，为什么反对有关打击错误的数故意说呢？也就是说，在打击错误的时候，行为人只是针对特定的对象开枪，但是针对特定的对象开枪时，也不一定存在像择一的故意这样清楚地只认识到杀害一人的主观事实吧。退一步说，即使也只是认识到打中一个人，与择一的故意又有什么区别呢？

四、罪数问题

像故意杀人这样的犯罪，因为侵害的是个人最重大的法益，所以打死一个人就是一个罪，但是定罪和量刑是两回事，评价意义上的罪数和处罚意义上的罪数是不一样的。一枪打死三个人一定要定三个故意杀人罪，属于想象竞合，按一个重罪的法定刑处罚。如果一枪把警察、警犬打死了，定故意杀人罪和故意毁坏财物罪的想象竞合，按重罪处罚即按故意杀人罪处罚。只定一个罪的话，不能对被告人和一般人起到特殊预防和一般预防的作用。老百姓不是读刑法典来认识什么是犯罪的，而是通过媒体和判决来认识什么是犯罪、对犯罪如何处罚的。判决一定要告诉被告人和一般人，在上述场合，行为人一枪打死警犬与警察构成两个犯罪。如果只定一个故意杀人罪，被告人与一般人就可能认为，打死警犬不是犯罪行为。这显然不利于预防犯罪，反而会误导被告人与一般人的行为。

在抢劫致人死亡的场合，有时候要承认想象竞合，广义的抢劫致人死亡包含三种情形：第一是抢劫杀人，也就是故意杀害他人后劫取他人财物的情形，对这种情形一定要定两个罪：抢劫致人死亡罪和故意杀人罪，二者属于想象竞合。第二是抢劫过失致人死亡，抢劫致人死亡是过失致人死亡的特别法条，也是普通抢劫的特别法条，但不是故意杀人的特别法条。抢劫过失致人死亡，可以只定抢劫致人死亡罪。第三是对死亡没有过失的情形，这种情形称为偶然的结果加重犯，现在刑法理论上都不主张对这种情形适用抢劫致人死亡的法定刑，不过从实践中来看，这种在抢劫时对死亡没有过失的情形相当罕见。

通常认为，故意杀人罪是故意伤害罪的特别法条，如果构成故意杀人罪就不再定故意伤害罪。但在我看来，也不排除有些场合是想象竞合。例如，行为人持杀人故意，以特别残忍的手段杀人，但只造成了被害人的重伤与严重残疾，却没有致人死亡。这时候不能只认定为一个故意杀人未遂，因为他的行为符合了《刑法》第234条第2款后段的规定："以特别残忍手段致人重伤造成严重残疾的，处十年以上有期徒刑、无期徒刑或者死刑。"一方面，如果不评价为故意伤害罪，就没有将特别残忍手段致人重伤与严重残疾的事实评价出来,这种杀人未遂显然不同于砍了几刀但没有砍着人或者仅造成普通伤害的情形。另一方面,按故意伤害罪处罚,最低刑也是判处10年以上有期徒刑、无期徒刑甚至最高刑是死刑,而且不会适用未遂犯的规定。如果仅按故意杀人未遂处罚,则适用的法定刑相同,而且要适用未遂犯的规定,反而可能判得畸轻。也就是说,在我国刑法中,故意杀人罪并非一概重于故意伤害罪。所以,对于上述案件要认定为想象竞合,评价行为人的行为构成数罪,不仅全面评价了案件事实,而且能够使量刑均衡。

五、参与自杀

我国刑法没有明文规定教唆、帮助自杀罪,所以面临着不少问题。当然,在有相关规定的国家,也存在许多争议问题。现在德国、日本很流行的概念是临死介助。

德国、日本、中国在自杀的问题上法律规定都不同,但都面临着问题。德国刑法不处罚教唆、帮助自杀,但有得承诺杀人罪,2017年又增加了有组织的帮助自杀罪,不过前几天又被德国联邦宪法法院宣布违宪了。在我看来,这个有关违宪的判决,虽然不乏法学家的智慧,但似乎缺少政治家的眼光。德国虽然不处罚教唆、帮助自杀罪,但德国的判例都肯定,教唆、帮助他人自杀的行为人,如果自杀的人在自杀的过程中丧失了自救能力,教唆者、帮助者就有义务救助,否则就成立不作为的故意杀人罪。这显然就有难以说清楚的问题了。既然教唆、帮助自杀本身不是犯罪,凭什么教唆者、帮助者不救助自杀者的时候反而构成不作为的故意杀人罪呢?还有,既然教唆、帮助自杀不是犯罪,凭什么得到承诺的杀人就是犯罪呢?而且,德国普遍认为自杀是一种权利,如果是这样的话,得到他人承诺而杀害他人的,不是为了实现他人的权利吗?为什么要规定为犯罪呢?如果与毒品犯罪联系起来的话,既然自杀是行使权利,吸毒同样也是行使权利,除了强迫他人吸毒与诱使儿童吸毒的以外,其他所有的毒品犯罪都应当实行非犯罪化,但德国却规定了大量的毒品犯罪。这是不是很不协调?

日本刑法把得承诺杀人和教唆、帮助自杀规定在一个法条中,法定刑相同。与德国刑法相比,问题似乎少了一点,但仍然面临着自杀究竟合法还是不合法的问题。如果自杀合法的话,为什么处罚教唆、帮助自杀?如果自杀是违法的,为什么违法?违反了什么法?与此同时,由于帮助自杀与故意杀人的法定刑相差很大,所以,如何区分帮助自杀与故意杀人,就成为一个特别重要的问题。

我国刑法规定了故意杀人,没有明文规定教唆、帮助自杀,也没有规定得承诺杀人。当然,将得承诺杀人认定为情节较轻的故意杀人是没有什么问题的。关键是对教唆、帮助自杀的怎么办?司法实践中有直接当故意杀人处理的,也有不当作犯罪处理的。在我们国家也面临自杀究竟合法还是违法的问题。下面我介绍一下各种学说,然后简单地讲一下临死介助的问题。

(一)自杀合法论

自杀合法论认为自杀是合法的。那么,问题来了,在日本、韩国等规定了教唆、帮助自杀罪的国家,既然自杀合法的话,为什么教唆、帮助自杀是犯罪?为什么规定得承诺杀人罪?对这个问题的回答,有来自两个方面的理由或者理解。

一种是共犯独立性方面的理解。日本的香川达夫教授就是持这种观点。这种观点认为,教唆、帮助自杀就是一个独立犯罪的犯罪行为,跟自杀合法没有关系。也就是说,自杀行为是被害人自己实施的,如果按照共犯从属性说,认为自杀是合法的,教唆、帮助自杀就不可能是犯罪。于是,只好采取共犯独立性说,教唆、帮助自杀行为本身就是独立的犯罪行为。但是,这只是一种形式上的回答。人们一定会追问,按共犯独立性说,这一犯罪侵害的法益是什么?采取共犯独立性说的人还是会说保护法益是他人的生命。但是,既然被害人愿意放弃生命,你又认为自杀是合法的,为什么又认定侵害了被害人的生命呢?

另一种是平野龙一、罗克辛的说法。他们认为,自杀是合法的,但不能由别人介入、参与,别人参与就违法了。但在我看来,这种说法也只是为了说明自杀合法,参与自杀不合法,也不过是形式上的说明。凭什么就不准别人参与一个合法行为呢?合法行为那么多,为什么就唯独不能参与自杀这种合法行为?罗克辛和德国的其他许多学者大体上是这样回答的:被害人自杀虽然是一种权利,但如果由行为人来实施杀害他人的行为,就可能导致被害人改变主意不想死的时候却被行为人杀死了。于是,得承诺杀人在德国是抽象危险犯,而不是实害犯,也不是具体危险犯。也就是说,虽然自杀是合法的,但只能由法益主体自己来掌控自己的生命,在法益主体作出了真挚的承诺之后行为人杀人的,就可能导致他不能掌控自己的生命。因为自己自杀的时候随时可以停下来;在请求行为人杀害自己的时候,不能随时停下来,有可能最后一刻改变主意不想死了却未能停下来,导致被害人死亡了。但是,这样的危险不需要具体判断,所以是抽象的危险犯。我对这个解释有疑问。我完全可以认为,在许多场合,由他人杀害反而法益主体在改变主意的场合可以得救。例如,采取上吊的方法自杀,完全由法益主体自己实施,不是改变主意就可以不死的,相反,由他人实施时,法益主体改变主意的反而可以活过来。吸食或者注射毒药的自杀或者杀人,也是如此吧。所以,我对德国学者的说法持怀疑态度。

总之,一方面说自杀合法,另一方面又要说教唆、帮助自杀以及得承诺杀人违法,是相当困难的。大家想一下,除此之外,还存在其他类似情形吗?也就是说,除此之外,还存在某种行为合法,但教唆、帮助他人实施这种行为却违法的吗?我是一直都没有想出来的,如果你们想出来了就告诉我一下。

(二)自杀违法论

主张自杀违法的人也并不少,即使在德国,也有学者主张自杀违法。当然,有的人侧重说明违反了什么法,有的人只说违法但不说明违反了什么法。各种说法特别多,我举一些重要的说法。

第一,自杀侵害了国家和家庭的利益,所以违法,自杀不成立犯罪只是因为阻却责任。日本的佐伯千仞教授就是这样讲的。所谓侵害了国家利益,大体是因为国家需要人口,没有人口哪有国家。但是,有关参与自杀的犯罪,都是规定在故意杀人罪之后,也就是说,是对个人法益的犯罪,而不是对国家法益的犯罪。当然,也可以进行补正解释,认为故意杀人罪是对个人法益的犯罪,而参与自杀的犯罪则是对国家和社会法益的犯罪。至于自杀侵害家庭利益容易理解,但如果孤身一人没有家庭呢?就不好说侵害了家庭利益。

第二,自杀侵害了周围人的利益,所以违法。日本的林幹人教授就是这样讲的。这似乎解决了第一种观点的问题。一方面,自杀没有侵害国家法益,所以仍然是对个人法益的犯罪;另一方面,即使孤身一人,但周围也必然有人。一个人自杀之后总会给周围的人造成心理上的痛苦或者损害了周围的人的利益,给周围人带来不便。

第三,自杀违反了自然法,这是德国学者施米德霍伊泽尔的观点。也就是说,从成文法上看不出自杀违法,因为这种行为违反了自然法。宗教法、自然法是反对自杀的。你们都知道,康德也反对自杀。

第四,自杀违反了成文刑法,这也是一位德国学者的观点。因为刑法中的杀人不仅包括杀他人,也包括杀自己。人们将故意杀人中的人限定为他人的根据是什么呢?进行限定的时候就是想说自杀不违法,可是为什么先入为主进行限定呢?当然,主张这种观点的人仍然认为自杀没有责任。

第五,自杀是滥用自己决定权,所以违法。因为自己决定权源于生命,既然如此,就不能将自主权的源泉即生命剥夺了。

第六,从刑法的相关规定逆推自杀违法。怎么逆推呢?虽然自杀只能由法益主体自我答责,但仍然是违法的。因为当法益主体自杀的时候,第三者以暴力、胁迫的方式阻止其自杀,在刑法上不可能成立强制罪。强制罪在德国、日本刑法以及旧中国刑法中都有规定,就是以暴力、胁迫方法强制他人做没有义务做的事情或者妨害他人行使权利。既然阻止自杀的行为不构成强制罪,也就是说,既然阻止自杀的行为是合法的,自杀当然是违法的。怎么可能两种针锋相对的行为都合法或者都违法呢?这个说法还是有道理的。我以前也和中国主张自杀合法的教授讨论过。我问:如果法益主体在上吊自杀时,第三者将上吊的绳子剪断,法益主体掉下来之后摔成伤害的,是否构成故意伤害罪?对方说当然构成。但我难以接受这个结论。我们国家、社会都要预防自杀,为什么阻止自杀的行为反而成立故意伤害罪？如果中国刑法增设了强制罪，对阻止自杀的行为也要认定为强制罪吗？我不敢苟同。

此外，我以前在讲课时经常提到过，有没有这样一种可能：按照经典作家的观点，人有两种属性：社会属性和自然属性，人不是独立的存在，人是存在于社会中的。一般的杀人，是把人的自然属性和社会属性都抹杀了。但每个人只能决定自己的自然属性，不能独立决定自己的社会属性，也就是说，每个人只是对自己的自然属性具有自主决定权，但对自己的社会属性没有自主决定权。当然，自然人的自然属性是最重要的，所以，故意杀人的时候当然是对个人法益的犯罪，但自杀的时候因为侵害了人的社会属性，于是就成了对社会法益的犯罪。为什么得承诺杀人、教唆、帮助杀人的法定刑很低呢？因为自然属性的部分被承诺了。

当然，在当今社会，任何主张自杀是违法的观点，都不会主张将自杀当作犯罪处理，因为至少可以从缺乏责任的角度否认犯罪的成立。论证自杀违法，只是为了说明刑法为什么处罚得承诺杀人与教唆、帮助自杀的行为。

（三）自杀放任论

自杀放任论的意思大体是，法律对自杀持放任态度，无所谓合法与违法。从德国、日本的学说来看，绝大部分都不认可这个观点。主张自杀放任论，也回答不了这样的问题：既然国家对自杀持放任态度，为什么对得承诺杀人与教唆、帮助自杀的行为不持放任态度？

（四）其他说法

第一是一体化说。就是说，将自杀和参与自杀作为一体来考虑，既然刑法规定自杀是违法的，参与自杀当然也违法。这种学说认为，生命具有客观价值，法益主体对生命的客观价值的放弃必须受到特别严格的限制。但自杀不符合构成要件，参与自杀则符合构成要件，一体化的理解就可以避免矛盾。

第二是井田良教授的观点，他认为自杀具备结果无价值但缺乏行为无价值，因为刑法没有规定自杀是犯罪，所以缺乏行为无价值。教唆、帮助自杀具有结果无价值，而且刑法又有规定相关构成要件的规定，所以也具备行为无价值,应该作为犯罪处理。不过,在我看来,这也只不过是一种形式的说明。

第三种说法是,自杀违法但缺乏可罚的违法性。也就是说,刑法虽然不能将教唆、帮助合法行为的情形规定为独立的犯罪,但完全可能将教唆、帮助一般违法行为的情形规定为独立的犯罪。比如,我国刑法规定的引诱、容留卖淫罪,这也可以说是教唆、帮助他人实施一般违法行为,但却是独立的犯罪。这样来说的话,似乎也有道理。而且,这样回答也不需要采用共犯独立性说与共犯从属性说。但问题是,当我们说卖淫是一般违法行为时,是有法律根据的,知道这种行为违反了什么法,但如果说自杀违法的话,违反什么法呢?又为什么没有达到可罚的程度呢?

第四种说法是,自杀并不是自由的,或者说自杀是不自由的。自杀并不是一个人深思熟虑后想结束自己的生命,自杀并不是真正的行使权利,自杀一定是很多原因引起的。这种说法相对于东方人的自杀是合适的。东方人的自杀和西方人的自杀是不一样的,西方人的自杀的确可能就是为了自己自杀,中国人的自杀是杀给别人看的。既然不是自己自由的决定,教唆、帮助行为当然可以受到刑罚处罚。

我是一直主张要对教唆、帮助行为定罪处罚的。实质的理由是,中国的自杀者绝大多数都是在迫不得已、万般无奈的情况下才自杀的。在这一点上,一定要注意到东方人的观念与德国人观念的区别,一定要考虑东方人的自杀与西方人自杀的区别。我和一位教授讨论自杀问题时,他极力主张自杀是行使权利,认为教唆、帮助自杀是无罪的。我就编了一个案例:一位15岁的女孩没有考上好高中,她妈妈就对她说:你没有考上好高中,就不可能考上好大学,这样一辈子会很痛苦,不如现在跳楼死了算了,省得以后痛苦一辈子。于是女孩就跳楼自杀了。请问女孩她妈妈的行为是合法的吗?那位教授却说,她妈妈的行为成立故意杀人罪的间接正犯。可是怎么能说她妈妈的行为成立间接正犯呢?显然并不符合间接正犯的成立条件啊!抽象地讨论时,容易发表观点,但遇到具体个案时,就未必那么容易得出结论。但是,在中国,要将教唆、帮助自杀的行为认定为犯罪,必须有法律根据,也就是说,要从刑法上找到根据和理由,而不能只讲实质理由。我的《刑法学》第 5 版第 851 页提出了 6 个方案,你们可以看一下,看还有没有其他方案。当然,任何方案都可能受到批判。

接下来我简单地讲一下临死介助的问题。临死介助是近几年来的新概念,在德国、日本也是比较有争议的话题,其中包含了安乐死、尊严死与帮助自杀等情形。大体来说,临死介助概念涉及五大类问题:一是以去除患者的痛苦为目的,对患者实施了积极的杀害行为。这种情形一般都被认为是犯罪,而且可以说是故意杀人罪。二是为了缓和患者的痛苦,实施的行为有缩短生命的危险,而且事实上容忍、放任这种危险。三是跟法益主体痛苦与否没有什么关系,只是不进行可能延长生命的治疗。四是中止治疗,即原本在给患者治疗,但后来停止了治疗。对上述第二、三、四种情形如何处理,在理论上都存在一些争议。五是帮助自杀的情形。帮助自杀在日本构成犯罪,在德国分为三种情形:其一,单纯帮助自杀的不构成犯罪;其二,业务上帮助自杀或者说将帮助自杀作为业务的构成犯罪,不过,前几天被德国联邦宪法法院宣布违宪了;其三,帮助者在自杀者陷入无意思决定能力时,能够救助自杀者却不救助的,构成不作为的故意杀人罪,这是判例一直坚持的立场,不是刑法的明文规定。

最后给你们介绍一个德国的判例。

1988 年获得灾害外科专业教授资格的被告人,曾经是整形外科医院的辅佐医生,以及灾害外科的住院部医生,从 1985 年到 1995 年,在某大学医院的整形外科当主任医师。1994 年开始,被告人作为柏林的救急诊疗外科医生在诊所工作,也曾做过局部麻醉手术。被告人做了多个形成外科手术,其间也做了多个美容整形手术。2006 年 3 月 30 日,49 岁的健康女性 Sch 到被告人的诊所,从 9 时到 12 时 30 分,接受脂肪吸引手术、除去盲肠手术痕迹的手术,以及肚脐移动手术。被告人违反事实,对 Sch 保证手术当日会与麻醉医生一起做手术。Sch 在手术前与丈夫见面时,问麻醉师是从哪里请来的,一个手术助手回答说"这个由医师一起做"。8 时许,被告人给患者注射了镇静剂,在手术室里,连接了测量心拍数、心脏拍动经过、血压以及血中氧气浓度的监测装置。当时,没有进行为了测定肺的氧气供给的血中气体测定。手术 20 分钟前开始麻醉,其后被告人立即进行了脊髓麻醉。9时左右,被告人为了吸收患者脂肪而向患者腹部注入了脂肪溶解剂。手术终了时(11时到12时15分)又追加了麻醉。12时30分左右缝合伤口时,患者的心脏血液循环产生停滞。被告人在进行心脏按压时,患者开始呕吐。为了让患者口内和喉咙干净,被告人继续进行心脏按压。后来,被告人在患者口腔内插入管子,但该管子不是防止吸收的管子。被告人让患者戴上面罩,供给氧气、肾上腺素以及其他药剂。13时左右,患者的心拍数回复到正常的范围。在此前的12时20分到13时20分之间,患者血压明显下降,曾经给患者投放血压上升剂,但剂量与时间没有记录。14时30分左右,患者的生命征候又回到了正常的范围,但患者外表的状态没有变化。助手问被告人"要不要通知急救医生",但被告人没有明确回复。麻醉作用减弱后,患者的意识没有恢复。被告人延长了自身的诊察时间,定时地观察患者。被告人隐瞒真相,对患者丈夫说:"患者醒来后就一切正常了,但是患者现在要继续睡觉,不能与你说话。"18时左右,被告人再次对患者丈夫说:"患者虽然一切正常了,但由于患者仍然在睡觉,希望夜间将患者送到别的医院。"与此同时,被告人在18时30分左右,也问过急救医院的医生是否有空床位,对急救医院的医生作了相同的说明。被告人于19时10分左右,呼叫了没有救急治疗设备的急救车,19时45分左右急救车到达。急救队员立即认识到没有意识的患者状态的严重性,从四肢的松弛以及肌色、流汗状态来看,需要给患者输氧。被告人起初反对急救队员提出的打开警灯和警笛送往医院的方案。经过争论后,急救队员强行采取了自己的方案。被告人在20时左右将处于昏睡状态的患者送到急救医院治疗时,没有向急救医生说明患者产生过心肺停滞、在其后复苏等情况,没有交付病情的相关资料,也没有说明给患者所投放的药剂等。其后,也没有按规定向急救医院提交患者的相关资料。直到2006年4月3日,被告人才将手术记录、麻醉记录的复印件交给患者丈夫。此后,患者由于脑整体软化,未能恢复意识,于2006年4月12日在医院死亡。这是基本案情,由于专业术语太多,我的翻译可能存在许多错误,但基本过程应该没有大的问题。

地方法院认定被告人的行为构成故意杀人未遂罪与故意伤害致死罪

的想象竞合,判处4年6个月的自由刑,被告人与死者丈夫都上诉,上级法院仅认定被告人的行为构成故意伤害致死,而没有认定为故意杀人未遂,主要理由是难以认定被告人有杀人的故意。

> 课堂提问

问:教唆犯对于正犯行为确定性的问题,也就是说,教唆犯必须教唆确定的具体的犯罪吗?

答:不一定要特别确定的,我觉得按照日常的生活经验去判断就可以。单纯跟对方说"你去犯一个罪吧",肯定不成立教唆犯。至于具体到什么程度,可能要看犯罪类型。比如,就侵犯人身的犯罪而言,可能要比较具体一点,如果只是说"你去害那个人吧",不可能成立侵犯人身权利罪的教唆犯,当然有可能成立帮助犯。但是,如果是就财产犯罪来说,则不必要求教唆犯就具体类型提出要求,如果教唆犯说"你偷也可以骗也可以",正犯接受教唆实施了盗窃行为的,教唆者就可能成立盗窃罪的教唆犯。

问:从观念上来说,可不可以把自己决定权作为最高等级的法益?

答:自己决定权一定是有一个需要决定的内容的,不可能是抽象的自己决定权。我不认为自己决定权比生命还重要,自己决定权源于生命,还是要把生命作为最高级别的法益,否则很多问题解释不了。

问:毒品犯罪规定的法定刑这么重是否合适?

答:我国刑法所规定的法定刑整体来说都比较重,而不只是毒品犯罪的法定刑重。另外,在毒品问题上,中国人受过鸦片之苦,这与其他国家有区别。我1989年去日本的时候,前田雅英教授就提到过这一点,他说对于中国来说,不应当让毒品再泛滥。罗克辛对毒品犯罪的保护法益是公众健康的说法持批评态度,他好像主要是针对软毒品讲的,软毒品有些可能对人的身体没有很大的害处,另外也与自杀合法相关联。但是,想把整个毒品都放开是不可能的事情。

问:为了解决教唆自杀的可罚性,是不是只要采取最小从属性说就没有问题了?

答:不是这样的。第一,就解决教唆自杀的可罚性,采取最小从属性说,还是需要说明自杀本身是不是符合故意杀人罪的构成要件。也就是说,《刑法》第232条规定的故意杀人中的"人"是否包括被害人自己。这本身就是疑问,当然,我觉得这样解释也是有可能的。你们看看法条,在表述伤害罪的时候,都是用的"他人",而在表述故意杀人与过失致人死亡的时候,没有用"他人"一词,就是用的"人"这个词。第二,最小从属性本身也是有疑问的,它可能导致教唆、帮助符合构成要件但具有违法阻却事由的行为的,都成立犯罪。这是不可能接受的。比如,甲知道自己的仇人乙将要对丙实施侵害行为,就想借丙之手杀伤乙,于是唆使丙做好正当防卫的准备。在乙对丙实施不法侵害时,丙对乙实施了正当防卫行为,打伤了乙,甲的目的达到了。如果采取最小从属性说,就可能认为甲的行为成立故意伤害罪的教唆。只有特别崇尚主观主义的人,才会同意这个结论吧。我觉得甲的行为不可能成立犯罪。

问:在甲杀乙的过程中,乙的丈夫丙出来帮助乙,却被甲捅成重伤。对甲的行为是评价为两罪,还是按想象竞合处理?

答:肯定要评价两个罪,对乙是故意杀人,对丙是故意伤害,当然也可能是故意杀人未遂,需要根据案情判断。问题是按想象竞合从一重罪处罚,还是实行数罪并罚。这又取决于甲的行为是一个行为还是数个行为。我感觉在德国有可能评价为一个行为,因而按想象竞合处理。在我国也有实行数罪并罚的可能性。

问:相约自杀,一个人死亡,另一个没有死亡,没有死亡的是否成立故意杀人罪?

答:如果死者没有实施自杀行为,所有的自杀行为都是由活着的人实施的,就相当于得承诺杀人,是可以认定为故意杀人罪的。但是,如果两个人共同实施自杀行为的话,在德国就不会以共同正犯的原理将死亡结果归属于对方,而是属于同时自杀,因为自杀原本合法,不可采取共同正犯的原理。但是,在我看来,在两个人共同实施自杀行为的场合,比如一起购买木炭,一起封闭门窗,一起点燃木炭的,可以认为每个人的行为都对对方的死亡起到了作用,按照共同正犯的原理,似乎也可以将结果归属于活着的人,因而属于得承诺杀人,也可以认定为故意杀人罪。但是,这个问题肯定有争议。

课外作业

这是英国的一个真实案例。乙女与甲男有暧昧关系,乙女唆使甲男用毒苹果杀害自己的妻子丙。甲接受了乙女的教唆,准备用毒苹果杀妻子丙。几天后,甲把毒苹果递给了妻子丙。妻子丙不知道苹果有毒,接过苹果后,自己没有吃,随手将苹果递给身边的小孩丁吃。甲看着妻子丙把苹果给丁吃,就说了一句"不要把苹果给小孩吃",但他没有实施其他任何阻止行为,小孩丁吃了毒苹果后死亡了。

请回答以下两个问题:(1)甲是否成立不作为的间接正犯,或者说,理论上有没有可能存在不作为的间接正犯?(2)乙女要不要对小孩丁的死亡负责?小孩丁的死亡要不要归属于乙的教唆行为?

第三讲

作业解答

这节课讲伤害罪,在讲伤害罪之前,我讲一下上次布置的案例。

我看了你们的作业。关于第一个问题,即是否存在不作为的间接正犯,有的同学认为,行为无价值论会否认不作为的间接正犯,而结果无价值论会肯定不作为的间接正犯。其实,这个问题跟行为无价值和结果无价值没有什么关系。罗克辛教授是比较偏向于结果无价值论的学者,但他认为,这种情形只需要认定为直接正犯,而不需要认定为不作为的间接正犯。另外有一些偏向行为无价值的学者,则认为理论上存在不作为的间接正犯。可以肯定的是,小孩的死亡要归属于甲的不作为。一提到不作为,肯定就要讲作为义务。其实,本案中,甲有两个义务来源:一方面,甲本来对小孩就有保护义务。在我看来,就不履行保护义务而言,是难以存在间接正犯的。也就是说,不履行保护义务应当就是直接正犯。另一方面,甲也有危险监督义务,因为是他将毒苹果递给妻子丙的,这个危险源是他的行为造成的,他要履行危险监督义务,就必须阻止妻子将毒苹果给小孩吃,但是他没有阻止。在这种场合,如果危险源是经由一个不知情的行为现实化为实害了,有可能成立不作为的间接正犯。间接正犯有两个特点:一是直接引起法益侵害结果的行为,不是利用者实施的,而是被利用者实施的;二是利用者对被利用者实施了欺骗或者强制行为。甲的妻子把毒苹果给小孩吃的行为，与间接正犯中的被利用者的行为是一样的，或者说，从事实的角度来说，小孩的死亡是妻子的行为造成的，但由于甲欺骗了妻子，导致妻子不知情，成了甲的被利用者。这个构造与间接正犯相同，而甲的行为又是不作为，所以，可能成立不作为的间接正犯。你们可能认为，甲没有杀害小孩的故意，但显然不能这么说。当他看到妻子把毒苹果给小孩吃时，他只是说了一句不能起到阻止作用的话，这个时候他确定地知道小孩吃了苹果之后会死亡，所以，不能否认他对小孩的死亡具有故意。当然，其他学者完全可能认为，就算是危险监督义务，对于不作为犯来说，认定为直接正犯就可以了，没有必要用间接正犯来说明甲的行为。因为直接正犯与间接正犯本来就只是形式上的区别，而没有实质上的差异。如果你们都这么认为，我也不反对。但是，如果要仔细分析的话，一定要把两个作为义务分开来分析，才能分析得比较细致。

  第二问是乙女是否应当对小孩的死亡负责。你们有不少人回答说要负责，而要负责的理由，要么就说，根据法定符合说，乙女的事实认识错误不影响故意的成立；要么说乙女只是对象错误，不影响故意的成立。可是，对于乙女而言，显然是一个结果归属的问题。首先要判断小孩的死亡要归属于谁的行为，小孩的死亡是甲的不作为造成的，既然是甲的不作为造成的，乙女的行为怎么可能促进了甲的不作为与结果呢？肯定没有啊！既然小孩死亡的结果只能归属于甲男的不作为，当然不能由乙女负责。甲的不作为是独立的行为，与乙的教唆之间缺乏归属关系。当然，如果单纯从条件关系的角度来说，如果没有乙女的教唆行为，小孩确实也不会死亡，但是，仅有这种条件关系是不能进行结果归属的。另外，在共犯案件中，通常只有在正犯存在事实认识错误时，才讨论教唆犯是否存在错误以及存在什么认识错误，但本案的甲男没有事实认识错误，所以，不需要讨论乙女是什么认识错误。至于教唆犯将被害人指认错误了，比如教唆犯本来想教唆正犯杀害A，但他向正犯指认B就是A，于是正犯杀害了B。在这种场合，也可能有对象错误，也可能连对象错误都没有。所以，我一直倾向于认为，教唆犯只有对象错误的可能，而不太可能存在打击错误与因果关系的错误。

【故意伤害罪】

我的《刑法学》(第 5 版)教材上对故意伤害罪的说明并不少,你们自己看看,这里讲以下几个问题。

一、胎儿伤害

如果行为人故意使用药物或者其他器具伤害胎儿,导致该胎儿出生后成为严重精神病患者或者造成四肢缺乏等严重残疾的,能不能认定为故意伤害罪?很省事的观点是,故意伤害罪的对象是他"人"的身体,而胎儿不是人,伤害胎儿的行为不符合伤害他"人"的要件,所以不成立犯罪。还有一种相对实质一点的理由是,堕胎都不是犯罪,伤害胎儿就更不构成犯罪了。

但是,我的感觉是,胎儿伤害的危害比堕胎更严重。堕胎时,我们不觉得有人死了,但是胎儿伤害时则导致一个人一辈子残疾,不能认为其危害轻于堕胎。所以,在刑法理论上,主张定罪的有两种思路:一种思路是,应当将胎儿伤害行为规范地评价为对出生后的"人"的伤害。因为"胎儿何时成为人"属于行为对象的时期问题,而对其生命、身体的"侵害行为何时可能成立杀人罪、伤害罪"则是行为的时期问题,两者不是一回事。另一种思路是,将胎儿伤害评价为对母体的伤害。

我以前是从实行行为与着手的分离的角度来说明胎儿伤害的可罚性的。也就是说,只要论证了"着手实行伤害时存在人",就不致违反罪刑法定原则。但是,对着手的认定不是纯事实的认定,必须从规范意义上理解和认定着手。也就是说,要承认着手与实行行为的分离。我在第一节课就讲过这个问题。比如,甲从清华邮局向海口的乙寄送毒药,在甲寄送之后的几小时,海口的乙就因为心脏病发作死亡了。如果要认定甲的行为成立杀人未遂,明显不合适,充其量只能认定为杀人预备。因为着手是具有侵害法益的紧迫危险的行为,当甲在清华邮局寄送毒药时,还不存在造成他人死亡的紧迫危险。同样,当行为人实施伤害胎儿的举动时,由于这个行为对"人"的伤害的危险并不紧迫,因而还只是预备行为;但是,当胎儿出生为"人"时,便产生了伤害"人"的紧迫危险,随之就导致了对"人"的伤害结果。

后来,我又从另一角度说明了胎儿伤害的可罚性。我是这样讲的:被害人并不需要存在于作为物理表现的实行行为时,只是需要存在于实行行为发挥作用或者产生影响的时候。我在《刑法学》(第5版)中举了这样的例子:《刑法》第137条规定:"建设单位、设计单位、施工单位、工程监理单位违反国家规定,降低工程质量标准,造成重大安全事故的,对直接责任人员,处五年以下有期徒刑或者拘役,并处罚金;后果特别严重的,处五年以上十年以下有期徒刑,并处罚金。"其中的重大安全事故,通常是指导致被害人伤亡。倘若施工单位在5年前建造房屋时降低质量标准,5年后倒塌导致2名3岁儿童死亡的,不会有人否认其行为成立工程重大安全事故罪吧。这是因为,虽然行为时2名儿童尚未出生,但在行为产生影响或者发挥作用的时点确实存在儿童。再如,行为人在孕妇分娩前一个星期,给孕妇邮寄有毒的婴儿奶粉,10天后产妇将这个奶粉给婴儿吃,导致婴儿死亡。对这个行为人百分之百要认定为故意杀人罪。可是,你们看,行为人在实施行为时根本不存在婴儿,也就是说不存在行为对象。但是,行为发生作用时存在行为对象。基于相同的理由,比如,行为人通过技术手段向胎儿投放药物,导致胎儿出生后不久,由于药物的作用而死亡的。倘若行为人对此有故意,也不可能否认故意杀人罪的成立。这也是因为,虽然行为人实施杀人行为时,胎儿还不是人,但在杀人行为发挥作用的时点的确存在人。胎儿伤害与这个没有什么区别。虽然行为人在实施伤害行为时,胎儿还不是人,但行为在发挥作用或者产生影响的过程中,胎儿成为了人,因此,行为成立故意伤害罪。所以,只要行为产生影响或者发挥作用时存在行为对象就可以了,不要求行为时存在行为对象。当然,也可以说,只要在结果发生时存在行为对象就可以了。日本的松原芳博教授就是这样表述的。

二、保护法益与伤害行为

关于伤害罪的保护法益与伤害行为,我的教材上讲的内容比较多,下面介绍三个国家的刑法规定及其理论,日本的就不介绍了,因为有翻译过来的教科书,大家可以自己看。做学问需要有丰富的想象力,想象力丰富了才可以联想很多现象,才可能全面思考各种问题,也才能很轻松地批判你不赞成的观点。可是,如果你只知道国内的学说和案例,是难以丰富想象力的。也就是说,你的阅读范围越广、知道的越多,想象力也就越丰富。我们现在可以看到几本从德文翻译过来的教科书,但千万不要以为那就是德国刑法学的全部,我想说的是,在德国可以见到任何观点。在德国也有学者主张偶然防卫不构成犯罪未遂,而是无罪的,比如 Gropp 教授就是如此,而且不止他一人。也正是为了丰富你们的想象力,我才尽可能多地给你们介绍一些国外的判例与学说。

(一) 德国

《德国刑法》关于伤害罪的规定有很多条文,其中的第 223 条的伤害罪分为虐待他人身体与损害他人健康两种情形。按照德国判例和刑法理论的通说,伤害罪的保护法益是人的身体的不可侵犯性。那为什么要讲人的身体的不可侵犯性?因为德国的伤害罪并不以造成伤害结果为前提。《德国刑法》第 223 条规定的伤害行为包括两类。

第一类是虐待身体。判例和通说认为,虐待身体,是指对身体的健全感(德文 Wohlbefinden)或者身体的不可侵犯性(德文 Unversehrtheit)进行并非轻微程度的妨害或者不适当的对待或处理。比如,打人耳光、用拳头殴打,向他人身上泼大量的酒精,或者涂抹难以擦掉的物质,就属于侵害了他人身体的健全感。行为人使他人丧失身体的某个部位,比如把牙齿打掉了,或者使他人身体的某个部位肿胀,或者将他人的头发剪断,就属于对身体的不可侵犯性的妨害或者侵犯。当然,如果是轻微的身体虐待,则不构成犯罪。比如,只是导致单纯的皮肤发红或者很轻微的烫伤,不会当做伤害罪处理。从这里可以看出,德国刑法规定的虐待身体,包含了日本刑法中的暴行罪的部分内容,或者说,日本刑法规定的暴行罪的部分内容,在德国属于伤害罪。也就是说,德国的虐待身体的范围要比日本的暴行罪的范围窄一点。

第二类是侵害健康。根据判例与通说,侵害他人健康,是指引起了被害人的身体机能从正常的状态向不良的方向发展的状态,或者说,引起了病理学的(德文 pathologisch)状态或者导致恶化;引起的这种状态不需要是长期性的,一时性的也构成侵害健康。在理论上,也有学者不是表述为病理学的状态,而是表述为"疾病的(德文 krankhaft)状态的引起、恶化、维持"。可以看出,在德国,所谓的侵害健康,就是健康的相反概念或者对立概念。如果说通俗一点,就是让人得病了。比如,造成骨折、疾病的感染、使人腹痛、使人呕吐、使人丧失意识、使人感染艾滋病、使人处于 X 光的过度照射状态等,都属于侵害了健康。

在德国存在争议的问题是,行为造成他人精神障碍的该怎么办?这里说的精神障碍,不是指使人得了精神病,而是指使人神经衰弱、抑郁、长期处于不安的状态、长期惊恐的状态、产生应激反应障碍、长期失眠,等等。造成他人这种状态是否构成伤害罪?《德国刑法》第 225 条规定了虐待被保护人罪,其行为包括给予痛苦或者粗暴虐待。就此而言,德国的判例与通说认为,其中的给予痛苦,包括给予精神痛苦,也就是说本罪包括对人的精神的保护。据此,行为引起了他人较长时间的持续或者反复的身体性质的或者精神性质的一定程度的痛苦或者苦恼的,就构成第 225 条规定的犯罪。其中的痛苦,就包括了纯粹精神的痛苦。所以,就第 225 条而言,其保护法益包括了身体的完整性与精神的健全性。但是,《德国刑法》第 223 条关于伤害罪的基本规定是否涉及精神障碍,也就是说,普通伤害罪是否包括造成纯粹精神上的痛苦,在德国存在争议。通说认为,伤害罪的保护法益与伤害内容,仅限于身体的内容,而不包括精神的内容(身体症状限定说)。如果对他人的精神虐待没有同时造成对身体的虐待,就不属于对身体的虐待,因而不成立伤害罪。比如,向他人吐口水的行为,虽然使他人很不愉快,但缺欠对身体的作用与侵害,所以不属于对身体的虐待。但是,如果不只是动摇了精神的平静,而且导致被害人产生神经方面的刺激性炎症,因而形成了可以知觉的症状,则属于对身体的虐待,而且这样的场合也可能同时存在对健康的侵害。通说还列出了其他方面的理由,比如,从伤害概念的历史沿革来看,一直就不包括造成精神障碍;如果包括精神障碍,处罚范围就太大了。

但是,也有学者主张精神症状包含说,即《德国刑法》第 223 条规定的伤害罪,包括对精神虐待或者对精神的侵害。如 Wolfslast 就认为,对人的精神的保护很重要,侵害精神的健康与侵害身体的健康是没有区别的,精神障碍在很多场合是可以跟疾病、病理性的障碍等同的。对精神障碍的程度也是能够判断的。而且,采取精神症状包含说,不会扩大处罚范围,因为在许多场合,要证明因果关系等是比较困难的。

(二) 奥地利

在奥地利,关于伤害罪的保护法益,与德国的表述一样,也是身体的不可侵犯性。在学说上,也有人表述为身体的不可侵犯性和健康,但具体含义没有区别。也就是说,只表述为"身体的不可侵犯性"时,是在广义上讲的,也包含健康在内;表述为"身体的不可侵犯性和健康"时,其中的身体的不可侵犯性是在狭义上说的。

奥地利刑法没有规定对身体的虐待属于伤害行为,但其《刑法》第 83 条规定的伤害概念由两个概念构成:一是伤害身体,二是侵害健康。跟德国刑法的表述(虐待身体、侵害健康)不完全一样。所以,在奥地利,虐待身体的行为本身不可能构成伤害罪,但有可能构成对名誉的犯罪。下面我就奥地利的伤害行为的两种类型作一个简单的说明。

伤害身体,就是指器质性的损伤(德文 Substanzbeeinträchtigung)。奥地利 1971 年的立法理由书说,对身体的不可侵犯性造成的并不轻微的侵害,就是伤害身体。我刚才说了,身体的不可侵犯性有广义和狭义之分。立法理由书就是从狭义上讲的。但是,这样讲总是过于抽象,我们可能难以理解,举具体例子就清楚了。比如,划伤、砍伤、擦伤、导致皮下出血、骨折、脱臼、挫伤、撞伤等,均属于伤害身体。按照多数人的观点,把头发剪掉就是伤害身体,当然,也有少数人认为剪掉头发不是伤害身体。这种器质性的损伤并不要求病理的变化,总的来说,奥地利的判例认定构成伤害的范围很宽泛。只是学者们想限定一下。比如,行为导致他人身体的某一个部位发紫发红,判例就认为构成伤害身体。再如,行为人拔他人头发,导致头皮有点发红的,判例也认定构成伤害身体。对此,理论上一般也认同。但是,行为导致妇女的皮肤上擦伤的面积就像豆子那么大的,判例认为构成伤害身体,理论上则有学者持反对意见。又如,行为导致被害人一平方厘米皮肤的内出血,判例也认为构成伤害身体,但理论上也有人持不同意见。总的来说,奥地利的判例认定伤害罪的范围较宽。

侵害健康,就是指造成机能的障碍(德文 Funktionsstörung)。根据1971年的立法理由书,具体来说,就是指使他人患上疾病或者使疾病恶化。疾病包含身体的和精神的。也可以说,在奥地利,侵害健康不需要区分身体与精神,造成身体的被害与精神的被害,都属于对健康造成侵害。刑法理论也基本上按照立法理由书理解侵害健康。例如,有的学者说,侵害健康,就是指造成与医学上的疾病等价的状态。较多的学者认为,侵害健康的本质是造成机能障碍。比如,使他人中毒、感染疾病、感染性病,或者造成某种细菌感染,以及造成孕妇流产,都是侵害健康。但是,在夜间打骚扰电话导致他人疲劳的,不属于侵害健康。因为这种行为只是单纯地引起了身体的不快感,而没有侵害健康。在奥地利,侵害健康就是健康状态的相反概念或者对立概念。某种症状能否被认定为侵害健康,要根据侵害健康的定义来决定,其基准是,根据行为造成的样态与程度,是否存在可以被认定为疾病的机能障碍。侵害健康的手段没有限制。根据判例与通说,即使采用纯粹精神的作用方式,也可以成为侵害健康的手段或者方法。例如,惊吓他人使之昏厥的,对孕妇造成精神冲击导致流产的,就属于侵害健康。再如,职场中的骚扰行为,导致他人精神疲惫,产生重度睡眠障碍或者产生自杀念头的,都属于造成伤害,甚至可能是重伤害。

顺便指出的是,在日本,抢劫、强奸造成轻伤甚至轻微伤的,都是结果加重犯。但是,奥地利刑法仅将造成重伤害的情形规定为结果加重犯,也就是说,造成轻伤害的不构成结果加重犯。当然,奥地利的重伤害与我们国家的重伤害的判断标准不一样。我国刑法关于结果加重犯的规定中,也只限于重伤害。此外,奥地利刑法明文规定行为人对结果加重犯的加重结果是要有过失的。还有一点不同的是,奥地利刑法规定的结果加重犯的加重结果必须是暴力行为造成的,而不包括胁迫行为造成的加重结果。

(三)瑞士

接下来介绍一下瑞士刑法规定的伤害罪。《瑞士刑法》第122条规定了重伤害罪,第123条规定了轻伤害罪,也叫单纯伤害罪,第125条规定了过失伤害罪,第126条规定了暴行罪。

瑞士的判例与通说认为,伤害罪的保护法益是人的身体的完整性(德文 Integrität)与精神的完整性。例如,代表性的注释书指出:《刑法》第122条以下的规定所要保护的是,作为与生命并列的最高层次的法益的人的身体的完整性与精神的完整性。瑞士联邦法院在判例中指出,《刑法》第123条规定的伤害罪,所保护的是身体、身体的完整性以及身体的健康与精神的健康。基于这样的理解,瑞士刑法中的伤害概念就包含两类:

一类是侵害身体。按照代表性的注释书的观点,侵害身体,就是侵害了作为生命及个人权利的外在表现的身体的完整性。显然,侵害身体大多同时侵害健康。没有侵害健康但侵害身体的典型例子是把人的头发剪断。当然,也有个别学者认为这种行为不属于侵害身体。此外,假牙、心脏起搏器、义肢等人工制造但嵌入身体,且与身体牢固结合的物体,也属于身体的一部分。

另一类是侵害健康。基本上是指引起了病理学的状态,或者使病理学状态恶化,或者导致健康恢复的延迟。在瑞士,健康和疾病是相反的概念,或者说,侵害健康与疾病是同义的。所以,伤害罪的对象并不限于身体健康的人,已经患有疾病的人也是伤害罪的对象,因为使病情恶化的行为也是侵害健康。

顺便讲一下瑞士的暴行罪,根据代表性注释书的说法,暴行就是对他人的身体或者健康进行轻微的、不产生侵害结果的攻击。以前的判例要求给被害人造成一定的痛苦,但由于这一要求导致处罚范围过窄,现在不要求暴行给被害人造成痛苦。只要对他人身体的作用超出了社会容忍的程度,就构成暴行罪。但是,造成很轻微的心理痛苦的行为,不属于暴行,但不排除成立侮辱罪。

(四)启示

从上面的介绍可以看出,上述国家对伤害罪的处罚范围是很宽的。我虽然没有介绍日本关于伤害罪的规定与判例,但可以肯定的是,日本对伤害罪的认定范围也是相当宽泛的。

从我国的司法实践来看，对伤害罪的处罚范围相当窄。主要表现在三个方面：其一是对构成伤害罪的轻伤害要求太高，事实上，在国外几乎属于重伤害的，在我国才成立伤害罪。其二是根本不考虑对精神的伤害。其三，在刑法没有规定暴行罪的情况下，司法机关基本上不认定伤害罪的未遂犯。

对伤害罪的处罚范围如此之窄，并不是刑法规定本身的问题。从逻辑上说，《刑法》第234条第2款规定了重伤害，可以据此认为，第234条第1款规定的是轻伤害，这个轻伤害就应当是单纯伤害或者普通伤害。问题是，达到什么程度就是轻伤害？这是由司法机关决定的。例如，如果想扩大伤害罪的处罚范围，完全可以将造成轻微伤的行为都认定为伤害罪，甚至还可以降低轻微伤的认定标准。也就是说，所有的伤害都可以归入《刑法》第234条第1款的伤害。我一直认为，我们国家的轻伤害的标准实在太高，也许是因为我受国外刑法与判例的影响很大。可是，与侵犯财产罪以及其他较轻的犯罪相比，确实没有理由将轻伤害的标准规定得太高。

接下来需要思考的一个问题是，在我国能否承认精神伤害？德国学者认为，刑法表述的是虐待身体，所以，造成精神伤害的不包括在内。但是，同样是德语国家，奥地利刑法与瑞士刑法也没有明文规定精神伤害（当然，有伤害身体或者侵害健康的表述），但它们的判例与刑法理论普遍承认精神的完整性也是伤害罪的保护法益。我国《刑法》第234条表述的是伤害他人"身体"，但因此就可以照搬德国的判例与学说，将造成精神伤害的行为排除在伤害罪之外吗？也不一定吧！对人的精神保护是相当重要的，一些精神上的伤害比狭义身体上的伤害更为严重，因为有些精神伤害基本上不可能或者难以逆转。当然，对于精神伤害本身的认定以及因果关系的判断确实要困难一些。但这从另一个方面说明，承认精神伤害构成伤害罪，也不会导致处罚范围过宽。

现在刑法理论均认可轻伤未遂不处罚的做法。可是，在刑法没有规定暴行罪的情况下，与寻衅滋事罪中的随意殴打相比较，处罚轻伤害的未遂犯,也不是不可能的,而且也不会违反罪刑法定原则。寻衅滋事罪的法定刑比轻伤害高,但所谓事出有因的殴打行为一般也没有认定为寻衅滋事罪。也就是说,寻衅滋事罪的成立,在刑法上还是受到不少限制的。但是,在不成立寻衅滋事罪的情况下,将暴行或者殴打行为认定为轻伤害的未遂犯予以处罚,也并非不可能。

你们会说,怎么老师讲的与教材上不一样?当然要讲得不一样,教材上的大体上是自认为比较成熟、比较稳妥,容易被司法机关接受的观点。讲课不一样,完全可以讲不成熟的观点,为你们思考和研究提供一点线索和资料。

三、身体与财物的区别

从前面的介绍可以看出,如何区分身体与财物是区分伤害罪与财产罪的一个关键问题。比如,毁坏被害人的义肢的行为,是成立故意毁坏财物罪,还是成立故意伤害罪呢?盗走人家的冷冻精液的,是成立盗窃罪还是成立其他犯罪抑或无罪呢?总共有五个问题需要说明,其中有的结论没有疑问,有的则需要讨论。

第一,人的身体的整体不是财物。

这一点没有什么疑问。我想顺便说明的是我们国家发生的有争议的案件。例如,行为人出于抚养的目的,使用暴力将他人抱着的婴儿抢走了。这个行为显然不成立拐卖儿童罪,问题是是否成立拐骗儿童罪?有的观点认为,拐骗儿童的行为只是表现为通过欺骗手段拐走儿童,而不包括抢劫儿童的行为。持反对观点的人则根据举轻以明重的原理,肯定行为人的行为构成拐骗儿童罪。但是,仅凭举轻以明重的原理来说明有罪是不合适的。举轻以明重是一个很重要的解释理由,但是,根据罪刑法定原则,还必须说明"拐骗"不只是限于欺骗手段,而是包括了暴力取得。例如,《刑法》第240条规定的拐卖儿童,并不是只限于以欺骗方法出卖,同样包括了暴力方法。有的观点则认为,对行为人的上述行为可以认定为抢劫罪。因为婴儿身上穿着衣服,行为人针对这些衣服就构成抢劫罪,可以处3年以上10年以下有期徒刑。那么,问题就来了:其一,如果婴儿没有穿衣服的话怎么办?其二,既然抢走衣服都成立抢劫罪,为什么抢走儿童的,即使认定为拐骗儿童罪,也只能处5年以下有期徒刑或者拘役?当然,后者可以说是法定刑设置的问题,但是,这里还是可以看出难以协调处理的问题:只要婴儿身上穿着衣服,被告人的行为就成立抢劫罪;只要没有穿衣服,被告人的行为就只成立拐骗儿童罪。感觉在这种评价中,婴儿本身的价值远远不如衣服。于是,人们会这样认为:既然抢走衣服的行为构成抢劫罪,那么,抢走没有穿衣服的婴儿的行为,更应当认定为抢劫罪,因为婴儿的价值重于衣服。但是,将儿童评价为财物,是无论如何都不能被人接受的。

第二,与人的身体没有分离的身体的任何一部分也不是财物。

这一点应当容易理解和接受。比如,人的一只手、一只脚,长在人的身上时,就不可能被评价为财物。人体里的血液也不是财物。

第三,与人体分离后,离开了身体的一部分是不是财物?

比如从人体分离后的头发、脏器、血液、精液、细胞等,是财物还是身体的一部分?国外对此存在三种学说,也就是物权说、人格权说与二重性说。物权说认为,这些东西是财物,是物权的对象;人格权说则认为,这些东西不是财物,而是人格权的内容;二重性说则认为,这些东西同时具有物权与人格权的性质。德国1993年有一个民事判决。有位男士事先把精液储藏在某冷冻库里,过了一段时间以后,冷冻库给他发了通知,问是否继续保存精液,如果10天内没有收到回复,就视为放弃继续冷冻。男士立即回复要继续保存,但男士回复的信件由于某种原因在10天内没有到达,于是冷冻库就把男士储存的精液处理掉,处理掉之后收到了男士的回信。男士起诉到法院,法院采取的是人格权说,基于权利人的意思和人的身体再统合、再融合的部分,不能评价为物权的标的,不能评价为财物。

现在,德国对这种从人的身体里分离出来的一部分究竟是身体还是财物的判断,通常采取四阶段判断方法:(1)从人的身体分离出来的部分原则上是财物,盗窃、毁坏该部分的行为成立盗窃罪、故意毁坏财物罪。(2)从人的身体分离的部分预定要回到同一人的身体内的,不是财物。

最典型的例子是,被害人的脸烧伤了,要移植皮肤,医生从被害人臀部割下来的用于移植到脸上的皮肤,就不是财物。如果说不是财物,那么,行为人盗走或者毁坏这块皮肤的,在我们国家就可以认定为伤害罪了。(3) 从人的身体分离出来的部分,最终与此人分离,而与其他人体结合或者融合的,存在争议。比如,从甲身上取下的肾脏、肝脏用于移植到乙、丙身上的情形。这个争议太大,有人说按照上述第(2)种情形处理。问题是,如果按这种观点处理,毁坏或者盗走这些器官的行为,是对供体的伤害还是对受体的伤害？显然不好说是对供体的伤害,因为行为人是在医生从供体摘除肾脏、肝脏之后毁坏或者盗走的。如果是这样的话,只能说是对受体的伤害,也就是说,导致受体不能通过器官移植恢复健康了。但很多人说,这些器官等只能评价为财物。比如,按照上述观点,将血库里的血液盗走,也构成伤害罪。但没有人会接受这种结论。不过,在我看来,这两种情形是有区别的。也就是说,虽然离开了人体的血液与器官都是要融入他人身体的,但是给人的感觉确实不一样。血液抽出来后融入谁的身体,事先不一定知道甚至就是不知道,因为血液就在血库里。但是,器官移植给谁,则是在摘下器官前就知道的。如果不能查明行为人的行为会延误谁的健康恢复,当然不可能认定为伤害罪。因为伤害罪是对个人专属法益的犯罪,而不是对公法益的犯罪。但是,当确定了器官将移植于谁时,盗走该器官的行为,就延误了特定他人的健康恢复,就有可能成立伤害罪。还要考虑的是,在我国,财产罪一般有数额起点,如果不将上述器官评价为身体的一部分,而是评价为财物,就要评价器官的财产价值,可是国家又禁止器官买卖,评价器官的财产价值也不合适,器官与毒品不一样。在这个意义说,将从人的身体分离出来的用于移植的器官评价为受体的身体的一部分,或许更有优势一些。当然,如果采取二重性说,也可能有利于处罚的均衡性。(4) 冷冻储藏以备将来使用的精液这样的物质,德国倾向于认定为身体的一部分。因为这种东西是为了实现身体固有的机能,而且预定要融入他人身体的。这是实现权利主体的典型的身体机能的情形,也可以说是保护权利主体身体的完整性的情形。上述的四步中,第(1)(2)(4)在德国基本没有争议,但第(3)步争议仍然很大。

第四,嵌入人体的义肢、义齿等,是财物还是身体的一部分?

这个问题争议很大。前面说过,瑞士对这种嵌入人体的物质,一般认定为身体的一部分。我的看法是,如果已经与人体高度融合的,完全可以评价为身体的一部分。比如,镶的牙齿、种植的牙齿,就是身体的一部分,打掉这些牙齿的,要按伤害罪处理。当然也不排除同时触犯财产罪。但是,整体的假牙,随时可以卸下来,而且卸下来不影响身体健康的,不应当评价为身体的一部分。心脏起搏器应当评价为身体的一部分,嵌入体内的其他物质,也要评价为身体的一部分。对于义肢则需要区分情形。如果卸下来不影响人体健康,只是暂时不能走路、不能拿东西的,不宜评价为身体,但如果已经与身体高度融合,不可以随便卸下来的,则可以评价为身体。总的来说,与人的身体融合程度越高,就越能评价为身体;融合程度越低,就越容易评价为财物。

不过,在我们国家刑法中存在一个麻烦,因为轻伤害的法定刑较轻,所以,有时候评价为身体反而可能处罚更轻。比如,使用暴力抢走他人的义肢,认定为抢劫罪的话可以处3年以上10年以下有期徒刑;但如果评价为伤害的话,未必能被鉴定为重伤,很可以只处3年以下有期徒刑。这便不公平。就此而言,在许多情形下,采取二重性说,可能更符合中国的刑事立法与司法现实。

第五,尸体是不是财物?

在理论上存在两种观点:一种观点认为是财物;另一种说不是财物,而是人格的残余。但是,我国《刑法》第302条的规定,显然没有把尸体当作财物对待。不过这并不排除尸体属于赃物,也不一概排除尸体在特殊情况下是财物。

四、伤害致死的认定

故意伤害致死是典型的结果加重犯。国外刑法理论对结果加重犯持限制态度,我也是一直持限制态度。中国的与日本的相关文献你们都能看得到,我今天介绍一些德国的判例。当然,有些判例之间会显得不一致,有的判例也遭到了学者的反对。

我先讲一个基本判例。

被告人是一个非洲舞蹈团的舞蹈演员,在德国的几个城市公演。他的妻子 G 也是作为舞蹈演员被雇用。被告人常常虐待妻子,还殴打其他女性团员,因此被通告遭解雇。他因为被解雇不仅丧失了滞留在德国的权利,而且给他迄今为止所努力做的生活计划带来了很大的负面影响,因而他受到了强烈的刺激。妻子 G 留在舞蹈团,享受着新的自由。但这与想带她回国的被告人的想法格格不入。被告人于 2006 年 7 月 31 日,前往 G 所住的柏林的一个公寓的 8 楼,在此住了四天。他想说服 G 和自己一起回非洲,但是 G 不同意,而是想留在舞蹈团。被告人在出发前的 2006 年 8 月 3 日,强烈要求 G 和自己一起回国,并且以杀害相威胁。G 依然拒绝离开舞蹈团,被告人就以自杀相威胁,但 G 仍然不同意回非洲。在激烈的争吵中,被告人手上拿了刀,G 在夺被告人手上的刀时,被告人更为冲动,于是以伤害的意图,用 20 厘米长的厨房用刀向 G 的背后捅了一刀,伤约 4 厘米深。G 慌慌张张地逃进另一侧的卧室,惊吓间从阳台上摔了下去进而死亡。被告人发现 G 进了阳台后,手持刀追了过去,但手未能抓住 G 的身体。G 摔下去之后,被告人立即下楼,将 G 的尸体藏到树林后逃走了(以下称为舞蹈团演员案)。

柏林地方法院认定被告人的行为是危险伤害罪与过失致死罪的所为单一,判处 2 年 9 个月的自由刑。对此判决,检察官提起抗诉,主张被告人的行为成立故意伤害致死罪。检察官认为,原审法院没有将认定的事实评价为《德国刑法》第 227 条的伤害致死罪,是对事实的法律评价的错误。

德国联邦最高法院指出,根据《德国刑法》第 227 条规定,伤害致死罪的成立,以受伤害的人的死亡是由"伤害"引起,且行为人对该死亡结果负有过失为前提。诚然,要满足这一前提条件,仅有伤害与受伤者的死亡之间具有因果关系还是不够,而是要求更为密切的关系。这是因为,只有具有导致被害人死亡的特殊危险的伤害,才属于该规定中的伤害,而且必须正是这一危险在死亡结果中实现了。但是,由于这一犯罪的特殊危险是产生于伤害行为,所以,不要求伤害结果与被害人的死亡之间具有因果关系。即使在死亡的直接原因是被害者的行为所致的场合,在被害人惊慌与因恐惧死亡而逃走这样的场合,只要被害人的这种行为是对犯罪的典型的反应,就可以说构成本罪的特殊的危险在被害人的死亡中实现了。因此,应当认定被告人构成伤害致死罪。因为必须保护自己生命的G陷入了惊慌,试图逃走以致死亡的危险,也是产生于被告人的行为(G在受到杀害威胁后,在没有逃路的情况下,被告人向被害人的背后捅了一刀)。伤害与死亡之间的必然的归属关联,不能因为被害人的行为而中断。因为G鉴于具体的受威胁的状况,其狼狈的逃走行为是对生命的危险的伤害行为的典型的直接反应。G不得不逃出的行为,起因于被告人的伤害行为,其间的因果关系不是只受自律的意思形成过程的影响。柏林地方法院对作为捅刀引起的慌不择路反应的结果而引起的死亡,认定被告人具有过失的责任非难,在法律上没有错误,所以,地方法院可以自己变更该有罪判决。

根据德国刑法理论通说的见解,由于刑法对结果加重犯规定了较高的法定刑,所以,其不法内容不能只是基本犯与其结果的相加,而应当是基本犯的固有危险实现了加重结果,在法定刑下限为3年自由刑,在分类上属于重罪的伤害致死罪(第227条)中,伤害与死亡结果之间仅有条件说意义上的因果关系还不够,还必须有更密切的关系,即伤害所固有的危险直接实现了死亡结果,或者说,内在于伤害的特殊危险实现了被害人的死亡结果。另一方面,《德国刑法》第18条根据责任主义原则规定了结果加重犯的主观要件,即行为人对加重结果至少要有过失。因此,作为伤害致死罪的成立条件一共有四项:(1)具备伤害罪的客观构成要件和主观构成要件。(2)发生了被害人死亡的结果。(3)能够肯定结果归属,这一条件包含两个方面的内容:一是按照一般的归属原则,加重结果能够归属于行为人的行为;二是伤害与被害者的死亡之间具有直接性关联,或者特殊的危险实现关联。(4)行为人对受伤害者的死亡至少有过失,即必须具有危险关联的客观的认识可能性以及死亡结果的客观的预见可能性。本案中,被告人捅刀行为属于危险伤害罪。这一行为显然产生了被害人的死亡结果,但直接的死因是被害人慌不择路的反应造成了摔死,所以,伤害与被害人的死亡之间是否具有直接性关联或者特殊的危险实现关联,就成为问题。对此,原审地方法院认为,被告人的捅刀行为的归属关联,由于被害人的行为而中断了。但是,德国联邦最高法院撤销了这一判断,认为 G 的逃走行为是对危险的伤害行为的典型的直接的(慌不择路的)反应,因而肯定了归属关联。这跟日本的前田雅英教授讲的介入因素的异常与否对结果归属的判断的作用,是一个意思。德国的很多判例都讲这一点。

在德国帝国法院即 1933 年以前的最高法院的判例中,虽然有的认为只要伤害与被害人的死亡之间具有因果关系就够了,但德国联邦最高法院的判例,大多要求两者之间具有更密切的关系,就是刚才所说的,要求伤害与死亡结果之间具有直接的关联,或者具有构成要件的特殊的危险关联,或者特殊的危险实现关联。下面我再举一些判例。

例 1:数名被告人深夜在路上大声喊叫,旅馆主人 D 就跟这些被告人说,如果不安静一点的话就叫警察了,数名被告人就到 D 所在地方,一个接一个地用拳头猛烈地殴打被害人头部,被害人倒在了柏油路面上,而且头碰到地上。此时,一名被告人和另一人还使劲踢被害人的头部,导致被害人头盖骨骨折而死亡。但是,死亡原因究竟是哪一个暴行造成的则不能认定。这个案件没有被认定为共同正犯,只是认定被告人构成伤害罪。其中,德国联邦最高法院的判决指出,伴随伤害、伤害所固有的危险,必须进一步实现了死亡结果。受伤者的死亡不需要由伤害本身直接引起,而是又介入第三者才引起的场合,不能认定有这样的关系,本案就是如此。这个案件似乎不典型,因为没有认定为共同正犯,不能查明是前面的人造成了头盖骨骨折,还是后面的两个人造成了头盖骨骨折,应该主要是事实问题。如果认定为共同正犯,我认为肯定要认定为伤害致死。

例 2:被告人用枪头捅吵架的对方时,误将扳机扣动发射了子弹,导致对方死亡。原判决否认了伤害致死罪的成立。上级法院的判决指出,成立伤害致死罪,要求伤害自身造成了死亡,即直接引起伤害的行为造成了死亡,但本案不符合这一条件,因此,支持了否认伤害致死罪的原判决。

例3：作为警察的被告人，在取缔深夜不遵守饮食店法定闭店时间的行为时，被3名醉酒的人谩骂和威胁，其中一人还对警察实施了暴行，于是，警察利用职务佩枪殴打被害人，并且其后继续殴打倒在路上的被害人的头部，在殴打时枪支意外发射导致被害人死亡。德国联邦最高法院的判决指出，是否适用伤害致死罪的问题是，伤害行为是否导致受伤者死亡，换言之，被告人是不是具有伤害被害人的意思，而且也实施了致人伤害的行为，同时引起了死亡结果。判决进而认定了伤害致死罪的成立。

例3与例2虽然都是枪支走火造成死亡，但结论却不同，可能是因为暴力程度不同，也就是说，例3中的被告人的行为存在特殊的危险。

例4：被告人于1980年11月13日故意使年老的被害人从狩猎用的树上的座位摔到地上，其间有3.5米高，造成被害人的右踝骨骨折，在医院接受手术。同年12月2日出院，被害人在自宅静养，但同月19日陷入急性呼吸困难后死亡。死因是，由于受到伤害而长时间卧病在床，形成了肺栓塞症与肺炎的并发，进而造成心肺功能不全。德国联邦最高法院的判决对此案认定为伤害致死罪。判决指出，伤害致死罪的构成要件，以伤害行为所固有的、对被害人的生命的危险在死亡中实现为前提。当初虽然只不过是没有导致死亡悬念而造成的伤害结果，但其他伴随事项引起了被害人死亡的，也是使生命危险化的伤害行为。在本案这样的场合，被告人使被害人从树上摔下来，就是含有对被害人死亡结果的危险的行为，对被害人生命的危险也实现在死亡结果中。即使当初引起的伤害即踝骨骨折本身不会使生命危险化，也是如此。被害人死亡，是基于并非生活的盖然性的范围外的事件而产生的，也就是说，被害人的死亡是基于通常的生活盖然性的范围而产生的。关节的骨折导致被害人长时间卧床，这并不是一种异常的经过。起因于伤害的长期卧床促发了对生命有危险的肺栓塞症与肺炎，这也并不违反一般经验。这种发展中的危险被误认，没有采取有效措施，进而导致被害人死亡，不能说被害人的死亡与作为其原因的伤害行为之间的关联会盖然性地中断。

这一判例的观点，得到了部分学说的支持。例如，Otto就指出，将行为作为基准符合结果加重犯的本质。因为人们只能控制导致结果的行为,实现在结果中的危险已经作为种子存在于指向结果的行为中。因此,警告机能或者说行为规制机能从危险的行为时点就产生了。据此,就能否排除归责而言,取决于行为人能否预见孕育在基本构成要件行为中的特殊危险在结果中的实现,以及是不是由不能归属于行为人的其他危险实现的。与此相反,有力的学说认为,《德国刑法》第 227 条规定的是导致受伤者死亡,伤害致死罪中,典型的情形是由伤害结果产生死亡结果,所以,"必须是故意实施的身体伤害本身产生死亡结果",或者严格地说,必须是由故意实施的伤害本身即创伤的具体样态产生的死亡结果的危险现实化,这就是所谓的"致命伤说"(德文 Letaitätstheorie)或者"伤害说"。比如,罗克辛教授认为,只有当基本犯所施加的伤害导致被害人死亡时,才能认为充足了《德国刑法》第 227 条的伤害致死罪的构成要件。这是因为,在行为人所实施的伤害是致命的这一点明确的场合,固有的危险才存在于构成要件中。当然,在为了避免伤害而逃走的人摔死的情形,并非处于生活经验的范围之外。但是,这也可能发生在为了避免强制或者没有预定加重结果的其他犯罪而逃走的场合。因此,这并不是构成要件的特殊情形,不能按照《德国刑法》第 227 条来把握。可是,在本案中,死亡结果不是由伤害的危险性引起,而是由医生的过失行为引起。罗克辛教授也不赞成上述说的例 3 的判决,为什么呢?由不注意引起的开枪,可能发生在《德国刑法》第 244 条 1 款第 1 项 a 规定的持有武器盗窃的场合,因为该条对此有规定,但《德国刑法》第 227 条对此没有结果加重犯的规定。

上述的争论,反映出刑法学者对伤害致死罪的加重处罚根据存在不同认识。也就是说,如果认为加重根据是伤害行为对生命所具有的危险性,进而为了强烈压制这种行为,就会支持判例的观点;如果着眼于致命的伤害产生死亡结果这种典型的情形,认为只有在这种场合才承认固有的危险存在于伤害致死罪中,则会反对上述判断的观点。

一般来说,在伤害行为与被害人的死亡之间介入了被害人或第三者的行为,死亡结果由与行为人所创造出的危险不同的另一种危险实现时,原则上就不认定为具备构成要件的特殊危险关联或者特殊的危险实现关联。在舞蹈团演员案中,在被害人由于受行为人的伤害而陷入惊慌状态,为了避免行为人的进一步加害而逃走,进而摔落或者摔倒造成死亡的场合,就不可避免存在争议。

例5:被告人对在母亲家的楼上帮忙做家务的女性G实施暴行,使其手腕受了很深的伤,同时造成了鼻骨骨折的伤害,因恐惧被告人进一步的侵害,G从房间的窗户逃到阳台,结果却摔下去造成致命伤而死亡。德国联邦最高法院的判决指出,在死亡结果最终由第三者的介入或者被害人自身的行为而引起的场合,不能适用刑法关于伤害致死罪的规定;只有当伤害行为直接引起了死亡结果时,才能认定为结果加重犯。本案判决没有详细探讨G担心、恐惧被告人的进一步侵害这一事实,对直接性关联产生了什么样的影响,而是认为只有当G的死亡结果是由被告人自身的行为直接引起时,才能成立伤害致死,由于本案的基本构成要件(《德国刑法》第223条规定的伤害罪)的固有危险没有在死亡结果中实现,因而没有认定为伤害致死罪。

但是,例5这个判决结论与舞蹈团演员案判决,显然存在区别,还有一些判决结果也与舞蹈团演员案相同或者相似。

例6:三名被告人因为金钱上的纠纷在室内对R实施了30分钟的激烈暴行,使R受到头部裂伤等伤害和强烈精神冲击而处于意识蒙眬,陷入惊慌状态,从窗户摔到27米下而死亡。德国联邦最高法院的判决指出,虽然R的死亡是从窗户摔下去,也就是由受害者自己的行为引起的,但在该案的具体状况中,R的行为是被告人先行的伤害行为的固有的危险的结果,也就是说,被害人从窗户摔下去仍然是必然的结果,而不是基于R的意思决定自由这样的自我答责的结果。因此,联邦最高法院支持了原判决认定为伤害致死罪。这个判决,可以说认可了由被害人自身的行为引起死亡结果的场合否定直接性关联这一原则的例外。

例7:数被告人在迪斯科与数名外国人吵架,然后,欲对外国人实施暴行就追赶外国人,其后就放弃了追赶。但外国人中的一名被害人G在逃走的过程中,因为恐惧死亡而逃入某住宅中,把门上的玻璃板踢破了,玻璃碎片划断了右脚的动脉,因出血过多而死亡。德国联邦最高法院的判决引用了上述例3的判决,作出了如下判示:这种犯罪的特殊危险,有时已经产生于单纯的伤害行为,由伤害行为产生的危险实现了,导致被害人死亡的场合,适用《德国刑法》第227条的可能性,不受行为人是否故意引起伤害结果所左右。这是因为,在《德国刑法》第227条规定的伤害致死罪范围内,这种特殊的危险产生于上述被告人的行为,进而导致G的死亡。必要的归属关联也不因为被害人自身的行为而中断。为什么呢?因为被害人的反应是对被告人过激的侵害的一种可以理解的反应。毋宁说,被害人因为惊慌失措而逃走的行为,正是犯罪的特殊情形,是人的基本的自我保护本能。

可以认为,例7的判决显示出这样的观点,即在被害人死亡是由被害人自身的行为或者第三者介入而产生的场合,以欠缺直接性关联为由一律否认成立伤害致死罪的做法失之狭窄。因此,在被害人担心、恐惧眼前的侵害而基于没有思考的反射性举动从而导致自己死亡的场合,可以认为这一危险包含了伤害行为所具有的特殊危险。

从上面介绍的舞蹈团演员案,以及上面的例3、例4、例7等判决来看,可以认为,伤害致死罪中的归属关联,只要存在于伤害行为与被害人的死亡结果之间就足够了,不以伤害结果与被害人的死亡结果之间存在归属关联为前提,也就是说,多数判例没有采取"致命伤说"。即使直接的死亡原因是由被害人的行为造成的场合,只要被害人的这种行为是对被告人犯罪的典型反应,就可以认为构成要件的特殊的危险在被害人的死亡中实现了。在舞蹈团演员案中,被害者G陷入惊慌失措状态,为了逃走而导致死亡的危险,也是行为人的伤害行为产生的。不过,前面讲的例5与此结论或许不同,也许是因为在舞蹈团演员案中,被告人的暴力程度严重,而例5中的被告人的暴力程度相对轻微一些。

从前面的介绍可以看出,就伤害致死罪的认定而言,德国判例并没有一概采取"致命伤说",也难以认为严格要求直接性关联,特别明显的是考虑了两点:一是被告人先前的伤害行为致人死亡的危险性大小,如果伤害行为本身导致死亡的危险性小,就难以认定伤害致死。二是被害人的介入行为以及第三者的介入行为导致死亡时,要考虑介入行为是异常反应还是通常的、典型的、当然的反应。如果是对伤害行为通常的、典型的反应,就可以认为是没有思考的反射性举动,当然不能由被害人或第三者对死亡结果负责。问题是,如何判断被害人或第三者的介入行为是否异常?一方面,被告人的伤害行为的样态、危险程度肯定会影响被害人的反应,另一方面,一定要考虑行为时的所有情形。例如,行为人在车辆来往很多的道路边的人行道上猛烈地打被害人耳光,被害人为了避免继续被打就一下跳到行车道上被车辆轧死了。在这样的场合,即使被害人没有受到对生命具有具体危险的伤害,或者即使被害人的反射性举动或许与将要再受到的侵害相比有失均衡,也可能肯定伤害致死罪的归属关联。再如,人行道边上就是很深的河道或者深沟,被告人在人行道上突然袭击被害人,被害人的本能躲避导致摔到河里或者沟里淹死或者摔死的,也应当肯定伤害致死罪的归属关联。这样来考虑的话,对所谓故意伤害致死中的伤害行为的特殊危险,就不能进行一种脱离时空的抽象的限定;不能说在任何时候一巴掌都不可能致人死亡,所以,不成立伤害致死。伤害行为的特殊危险,需要根据行为时的具体状况、被害人的心理状态等事项进行综合判断。

> **课堂提问**

问:客观的超过要素和客观处罚条件的区别是什么?

答:客观处罚条件是刑法理论大多使用的概念,而客观的超过要素是我提出的一个概念,不是所有人都赞成的,甚至可以说多数人可能都反对。客观处罚条件不是构成要件要素,当然也不是故意的认识内容。也就是说,即使不具备客观处罚条件,行为也可能具备构成要件符合性、违法性与有责性,且有责的不法达到了可罚的程度。但是,客观的超过要素是构成要件要素,如果不具备客观的超过要素,就不符合构成要件,因而有责的不法不可能达到可罚的程度。当然,客观的超过要素,也不是故意的认识内容。只是在这一点上,客观的超过要素与客观处罚条件是相同的。

> 课外作业

被告人用硬质的橡胶棒反复殴打被害者 M 的头部,造成了致命伤,此时,被告人以为 M 死亡了,就将真相告诉了 B。B 立即到了现场,也误以为 M 已经死亡。为了伪装成 M 自杀死亡,B 就将 M 吊在门把手上,其实就是这一行为导致了 M 的死亡。这是德国的一个真实案例。

请回答两个问题:第一,能否认定被告人的行为成立故意伤害致死?第二,如果肯定 B 的行为成立过失致人死亡罪,会不会影响对被告人行为的认定?

第四讲

> 作业解答

先讲一下上次的作业。就第一问来说，你们大多数人都认为被告人要对 M 的死亡负责，也就是说要成立故意伤害致死。德国联邦最高法院也是这样判的。判决指出，尽管在被告人的暴力行为与被害人的死亡结果之间介入了第三者的行为，但仍然能够认定直接性的危险实现关联，进而肯定了伤害致死罪的成立。我的印象中，罗克辛教授也赞成这一判决。因为 B 的行为是以隐瞒杀人事实为目的而将误以为死亡的人吊起来的，这提早了自然死亡的时间，即使如此，也是由被告人实施的致命伤引起了被害人的死亡。当然，在学说上，也有学者批判说，直接性关系的概念极为模糊，不能给规定了较重法定刑的伤害致死罪提供结果的客观归属的界限，所以，一般都是使用"构成要件的特殊的危险关联"或者"特殊的危险实现关联"这样的表述。据此，要成立伤害致死罪，首先要作为基本犯的伤害创造出固有的危险，其次该危险必须在作为特别结果的被害人死亡中实现。也有见解认为，这个问题只是客观归属论的适用情景或者场面。因此，这里的问题是，所谓"构成要件的特殊的危险关联"或者"特殊的危险实现关联"，是只要存在于基本犯的行为与加重结果之间就可以了，还是必须存在于基本犯的结果与加重结果之间，即伤害行为与伤害结果中任一项与死亡结果具有一定关系就可以了吗？对此，判例从帝国法院时代开始,就是将伤害行为与死亡结果之间的关系作为问题的。

在我看来,除了上述认定路径之外,似乎也可结合概括的故意、事前的故意去解释。被告人对被害人实施杀害行为,以为被害人已经死了,为了隐藏尸体把被害人扔到水中,但被害人是被淹死的。通说认为成立故意杀人既遂。把这个观点运用到故意伤害案子里,就要定故意伤害致死。杀人后处理尸体的行为,是一种正常的介入行为,因而前面行为的特殊危险就实现了。也就是说,根据概括的故意的通说,本案的被告人也要对死亡结果负责。倘若B在处理尸体的时候被告人在场,被告人当然要负责。即使被告人不在场,但由于被告人叫朋友B来显然是处理尸体,用概括的故意的理论来处理,让被告人对结果负责,也是可以的。

好像有个别同学是从不作为角度认定被告人的行为成立伤害致死的,我感觉这很困难。因为被告人以为被害人已经死亡了,怎么能要求他履行救助义务呢?如果说被告人有过失,你认定为是不作为造成的死亡,那就不是前面的伤害行为造成的死亡,当然就不能认定为伤害致死罪了。不过,日本的大阪南港事件,是被告人对被害人实施了严重暴行之后,将被害人扔在现场不管,有一个第三人故意介入,导致被害人死亡,倒是可以从不作为的角度去解释被告人的行为成立故意伤害致死或者故意杀人既遂的。

第二个问题,多数同学认为B成立过失致人死亡罪不影响被告人的行为成立伤害致死罪,只有少数同学认为有影响,意思是既然将死亡结果归属于B的行为,就不能再将死亡结果归属于被告人的行为。但我赞成多数同学的回答。即使不是共同犯罪,也存在多因一果的情形。一个死亡结果完全可以归属于不同人的行为。本案就是比较典型的例子,而且,被告人是否在场都没有影响。如果要设想一下的话,可能存在这样的情形:被告人给朋友B打电话说明真相后,自己离开了现场,B到了现场后在处理"尸体"的时候,发现被害人没有死亡,而是具有救助的可能性。但B为了帮助被告人掩盖犯罪事实,仍然伪装了被害人自杀的现场,被害人是后来窒息死亡的。如果是这样的话,我倒是觉得被告人不对死亡负责,只能认定B的行为构成故意杀人罪,被告人的行为成立伤害罪。因为在这种场合,第三者B的介入就是特别异常的了。在刑法理论上,有的学者认为,只要介入了第三者的故意行为,就不能将死亡结果归属于前面的行为人的行为。这是从另一角度来说的。也就是说,第三者介入的故意行为,其实是一种异常的介入,而不是对前面的行为人的行为的典型反应。

【遗弃罪】

接下来讲遗弃罪。

一、遗弃罪概述

我国1979年《刑法》将遗弃罪规定在"妨害婚姻家庭罪"一章中,所以,尽管法条并没有将遗弃罪的行为人与被害人限定为家庭成员之间,但刑法理论的通说仍然把遗弃罪行为主体与被害人定为家庭成员之间,这在当时是可以接受的,因为刑法将遗弃罪规定在"妨害婚姻家庭罪"一章中。将遗弃罪的行为主体与被害人限定为家庭成员之间,必然存在处罚漏洞。也就是说,有些行为明显不是杀人行为,却使被害人的生命处于危险状态,但又不是发生在家庭成员之间,就没有定罪的可能性。除非类推解释,1979年《刑法》规定了类推解释,但没有见到有关遗弃的类推案件。

虐待也一样,从立法论上来说,也不能限定在家庭成员之间。我们前面介绍的德国、奥地利等国刑法,实际上是将虐待罪与伤害罪一样规定的。一个人对另一个人的虐待显然不以属于家庭成员为前提。我没有仔细看现在的《民法典(草案)》,只是偶然发现《民法典(草案)》仅在亲属篇中规定了不得遗弃、虐待家庭成员。但我觉得这样的规定方式太落后了。你们想一想,即使是刑法中的虐待也不限于家庭成员了,比如虐待被监管人、被监护人、被看护人罪,就不限于家庭成员。所以,我向有关机关建议,要对《民法典(草案)》在这方面的规定作一些修改,至少在其他编(比如人格权编)里也必须规定禁止遗弃、虐待他人,而不能只在亲属编里作这样的规定。

国外的刑法,比如德国、奥地利、瑞士、日本等国刑法都会规定遗弃罪,但没有一个国家的刑法是将遗弃罪限定在家庭成员之间的。旧中国刑法也是如此。这是因为,遗弃并不是限于不作为,而且典型的遗弃是将被害人置于危险境地,任何人都可以实施这样的行为,所以,单纯遗弃罪在国外刑法中、在旧中国刑法中,都不是特殊身份的犯罪,而是普通犯罪。只有保护责任者遗弃罪,才是身份犯,但这种犯罪的法定刑要重于单纯遗弃罪。此外,不管是单纯遗弃罪还是保护责任者遗弃罪,都存在结果加重犯,也就是遗弃致死伤罪。

我国现行刑法将遗弃罪规定在第四章的"侵害公民人身权利、民主权利罪"一章中,但是绝大多数学者还是按旧刑法时代的观点进行解释的,仍然要求遗弃罪发生在家庭成员之间。理由可能是:按照沿革解释,遗弃罪原本就限于家庭成员之间;《刑法》第261条关于遗弃罪的表述与1979年刑法的表述完全相同;《刑法》第261条规定的主体是具有"扶养"义务的人,而按照婚姻法的规定,这便限于家庭成员之间。但是,我对这些理由持怀疑态度。首先,沿革解释并不意味着必须按照以前的理解来解释现在的法条。沿革解释的结局完全可能是说,我们现在不能按照以前的理解来解释现在的法条。沿革解释要求我们弄清楚法条的来龙去脉,但绝不意味着永远按照最先的理解来解释现在的法条,否则,其他解释方法与理由都不能发挥作用了。还有一点,如果要讲沿革解释的话,不能只追溯到1979年刑法,还应当再往前追溯,其实,只要追溯到1928年刑法、1935年刑法,就会发现遗弃罪并不限于家庭成员之间。其次,法条的表述虽然没有变化,但法条含义完全可能发生变化,所以,我经常讲,刑法存在一百年就需要解释一百年,刑法存在一千年就需要解释一千年。况且,虽然《刑法》第261条的表述没有变化,但法条所处的位置发生了明显的变化,也就是说,遗弃罪不再属于妨害婚姻家庭的犯罪,而是侵犯公民人身权利的犯罪,所以,完全可以不按妨害婚姻家庭的犯罪来解决。最后,关于"扶养"这一概念的解释问题。这一词不可能产生在婚姻法之后,没有必要按婚姻法的规定解释。更为重要的是,如果按婚姻法解释也不一定能解释得通。在婚姻法中,通常的扶养不包括子女对父母的赡养,也不包括父母对子女的抚养。但我们显然不能这样解释《刑法》第261条的扶养。显然,只能采取广义的扶养概念,才勉强可以解释得通。既然如此,我们就还可以再扩大解释一点。其实也未必是扩大解释。扶养中的扶,就是扶助、扶持、援助的意思,养则是指抚养、赡养。既然不提供食物、医疗都属于拒不扶养,构成遗弃罪,没有理由认为在被害人生命处于危险时不予救助的,不属于拒不扶养,不构成遗弃罪。所以,在现行刑法通过后,我就立即主张遗弃罪不限于家庭成员之间。

我在一本书里讲过新疆发生的一起案件。简单地说,就是养老院将几十名老人带上火车,欺骗他们说外出旅游,火车到了另一个县城之后,行为人让老人们下车,然后就不管他们了。据说一审判决时还有5位老人没有找到。新疆的法院认定为遗弃罪,我很赞成。要认定这种行为成立故意杀人罪或者其他罪,根本不可能。现在养老院必然越来越多,还有孤儿院等,他们对年老、年幼、患病等没有独立生活能力的人,就是负有扶养义务的人,否则,老人们、孤儿们去那里干什么?既然如此,他们就符合遗弃罪的主体要件。

但是,我国刑法规定的遗弃罪,在解释论上还是存在一个障碍,这个障碍源于立法的缺陷。也就是说,我国刑法规定的遗弃罪只有保护责任者遗弃罪,而没有单纯的遗弃罪。我前面讲过,在国外刑法与旧中国刑法中,遗弃罪包括单纯遗弃罪,单纯遗弃罪是任何人都可以实施的,不限于有作为义务的人。比如,一名残疾儿童在马路上走,行为人看不惯,就把他拉到没有人去的茂密的树林里去了,使他处于危险之中,这个行为就是典型的作为形式的遗弃,就是所谓的"移置",也就是将被害人转移到危险场所。但是,行为人与残疾儿童素不相识。这个行为在国外成立单纯遗弃罪,在我们国家怎么处理呢?我是这样想的,在这样的场合,行为人先前的作为使法益处于危险状态,所以他产生对残疾儿童的"扶养义务"也就是救助义务,如果行为人不将残疾儿童带出树林,就属于拒不履行扶养义务,因而成立遗弃罪。这样解释的话,就几乎没有什么处罚漏洞了。因为凡是以作为方式实施移置行为,使他人生命、身体处于危险状态的,虽然不直接成立遗弃罪,但其先前行为产生了作为义务。至于其他义务,则按总论讲的作为义务来源进行处理就可以了。

国外刑法与旧中国刑法都规定了遗弃致死伤罪,但我国现行刑法规定的遗弃罪没有这种结果加重犯的规定。所以,如果遗弃行为引起了被害人的重伤或者死亡,只能认定为想象竞合,也就是遗弃罪与过失致人重伤罪或者过失致人死亡罪的想象竞合,然后从一重罪处罚。

还有一点是存在争议的。也就是说,遗弃罪是只限于对生命造成危险的犯罪,还是包括对身体健康造成危险的犯罪。《德国刑法》虽然将遗弃罪规定在分则第 16 章的"侵害生命的犯罪"中,但是,其第 221 条规定,遗弃行为"因而使他人遭受死亡或者健康严重损害之危险的"构成遗弃罪。这就不限于对生命有危险的遗弃行为了。从这个规定可以看出,在德国,遗弃罪是具体危险犯。日本刑法是在伤害罪之后规定遗弃罪的,所以,判例与多数学说认为,遗弃罪是使被害人的生命、身体处于危险状态的犯罪。但平野龙一等人认为,遗弃罪只是对生命造成危险的犯罪。另外,日本刑法没有明文规定遗弃罪是具体危险犯,但刑法理论上有人主张本罪是抽象危险犯,有人主张本罪是具体危险犯。例如,亲生父母将婴儿扔在警察署门前,确认警察抱走婴儿后才离开。少数持抽象危险犯说的学者认为父母的行为构成遗弃罪,但持限定的抽象危险犯与具体危险犯说的学者则认为不构成犯罪。

二、遗弃罪与杀人罪的关系

在遗弃致人死亡的时候,如何判断行为是仅成立遗弃罪还是成立故意杀人罪,肯定是司法实践经常遇到的问题。虽然也可以说杀人也符合遗弃罪的构成要件,但还是要判断什么样的行为属于杀人行为,什么样的行为只是遗弃行为。

下面介绍一下日本判例是如何认定遗弃罪与故意杀人罪的,这里所说的遗弃罪主要是保护责任者遗弃罪及其致死罪。

首先要说明的是,在日本因为诉因制度的关系,如果检察官只是以遗弃罪起诉,那么,裁判所就只是判决被告人的行为是否成立遗弃罪,而不可能改判为杀人罪。反过来说,如果检察官起诉的是故意杀人罪,但裁判所认为不构成故意杀人罪,也不可能改判为遗弃罪,而是宣告无罪。所以,不排除检察官为了保险起见,而将可能构成故意杀人罪的案件以遗弃罪起诉。总的来说,日本的判例是从主观与客观两个方面进行判断的。

日本裁判所在决定被告人的行为构成何罪时,当然要考虑主观方面的内容,也就是说,如果没有杀人的故意,是不可能认定故意杀人罪的。所以,即使行为样态与被害人的年龄等客观方面相似,但由于被告人的主观方面不同,因而会分别认定为不同的犯罪。例如,被告人对当时1岁8个月的幼儿,在2个月以上不提供生存所必要的食物,导致幼儿因为营养失调全身衰弱而死亡。大阪高等裁判所认定为故意杀人罪(2001年6月21日)。另一例是,被告人收养了未满2岁的儿童,该儿童是不能行走的病弱儿童,被告人不给予充分的照顾和食物,导致儿童因为营养不良而衰弱身亡。原审还认定在本案犯行前,被告人对被害人的面部、头部实施过暴行。札幌高等裁判所认定为保护责任者遗弃致死罪。之所以如此,就是因为不能认定后一案件的被告人具有杀人故意。这种重视主观内容的区分,在日本大审院1915年2月10日的判决中就清楚地表述出来了。行为人收养了一个不满6个月的婴儿,但不充分提供生存所必要的食物,导致婴儿死亡。裁判所认定行为人具有杀人的故意,进而认定为杀人罪。判决指出:"负有养育义务的人,以杀害的意思特意不给被养育者提供生存所必要的食物,而导致其死亡的,属于杀人犯,该当刑法第199条;单纯违反其义务,不提供食物而导致死亡的,只是没有给予生存所必要的保护,该当刑法第218条、第219条。概言之,应根据有没有杀人故意进行区分。"

在刑法理论上,也有学者主张根据有无杀人的直接故意来区分。也就是说,当被告人对于放置不管就会死亡持未必的认识时,就认定为保护责任者遗弃致死罪,只有当行为人具有杀人的意图或者对死亡有确定的认识时,才能认定为故意杀人罪。但是,这一观点被后来的最高裁判所的判例所否认。例如,重症患者家属请被告人为重症患者进行"夏枯涕治疗",被告人只是进行这种治疗,没有让患者接受维持生命所必要的医疗措施,导致患者因为痰形成气管闭塞而窒息死亡。日本最高裁判所认定这一行为构成故意杀人罪(2005年7月4日)。判决指出:"以未必的杀人故意,不使患者接受治疗而放置不管,致使患者死亡的被告人,成立不作为的故意杀人罪。"

不过,可以肯定的是,如果不能确信被告人具有杀人故意,是不可能认定为故意杀人罪的。例如,在气温下降到摄氏5度的寒潮期,被告人将身着薄衣的4岁3个月的男孩放置在阳台上,男孩被冻死。大阪高等裁判所认定为保护责任者遗弃致死罪(1978年3月14日)。之所以这样判决,是因为被害人的死亡结果本身可以说是一个突发事件,被告人有可能没有预见到死亡结果。

但是,不可能仅按有没有杀人故意来确定被告人的行为是杀人罪还是遗弃罪,客观方面的事实肯定是重要的判断依据。根据日本学者的归纳与分析,总的来说,日本裁判所在客观方面主要考虑的是以下几点。

第一是考察有无严重的先前行为。

被告人在实施具体行为之前,存在严重的先前行为的,比如对被害人实施严重虐待行为的,对处于其支配领域的被害人放任不管的,容易认定为故意杀人罪,因为这种先前行为本身就有致人死亡的危险。

例如,几名被告人用铁棒对被害人的头部、面部、肩部、腰部等部位实施多次强烈暴行后,导致被害人陷入重伤状态,但被告人因担心被追究刑事责任,而没有采取有效适当措施,导致被害人死亡。东京地方裁判所八王子支部认定为故意杀人罪(1982年12月22日)。再如,被告人是养父,他与妻子共同对2岁女儿的头部实施严重的暴行,而且作为惩罚,经常不提供饮食,导致女儿因为伴有脱水的循环不全等而死亡。在此之前,夫妻二人还经常对女儿实施严重的虐待和暴行。埼玉地方裁判所认定被告人的行为构成故意杀人罪。

又如,被告人1岁7个月的次子处于极度的营养失调状态,但被告人没有提供让医生诊断治疗等生存所必要的保护措施,使其衰弱死亡。当时其2岁6个月的长子也处于极度的营养失调状态,被告人也放任不管,而没有提供生存所必要的保护。神户地方裁判所认定被告人的行为构成保护责任者遗弃罪与保护责任者遗弃致死罪(2002年6月21日)。之所以没有认定为故意杀人,一个重要原因是不存在虐待等先前行为。

当然，先前行为必须是严重的先前行为，而非没有限定的先前行为。例如，被告人是生下婴儿3个月后的母亲，与其丈夫共同负有保护该婴儿的责任，但她不给婴儿充分的授乳，使婴儿处于低营养状态而放任不管，导致婴儿死亡。解剖时发现，婴儿有陈旧性的肋骨骨折，左大腿骨折，以及脑挫伤等，均在治愈过程中。埼玉地方裁判所认定为保护责任者遗弃致死罪（2002年2月25日）。本案中虽然存在虐待的痕迹，但不能认定有严重的虐待行为，故没有认定为故意杀人罪。

再如，被告人在驾驶机动车时，过失与被害人相撞，造成骨盆骨复杂性骨折以及头盖骨骨折等伤害。被告人为了将被害人送到医院，而使意识不清的被害人坐在副驾驶位上，但因为担心被人发现自己的犯行，就想将被害人遗弃在适当的场所，被告人认识到被害人处于极为危险的状态，但没有采取救护措施，而是继续驾驶，后来被害人在该车内死亡。东京地方裁判所认定为故意杀人罪（1965年9月30日）。先前的肇事行为属于严重的先前行为。

不过，我认为，后面的行为是否成立杀人罪，与先前的行为是否严重，应当是没有必然关系。如果先前行为产生了紧迫危险，只是意味着行为人产生了作为义务，但不作为的杀人与保护责任者遗弃时，都是有作为义务的。在我看来，考虑严重的先前行为，实际上是一种综合性的判断，尤其是为了说明行为人具有杀人故意。

第二是判断作为义务的程度。

遗弃罪是对生命、身体的危险犯，所以，作为遗弃罪的成立基础的危险，是比较轻度的、不会直接造成被害人死亡；但要成立故意杀人罪，则必须是与死亡有直接联系的具体的危险。与之对应，保护责任者遗弃罪的保护义务，是使受保护者回避生命危险义务的"宽泛的、程度较轻的义务"；而杀人罪的作为义务，是在"个别的、具体的生命的危险存在于被害人时，对该危险的回避义务"。其实，在我看来，所谓作为义务的程度，实质上是指被害人当时的生命危险程度。但日本有学者是将作为义务的程度与被害人当时的生命危险程度区分开来的，下面我会讲到。

例如，被告人在驾驶机动车时过失撞了步行的被害人，造成了需要6

个月治疗的伤害,其中有大腿骨复杂性骨折,头部外伤,右下腿碰伤等。被告人为了救助而让被害人坐在副驾驶位上,在行驶过程中,为了避免事故被人发现,就将被害人放置在行人较少的道路边的低洼处,然后逃走。东京高等裁判所考虑到被害人的伤势程度,以及事故当晚的气温,放置的场所,被害人的状态等,认定被告人的行为构成故意杀人未遂(1971年3月4日)。再如,被告人将不能步行的身体障碍者即被害人带到山中,夺取其现金后,就将被害人放置在山中而离去,但山中没有人,而且是严寒时期的深夜。被害人一整晚在山中爬行,偶然发现了洞口小屋而得救。前桥地方裁判所高崎支部认定为杀人未遂(1971年9月17日)。在这两个案件中,考虑到行为时的环境以及被害人的身体状态,可以认为明显存在对生命的紧迫危险。

再如,被告人在驾驶机动车时,因过失碰到了被害人,导致被害人受伤(需要10天治疗,其中包括上眼部挫伤、左腕关节及膝关节部位的擦伤),被告人将被害人放置在附近没有人家、行人较少的水池边后离去。大阪高等裁判所认定为保护责任者遗弃罪(1955年11月1日)。本案之所以没有认定为杀人未遂,是因为被害人当时受到的伤害比较轻,不存在死亡的具体危险。

第三是履行作为义务的难易程度。

作为可能性是不作为犯的构成要件要素,履行作为义务的难易程度,不仅能够表明不法程度的轻重,而且也有利于判断行为人是否具有杀人故意。这个比较容易理解。

第四是实行行为性的判断。

前面我说作为义务的程度实际上是被害人的危险程度问题,但是,日本有学者认为,被害人的危险程度如何,是判断实行行为性时应当考虑的问题。因为实行行为是按照类型确定的、使结果的发生具有危险性的行为。一般来说,在作为犯中,是着眼于行为本身的危险性来判断实行行为的有无的,但在不作为犯中,难以着眼于不履行义务的行为本身。因为所有的不作为犯都是没有履行义务,所以不得不考虑被害人面临的危险程度。

例如，被告人对处于休克状态但仍活着的婴儿不采取任何救助手段予以放置，因天气寒冷导致婴儿身体机能低下而死亡。后来，被告人用报纸、毛巾将尸体包裹后扔入河中。东京高等裁判所认定为故意杀人罪（1960年2月17日）。处于休克状态的婴儿，生命当然处于紧迫的危险之中，所以，对应的不履行义务的行为就具有故意杀人罪的实行行为性。

再如，被告人对只能躺在床上的79岁的母亲放任不管，不提供适当的食物，也不采取医疗措施，而且将被害人一人留在家里，自己离家出走，母亲被饿死。显然，被害人面临的是紧迫的生命危险。所以，埼玉地方裁判所认定被告人的行为构成故意杀人罪。

第五是结果回避可能性的判断。

如果没有结果回避可能性，也就是说即使行为人履行相关义务，也可能发生死亡结果的话，裁判所一般认定为保护责任者遗弃罪，不会认定为保护责任者遗弃致死，除了明显属于杀人行为外，一般也不会认定为故意杀人罪。

例如，被告人的母亲与妻子有矛盾，母亲对妻子实施了严重暴行，被告人发现后，为了使婆媳之间不再争吵，也为了避免母亲被逮捕，而没有对妻子采取为其生存所必要的措施，导致妻子死亡。札幌地方裁判所之所以仅认定为保护责任者遗弃罪，是因为即使被告人采取救治措施，也不能否认被害人在送去医院的途中就会死亡，所以，被告人的行为与被害人的死亡之间没有因果关系。

再如，被告人与被害女性一起服用被告人提供给被害女性的MDMA，在其陷入急性中毒精神错乱后，被告人没有对被害女性采取适当的措施，该女性死亡。东京高等裁判所仅认定为保护责任者遗弃罪。之所以如此，是因为不明确如果采取适当措施能否回避死亡结果的发生，因而否认了对死亡结果的归责。

上面这些说法，可以供我们参考和借鉴。我下面再举一些日本的判例，你们有可能认为，有一些行为在我国应当认定为故意杀人罪。

（1）行为人收养了2岁的幼儿，但没有提供适当且充分的食物，导致幼儿营养不良。日本最高裁判所认定为遗弃罪。

（2）与87岁的老父亲共同居住的被告人，与其兄弟一起将父亲带到山中的炭烧屋中，兄弟回来后，被告人在山中看护了一晚就离开了，后来老人死亡。日本最高裁判所认定为保护责任者遗弃致死罪。

（3）雇主请了一名雇员，雇员在雇主家一起生活，后来雇员得了急性肺炎，雇主解雇雇员，强行让雇员离开家，雇员离开后死亡。日本最高裁判所认定为保护责任者遗弃致死罪。

（4）被告人是对没有起居能力的73岁的老太太具有保护责任的人，但他不给老太太提供适当的食物，完全不给老太太打扫房间，导致房间堆满了粪便，被排泄物浸泡，床上用具腐烂，衣服上长满蛆和虫类等。日本最高裁判所认定为保护责任者遗弃罪。

（5）被告人将患者带回家与之同居，其间患者病情恶化，丧失了身体自由，但被告人仅提供少量食物，也没有提供医药，导致患者死亡。日本最高裁判所认定为保护责任者遗弃致死罪。

（6）被告人和患有精神病的继母发生矛盾，于是将继母赶出家门。冬天很冷，但被告人关上门，缺乏自我生存能力的继母因为肺气肿恶变后死亡。裁判所认定被告人的行为成立保护责任者遗弃致死罪。之所以这样认定，是因为被告人与一般人都不知道被害人患有肺气肿疾病。所以，如果被害人是被冻死的，则有可能认定为故意杀人罪。

（7）被告人（应该是父母二人）将4岁的儿子赶到最低气温零下7度的自家卫生间里，让其在卫生间过了一夜，尽管儿子在卫生间摔倒而求助，但还是不予理睬，30分钟后儿子被冻死。被告人在此前的一个月左右的时间里，还对儿子实施过超出惩戒范围的暴行，使其受伤。尽管如此，日本最高裁判所也只是认定为保护责任者遗弃致死罪。

（8）被告人在驾驶机动车时，过失造成了行走中的被害人不能行走的重伤（经鉴定，由于机动车碰撞，被害人受到了需要经过3个月治疗的伤害，其中包括面部的擦伤、左小腿开放性骨折）。其后，被告人让被害人坐上自己的机动车离开事故现场，到了一处因为降雪而比较阴暗的车道上时，欺骗被害人说去叫医生，让被害人下了车。被害人并没有死亡。日本最高裁判所认定被告人撞人后的行为成立保护责任者遗弃罪。

(9) 与被告人有情人关系的被害人在深夜醉倒在车站前,被告人发现后,想带其回家,但是带不动,为了让被害人醒酒,就脱掉其衣服让其全裸而不能走路,将被害人放置在稻田中后自己就回家了,被害人冻死了。日本最高裁判所认定为保护责任者遗弃致死罪。

(10) 怀孕 26 周的孕妇去堕胎,妇产医院的医生实施堕胎手术后,胎儿没有死,相当于早产,医生就把婴儿放在医院里,放了 54 小时后,婴儿死亡。日本最高裁判所认定为保护责任者遗弃致死罪。

(11) 13 岁的幼女被几名被告人注射了兴奋剂后,幼女处于精神错乱状态,但被告人没有采取救治措施,而是将幼女放在宾馆房间后就离开了,幼女由于兴奋剂导致急性心脏病而死亡。日本最高裁判所认定为保护责任者遗弃致死罪。

(12) 被告人收养了未满 2 岁的儿童,该儿童是不能行走的病弱儿童,被告人不给予充分的照顾和食物,导致儿童因为营养不良而衰弱身亡。原审还认定在本案犯行前,被告人对被害人的面部、头部实施过暴行。札幌高等裁判所认定为保护责任者遗弃致死罪。

(13) 被告人在驾驶机动车时过失撞了被害人使之受伤(左前额长约 5 厘米深过骨膜的挫伤,左眼睑部外侧长约 3 厘米深达骨膜的挫伤,被害人还因为脑震荡而产生意识障碍,不可能独立地从事正常的起居生活动作),然后将被害人从行车道上转移到人行道上后便离去,被害人在意识障碍的情况下在人行道上翻身(反转)时掉到旁边的沟里,因为沟里的污水而溺死。东京高等裁判所认定为保护责任者遗弃致死罪。

(14) 驾驶机动车的被告人引诱步行者即被害人坐在自己车的副驾驶位上,在行驶过程中被害人要下车,但被告人不停车而继续驾驶,被害人跳下车后身受濒临死亡的重伤(伴有脑挫伤的头部外伤、头前部挫创,左肩关节部骨折,背部、左手上腕、右手上腕也有伤害),被告人担心被人发现而将被害人转移到农田的低洼处,然后逃走。东京高等裁判所认定为保护责任者遗弃罪。

(15) 声称具有超能力的几名被告人,接受儿童父母的请托,在对患有疑难病的 6 岁的男孩进行疾病治疗,以及对重度的早产儿的保育的过程中,只是反复实施类似祈祷的行为,而没有采取生存所必要的医疗措施,导致2名儿童死亡。福冈高等裁判所认定为保护责任者遗弃致死罪。

(16)在3岁的女儿陷入极度瘦弱状态时,被告人仍不给女儿提供适当的食物,而且不让女儿接受医生的治疗,就将女儿安放在纸箱里,导致女儿饥饿死亡。名古屋高等裁判所认定为故意杀人罪。

(17)被告人对11岁的女儿仅提供很少的食物,导致其在饥饿状态下衰弱死亡。广岛高等裁判所认定为保护责任者遗弃致死罪。

(18)几名被告人与处于雇员或同事关系的被害人一起喝酒,被害人酒醉后,被告人将被害人带到车站途中,由于对被害人的言行举止感到愤慨等原因,就将倒在电车岔道口的被害人放置在原地,被害人后来被很快到来的电车轧死。横滨地方裁判所认定为保护责任者遗弃致死罪。

(19)被告人在驾驶机动车时,过失与被害人相撞(被害人约需3个月的治疗,其中头部、面部有挫伤,头盖部皲裂骨折,右桡骨下端骨折,右正中神经麻痹等)。被告人为了救助被害人而使其坐在副驾驶位上,但在行驶途中,为了避免罪行被发现,就将意识不清的被害人放置在不容易被人发现的场所,被害人恢复意识后求人救助,因而幸免于难。横滨地方裁判所认定为故意杀人未遂。其中考虑到了被害人的状态、时间、寒冷的气候等。

(20)被告人在驾驶机动车过程中,过失与被害人相撞,造成约需要2个月治疗的伤害,其中有脑震荡、后脑部挫伤、右腓骨骨折等。被告人一度将被害人移到自己车内,但由于担心被追究损害赔偿责任,就将如若不借助他人的力量就不能自己实施正常起居动作的被害人放在光线较暗的路上,然后逃走。神户地方裁判所认定为保护责任者遗弃罪。

(21)丈夫由于妻子出走而自暴自弃,不吃不喝待在家中,同时也不给8个月的男孩提供任何食物,男孩因急性饥饿死亡。名古屋地方裁判所认定为故意杀人罪。

(22)同行中的同事被刺后,因大量出血而陷入不可能独立实施起居动作的状态,同行的被告人没有采取呼叫医生等救护措施,而是放置不管而离去。冈山地方裁判所认定为保护责任者遗弃罪。

（23）被告人在驾驶机动车时，过失与被害人相撞，造成被害人肋骨骨折和右肺损伤，被告人意识到车下可能拖着被害人，但为了逃亡而继续驾驶，导致被害人死亡。鹿儿岛地方裁判所认定被告人的行为成立故意杀人罪。

（24）被告人在驾驶机动车时，过失与被害人相撞，造成被害人头部裂伤、肝破裂等伤害，因担心被追究刑事责任，而放弃了救护的意思，将被害人搬入机动车副驾驶位后，离开了现场继续驾驶，被害人在被告人驾驶的过程中死于车内。盛冈地方裁判所认定为保护责任者遗弃罪。因为被害人在受伤后，短则几分钟长则几小时就要死亡，即使当时采取救护措施，也不能回避死亡结果的发生，因而否定了不作为与死亡结果之间的因果关系。与此同时，也不能证明被告人认识到有救助可能性却放弃了救助的意思。

（25）被告人与带着3岁的被害幼儿之母亲同居，共同生活数日后，与幼儿的母亲共谋，将幼儿放置在东名高速公路上后离去。东京地方裁判所认定为保护责任者遗弃罪。

（26）被告人和4个小孩一起生活，4个小孩分别为14岁、6岁、3岁和2岁，为了和一个交往中的男性共同生活，被告人将4个小孩扔在家里，自己离家出走。其间共有半年，在这半年里，被告人回来过两次，提供过一些食物，给他们每个月7万日元生活费。半年后，3岁的小孩陷入严重营养不良状态，2岁的小孩被14岁小孩和其朋友责打而死亡。东京地方裁判所认定为保护责任者遗弃罪和保护责任者遗弃致伤罪。

从上面的介绍可以看出来，其中的一些被认定为遗弃致死罪的案件，如果发生在中国，同时认为中国的遗弃罪仅限于家庭成员之间的话，那么，这些案件要么无罪，要么成立故意杀人罪，这显然不合适。在无罪与故意杀人罪之间，如果有一个不限于家庭成员之间的遗弃罪，就可以协调处理各种案件了。

【强奸罪】

下面讲强奸罪。大体而言,强奸罪经历了三个重大变化阶段:一是保守主义的强奸观念,将强奸视为对父母、丈夫的财产的犯罪。根据这种观念,强奸妓女就不构成强奸罪。二是自由主义的强奸观念。认为强奸罪的保护法益是妇女的性的自主权,所以,客观方面也强调要有暴力、胁迫或者其他强制的方法。三是激进主义的强奸观念,认为强奸罪是男性为了炫耀自己的征服感,而对女性的践踏、侮辱。不过,在我看来,现在已经进入到第四个阶段了,我还没有见到相应的概念。

西方一些国家受女权主义的影响很大,一方面认为自由主义的强奸观念处罚范围太窄,不利于保护妇女的性行为自主权;另一方面认为激进主义的强奸观念对女性有歧视,比如,只规定男性成为强奸的主体,就是对女性的歧视,主张女性也可以成为强奸罪主体。

总的来说,现在的强奸罪或者叫强制性交罪的处罚范围比以前宽多了。下面我简单地讲几个问题。其中,主要介绍一下外国刑法近几年来对强奸罪的修改。

一、强奸罪的保护法益

通说大多认为,强奸罪的保护法益是性行为自己决定权。不过,现在有许多其他的说法。其中,有的是对性行为自主权的进一步具体表述,比如,日本的井田良教授说,强奸罪的保护法益,是被害人对侵害自己身体的隐秘领域(隐私部位)的性行为的防御权。一讲到防御权就可能要扩大处罚范围,比如,只要被害人说"不可以""停下来"等,被告人仍然继续实施性行为的,就构成强奸罪。但是,有的表述则更为抽象。比如,日本有学者认为,强奸罪的保护法益是被害人的人格尊严,这个说法很抽象,但其实也是旨在扩大强奸罪的处罚范围。可以认为,只要性行为没有尊重被害人,就可能构成强奸。再如,比利时的通说认为,强奸罪的保护法益是被害人的身体的完整性。这个只可意会,难以言传。日本还有学者将强奸罪解释为性暴行或者性暴力,所强调的是降低强奸罪中的暴力、胁迫程度的要求,主张任何程度的暴力、胁迫都可以构成强奸罪。

但可以肯定的是,不能将性的羞耻心当作强奸罪的保护法益。比如,强奸卖淫女时,被害人可能并不觉得有什么羞耻,但不能否认强奸罪的成立。再如,奸淫儿童时,儿童也可能并没有产生羞耻感,但不能否认强奸罪的成立。

也不能将名誉作为强奸罪的保护法益。不可否认的是,强奸罪有可能使被害人的名誉受到贬损,但是名誉是由侮辱罪、诽谤罪来保护的。你们可能会问:刑法规定,在公共场所当众强奸妇女的,在我国是法定刑升格条件或者是加重构成要件,这是否意味着在这种场合,加重的强奸罪保护被害人的名誉?但我也不这么看。因为性行为的自主权是有具体内容的,被害人特别反对的,相对于被害人而言就是特别重要的。性行为非公开化是一项重要原则,公开化的强奸当然表明对被害人的性行为自主权的侵害更为严重,也就是不法程度更为严重,所以,需要提升法定刑。如果只是从名誉的角度来说,是难以说明的。比如,侮辱、诽谤罪的保护法益是名誉,但其法定最高刑只有 3 年徒刑。如果说在公共场所当众强奸妇女是因为侵害了妇女的名誉,则不至于使法定刑提高那么多。更为重要的是,说强奸罪保护被害人名誉的说法,与前面所述的保护妇女的性的羞耻心的说法没有什么区别。根据这种说法,行为人在公共场所当众强奸卖淫女,可能就不适用加重法定刑了,这显然不合适。

我还是认为,强奸罪的保护法益是被害人的性行为自己决定权,其具体内容我在下面会讲。

二、行为对象与行为主体

在强奸罪的行为对象仅限于妇女的刑法中,直接正犯只限于男性,但妇女不仅可以成为强奸罪的教唆犯与帮助犯,而且可以成为强奸罪的间接正犯与共同正犯。这一点在国外基本上没有争议。所以,强奸罪不可能是亲手犯或者自手犯。

现在,越来越多的国家和地区不将强奸罪的行为对象限定为妇女,而是包括男性在内。所以,不仅女性可以对男性实施强奸,而且同性之间也可以实施强奸。当然,这也取决于各国刑法如何规定性交的定义。这一点后面会讲到。

我要提一下法国刑法关于强奸罪的规定。法国的旧刑法也是将强奸罪的行为对象限定为女性,但现行刑法规定强奸罪的行为对象既可以是女性,也可以是男性。不过,法国刑法对强奸罪规定的是"性的插入行为"或者"性的进入行为",当男性是强奸主体的时候当然没有什么疑问。问题是当女性强制男性与自己性交时,由于女性一方并没有性的插入行为,能否构成强奸罪就存在争议。一种观点认为不构成强奸罪,另一种观点认为构成强奸罪。法国的破弃院指出:"根据刑法第 111-4 条、旧刑法第 332 条、刑法第 222-23 条的规定,强奸罪只有在行为人对被害人实现了性的插入行为时才能成立。"因此,女性使用暴力、胁迫方法强制与男性性交的,不成立强奸罪。如果严格解释强奸罪的法条文字,在不具有性的插入行为的场合,女性不足以成为强奸罪的主体,当然,女性可以成为强奸罪的共犯、共同正犯。

强奸罪主体的另一个问题是,丈夫可否成为强奸妻子的主体。奸淫一个词,从起源上看是不包括丈夫与妻子的性交行为的。宗教上所说的不得奸淫,就是指不得与不是自己妻子的人有性行为。但这一点在国外的理论上没有什么争议,因为刑法没有明文将妻子排除在强奸罪的行为对象之外。德国刑法以前规定的是强奸婚姻外的女性,但后来将这一限定删除了。删除了这一限定,就意味着丈夫可以成为强奸妻子的主体。不过,在各国实践中,也并不是人们所想象的那样,丈夫在任何时候都可能构成对妻子的强奸罪。

再讲一下法国刑法的相关规定与判例。在法国,男性强行与前妻、同居的女性、婚约者发生性关系的,没有争议地构成强奸罪。但是,关于夫妻之间是否成立强奸罪,则有一个变化的过程。在 1980 年的性犯罪规定修改以前,以民法上将性关系作为夫妻间的义务为前提,所以,即便丈夫强奸妻子,也不会认定为强奸罪。在 1980 年修改了性犯罪规定后,判例上并没有发生很大的变化。但法国破弃院认为,在离婚争议中的强奸、以枪支相胁迫的性交、第三者在场时的强奸,以及伴随有野蛮行为、拷打等异常行为的强奸,应当认定为强奸罪的成立。其后,法国在1992年才全面承认夫妻间只要没有经过同意就成立强奸罪。为了预防夫妻间的暴力以及对未成年人的暴行和强化对这种行为的处罚,法国于2006年4月4日新设了《刑法》第222-22条第2款:"强奸罪以及其他性攻击犯罪,包括强奸及性的侵害行为发生在缔结了婚姻关系的场合,不管行为人与被害人之间存在的性关系如何,在本节所规定的状况下,对被害人实施时均成立。在这种场合,只要没有反证就推定夫妻间对性行为的同意。"但是,这种关于推定的规定受到了批判。2010年7月9日,又删除了上述条文中关于推定的规定。于是,根据法国的现行刑法,由于在刑法上夫妻间不存在进行性交的义务,所以,即使在夫妻间,只要没有征得对方的同意,比如使用暴力、胁迫等手段实施了性的插入行为的,就没有疑问地构成强奸罪。

比利时刑法在修改性犯罪时,没有就夫妻之间的强奸作出特别规定。之所以没有规定,是因为比利时认为,强奸罪保护被害人的身体的完整性或者完全性,既然如此,不管被害人是丈夫还是妻子,一方没有同意的性交,就毫无疑问地侵害了被害人的身体的完整性。因此,夫妻间明显可以成立强奸罪,因而不需要特别规定。

日本2017年修改性刑法时,有人主张明文规定婚内强奸,但后来被否定。因为日本刑法理论上都认为婚内强奸的认定原本没有什么障碍,地方裁判所(广岛高等裁判所)也有认定婚内强奸的判例,行为当时的情形是,夫妻关系破裂,二人处于分居状态。在2017年修改之前,日本刑法中的强奸罪是告诉才处理的犯罪,但2017年把告诉才处理的规定删除了,也就是说,婚内强奸也不是告诉才处理的犯罪。

从我国《刑法》第236条的表述来看,丈夫可以成为强奸罪的主体,也就是说,承认婚内强奸没有法条上的障碍。重要的是国民观念的问题,农村和城市也区别很大,但一部刑法不可能在城市、农村区别对待。以前我以为,日本的强奸罪是告诉才处理的犯罪,所以不必担心有许多婚内强奸,但日本现在的强奸罪不是告诉才处理的犯罪,不过如果没有人告发,日本警察也不可能主动去查谁实施了婚内强奸行为。我国司法实践上也主要是将离婚诉讼期间的婚内强奸行为认定为强奸罪。普遍承认婚内强奸,会担心有人滥用职权,你懂的!在婚内强奸的问题上,还是面临着两难的问题。而且,我有时候还说,如果承认婚内强奸,会不会导致有的妇女利用《刑法》第20条第3款杀害丈夫。迄今为止,刑法理论大多从夫妻之间有无性行为义务、妇女有无拒绝丈夫的权利、奸淫一词能否适用于夫妻之间等方面讨论。我现在倒是觉得,可以按照社会一般观念判断婚内强奸是否成立强奸罪。比如,离婚诉讼期间、为离婚而分居期间、在第三者在场的场合、丈夫与他人共同对妻子实施的场合,以及其他明显异常的场合,认定为强奸罪是可以被一般人接受的。当然,这里的一般人观念,就是当时当地的一般人的观念。比如,十多年前的一个案件。安徽农村的一名男子,家里比较穷,经人介绍和被害人定亲,送了被害人4000元的彩礼。被害人不愿意,但想着订婚就订婚吧,然后跑到南京打工去了。后来要结婚的时候,被害人不同意,男子说不同意就退还4000元彩礼。但是,被害人父母还是希望女儿与男子结婚,被害人虽然不愿意结婚,但还是从南京回到老家。二人并没有领结婚证,当时当地的农民结婚都不领结婚证,两家人就按当地的风俗举行了婚礼,被害人就到了男方家里,睡在一张床上。但是,前三个晚上,被害人都不愿意与男子发生性关系,到第四个晚上的时候,男子使用暴力强行与被害人发生了性关系。次日,被害人到妇联告发,妇联的人问:既然你不愿意结婚,为什么从南京回到家里呢?妇联也没有为她主张权利。后来被害人去公安局告发,公安局开始也没有受理,但被害人反复找公安局,公安局就受理了,法院认定男子的行为构成强奸罪。后来,电视台采访当地农民时,当地农民都觉得男子有点冤。当采访人员说他们二人没有领结婚证,婚姻关系不受保护时,一个抱着小孩的妇女大笑着说:"谁领结婚证啊,你看我小孩这么大了也没有领结婚证。"我当时觉得对男子以强奸罪论处不合适,即使说没有法律上的婚姻关系,也要作为事实婚姻对待,至少可以从男子缺乏违法性认识的可能性的角度来解释他的行为不构成强奸罪。

当然,时代在发展,社会在进步,一般人的观念也是在不断变化的。

在这个问题上,你们要了解一般人的观念,不要单纯从纯理论上分析。否则,得出的结论是不可能被一般人接受的。

三、行为手段

从整个世界范围的刑法来看,大体上可以将强奸罪的行为手段分为三类:

第一类是我国、日本、韩国刑法,要求有暴力、胁迫或者强制方法,甚至要达到足以使被害人难以反抗的程度。

第二类是对行为手段的要求更缓和一点,或者说强奸手段中包括了并非明显的强制方法。比如,法国刑法明文规定了四种手段行为。(1)暴行。暴行就是对被害人行使有形力。所以,行为人针对保护女性的第三者实施暴行,其后征得女性同意后与之性交的,以及侵入住宅后,女性任由侵入者性交的,不存在强奸罪的暴行。在法国大革命前的旧法时代,在认定暴行时,要求被害人有持续的反抗状态,如果被害人的体力小于被告人时则要求呼救,或者说要有受到暴行的痕迹等。但是,现在则不这样要求了。根据现在的判例,即使被害人对被告人的行为没有持续的反抗,或者被害人因为担心生命危险而放弃反抗,都能认定为暴行。(2)强制。强制手段是 2010 年 2 月 8 日增设的。强制包括物理的强制与心理的强制,心理上的强制包括行为人与未成年的被害人之间存在年龄差距而产生的强制,也包括行为人对未成年人在法律上或者事实的权限而产生的强制。这种情形与日本刑法 2017 年增加的监护人猥亵罪与监护人性交等罪相似。根据日本刑法的规定,监护人趁其对被害人具有影响力(利用其影响力),对不满 18 岁的人实施猥亵或者性交等行为的,按照强制猥亵罪、强制性交等罪的法定刑处罚。所谓"监护人",是指现实地对不满 18 岁的人进行监督、保护的人,而不问其在法律上是否有监护权,但是,要求行为人与不满 18 岁的人之间,从经济的、精神的观点来看,在整体生活上持续地存在依存与被依存或者保护与被保护的关系,典型的是亲子关系、养子女关系等;教师、体育教练等原则上不能成为本罪的行为主体。所谓"趁其对被害人具有影响力",是指在具有一般地、持续地对被监护者的意思决定产生影响的关系的状况中,以此为前提而实施性行为,但不要求行为人为了利用影响力而实施积极的行为(如诱惑、威吓等)。概言之,只要监护人借助影响力对被监护人实施性行为,原则上就成立本罪,除非存在影响力被遮断的情形。此外,即使被监护者承诺性行为,但如果承诺是基于监护人的影响力而作出的,也不能否认本罪的成立。这算插曲,接下来继续讲法国刑法中关于强奸罪的行为手段。(3)胁迫。这个好理解,就是指以恶害相通告,也就是以对被害人或者其近亲者的生命、身体、财产等将要遭受显著且紧迫的危险这样一种恶害相通告,使之产生恐惧心理。例如,警察滥用职权以将被害人收押于刑事设施相威胁而与之性交的,构成胁迫。但是利用超自然力,威胁对被害人或者家属进行诅咒的,不构成胁迫。(4)趁机。这是指行为人利用被害人在当时的具体情况下缺乏作出同意的判断能力的情形。利用被害人肉体的障碍或者精神的障碍的情形,属于这一类。此外,利用他人的睡眠状态、意识丧失状态、酩酊状态、药物中毒状态等实施了性交行为的,以及冒充丈夫与他人性交的,也都属于这种情形。

　　第三类是没有手段的限制。只要没有经过对方同意而实施性行为的,都构成强奸罪。比如,德国刑法以前也要求强奸罪有暴力、胁迫、利用被害人的无助状态的手段行为,但2016年修改了性犯罪的相关规定。根据《德国刑法》第177条第1款,违反他人的可能认识到的意志而实施性行为的,就构成强奸罪或者强制性交罪。也就是说,只要被害人是不愿意的,不愿意有性行为的这个意志是行为人可以认识到的,行为人仍然实施性行为,就构成强奸罪。不要求有暴力、胁迫等强制行为,暴力、胁迫等强制行为成立加重的强奸罪,或者说适用加重的法定刑。什么情形属于违反他人可能认识到的意志呢?从判例看主要有以下情形:(1)被害人口头明确表示不同意的时候。只要被害人说不可以,行为人对之实施性行为的,就构成强奸罪。(2)被害人在哭泣的时候。(3)被害人有任何反抗行为的时候,不要求持续的、激烈的反抗。(4)其他可以推测到被害人可能反对被告人行为的时候。不过,德国刑法理论通说还是认为,被害人的不同意性行为的意志必须传达到被告人,单纯内心里面不同意,但从外在上看没有任何判断资料表明被害人不同意,就意味着不同意的意志没有传达到行为人,即使是被害人内心不同意,也会认为行为人的行为不构成强奸罪,因为至少可以说行为人没有强奸故意。此外,《德国刑法》第177条第2款规定了5种情形构成强奸罪:(1)利用他人不能形成或者不能表述反抗意志的情形;(2)利用他人基于身体或者精神状况而明显限制了意志的形成与表达的情形,当然在这种情形下,行为人确定得到了他人同意的除外;(3)利用他人措手不及的情形,或者说利用他人惊愕、恐惧的瞬间实施性行为的情形;(4)利用他人担心如果反抗就会产生重大恶害的情形;(5)通过胁迫方式使他人从事或者忍受性行为的情形。

在比利时,只要没有征得同意的性的插入行为,都构成强奸罪。也就是说,通常的强奸罪的成立,只需要有性的插入行为就足够了,不需要作为手段的暴力、胁迫等行为。当然,构成强奸罪,以不存在同意为前提。比利时破弃院认为,接受性交涉或者肉体关系的事实,并不意味着被害人同意任何性质以及任何手段的性的插入行为。而且,根据多数说,同意必须存在于性交涉时。因此,即使被害人事前同意进行口交这样的性行为,但并不意味着其同意其他方式的性行为。被害人对性交涉的同意在任何时候都可以撤回,当然对撤回前的同意不具有溯及力,所以,基于撤回前的同意的性交涉并不违法。当然也有这样的判例,成人间性交涉时,被害人采取消极态度,并不表明被害人不同意,由于强奸罪成立存在合理怀疑,所以宣告行为人无罪。

在比利时,如果行为人的性的插入行为是以暴行、强制、诡计手段实施的,则推定为被害人没有同意,要认定为强奸罪,而且这种没有同意的推定,是不允许反证的推定。其中的暴行必须直接针对被害人实施,因此,对财产的暴行、对被害人所要保护的第三者的暴行,都不属于强奸罪中的暴行。但是,将被害人置于不能自由作出决定的状况的,则属于暴行。暴行不需要与性交同时存在,在为了性交而实施暴行的场合,暴行也可先于性交。性交后为强制被害人不告发而实施暴行的,与被害人对强奸的同意与否没有关系,故不属于强奸罪中的暴行。强制是指胁迫。诡计是指使被害人食用药物、酒精饮料等而不能同意的情形。冒充被害人的丈夫、利用被害人处于睡眠状态而与对方性交的,属于这一类。此外,不具有妇产科医生资质的人让被害人误以为自己是有名的医师而使被害人与自己性交的,也属于诡计手段。在修改性犯罪规定时,草案也曾将"趁机"列入强奸手段,但由于这一概念具有多义性因而有扩大解释的可能,故最终删除了关于"趁机"的规定。我要强调一下,在比利时,只要行为人实施了上述三种手段,就认定被害人没有同意,而且不允许反证。

当然,并不是所有的西方国家刑法对强奸罪的规定都如此宽泛。比如,芬兰的性刑法改革还是要求行为人有暴力、胁迫行为。

现在回过头来看我国刑法规定的行为手段。我国《刑法》第236条要求行为人使用暴力、胁迫或者其他手段,这里的暴力、胁迫手段不要求达到抢劫罪中的暴力、胁迫的程度。因为在侵犯财产罪中,除了抢劫外还有敲诈勒索罪,类似于敲诈勒索的暴力、胁迫程度的性行为,不可能无罪,而是要以强奸罪论处。所以,强奸罪中的暴力、胁迫只要足以或者说可能压制被害人的反抗就可以了。关键是如何确定强奸罪"其他手段"的范围。例如,被告人明知对方是精神病妇女而与之性交的,在司法实践中认定为强奸罪,国内也没有学者认为这样认定存在缺陷。问题是如何解释。在没有暴力、胁迫的情况下,被告人采取了什么样的其他手段呢?被告人说没有任何手段行为,只有目的行为。可是,人们常常习惯于将强奸行为表述为复行为。其实,我虽然有时也这么讲,但采取什么手段做什么,并不意味着有两个行为。就这样的案件来说,可以说行为人利用了被害人不知反抗的手段,这个手段与暴力、胁迫一样,具有强制性。再如,冒充丈夫或者男朋友,在被害人睡着的时候与之性交的,其实也是利用了被害人不知反抗的手段,这与强奸精神病妇女在性质上是一样的。当然,如果行为人与精神病妇女形成了事实上的婚姻关系,则不能认定为强奸罪。否则,就完全剥夺了她们应当享有的性的权利。但是,也不能因此就认为,凡是精神病妇女主动提出性交的,男士就不构成强奸罪。因为强奸通常发生在没有证人在场的情景中,如果行为人都说是对方主动提出来的,精神病妇女又不能正确表述,这又会造成真正的强奸精神病妇女的都无罪。这也是不可行的。

在我国司法实践中,有不少案件是行为人采取欺骗手段与对方性交,对方也知道是性交行为却仍然同意,也被认定为强奸罪。我也听到有人说,既然骗钱都是犯罪,为什么骗奸却无罪？问题是,能否认为《刑法》第236条中的"其他手段"包括欺骗手段？如果不遵循同类解释规则,可以得出肯定结论,但是,只要遵循同类解释规则,就只能认为"其他手段"仅限于强制手段。所以,我们要考虑的是,什么样的欺骗行为具有强制性？在我看来,只有当欺骗行为导致具体的被害人不能自主地作出决定时,才能认为有强制性。比如,我国有人迷信,行为人利用迷信与之性交的,认定为强奸罪容易被人接受。因为被害人在当时确实以为,如果不与行为人性交,就可能遭受更严重的灾难。这就可以将行为人的欺骗评价为利用迷信的强制手段。当然,有些案件具有特殊性。比如,一位妇女总是不顺,于是找人算命,算命的人也就是被告人说,需要我送点功力给你,你以后的生活才会顺利。妇女问怎么送功力,被告人就说是发生性关系。妇女就同意了。可是发生性关系后,妇女仍然不顺,就再找被告人,被告人说再送功力,于是又发生性关系。妇女后来还是不顺,再次找被告人,被告人说我的功力不够,我帮你介绍功力更好的人,于是介绍了第二位被告人。案发后,妇女反复说自己是愿意的,不要认定被告人的行为构成强奸罪。可是,法院还是认定被告人的行为构成强奸罪。你们或许会认为,即使妇女事后说是愿意的,但其实她是因为受迷信欺骗,而不能自主地作出决定。从这个意义说,似乎也可以认定为强奸罪。不过,我不同意对这个案件认定为强奸罪。妇女是精神正常的人,被告人虽然有欺骗行为,但这种欺骗行为没有达到强制的程度。即使认为妇女因为受欺骗导致其承诺无效,但被告人的行为本身就不符合强奸罪的行为手段特征。

但是,有些并非利用迷信的,司法机关也有认定为强奸罪的,但难以解释。比如,一名妇女得了妇科病,不去正规医院,就找一位非法行医的被告人。被告人说要将一种药抹到其下体内才能治好。妇女说怎么抹呢？被告人说,将药放在我的性器官上,然后帮你在里面抹。妇女就同意了。妇女回家后,丈夫问是怎么治疗的,她就告诉丈夫了。丈夫说:"你傻呀,这不就是强奸吗?"于是就告发了。被害妇女精神完全正常,可能只是文化程度不高,但她没有意识到这是在与对方发生性关系吗?认定为强奸罪是不是有疑问? 因为从这里看不出任何强制性。

再如,被告人在宾馆租了一个房间,谎称是为航空公司招聘空姐,利用自媒体对外发布招聘消息,于是有许多女性前来应聘。被告人答复对方符合条件等待进一步审批后,提出我们这一行也有潜规则,就是只有与其发生关系才能被录用,于是有几位女性就与之发生了性关系。法院也认定被告人的行为成立强奸罪,但在我看来,这里没有任何强制性,难以认定为强奸罪。

总之,不能将被害人受欺骗承诺的有效与否,同被告人的行为本身是否符合强奸罪的构成要件混为一谈,这是两个不同的问题。如果行为本身不符合强奸罪的构成要件,尤其是不符合强奸的行为手段要求,不管被害人的承诺是有效还是无效,都不可能成立强奸罪。只有当行为符合强奸罪的客观构成要件时,才需要讨论被害人的承诺是否有效。比如,行为人与处于无力反抗的重病中的妇女发生了性关系,可以认为符合强奸罪的构成要件。在这种情况下,才需要讨论被害人有无承诺以及承诺有无效力。

四、奸淫行为

奸淫行为也就是人们通常所说的强奸罪中的目的行为,当然这样表述并不准确,我姑且这样讲。奸淫行为也可谓性交行为,但究竟什么行为属于性交行为,涉及强奸罪与强制猥亵罪的关系。当然,如果刑法中没有强制猥亵罪,则无所谓了。各国刑法的规定与判例认定的范围并不完全一样,而是存在很大差异。从我的阅读范围来看,主要有四大类。

第一类是最狭义的奸淫概念,也就是只包括传统意义上的或者自然意义的狭义性交行为。我国司法实践就是这样认定的,刑法理论的通说也是这样解释的。不过,从刑法规定来看,"强奸"这一概念的解释空间还是很大的,完全可以包括狭义性交以外的口交、肛交等类似狭义性交的行为。如何确定强奸行为的外延,取决于一般人的观念。即使没有修改法律,经过一些年,也可能会扩大强奸罪的处罚范围。这种扩大,是指将现在属于强制猥亵的行为认定为强奸罪。

第二类是以日本现行刑法为代表的性交概念,亦即,除了狭义的性交以外,还包括肛交、口交两种行为。日本在2017年修改性犯罪规定之后,虽然扩大了强奸罪的处罚范围,但还是有不少学者觉得这次修改过于保守。

第三类是以法国刑法为代表规定的性的插入行为(法文 pénétration sexuelle)或者性的进入行为。法国刑法对这个概念没有限定,所以有很大的解释空间。可以肯定的是,男性将其性器官插入男性或者女性体内的,都属于性的插入行为,构成强奸罪。除此之外,行为人将手指、胶棒或者其他异物插入女性阴道的,也是性的插入行为,同样构成强奸罪。法国曾发生这样的案件:丈夫强行让妻子与狗性交,使狗的性器官插入妻子下体内。法院没有认定为强奸罪,而是认定为强制猥亵罪。但是,按照现在对性的插入行为的解释,这种行为应当成立强奸罪。此外,行为人将男性器官玩具插入女性阴道或者肛门的,现在也被认定为强奸罪。

在法国,关于口交是否属于性的插入行为,历来存在不同观点。虽然否定说相当有力,但破弃院认为,根据强奸罪法条的文字表述,口交也属于强奸行为。破弃院的判决一直认为,男性强制让女性为自己口交的行为属于性的插入行为,构成强奸罪。有争议的是男性之间的口交行为。比如,如果被告人将自己的性器官插入男性的口腔内,肯定成立强奸罪,但被告人不是将自己的性器官插入被害人(15岁的男性)的口腔内,而是让被害人将性器官插入自己的口腔内。对此存在争议。从历来的定义来看,这种情形就是所谓强奸自己。巴黎控诉院公诉部认为这种行为构成强奸罪,但原审判决认为这一观点违反了严格解释的规定。可是破弃院在1997年认为,在以暴力、强制、胁迫等方式实施口交行为时,不管是对他人口交还是接受他人口交,只要是强行实施的,都构成强奸罪。据此,上述强行让被害人的性器官插入自己(被告人)口腔的,仍然构成强奸罪。不过,破弃院的这一判决受到了强烈批判。破弃院一年后就修改了前述的观点(是否因为受到了批判而修改则不清楚),认为女性强制男性少年与自己口交的行为,不成立强奸罪。2001年8月12日,破弃院在判决中明确指出,行为人对被害人实施的口交行为即行为人让被害人将性器官插入自己口腔的,不成立强奸罪,只成立强奸罪之外的性侵犯罪或者性攻击罪。

存在争议的还有,行为人将男性器官以外的异物(工具)强行插入被害人口腔的,是否成立强奸罪。例如,医生强行将戴有安全套的形同男性器官的物体插入患者口腔,让其在口腔内往还运动。破弃院认为,由于口是具有多种机能的器官,在本质上不是用于性的目的的器官,所以,在认定性的插入行为时,不仅要求客观上有插入口腔的行为,而且还需要存在为了实现性的行为的意思而导致的性的状况,因而否认医生的行为成立强奸罪。不过,需要说明的是,法国历来的判例与通说都没有认为,强奸罪的成立除了故意之外,还需要有满足性欲的意图或者倾向。上面的判决所重视的还是客观方面的性行为性质的状况。

比利时刑法规定的也是"性的插入行为",有无性的插入行为,是区分强奸罪与其他性犯罪的关键。在比利时,成立强奸罪必须有男性器官或者物体、工具的插入,包括将男性器官、物体或者工具插入女性器官、肛门或者口腔的行为。当然,有争议的是将物体、工具插入被害人口腔的行为属于什么行为的问题。1989年修改强奸罪的规定时,立法机关的意思是,这种行为不成立强奸罪。刑法理论上也有人认为,将人造阴茎插入被害人口腔的应当认定为强制猥亵罪,而不是强奸罪,判例也基本上持这种见解。

第四类可谓最广义的性行为,其中有的不区分强制性交罪与强制猥亵罪,比如德国刑法。有的虽然仍然规定了强制性交罪与强制猥亵罪,但强制性交的外延比上述第三种情形还要宽,比如我国台湾地区的刑法。

五、违背妇女意志

前面介绍了德国刑法与比利时刑法关于同意、意志的规定。我国刑法没有明文规定强奸罪必须违背妇女意志,但是,刑法理论与司法实践都认为,违背妇女意志是成立强奸罪的前提,有的还说是强奸罪的本质特征。可以肯定的是,如果妇女完全同意的,行为人也不必实施暴力、胁迫或者其他手段,当然不可能构成强奸罪。也就是说,如果行为人没有实施暴力、胁迫与其他手段的,因为不符合强奸罪的客观构成要件,当然不成立强奸罪,不能以违反妇女意志为由认定为强奸罪。

问题是,行为人采用暴力、胁迫与其他手段时,违背了妇女的什么意志才构成强奸罪?也就是说,是不是违反了妇女的任何意志的都构成强奸罪?这涉及性行为自主权究竟包括哪些内容的问题,或者说,哪些属于性行为自主权的内容,哪些不属于性行为自主权的内容。(1)是否发生性关系肯定是性行为自主权的内容。妇女不愿意发生性关系,而行为人强行发生的,肯定构成强奸罪。(2)发生性行为的场所,应当是性行为自主权的内容。例如,妇女同意与男士在宾馆开房,可是到了宾馆后,男士发现宾馆的一个过道根本没有人,就要求妇女与自己在过道发生性关系,妇女不同意,行为人使用暴力强行与之在过道发生性关系。对这个行为应当认定为强奸罪。(3)发生性行为的时间。在通常场合,妇女同意晚上发生性关系,但行为人强行在白天与之性交的,要认定为强奸罪。网络上讨论的是,妇女说发生性关系前必须吻5分钟,被告人只吻了3分钟就要开始性交,女的说不行,还差两分钟,被告人强行发生性关系的,在国外就可以定强奸罪了,在中国是不是有疑问?你们自己思考吧!(4)是否有其他人在场。也就是说,妇女不愿意第三者在场的时候发生性关系,但行为人在有第三者在场的时候强行与妇女性交的,成立强奸罪。性行为非公开化是一项原则,有第三者在场就使性行为公开化了。(5)是否采取安全措施的问题。比如,妇女要求使用安全套,被告人不戴安全套而强行与妇女发生性关系的,要认定为强奸罪。同样,如果妇女要求戴合格的安全套,被告人戴破损的安全套强行与之发生性关系的,也要认定为强奸罪。网上还讨论过这样的问题:妇女要求使用 A 品牌的安全套,但被告人使用 B 品牌的安全套强行与之发生性关系的,在法国、比利时等国,我估计肯定要定强奸罪,在我们国家能不能定强奸罪,肯定会有争议。(6)发生性关系的具体场景。比如地点不变,但妇女要求不开灯发生性关系,而被告人强行开灯发生性关系的,在国外完全可能定强奸罪,在中国也会有争议。

其实,将上述行为在中国有争议的情形都认定为强奸罪,在刑法规定上并没有障碍。不过,在上述有争议的情形中,会不会综合考虑手段的强制程度?比如,因为安全套的品牌不对,妇女不同意,而被告人以严重暴力压制反抗实施的,可能也要认定为强奸罪,其他有争议的情形也是如此。当然,如果承认婚内强奸,对于上述违反妇女意志的认定,就不可能过于宽泛。也就是说,在其他情形中认定为违背妇女意志的,在夫妻之间不一定能认定为违反妇女意志。

六、强奸故意

按故意的认识内容与意志内容表述强奸罪的故意即可。当然,如果行为人误以为妇女同意的,就缺乏强奸罪的故意。不需要在故意之外另有目的与动机的表述,也不要简单地表述为"具有奸淫目的",这样可能导致部分通奸行为被认定为强奸罪。

七、奸淫幼女

奸淫幼女虽然归入强奸罪,但其构成要件不同于通常的强奸罪的构成要件,原本应当是独立的犯罪。奸淫幼女的成立,以行为人明知对方是幼女为前提,包括明知对方肯定是幼女和明知对方可能是幼女。通说与司法实践对奸淫幼女的既遂标准采取接触说,我一直对此持反对态度。不能因为部分奸淫幼女的情形中难以插入,就降低既遂标准。从罪与罪之间的关系来说,将一个较轻犯罪(猥亵儿童罪)的构成要件行为作为较重犯罪的既遂标准,并不合适。行为人具有奸淫的故意但未能插入而只是接触的,是强奸未遂与猥亵儿童罪的竞合。

八、轮奸的认定

轮奸是加重构成要件,只要是加重构成要件就可能成立犯罪未遂。我的基本观点是这样的:(1)二人以上虽然是共同强奸,但计划只有一个人实施奸淫行为的,就是强奸罪的共同犯罪,不属于轮奸。因为在客观上与主观上都不存在轮流奸淫的事实。(2)如果二人共同奸淫或者轮流奸淫,两人都奸淫既遂的,是轮奸既遂。(3)如果二人共同奸淫但只有一人奸淫既遂,另一人未遂的,成立轮奸未遂,同时二人都要对强奸既遂负责,是轮奸未遂与强奸既遂的想象竞合。有观点认为,这种情形也要认定为轮奸既遂,我难以赞成。如果将这种情形也认定为轮奸既遂的话,不能说明法定刑加重的根据。从《刑法》第236条的表述来看,"二人以上轮奸"是对客观构成要件的表述,而不是单纯对主观要件的表述。既然客观上没有发生轮奸的事实,就不能认定为轮奸既遂。但是,由于具有轮奸的紧迫危险,所以要认定为轮奸未遂。(4)三人以上共同奸淫时,如果有两个人已经既遂了,那么,所有的人都成立轮奸既遂,所有人都要对轮奸既遂负责。(5)不管上述哪一种情形,只要有一个奸淫既遂,没有既遂的参与人,不管是未得逞,还是自动放弃奸淫,都不可能成立未遂犯与中止犯,因为在共同正犯中,参与人必须对他人的行为与结果负责,既然有一人既遂,没有既遂的人就必须对他人的既遂结果负责。当然,符合共犯脱离条件的除外。

> **课堂提问**

问:强奸罪中的被害人承诺或者同意与盗窃罪中的被害人承诺或者同意是不是有区别?

答:在盗窃罪中,如果被害人同意行为人转移财物,我们对这个行为肯定不能评价为盗窃行为。所以,盗窃罪中的被害人同意或者承诺,肯定是阻却了构成要件符合性。但是,我前面讲了各国刑法关于强奸罪的规定,其中有的国家不要求暴力、胁迫方法了,凡是对方不同意的都是强奸。所以我认为,如果成立强奸罪需要暴力、胁迫等强制手段,但行为人经对方同意发生性关系,没有使用暴力、胁迫等强制手段,当然就阻却构成要件符合性。这个时候与盗窃中的同意是一样的。但是,如果行为人使用了暴力、胁迫等强制手段,而对方内心却是同意的,我觉得将这种情形认定为违法阻却事由合适一些。例如,一个小伙子在半夜潜入邻居家里,想与睡着的妇女发生性关系。在所谓强奸过程中,妇女一直知情但假装不知道。后来妇女打开灯时,小伙子要逃走,却被妇女拉住了,因为妇女一直爱着这个小伙子,然后两人继续实施性行为。如果说小伙子的手段属于强制手段(其实在我看来并不是,如果妇女原本是睡着的,则可以认为小伙子采取了强制手段),则被害妇女的承诺是违法阻却事由。当然,持行为无价值论的学者可能认为,小伙子的行为成立强奸未遂。我觉得小伙子的行为不构成强奸罪。

问:行为人以麻醉方法奸淫妇女的,怎么判断这个行为违背妇女意志的呢?因为妇女当时没有表示反对。

答:要将"违背妇女意志"理解为没有征得妇女同意,而不是理解为"妇女明确表示了不同意后行为人仍然实施奸淫行为"。在行为人使用麻醉方法奸淫妇女时,妇女当时没有表示同意,当然就是违背妇女意志的。

问:可是,如果事后妇女是同意的呢?

答:事后同意不阻却构成要件符合性与违法性,否则的话,刑法就没有办法适用了。只有性行为的当时征得了妇女的同意,才不构成强奸罪。妇女中途同意,也只是同意后的行为不成立犯罪,同意前的行为仍然构成犯罪。

> 课外作业

亲生父亲和继母都是被告人,6岁的儿子晚上待在家门外时,不将儿子喊进屋内,外面最低气温是3.2度,第二天早晨发现儿子冻死在家门外。你们设想几种情形:(1)儿子是被父母赶出门外的还是自己待在门外的？(2) 门是否被父母锁住了？也就是说,儿子能否自由进入室内？(3) 父母是否威胁儿子不得进屋？也就是说,父母是否只是没有将儿子叫到屋内来？(4) 如果父母曾经出门观察,发现儿子在门外睡着了却放任不管,会得出什么结论？这几种情形对认定遗弃罪与故意杀人罪是否产生影响？

另外,国内以前发生过一起案件:债权人到债务人家里讨债,但债务人没有能力偿还。债权人就待在债务人家里不走。到了晚上,债务人就将债权人赶到家门外,因为债权人患着肺结核病。由于是冬天而且下着雨,债务人就拿出一床棉被给债权人。但第二天早上起来一看,债权人还是冻死了。这个案件能认定为遗弃罪吗？

第五讲

作业解答

上次的案例分析作业，大家回答的也都差不多。让6岁男孩待在门外冻死的案例，是日本的真实案例，日本裁判所认定为保护责任者遗弃致死罪，因为不能认定被告人有杀人故意。保护责任者遗弃罪是结果加重犯，这个罪与故意杀人罪的关系其实是一个很麻烦的问题。也就是说，结果加重犯要求直接性关联或者特殊危险实现关联，其结果归属比普通犯罪更严格，而故意杀人罪不要求特殊危险实现关联，可是，故意杀人罪的法定刑重于保护责任者遗弃致死罪，所以，两者显得有些不协调。保护责任者遗弃致死罪中的特殊危险是什么呢？当然是指有致人死亡的特殊危险，死亡结果就是特殊危险的现实化。如果是这样的话，保护责任者遗弃致死罪中的基本行为实际上就是杀人行为了吧！于是，行为人客观上在实施杀人行为时过失致人死亡，就成为保护责任者遗弃致死罪了。之所以如此，一个重要原因是行为人主观上没有杀人故意。这或许是日本较早的判例和部分学者强调两罪的主观故意不同的重要原因吧！当然，我们可以认为，保护责任者遗弃致死罪的行为人对死亡只有过失，而故意杀人罪的行为人对死亡有故意，所以，二者的责任明显不同。如果认为故意是不法要素，则二者的不法明显不同。但是，因果关联本身的强弱是可以说明不法程度大小的。正是因为如此，德国学者要求结果加重犯具有直接性关联或者特殊危险实现关联。反过来说,如果法定刑较轻,就不会这样要求了。比如,在我国刑法中,虐待致人死亡和暴力干涉婚姻自由致人死亡,法定最高刑都是7年有期徒刑,明显轻于典型的结果加重犯,所以,通说认为对上述行为引起自杀的,也适用致人死亡的规定,司法实践也是这样做的。如果虐待致人死亡与暴力干涉婚姻自由致人死亡的法定刑很重,则不会将引起自杀包含在内。由于我国刑法没有规定遗弃罪的结果加重犯,所以上述案件如果发生在我国,应当认定为遗弃罪与过失致人死亡罪的想象竞合,从一重罪处罚,不少同学也是这样回答的。

但是,不管男孩是被父母赶出门外还是主动去的门外,如果父母威胁不让其进屋,或者将门反锁使其不能进屋,则应当认定为故意杀人罪。就此而言,男孩是不是主动到家门外的,不产生影响。如果父母将男孩赶出门外,但门仍然是开着的,也没有威胁男孩不得进家门,也不能认定为故意杀人罪。如果男孩不管基于什么原因在室外,父母在睡觉时出门看男孩已经睡着了却放置不管的,仍然可以认定为故意杀人罪,因为气温低,男孩睡着后冻死的可能性很大,父母主观上至少有间接故意。

至于国内的那起债务人将债权人赶出门外的行为,当然不能构成遗弃罪,因为难以认为债务人具有作为义务,也不能认定为过失致人死亡罪。

另外我顺便讲一下,如果暴力干涉婚姻自由的行为或者虐待行为,能够评价为伤害行为的时候,暴力行为或者虐待行为导致被害人死亡的,就符合伤害致死罪构成要件,也认定为故意伤害致死。

【猥亵罪】

接下来讲猥亵罪,一共讲六个问题。

一、猥亵罪概述

总的来说,猥亵犯罪一般分为三种具体犯罪。

一是强制猥亵罪,就是指使用暴力、胁迫对他人实施猥亵行为;主体不要求是男性,行为对象也不要求是女性,同性之间存在强制猥亵罪没有任何疑问。不过我有点感到奇怪的是,一些捉奸的行为人将他人的衣服当场扒光的,司法实践中好像都没有认定为强制猥亵罪。有的甚至是事后在大街上遇到所谓"小三"的,强行扒光其衣服,司法机关也没有认定为强制猥亵罪。我觉得这是典型的强制猥亵罪。被害人与他人有通奸关系或者是"小三",不是阻却强制猥亵罪的事由。妓女都可以成为强奸罪、强制猥亵罪的行为对象,凭什么说有通奸关系的人或者"小三"就不能成为强制猥亵罪的行为对象呢?当然,不定强制猥亵罪的做法,可能是以行为人没有性的意图或者倾向为由的,但这不能成为理由,这一点我后面会讲到。

二是猥亵儿童罪,只要对儿童有猥亵行为就成立犯罪,不要求有暴力、胁迫等强制行为。有些国家的刑法规定了对儿童的性虐待罪,对儿童的性虐待罪在我国就构成猥亵儿童罪。

三是公然猥亵罪,但我国刑法没有规定这个罪。比如,夫妻俩在公园里发生性关系,恋人在电影院里看电影时发生性关系,男士在马路边露阴等,都属于公然猥亵。有的国家将公然猥亵规定为对社会法益的罪,如日本;有的国家将公然猥亵规定为对个人法益的犯罪,如德国。《德国刑法》在"妨害性自主权的犯罪"一章中,规定了两个公然猥亵的犯罪;其一是《德国刑法》第183条规定的"男性暴露性器官骚扰他人",这是告诉才处理的犯罪,但如果为了特殊公共利益也可以不经告诉就处理。其二是《德国刑法》第184条规定的"公然实施性行为,意图或者明知地要借此引起公愤"。但如果行为构成第183条规定的犯罪,则不适用第184条。我国刑法没有规定公然猥亵罪,如果说是一个漏洞,这漏洞也并不大,因为蔓延的可能性小,一般人不会模仿。我倒是认为,我国《刑法》第301条规定的聚众淫乱罪,可以作为特殊的公然猥亵来理解和认定。也就是说,只有当聚众淫乱的行为具有公然性时,才能认定为犯罪。几男几女偷偷摸摸在一起实施的淫乱行为,没有必要也不应当认定为聚众淫乱罪。

我前几天看到一个判决。案情是,被告人胡某在8年间多次邀约被告人张某、王某及沈某等人分别在胡某家中、网吧、宾馆等地,与其妻子陈某某、前妻张某某进行淫乱活动。其中,有一名未成年人。法院认定为聚众淫乱罪。我认为只能认定胡某构成引诱未成年人聚众淫乱罪,而不能认定为聚众淫乱罪。如果说不具有公然性的聚众淫乱行为也成立聚众淫乱罪,就要认定胡某的行为成立两个罪。所以,不管从哪个角度来说,这个判决都是有问题的。

不要把猥亵行为界定为性交以外的行为。猥亵概念当然包括了性交行为,可以认为性交行为是最猥亵的行为。例如,公然猥亵就包含性交行为。再如,已经16周岁的女性与不满14岁的男童性交的,当然构成猥亵儿童罪。如果将猥亵行为界定为性交以外的行为,这名女性的行为就不构成犯罪了,这显然不合适。千万不能认为,这是刑法条文有漏洞。条文没有漏洞,是解释出了问题。如果说有漏洞,就是解释出来的一个漏洞。

二、猥亵行为

在我国,强制猥亵罪的暴力、胁迫和强奸罪中的暴力、胁迫一样,只要足以或者可能使他人难以反抗就够了。除了暴力、胁迫之外,也包括其他强制方法。关键是怎么理解强制猥亵罪中的猥亵行为。猥亵行为肯定是一种跟性有关系的行为,侵犯他人的性的自主权就是猥亵行为。你们可能会有疑问,强制猥亵罪与强奸罪的保护法益是一样的吗?如果是一样的,为什么法定刑不一样?保护法益的确是一样,所以,有的国家规定的强奸罪与强制猥亵罪的法定刑是相同的,甚至不区分强奸罪与强制猥亵罪。在我们国家将两个罪的保护法益都表述为性行为自主权,也没有什么问题,因为两个性行为自主权中的性行为的内容与外延不同。哪些行为属于猥亵行为,哪些行为存在疑问,是我们要研究的问题。我先把猥亵行为归纳为几大类,每大类下我连续编序,其中有的没有疑问,有的存在争议。

(一)性进入行为

性进入行为就是我上一节课介绍过的法国刑法、比利时刑法中的性插入行为,具体有以下几种:

1.行为人将性器官进入到被害人的肛门、口腔内。这一行为在许多国家已经被归到强奸罪或者强制性交罪中去了,但在我国刑法理论与司法实践中,仍然属于猥亵行为。此外,在我们国家,女性强行与男性性交的,以及妇女与未满14周岁的男童性交的,也分别成立强制猥亵罪与猥亵儿童罪。对此不要有疑问。湖南有一个妇女与不满14岁的男童多次性交,导致男童辍学。案发后有人在报纸上写文章,说刑法有漏洞。显然不能这么说。你们千万不要想让每一个犯罪之间存在所谓的区别,试图画几百个格,每个格里装一个罪,然后井水不犯河水。这是不可能的。你们看看德国、日本的刑法分则的教科书,都是谈竞合关系,而不是谈区别。

2. 行为人用手指或者异物插入被害人的阴道、肛门、口腔。这其中也有相当一部分在国外刑法中属于强奸罪或者强制性交罪。不过,对于插入口腔的行为,不可一概而论,将手指插入他人口腔的,有可能认定为猥亵,但不必然是;将性玩具插入他人口腔的,属于猥亵;但将其他与性无关的物品插入他人口腔的,不能构成猥亵。因为口腔不是性器官,我看过一篇文章说,人体最重要的性器官是大脑。你仔细想一想还真有道理。

3. 女性强制男性与自己实施性交行为。这在国外大多也是构成强奸罪,但在我国还是属于强制猥亵。你们不要对此有疑问,如果有疑问就表明你的解释能力有待提高。

(二)性接触行为

4. 直接接触被害人的性的部位或者器官。所谓直接接触,就是指没有隔着衣服,如用手触摸他人阴部、乳房和臀部,其中的乳房并不一定是只限于女性。当然有争议。

5. 使被害人的身体接触自己的性的部位或者器官。比如,让被害人为自己手淫。

6. 隔着衣服触碰、触摸被害人的性的部位或者器官。这种行为在什么样的情况下才属于猥亵,存在争议。比如,隔着裤子碰他人臀部的,是否属于猥亵行为?

7. 接触被害人的性的部位以外的部位。主要是指强吻对方,因为嘴不是性的部位。问题是,接触其他部位的是不是猥亵?比如,强行吻耳朵、吻额头、吻颈部的行为,是不是强制猥亵呢?

（三）在场但不接触

8. 强行观看被害人的性部位或者性行为。这种行为属于强制猥亵没有争议。

9. 强迫对方观看自己的性部位或者性行为。这种行为属于强制猥亵也没有什么疑问。

10. 强迫他人观看淫秽物品。比如，男子强迫被害妇女与自己一起观看淫秽影片；如果让儿童观看的话，则不需要强制手段。我们国内曾经发生过一起案件：一男子在家里看淫秽影片时，邻居的两名小孩进来了，他就让两个小孩看。看了一会之后，男子说我去做饭了，让两个小孩继续看。后来，小孩的爷爷喊小孩吃饭，发现小孩在看淫秽影片。这个案件应当认定为猥亵儿童罪。

11. 强制他人听自己讲淫秽语言或者强迫他人为自己讲淫秽语言。这种情形虽然较少，但是否构成强制猥亵罪呢？向儿童讲淫秽语言的是否构成猥亵儿童呢？

（四）利用网络电信的猥亵（不在场不接触）

由于网络电信的发达，利用网络电信实施的猥亵行为也不断增加。主要是两类：

12. 行为人使用胁迫手段，强迫对方在与自己视频时暴露性器官或者实施淫秽动作，或者强迫对方在视频上观看自己的性器官或者淫秽动作。再如，男子和儿童连线视频后，让儿童实施各种性行为或者让儿童看自己实施各种性行为。德国就发生过类似案件。

13. 行为人给被害人打电话，胁迫对方听自己讲淫秽语言、听淫秽录音或者强迫对方给自己讲淫秽语言，或者给儿童打色情电话。这类行为是否构成强制猥亵罪或者猥亵儿童罪，也需要讨论。

下面我对有争议的或者说不可一概而论的情形再说明一下。

首先是上述第6、7种行为。比如，日本除了《刑法典》中有强制猥亵罪外，在特别刑法中还有性骚扰罪。所以，对第6、7种行为中的许多行为，可能认定为性骚扰罪，而不会认定为强制猥亵罪。在我们国家，如果不构成强制猥亵罪与猥亵儿童罪，就只能按《治安管理处罚法》处理了。

不过，第6、7种类型中的行为，并非都不构成强制猥亵罪，怎么判断呢？可以说，日本的判例采取的是一种综合判断方法，考虑的因素主要是以下几种：一是接触的部位，二是接触的方式，三是持续的时间，四是行为的强度，五是有无性的意图，六是其他的状况。我觉得只能采取这种综合判断的方式。

可以肯定的是，强行接吻的属于强制猥亵，不是一般的性骚扰，在我国也应当认定为强制猥亵罪。至于吻颈部、耳朵等行为，则取决于行为方式、持续时间、强度，等等。有一些案件在我国不一定能成立强制猥亵罪。比如，在地铁很拥挤时，男子坐在座位上，女子站在男的面前，男的突然把这名女子的裤子拉链往下一拉。如果要认定为强制猥亵罪，就属于在公众场所当众实施强制猥亵行为，应当处5年以上有期徒刑。这恐怕不合适，相当于将轻微行为解释到重罪的构成要件中来了。所以，对这种行为按照《治安管理处罚法》处理就可以了。即使万一女性没有穿内裤，也没有必要认定为强制猥亵罪。再如，一个女士边走路边看手机，风把裙子吹了起来，甲对乙说"这个女的没穿内裤"，乙想确认女士是否真的没有穿内裤，于是跑过去把女的裙子往上掀开。这个行为是不是要根据女士有无穿内裤来决定是否定为强制猥亵罪呢？如果穿着内裤，我毫不犹豫地主张按《治安管理处罚法》处罚；如果确实没有穿内裤，则要根据掀开裙子的时间长短、高低来判断是否构成强制猥亵罪吧！

其次是对儿童实施的猥亵行为。现实生活中经常发生这样的案件，完全不认识的人看到小孩就抱起来亲一下，父母很气愤，但行为人说我是觉得小孩可爱才亲她一下的。还有的是抱着不认识的小孩后，浑身摸。当然，如果接触阴部的，认定为猥亵儿童没有问题，但是摸其他部位的，不可能都认定为猥亵儿童罪，当然，也不是说都不能定猥亵儿童罪，还是要进行综合判断。比如，男子亲女童的嘴巴时间较长的，不仅有吻的行为还有其他乱摸的行为的，有可能认定为猥亵儿童罪。对于这种行为，主要还是根据一般人的观念，从客观上判断是否属于猥亵儿童的行为，而不是由行为人有无所谓性的意图或者倾向来判断。在2017年的中日刑事法研讨会上，佐伯仁志老师和我分别就日本和中国的性刑法做主题发言，发言结束之后是相互提问时间,佐伯老师就问我:如果一般人对儿童实施的亲吻、抚摸行为不构成猥亵儿童罪,但恋童癖以性的意图或者倾向对儿童实施相同行为时,是否成立猥亵儿童罪?我回答说不构成。因为是否成立猥亵儿童罪,首先是看行为本身是否属于猥亵,如果行为本身不属于猥亵,仅凭行为人的内心认定为猥亵,会导致处罚范围的不确定性。佐伯老师说,他本人也不同意认定为猥亵儿童罪。

最后是上述第11、12、13种行为,我觉得是可以认定为强制猥亵罪或者猥亵儿童罪的,因为强制他人看淫秽物品、听或者说淫秽语言,不仅是一种强制行为,而且是一种猥亵行为。德国刑法有这方面的规定与判例。《德国刑法》第176条规定的一项构成要件行为是,"在儿童面前实施性行为"。德国曾经发生一起案例,就是行为人连线了几名儿童,对儿童表达淫秽的意思,并且在视频上对儿童实施性行为。德国法院认定这一行为符合"在儿童面前实施性行为"的要件。也就是说,"在儿童面前实施性行为",不是要求在同一空间、场所实施性行为,而是指使儿童能够知觉性行为,请注意是知觉而不限于视觉。行为人在网络上所说的话和所实施的性行为,这些儿童不仅能听到,而且也能看到。"面前"这个词,并不是强调物理的空间很近,是强调能够知觉到。德国还有一个案件,被告人和他的妻子在离儿童只隔1米的地方发生性关系,但儿童完全不知道。这种行为在德国就没有认定为"在儿童面前实施性行为"。为什么这样解释呢?肯定要联系对儿童的性侵犯或者性虐待罪的保护法益。德国的判例认为,刑法规定这个犯罪,是为了保护儿童的综合成长不受性行为的侵害。综合的成长,包括使儿童获得性行为自主权的能力。但是,从小就让他看或听这些淫秽的声音或者动作,就会妨害儿童获得性行为自主权的能力。对儿童的性侵犯或者性虐待罪,在德国不以对儿童造成了某种侵害结果为前提,所以,这个罪是抽象的危险犯,不是实害犯。我们国家传统刑法理论习惯于说,猥亵儿童罪的保护法益是儿童的身心健康,这太抽象了,对儿童的伤害也侵害了儿童的身心健康。所以,需要将身心健康具体化。你们可以想一想,能否借鉴德国的说法,或者提出其他具体的表述。

三、内心倾向

强制猥亵罪与猥亵儿童罪都是故意犯罪,当然需要有故意,这是没有疑问的。问题是,是否需要行为人具有刺激或者满足性欲的内心倾向?也就是说,猥亵罪是不是倾向犯?

我一直不赞成将内心倾向作为猥亵罪的主观要素,我在教科书与相关论著里都讲得比较详细,我记得讲了八点理由,在这里就不重复了。我想介绍一下日本最高裁判所在 2017 年对强制猥亵罪的一个判例的变更。

日本最高裁判所在 20 世纪 70 年代要求强制猥亵罪具有性的倾向,所以,当行为人出于报复的动机让被害妇女裸体站立时,日本最高裁判所否认了强制猥亵罪的成立,而是认定为强制罪。日本的强制罪的法定刑是 3 年以下惩役,比强制猥亵罪的法定刑要轻得多。但是,20 世纪 70 年代的判例观点遭到了以平野龙一教授为代表的诸多学者的批判,事实上,下级裁判所对于类似案件也没有遵循最高裁判所的判断。我还要向你们说明的是,日本最高裁判所变更判例是相当困难的事情,没有那么容易。我下面要讲的这个判例变更,是在性犯罪修改之前的判例变更。导致日本最高裁判所 2017 年变更判例的一个案件是,一个男性被告人要向他人借钱,但他人同意借钱的条件是,被告人必须传一个其对儿童实施猥亵行为的视频。于是,被告人就让一名儿童对他实施猥亵行为,其中包含让儿童为其口交的动作。检察官以准强制猥亵起诉的,但律师就引用 20 世纪 70 年代最高裁判所判例,辩称被告人没有刺激或者满足性欲的内心倾向,只是为了借钱。案件到了日本最高裁判所,日本最高裁判所一共 15 名法官,分为 3 个小法庭,但变更判例的话需要大法庭也就是 15 名法官一起开庭,由少数服从多数来决定,日本最高裁判所的判决中是会写少数法官意见的,但地方裁判所的判决不会写少数人的意见。经过审理后,日本裁判所变更了 20 世纪 70 年代的判例。如果从结论上说,这次判决的意思,一方面,否认刺激或者满足性欲的内心倾向或者意图是强制猥亵罪的主观要素;另一方面,为了确定行为的意义,也就是说为了确定有些有争议的行为是不是猥亵行为,有可能要考虑行为人的主观意图。

那么,最高裁判所的判决是如何说理的呢?大体可以归纳为以下五个方面的理由:(1)刑法条文上并没有要求性刺激或者性满足的意图。当然,这个理由本身不是很重要,因为刑法理论与判例承认有不成文的构成要件要素与责任要素,比如日本刑法规定的盗窃罪,也没有要求不法领得的意思,但刑法理论的通说与判例都要求盗窃罪必须具备这个意思。(2)强奸罪是强制猥亵罪的加重类型或者特别法条,但强奸罪也没有要求性的意图或者倾向。既然是加重类型或者特别法条,强奸罪必须具备强制猥亵罪的所有要素,并且还另外具备加重要素,才能成为加重类型。但不管是法条上还是理论上与判例上,都没有就强奸罪提出性的刺激或者满足的意图,在特别法条不要求这种主观要素的情况下,却要求普通法条具有这种要素,显然不符合法条竞合特别关系的基本要求。(3)对性犯罪的解释,应当根据社会可以接受的观念来决定处罚对象。20世纪70年的判例是根据当时的观念作出的,但是在当下,这种观念并非不可动摇。(4)从性犯罪法条的修改来看,本案被告人的这种行为已经是强制性交罪的内容。而强奸罪、强制性交罪原本就不需要性的意图。(5)在行为性质明确的场合,可以直接将某种行为评价为猥亵行为。也就是说,猥亵行为性质很明确的时候,就不需要借鉴主观方面的内容。在行为性质不明确的场合,也可能存在需要根据目等主观方面的要素去进行判断的情形,但是,将故意以外的性的意图,一律作为强制猥亵罪的成立条件并不合适。日本最高裁判所2017年的判例,似乎没有完全彻底地否认性的意图,只是说在行为性质不清楚的场合,可能需要根据故意之外的主观内容去判断,但不能因此将性的意图作为强制猥亵罪的成立条件。

在我国,有些明显构成强制猥亵的案件,司法机关定的是《刑法》第246条的侮辱罪,这显然不当。比如,农村里一位妇女和男性发生纠纷后,男性就把自己家里养的公狗唤到现场来,然后把妇女的衣服全部扒光,让公狗趴在妇女身上,而且持续的时间并不短。当时还有许多农民经过或者在场。在我看来,这是典型的强制猥亵罪。但法院只是认定为《刑法》第246条的侮辱罪,可能就是因为行为人没有刺激或者满足性欲的意图或者倾向。这种公然行为还可以认定为侮辱罪,但如果不是公然实施的,就无罪了。这显然不合适。前几年微信上流传一个案件:一名男子和未婚女子是邻居,男子的妻子不能生育,男子就想让邻居的女子为自己生一个小孩,他把自己的精液放在注射器里,然后使用暴力,把精液注射到女子下体里。这个行为不是公然实施的。这在一些国家都构成强奸罪了。在我国,如果要求行为人具有性的意图,则男子的行为不构成任何犯罪。我不能接受这样的结论。

主张强制猥亵罪的成立要求所谓性刺激或者满足的意图的学者,习惯于拿医生的行为来解释。比如,现在妇产科不招男医生了,以前是招男医生的。有人说,如果不要求具有性的意图,那么,男医生在为妇女实施分娩手术时,就构成了强制猥亵罪。可是,这个说法不成立。一方面,医生并没有实施任何强制行为,另一方面,这种在医疗行为范围之内的行为不可能评价为猥亵行为。如果说,这种医疗行为范围之内的行为也是猥亵行为,那么,只要男医生在为妇女实施分娩手术时,内心里有刺激或者满足性欲的倾向,就成立强制猥亵罪。这样的话,男医生为妇女治病都很危险了。事实上,只有明显超出了医疗行为范围的行为,才可能属于猥亵行为。比如,在做胸透时,是可以穿着衣服的,但男医生强行让患者裸体做胸透的,则是猥亵行为。但在这种场合,即使男医生是出于报复的动机,也可以成立强制猥亵罪。

其实,《德国刑法》第 177 条所规定的性侵犯、性强制、强制性交罪,也没有规定主观的超过要素,没有要求所谓性的意图,只是在规定公然猥亵类的犯罪时,比如公然实施性行为(《德国刑法》第 183a 条),要求主观上借此行为引起愤怒。这显然与德国人的生活方式有关系。

四、第 237 条的侮辱行为

建议大家把我国《刑法》第 237 条中的"侮辱妇女"给忘掉,或者得说把它解释掉。有一句法律格言就是这么说的,"多余的解释掉"。我国《刑法》第 237 条中的"侮辱妇女"就是多余的。

我的《刑法学》教材对这一点讲得比较清楚。我在这里还是要强调三点。

第一,立法机关工作人员指出:"本款规定的'侮辱妇女',主要指对妇女实施猥亵行为以外的,损害妇女人格尊严的淫秽下流、伤风败俗的行为。例如,以多次偷剪妇女的发辫、衣服,向妇女身上泼洒腐蚀物、涂抹污物,故意向妇女显露生殖器,追逐、堵截妇女等手段侮辱妇女的行为。"①也有教科书跟着这么说。但是,这样的说明不无疑问。其一,多次偷剪妇女的发辫、衣服,向妇女身上泼洒腐蚀物、涂抹污物的行为,没有侵害妇女的性行为自主权,不可能与强制猥亵相提并论,只能认定为《刑法》第246条的侮辱罪。倘若偷剪妇女衣服、向妇女身上泼洒腐蚀物,导致妇女身体裸露,当然属于强制猥亵。其二,行为人显露生殖器时没有使用暴力、胁迫等强制方法强迫妇女观看的,只是公然猥亵行为,根本不构成强制猥亵、侮辱罪。其三,"追逐、拦截"是《刑法》第293条明文规定的寻衅滋事行为,倘若将追逐、拦截妇女的行为认定为侮辱妇女,就意味着第293条的追逐、拦截对象仅限于男性,这显然不合适。更为重要的是,《刑法》第237条第2款规定"在公共场所当众"侮辱妇女的,"处五年以上有期徒刑"。根据上述观点,在公众场所当众追逐、拦截妇女的,就必须适用该法定刑,这显然不符合罪刑相适应原则。其四,强行亲吻妇女或者强行搂抱妇女的行为,当然属于强制猥亵行为。总之,上述观点所归纳的"侮辱妇女"行为,要么属于侮辱罪、寻衅滋事罪的行为,要么属于强制猥亵行为,要么不构成犯罪。事实上,上述观点是以旧刑法时代的司法解释为根据的。

第二,立法机关工作人员指出:"妇女、儿童虽然是猥亵行为的主要受害群体,但实践中猥亵男性的情况也屡有发生,猥亵十四周岁以上男性的行为如何适用刑法并不明确,对此,社会有关方面多次建议和呼吁,要求扩大猥亵罪适用范围,包括猥亵十四周岁以上男性的行为,以同等保护男性的人身权利。因此,《刑法修正案(九)》将第一款罪状中的'猥亵妇女'修改为'猥亵'他人,使该条保护的对象由妇女扩大到了年满十四周岁男性。"②这显然是自相矛盾的。一个简单的质疑是,为什么在侮辱问题上,男女就不平等,只限于对妇女的保护呢?比如,既然要平等保护男性的人身权利,为什么对针对男性实施的上述"侮辱"行为,如向男性身上泼洒腐蚀物、涂抹污物,不处以相同的刑罚?

第三,刑法解释学做得不好是会对刑事立法产生不利影响的。1997年《刑法》第 237 条规定了猥亵与侮辱两种行为,此后,刑法理论就试图解释猥亵与侮辱的区别。比如,有的教科书写道:"猥亵妇女,是指对妇女实施奸淫行为以外的,能够满足性欲和性刺激的有伤风化的淫秽行为,例如,搂抱、接吻、捏摸乳房、抠摸下身,等等。侮辱妇女,是指对妇女实施猥亵行为以外的,损害妇女人格、尊严的淫秽下流的、伤风败俗的行为,例如,在公共场所用淫秽下流语言调戏妇女;剪开妇女裙、裤,使其露丑;向妇女显露生殖器;强迫妇女为自己手淫;扒光妇女衣服示众,等等。猥亵行为必然是行为人的身体直接接触妇女的身体,通过对妇女身体的接触达到性心理的满足。而侮辱行为,则不一定以自己的身体接触妇女的身体,来满足精神上的性刺激,这是二者在形式上的一点区别。"③可是,说明这点形式上的区别有什么意义呢?不仅如此,上面的说明在内容上也有问题。比如,上述观点认为侮辱行为"不一定"接触妇女的身体,这个留有余地的表述表明侮辱行为也可能接触妇女的身体,事实上,该观点已经将"强迫妇女为自己手淫"这种接触身体的行为认定为侮辱行为。既然如此,二者实际上从形式上也难以区分。再比如,上述观点强调侮辱行为"损害妇女人格、尊严",希望由此区分猥亵与侮辱行为。事实上,强奸罪、强制猥亵罪都在侵犯他人性行为自主权的同时,侵害其人格与尊严,因此,这种区别也不可能存在。正是因为刑法理论一直明确区分猥亵与侮辱,所以,《刑法修正案(九)》仅将本罪中的猥亵对象修改为"他人",但没有删除侮辱妇女的规定,也没有将作为侮辱对象的"妇女"修改为"他人"。据此,有些属于侵害妇女性自主权的侮辱行为不能归入猥亵行为,有些属于侵害男性的性自主权的侮辱行为依然不能认定为强制猥亵罪。例如,根据前述区分二者的观点,"强迫男性为男性手淫"的,属于侮辱行为,但不构成犯罪。显然,从立法论上来说,这一修改存在明显的缺陷。

不难看出,不管是在《刑法修正案(九)》颁布之前还是之后,从形式上将猥亵与侮辱解释为两种不同的行为,并不能得出合理的结论。更为重要的是,传统观点导致《刑法修正案(九)》未能妥当地修改《刑法》第 237 条。倘若在 1997 年《刑法》通过之后,刑法理论对《刑法》第 237 条进行批判性解释或者补正解释,主张侮辱与猥亵的内涵与外延相同,那么,《刑法修正案(九)》就完全可能将《刑法》第237条第1款修改为:"以暴力、胁迫或者其他方法强制猥亵他人的,处五年以下有期徒刑或者拘役。"这样就不会出现本罪中的猥亵对象是他人,而侮辱对象仅限于妇女的奇怪现象,也不至于将公然猥亵行为、寻衅滋事行为认定为强制侮辱罪了。但在当下,我只能建议把《刑法》第237条中的"侮辱妇女"忘掉或者解释掉。更不要考虑激活"侮辱妇女"的规定,就让它沉睡吧!

五、与强奸罪的关系

强奸罪是强制猥亵罪的特别法条,所以,行为构成强奸既遂时就只适用特别法条,认定为强奸罪,这一点没有疑问。前面说过,对妇女和不满14周岁的男孩发生性关系的行为,要认定为猥亵儿童罪。所以,不能把猥亵行为界定为性交以外的行为。强制猥亵罪和强奸罪不是对立的关系,仅仅在男性强奸妇女上似乎表明强制猥亵是性交以外的行为,但这样表述同样不合适。如果行为人实施的是强奸还是强制猥亵查不清的时候怎么办?如果将强制猥亵与强奸罪说成对立关系就没法处理了。所以,一般要承认强制猥亵罪是普通法条,强奸罪是特别法条,但不排除二者有时候是想象竞合。所以,日本刑法是先规定强制猥亵罪后规定强奸罪。我国刑法不是先规定普通法条,再规定各特别法条,而是将重罪规定在前面。不过,这也不是什么问题,德国刑法也存在这样的情形。

问题是,行为人使用暴力、胁迫强奸妇女的时候,把妇女的衣服扒光了,也实施了猥亵行为,但奸淫行为没有得逞的,怎么适用刑法?是只定强奸未遂,还是认定为强奸未遂和强制猥亵罪的想象竞合?因为强制猥亵罪已经既遂了,如果只认定为强奸未遂,就没有评价行为人猥亵既遂的事实。特别是,行为人聚众或在公共场所当众实施强奸行为的时候,在公共场所强奸妇女未遂的,适用的是10年以上有期徒刑、无期徒刑或者死刑的法定刑,如果减轻处罚,则适用3年以上10年以下有期徒刑的法定刑;但聚众或在公众场所当众强制猥亵他人的,处5年以上15年以下有期徒刑。如果只承认适用特别法条即仅认定为强奸罪,减轻处罚就可能判 3 到 4 年,但即使没有强奸意图,只认定为强制猥亵罪,最低也要判 5 年有期徒刑,所以,只认定为强奸罪可能导致处罚不均衡。凡是在这样的场合,你们一定要注意,任何不合理的结论,都是解释者解释出来的,而不是刑法所固有的。只有两条路径来解决这个问题:第一条路径是,采取特别法条优于普通法条的原则,仅认定为强奸罪,但要有一个规则,就是适用加重法条时,所判处的刑罚不得轻于普通法条的最低刑,也就是说,即使是只认定为强奸未遂并且减轻处罚,也必须判处 5 年以上徒刑,否则就违反了特别加重法条的精神。在德国是有这个规则的,日本好像也有这个规则。概括起来说,如果加重法条的最低刑轻于普通法条的最低刑,那么在适用加重的特别法条时,所判处的刑罚不得低于普通法条的最低刑。第二条路径是认定为想象竞合。法条竞合和想象竞合的区分不是固定不变的,是根据案件事实的变化而变化的。将上述行为认定为想象竞合,才能充分评价行为人的强奸未遂与强制猥亵既遂的行为,然后再从一重罪处断。但这个时候也面临哪一罪重的问题,如果说强奸罪的加重法定刑重,同时适用未遂的规定减轻处罚,虽然可能判处无期徒刑,但仍然可能只判处 3 到 4 年有期徒刑;如果说强制猥亵罪重,虽然不可能判处低于 5 年的有期徒刑,却不可能判处无期徒刑。第二条路径与第一条路径有一个相同点,都是不得判处低于 5 年的有期徒刑,也就是说,两条路径的处理结局是一样的,都是要处 5 年以上徒刑,也不排除无期徒刑和死刑。

一些国家的刑法规定还是挺有意思的。比如,比利时刑法规定,即使性的插入行为构成强奸罪,但也可能构成未伴随暴力、胁迫的强制猥亵罪。具体来说有两种情形:一是对 14 岁以上不满 16 岁的未成年人,不管男女,征得其同意实施的性的插入行为;二是未满 16 岁的未成年人对同意的成年人实施的性的插入行为。《比利时刑法》第 372 条第 1 款规定:对未满 16 岁的男女或者使不满 16 岁的男女实施没有暴力、胁迫的猥亵行为的,构成强制猥亵罪,处 5 年以上 10 年以下有期徒刑。为什么这种情形中的性的插入行为不构成强奸罪呢?因为被害人在 14 岁、15 岁时,其对强奸罪的同意是有效的(日本 13 岁的同意就是有效的),而强奸罪的要件之一是不存在被害人的同意,所以,上述行为不构成强奸罪。比利时的宪法法院指出：强奸罪是要判处特别重的刑罚的重罪，所处罚的是没有得到同意的性的插入行为；既然14岁、15岁的未成年人同意性的插入行为，而且该同意有效，就不符合强奸罪的成立条件，不以强奸罪论处是符合罪刑法定原则的。另一方面，未满16岁的人对成年人实施的口交、肛交等插入行为，也就是说，插入行为由未成年人实施，被插入者为成年人时，并不是将成年人看作为强奸罪的被害人，而是要判断成年人是成立强奸罪还是强制猥亵罪。这在比利时争议特别大。关于未满16岁的人对成年人实施口交、肛交行为时，成年人是否成立强奸罪的问题，布鲁塞尔控诉院曾经指出："刑法第375条将强奸定义为对没有同意的人实施的性的插入行为。至于强奸是意味着只能针对被害人实施性的插入行为，还是包括在没有同意的情况下由被害人对行为人实施的插入行为，立法者没有详细说明。但是，可以认为法律暗中默认只有对被害人的性的插入行为才成立强奸罪。"据此，上述成年人的行为就不成立强奸罪，只能成立强制猥亵罪。但是，也存在强有力的观点认为，上述成年人的行为依然成立强奸罪。

六、加重处罚的情节

比如，某年夏天，在一辆从郊区到城区的公交车上，一个不满14岁的女孩坐在靠过道位置，她的姐姐坐在靠窗位置在睡觉。被告人看到姐姐睡着了，小女孩在玩手机，就把手伸到小女孩的内衣里，摸这个小女孩的胸部，小女孩刚开始吓了一大跳，但因为姐姐睡着了不敢吭声，小女孩继续玩手机。被告人说只摸了两三分钟，小女孩说摸了好久。到站后小女孩告诉姐姐，姐姐就报警了。检察机关以猥亵儿童罪起诉，法院只判了被告人1年有期徒刑。检察院认为，被告人是在公共场所当众猥亵儿童，要处5年以上徒刑，但本案判得太轻了。有的教授认为，对本案被告人判1年有期徒刑也是罪刑相当的，问题是如何解释理由？一方面，被告人将手伸进小女孩的内衣内较长时间直接触摸胸部，当然是猥亵儿童；另一方面，被告人的行为当然属于在公共场所当众猥亵儿童。我们能否认为，只有当其他人看到了，才符合当众的要求呢？显然不能这样认为。其实，在刑法上,表述为"在公共场所"时,后面有没有"当众"两个字,意思都是一样的。刑法表述为"公共场所"就是因为可能被不特定人或者多数人看到。比如,晚上公园已经关门了,里面没有游客了,就不能评价为公共场所了。但在公园开园的时候,由于是不特定人能够进入的场所,所以是公共场所。公共汽车当然是公共场合,其他人肯定可能看到被告人的行为,所以,上述被告人的行为肯定是在公共场所当众实施猥亵行为。司法解释也没有要求被告人的猥亵行为在公共场所必须有其他人看到、听到。

有的人是这样解释上述量刑的:被告人的行为原本是不值得科处刑罚的猥亵行为,或者说原本就不构成犯罪的,正是因为考虑了在公共场所当众实施这一情节,才综合判断行为构成了猥亵儿童罪。这样的说明不能被接受。因为在公共场所当众猥亵儿童,是猥亵儿童的加重类型,或者说是特别法条。而加重类型或者特别法条的适用以符合普通法条为前提。也就是说,如果某种行为本身不成立强制猥亵罪或者猥亵儿童罪,是不可能适用《刑法》第237条第2款的。也就是说,一个行为如果不符合基本法条,就不可能以符合加重法条为由而适用基本法条或者加重法条。否则,法条关系就混乱不堪了。

为什么学者们觉得上面的案件判得不轻呢?其实是受到了传统道德观念的左右。也就是说,猥亵行为由轻到重有许多情形,在人们的道德观念中,如果只是触摸胸部就觉得危害不大,如果将手指伸入女性下体,就会觉得危害很大。这个观念或许符合一般人的观念或者法感情,但是,还不能直接以此为根据对上述被告人判处低于5年有期徒刑的刑罚。如果要判处低于5年有期徒刑的刑罚,只能适用《刑法》第63条了,而不能用和稀泥的方法判处1年有期徒刑。

有的行为人在强奸或者强制猥亵他人的时候还直播,这叫不叫在公共场所当众犯强奸罪或者强制猥亵罪呢?这肯定是有争议的,但我认为,公共场所是指他人的身体可以进入的场所,而不是说思维、视角、听觉可以进入的场所都叫公共场所。否则,一本杂志都是公共场所。所以,我认为,这种行为不属于在公共场所当场强奸或者强制猥亵他人,我主张构成强奸罪和传播淫秽物品罪,实行数罪并罚。因为强奸或者强制猥亵行为与直播行为是两个不同的行为,而且没有重合。

> 课堂提问

问:强奸罪、强制猥亵罪中的胁迫行为需要当场对被害人实施吗?

答:不需要当场对被害人实施,比如,通过邮件、微信、短信、电话等对被害人以恶害相通告的,都属于胁迫。不过,在我看来,如果到此为止,还不能认为已经着手实施了强奸行为与强制猥亵行为,只能认定为强奸罪与强制猥亵罪的预备行为。也就是说,在这样的场合,只有将要实施奸淫行为或者猥亵行为,才是强奸罪与强制猥亵罪的着手。

问:男子为强奸而追赶女子,女子为了摆脱强奸而逃跑时,失足掉到河里淹死了。《刑事审判参考》认为这是不作为造成了死亡结果,请问您怎么看?

答:这要看具体案情。在一般情况下,如果是为了强奸而追赶女子,就可以认为,妇女逃跑进而掉入河里是一个必然的反应,或者说被害人的介入并不异常,当然可以直接将死亡结果归属于行为人的追赶行为。也就是说,是强奸的行为手段造成了死亡结果,而不是不作为造成了死亡结果。如果在有的案件中不能将死亡结果归属于前面的追赶行为,则要考虑是否由后面的不作为造成了死亡结果。如果是后面的不作为造成了死亡结果,则至少可以认为成立强奸罪与不作为的杀人的想象竞合。当然也不排除认定为数罪的可能。

在强奸致人死亡的加重结果由故意行为造成的时候,都要认定为强奸(致人死亡)罪与故意杀人的想象竞合,单纯评价为结果加重犯的话,一般人可能以为是过失致人死亡,因为没有把杀人行为和故意评价进去。

问:如何做到在解释具体法条时,始终贯彻好的观念?

答:好的观念只有变成了自己内心深处的想法时,才能时时刻刻指导自己对具体法条的解释;如果你只是看到书上写了某个观念,你觉得这个观念好,但这个观念还不是你内心深处的真实想法时,你是不可能用这个观念指导具体法条的解释的。我见过不少人在写解释论的论文时,根本没有贯彻他事先所发表的论文的观念,就是因为他事先发表的论文中的观念,根本不是他内心深处的想法,只是从别人那里搬来的。比如,有的人在写限制死刑的论文时,会讲许多理由主张严格限制死刑,可是就如何理解和适用《刑法》第 50 条的问题,则极力反对其他学者的限制解释观点。这就自相矛盾了,之所以如此,就是因为严格限制死刑根本不是他内心深处的想法,只是因为主张扩大死刑适用的论文不可能被发表,所以写严格限制死刑的论文。

问: 您第一次课就讲到,在处理法条关系或者进行体系解释的时候,要找准基础法条,请问怎么确定基础法条?比如,与骗取贷款罪相比,违法发放贷款罪是基础法条吗?

答: 我不是在普通法条的意义上讲基础法条,基础法条就是保护法益比较清楚、构成要件相对明确、罪刑关系合理或者说法定刑适当的法条。你也可以认为,有关自然犯罪的法条一般都是基础法条。如果刑法规定了背任罪或者背信罪,那么,背任罪的法条就是骗取贷款罪与违法发放贷款罪的基础法条,可惜现行刑法中还不存在这个基础法条。不能说违法发放贷款罪是骗取贷款罪的基础法条,二者其实有一点点对向关系。

课外作业

第一个案例是,男性被告人从网上认识了被害女青年之后,通过和女青年网上聊天,不仅知道了女青年的一些隐私,而且知道了女青年现男友的邮箱等联系方式。随后,被告人就以胁迫的方式,让女青年自己拍裸照后将裸照发给自己,女青年就自拍了裸照后发给了被告人。后来,被告人又胁迫女青年自拍淫秽动作后发给自己,女青年不得不又自拍后发给了行为人。需要说明的是,女青年是一个人自拍裸体等照片,被告人并不在场。被告人的行为构成犯罪吗?如构成犯罪,构成什么罪?

第二个案例是,被告人拿着自拍杆,趁妇女不注意时,就将自拍杆伸到妇女裙底下拍照。偷拍后只是自己看,并不传播给他人。这种行为构成犯罪吗?

※ ※ ※ ※ ※ ※

注释

① 朗胜生编:《中华人民共和国刑法释义》,法律出版社 2015 年第 6 版,第 389—390 页。

② 同上书,第 389 页。

③ 高铭暄主编:《新编中国刑法学》,中国人民大学出版社 1998 年版,第 702—703 页。

第六讲

作业解答

我先讲一下上次的案例作业。关于第一个案例,大家都不认为构成强制猥亵罪,也不认为构成其他犯罪,这个结论我是同意的。其中,少数同学是以被告人的手段行为没有达到足以压制女青年的反抗为由认为不构成强制猥亵罪的,但这个理由不成立。第一个案例主要是不能将被告人的行为评价为猥亵行为。被告人让被害人自拍,没有人在场,行为人也看不到,其他人也看不到。所以,让被害人自拍的行为本身不可能属于猥亵行为。这种行为在德国、日本成立强制罪,但中国没有强制罪。强制罪在侵犯人身权利里面相当于兜底的犯罪,你可以认为很多罪都包含了强制罪,你也可以说强制猥亵罪是强制罪的特别法条。德国有学者认为,强奸罪就是强制罪和非法拘禁罪的结合。至于被告人让被害人将自拍的照片传给被告人,这也不是猥亵行为。如果是被告人在女青年与自己视频的时候,强迫女青年与自己裸聊,则可以构成强制猥亵罪。虽然双方都不是在现实的物理空间,但在这种视频上面对面的场合还是可以认定为强制猥亵罪的。

第二个案件也不可能构成犯罪。有的同学也认为这种行为缺乏明显的强制手段,其实问题不在这里。我跟你们讲过,强奸罪也好,强制猥亵罪也好,没有必要表述成复行为犯,复行为犯的表述虽然看似不错,但严格来讲不那么准确。事实上,当猥亵行为本身有强制性的时候,就难以区分手段行为与目的行为。比如,被告人发现女孩站在某个墙角,上前就强吻人家。这就是强制猥亵,但很难区分手段行为与目的行为,二者实际上是一体化的。也就是说,当我们说行为人使用什么手段时,手段完全可能就是对行为本身的描述,离开了手段就不存在行为,但这并不意味着必须另外存在一个手段行为。再比如,行为人明知对方是精神病妇女而与之性交,我们都认为构成强奸罪。可是,手段行为是什么呢?客观上只有奸淫行为。但是,我们完全可以说行为人利用了被害妇女不知反抗的状态,进而实施了奸淫行为,于是这种奸淫行为就具有了强制性。同样,在被害妇女不知情的状态下,将自拍杆伸到人家裙子下面,也可以说是利用了被害人不知反抗的状态。被告人的行为之所以不构成犯罪,是因为这种行为本身也不属于猥亵行为。如果说这种行为也是猥亵行为,那么,行为人趁人家洗澡的时候,用手机偷拍他人裸照的,也构成强制猥亵罪,相信没有人会接受这种结论。再如,在宾馆房间装摄像头的,也不可能认定为强制猥亵罪,但可能构成其他犯罪。

下面开始讲本节课要讲的三个犯罪,就是非法拘禁罪、绑架罪与拐卖妇女、儿童罪。

【非法拘禁罪】

一、保护法益

非法拘禁罪肯定是侵犯人身自由的犯罪,问题是人身自由的内容是什么。我觉得有两个层面的问题。

第一个层面的问题是,非法拘禁罪的保护法益是仅限于身体移动自由,还是包括身体活动自由?比如,被告人用手铐把被害人双手铐起来,被害人想去哪里还是可以去,也就是说,不一定侵犯被害人的身体移动自由,这种行为是否构成非法拘禁罪?如果说本罪的保护法益只是身体移动自由,即只是整个身体的移动自由,而不是身体某一部分的移动自由,那么,这种行为就不一定构成犯罪。我感觉日本刑法教科书所说的逮捕、监禁,就是指侵犯整个身体的移动自由,我从来没有看到他们的论著讨论把被害人的双手捆起来这样的案件,当然也可能我的阅读范围有限。不管怎么说,我认为,用手铐把被害人双手铐起来,或者将被害人的双手反捆在后面的行为,还是要成立非法拘禁罪的。所以,我认为,非法拘禁罪的保护法益不仅包括身体移动自由,而且包括身体活动自由。

第二个层面的问题是,如果说非法拘禁罪的保护法益是人的身体活动自由,那么,这个自由是指现实的自由还是说同时包括可能的自由?现实的自由说会使得处罚范围窄一点,可能的自由说会导致处罚范围宽一点。例如,行为人在被害人睡觉的时候,就把被害人的房门反锁了,在被害人醒来之前,又把锁打开了。按照现实的自由说,这一行为就不构成非法拘禁罪,因为被害人事实上一直在睡觉,行为人的行为没有现实地侵害他的身体活动自由。但是,如果按照可能的自由说,则该行为构成非法拘禁罪,因为被害人可能在半夜起床出门。日本学者大多从具体案例展开分析,如果仔细思考,会发现主要涉及以下几个问题。

第一,所谓的现实的自由、可能的自由,究竟是指被害人意志的自由还是物理行动的自由?这是很关键的问题,如果说是意志的自由,当然会采取可能的自由说,只要被害人想到过要出门,即使身体上没有出门的动作,上述行为也侵犯了他人的意志的自由。但是,如果说是物理的活动的自由,那么,只要被害人没有现实地要打开这个门外出,上述行为就没有侵犯他人的物理的活动的自由,就会采取现实的自由说。与其他的法条比较可以看出,日本刑法规定有胁迫罪,侵犯的是意志的自由。既然对意志自由的侵害已经有专门规定了,就不能说非法拘禁也是侵犯意志自由的犯罪。在我国没有规定胁迫罪的情况下,也就是说在刑法并未独立保护单纯的意志的自由的情况下,将非法拘禁罪的保护法益解释为意志的自由,也明显不协调。

第二,可能与现实的关系或者危险与实害的关系。采取可能的自由说时,是指行为具有侵害现实的自由的可能性或者危险性;而采取现实的自由说时,是指行为仅具有侵害自由的可能性还不成立犯罪,只有当行为侵害了现实的自由时,才能成立犯罪。于是,可以发现,可能的自由说将处罚范围提前了,现实的自由说将处罚范围推后了。如果说,侵害现实的自由才是既遂的话,那么,侵害可能的自由还只是未遂。在现实的自由说看来,可能的自由说是将本罪的未遂犯当既遂犯了,但是日本刑法不处罚非法拘禁罪的未遂犯。不过,《德国刑法》第239条规定处罚非法拘禁罪的未遂犯。

换一个角度来说,根据可能的自由说,在被害人有多个选项时,虽然只有一个选项是外出,但即使被害人没有选择外出,只要行为人实施了拘禁行为,也构成非法拘禁罪。比如,在上面所说的行为人在被害人睡觉时反锁房门的案件中,晚上被害人既可能只在房间睡觉,也可能外出办事,这就有两个选项,即使被害人没有选择外出,行为人的行为也构成非法拘禁罪。根据现实的自由说,在被害人只有一个选择时,也就是在被害人选择了外出却不可能出去时,行为人的行为才成立非法拘禁罪。用日本语来表述就是这样的:按照可能的自由说,非法拘禁罪是剥夺了被害人的选择肢;按照现实的自由说,非法拘禁罪只是剥夺了被害人的选择。

在我国,根据司法解释,一般情形下只有剥夺了24个小时的人身自由才可能成立非法拘禁罪。所以,可能的自由说在我国不可能被采纳,或者说,可能的自由说在我国不可能被司法机关运用,我们难以设想一个人会在家里睡24小时,或者24小时一直待在什么地方不动。但是,我们做研究要学习别人的研究方法与说理方式。

第三,非法拘禁罪的法条与其他法条的关系,或者说非法拘禁罪与其他侵犯人身权利罪的关系。主张可能的自由说的学者常常这样比较:在被害人不知情的情况下实施强奸行为的,构成强奸罪;在被害人睡觉的时候,行为人侵入其住宅的,也构成非法侵入住宅罪。既然如此,在被害人睡觉的时候,行为人的拘禁行为也能成立非法拘禁罪。不过,这样的类比过于形式化。上述强奸行为的确侵害了他人的性行为的自主权,上述非法侵入住宅的行为的确侵害了他人的住宅权,但不能据此就说,上述在被害人睡觉时反锁房门的行为,就侵害了被害人的身体活动自由。

第四,不同理论与具体案件的关系,也就是说,两种学说对于有争议的案件应当如何解决。下面我举几个例子,我站在现实的自由说的立场发表自己的看法,当然以下的结论没有考虑拘禁时间的要求。

案例1:被害人喝醉了酒,在房间里睡觉,A在其睡觉期间将房间反锁住了,但在被害人酒醒之前,就把门打开了。

根据可能的自由说,A的行为构成非法拘禁罪,因为被害人随时可能移动自己的身体。但是,根据现实的自由说,最多只能说是非法拘禁罪的未遂。如果A的做法是,每时每刻观察A的举止,一旦酒醒了就打开锁,就连未遂也不成立。如果行为人并不进行任何观察,只是拘禁时间碰巧是被害人因为醉酒而睡觉的时间,由于不排除被害人可能在A开锁之前就醒酒,所以说是非法拘禁的未遂。我前面说过,日本不处罚非法拘禁未遂,但德国处罚非法拘禁未遂。

案例2:B威胁被害人说:"你在这个屋子里待一个小时,不能出去,否则我就杀了你。"可是,被害人本来就想在这间屋子里待两个小时。类似的情形,B1欺骗被害人说:"家外面有炸弹,绝对不能出去!"可是,被害人根本没有想过出去,就想一天到晚在家里。

两个行为人,一个人采取的是威胁方式,另一个人采取的是欺骗方式。如果按照可能的自由说,二人的行为都构成非法拘禁罪,因为即使他们原本没有想出门,但不排除中途改变想法要出门。但按照现实的自由说,只要被害人后来确实愿意待在屋子里,没有出门的想法与举止,就不构成非法拘禁罪。这个结论与行为人采用了什么手段没有直接关系。

案例3:C和被害人乘坐电梯的时候,为了拘禁被害人,就冒充自己是电梯的检测员,谎称电梯有故障,存在紧迫的危险,需要关闭电梯进行检测,被害人信以为真,就只好一直在电梯里面等着。

对于这个案件,不管是采取可能的自由说还是现实的自由说,都会认定为非法拘禁罪。从事实上说,没有人会一直愿意等在电梯里,也就是说,C的行为不仅侵害了可能的自由,而且侵害了现实的自由。另一方面,被害人的同意是无效的,因为只有当被害人有选择的余地的时候作出的同意才是有效的。C的欺骗行为,使得被害人没有选择的余地,这就表明被害人不是基于自己意志自由作出的决定,当然是无效的。所以,C的行为构成非法拘禁罪。

案例4：D隐瞒了自己强奸被害人的意图，谎称开车将被害妇女送回家，在被害人发现方向不对时，就要求下车，D立即停车让被害人下车。

可以肯定的是，如果在被害人要求下车时，D仍不停车，肯定属于非法拘禁。但案情是，在被害人要求下车时，D就让被害人下车了，所以要讨论的是，被害人下车之前的那段时间是否属于非法拘禁。这主要涉及被害人的承诺是否有效的问题。如果说被害人同意上车是有效的，D的行为就不构成非法拘禁罪；如果说被害人的同意是无效的，则D的行为构成非法拘禁罪。这个问题在刑法理论上有争议，有人认为，被害人的这种错误只是动机错误，因而是有效的；有人认为，不管什么错误都是无效的；有人认为，这种错误属于法益关系的错误，因而其同意是无效的。我认为评价为法益关系的错误虽然有道理，但似乎有点勉强，认定为动机错误也是可能的。

案例5：E晚上把被害人的门反锁了，被害人发现门被反锁后，心想反正也到了睡觉时间了，就睡觉吧，没有出门。被害人第二天早上醒来时，E已经把锁打开了。

按照可能的自由说，E的行为构成非法拘禁罪。不过，主张现实的自由说的学者，也都认为D的行为构成非法拘禁罪。为什么呢？因为被害人是在认识到自己不能外出的情况下，才放弃外出的想法而决定睡觉的。所以，E的行为依然侵害了被害人的现实的自由。这与上面讲的案例1明显不同，案例1是被害人在没有意识到自己被拘禁时就决定在家睡觉的。

问题是，如果采取现实的自由说，对于非法拘禁的持续时间的认定，要不要把被害人睡觉的时间排除在外？比如，F晚上6点将被害人反锁在房间，直到第二天晚上6点才打开锁，被害人平时每晚睡觉8个小时，要不要把这8个小时排除在外？排除后就只有16个小时，在我国一般就不构成非法拘禁罪了。持可能的自由说的学者指出，在这8个小时里，F没有侵犯被害人的现实的自由，所以按现实的自由说要扣掉这8个小时，但要扣除这8个小时明显不合理。但主张现实的自由说的学者并不同意扣除这8个小时,问题是如何说明理由呢?

一种观点仍然按照现实的自由说进行解释。被害人是因为不可能移动身体而放弃移动念头的,而不是不想移动才睡觉。也就是说,当被害人基于不可能移动身体的认识而不产生移动身体的意志,因而留在原地睡觉时,不能认为这是基于自由意志留在原地睡觉,只是不得不忍受而已。所以,被害人的现实的自由仍然受到了侵害。可是,持反对观点的人仍然会说:"不管被害人在哪里,他晚上都是要睡觉的。"当然,持现实的自由说的学者也可能这样回答:"在什么地方睡觉、在什么样的场景下睡觉是不一样的。"另一种观点则在现实的自由中添加了假定的自由。也就是说,被害人如果不睡觉,就会有外出的意思。或者说,如果考虑到被害人是在不能从事意志自由活动的状态下就不移动身体这一假定关系,就可以认定被害人的现实的移动自由受到了侵害。不管怎么说,持现实的自由说的学者都不会主张扣除睡觉的8个小时,否则,还可能意味着吃饭、上厕所的时间都要扣除。但是,如何说理还是可以进一步探讨的。

二、拘禁行为

日本刑法将非法拘禁罪的行为表述为逮捕与监禁,所以,这个罪在日本叫逮捕、监禁罪,也没有在罪名上加"非法"二字。我国刑法的表述与德国刑法的表述相似,《德国刑法》第239条对本罪的构成要件表述的是"拘禁或者以其他方法剥夺他人自由"。我国《刑法》第238条表述的是"非法拘禁他人或者以其他方法剥夺他人人身自由"。我认为,可以将我国《刑法》第238条中的"拘禁"理解为监禁。如果把"拘禁"两个字分开理解,也并非不可能。当然,对于罪名中的拘禁不能仅理解为监禁。由于我认为非法拘禁罪的保护法益是现实的身体活动自由,所以,我认为非法拘禁的构成要件行为有三类:

第一类是监禁,就是把被害人关押在一定场所,方法没有限制。一般来说,该场所必须是明显难以逃出的场所。但是,如果行为人采取胁迫方法迫使被害人待在某个场所,则不要求该场所是明显难以逃出的场所。我要说明一下,对于这种行为人没有使用任何物理的手段,只是胁迫说

"如果离开此地就杀了你"的案件,在国外有人主张成立非法拘禁罪,有人认为,由于身体的移动不存在物理的障碍,只能认定为强制罪。但我国没有强制罪,所以我主张认定为非法拘禁罪。

第二类是控制被害人的身体移动。比如,以暴力、胁迫等方法迫使被害人跟着行为人去某地,或者说行为人去哪里就逼着被害人去哪里。请注意,是行为人迫使被害人跟着自己走。如果是行为人跟着被害人走的,或者说被害人去哪里行为人跟着去哪里的,不能叫拘禁,只是跟踪。在不少国家跟踪就是犯罪。比如,《德国刑法》第238条就规定了跟踪罪。显然,不能将跟踪评价为拘禁。因为在跟踪的场合,行为人的身体移动与活动都是自由的。

第三类是使被害人丧失身体活动自由的行为。比如,用手铐将被害人双手铐上,用绳子将被害人双手反捆在背后,使被害人的双手不能活动。用脚镣使被害人双脚不能活动的,既可能属于第三类,也可能归入第二类。

至于用什么方式实施上述行为,则没有限制。不管是物理的方法,还是心理的方法,不管是暴力、胁迫的方法还是欺骗的方法,只要剥夺了他人现实的自由,就属于非法拘禁。例如,让被害人在一个塔吊上不能下来的,也属于拘禁。再如,拿走被害人的衣服,使被害人基于羞耻心而不能离开原地的,也属于拘禁。又如,让被害人在驾驶的车辆中无法下去的,同样属于拘禁。

与保护法益相关联的一个问题是,是否要求被害人认识到自己被拘禁的事实?持可能的自由说的学者采取无限定说,即使被害人没有认识到自己被拘禁的事实,也不影响非法拘禁罪的成立;持现实的自由说的学者采取限定说,如果被害人没有认识到自己被拘禁,就表明行为没有妨害他的身体活动自由,故该行为不构成犯罪。不过,所谓要求被害人认识到自己被拘禁,并不是说要求被害人认识到有人在对自己实施非法拘禁,只要被害人认识到自己没有身体活动自由即可,比如前面讲的案例3就是如此。

再如,行为人甲欺骗乙说去D地,让乙在A地上车后,行驶至B地时,如果去 D 地就应当左拐,但行为人驾驶车辆右拐。乙意识到受骗而要求下车,但行为人不理睬,继续疾速前行,乙最终在 C 地逃出车外。甲的行为成立非法拘禁罪没有疑问,但如何确定监禁的期间?日本最高裁判所认定,从 A 地到 C 地均成立非法拘禁罪。也有学者认为,由于对场所移动自由予以处分的自由也是本罪的保护法益,所以,也可以赞成最高裁判所的结论。不过,也还有讨论的余地。

三、结果加重犯

我国《刑法》第 238 条第 2 款前段规定了非法拘禁罪的结果加重犯,也就是非法拘禁致人重伤或者死亡的情形。既然是结果加重犯,应当按照总论所讲的结果加重犯的成立条件去认定,尤其是需要拘禁行为与重伤、死亡结果之间具有直接性关联或者特殊危险实现关联。

但是我发现,在司法实践中,大量的案件根本不是结果加重犯却被认定为结果加重犯。比如,债权人雇请两个人对债务人实施拘禁行为,将被害人关在宾馆房间里,就是要求被害人答应还债或者让家人还债,也没有实施暴力、虐待等行为。两个看管人员晚上就将宾馆房间的一张床挪到房门边睡觉,防止被害人外出。等看管人员睡着后,被害人就想从窗户边上的下水道爬下去,不幸摔死了。对于这样的案件,许多司法机关都认定为非法拘禁致人死亡。但这样的认定明显不合适,因为被告人的拘禁行为本身并不具有致人死亡的危险,既然如此,就不可能有死亡危险的现实化。这样的案件也不能认定为非法拘禁罪与过失致人死亡罪的想象竞合,也就只是一个单纯的非法拘禁罪。倘若被告人对被害人实施严重的暴力,被害人如果不逃走就会遭受更为严重的暴力,倒是可以认为被害人的介入行为是必然的、正常的,而不是异常的,可以将死亡结果归属于被告人的行为,但本案并非如此。

四、法律拟制

我国《刑法》第 238 条第 2 款后段规定:"使用暴力致人伤残、死亡的,依照本法第二百三十四条、第二百三十二条的规定定罪处罚。"

我一直认为,这一规定属于法律拟制,也就是说,即使行为人对伤残、死亡没有故意,也要认定为故意伤害罪与故意杀人罪。我在教材里讲了一些理由,在其他一些论著里也讲过一些理由,我就不重复了。我这里只说明一点:虽然我国刑法的整体刑罚明显重于日本、德国,但非法拘禁罪的基本犯的法定刑却轻于日本与德国。如《日本刑法》第 220 条规定:"非法逮捕或者监禁他人的,处三个月以上七年以下惩役。"《德国刑法》第 239 条规定:"非法监禁他人或者以其他方法剥夺他人自由的,处五年以下自由刑或者罚金。"我国的非法拘禁现象其实是比较多的,但刑法没有对本罪的基本犯规定较高的刑罚,最高刑也只有 3 年有期徒刑,但为了特别抑制非法拘禁过程中致人重伤、死亡的现象,不仅规定了结果加重犯,而且作出了上述拟制规定。所以,将上述规定理解为法律拟制还是有实质理由的。

但是,学者们与司法机关都认为本项规定是注意规定,也就是说,只有当非法拘禁的行为人产生杀人故意进而实施杀人行为的,才能认定为故意杀人罪。可是,刑法有必要这样提醒司法工作人员吗?当然没有这个必要。而且,你们可以反复读这个法条,你会发现即使从语感上也读不出这个规定是注意规定。

更为重要的是,将上述规定理解为注意规定的人,其实在罪数问题上却将数罪拟制为一罪了,但这一拟制是没有理由的。比如,一个真实案件是,债权人即被告人将被害人拘禁了一个多月,就是为了让其答应还债,但被害人总是还不了债。于是,被告人反复用滚烫的开水烫被害人的手和脚,导致被害人手脚残废。我认为,对于这个行为根本不需要适用我国《刑法》第 238 条第 2 款后段的规定,而是直接认定为非法拘禁罪与故意伤害罪,实行数罪并罚。但是,将第 238 条第 2 款后段理解为注意规定的观点却认为,既然刑法规定了犯非法拘禁罪使用暴力致人伤残的要按《刑法》第 234 条定罪处罚,那就只能按故意伤害罪定罪处罚。可是,只认定为一个罪的理由是什么?你们千万不要说,刑法就是这样规定的啊!可是,刑法为什么将明明白白的数罪拟制为一罪?理由是什么?你们不能不讲理由。你们一定要知道,对任何一个法条都可以作出两种以上的解释,不能认为符合字面含义的解释就是最好的解释,也不能认为自己最先想到的那个解释是最好的解释,一定要讲出道理,说出理由。所以,不能动不动就说"刑法就是这样规定的啊!"关键是如何解释刑法的规定,你的解释结论的理由何在?我不相信你们能找出对上述行为只定一个故意伤害罪的理由,当然你们要讲歪理我就没有办法了。反过来说,只有当行为人并没有伤害、杀害故意,但在非法拘禁过程中使用暴力致人重伤、死亡的,才需要适用第 238 条第 2 款后段的规定,以故意伤害罪或者故意杀人罪论处。当然,适用第 238 条第 2 款后段的规定时,需要行为人对伤亡结果具有过失。

需要说明的是,第 238 条第 2 款后段的"使用暴力"必须是非法拘禁行为所必需的行为之外的暴力,如果是非法拘禁行为本身所必需的暴力致人伤残、死亡,就只能认定为结果加重犯。比如,为了将被害人拉上面包车而使用暴力致人重伤或者死亡的,应当认定为非法拘禁罪的结果加重犯。在这种情况下,也可能非法拘禁罪本身还是未遂,但不排除结果加重犯的成立。这种情形属于未遂的结果加重犯。你们要注意,不要将未遂的结果加重犯与结果加重犯的未遂混淆了。反之,如果行为人将被害人拘禁之后,在已经实力支配了被害人的情况下,使用暴力致人伤残或者死亡的,则要适用拟制规定,以故意伤害罪或者故意杀人罪定罪处罚。

最后再问你们一个问题:如果行为人以勒索财物为目的绑架了被害人,在实力支配被害人后,使用暴力致人死亡的,能否适用《刑法》第 238 条第 2 款后段的规定,认定为故意杀人罪?我觉得是可以的,因为绑架行为完全符合非法拘禁罪的构成要件,也就是说,完全可以将绑架行为评价为非法拘禁行为,既然如此,当然就可以适用上述拟制规定。《刑法修正案(九)》删除了犯绑架罪致使被害人死亡适用最重档法定刑的规定,但是,对绑架过失致人死亡的行为按绑架罪的基本犯或者情节较轻的情形处理明显不合适。当然,将绑架致人死亡与绑架杀人或者绑架故意伤害致人重伤或者死亡适用同一法定刑也不合适。所以,将其中的使用暴力致人死亡适用第 238 条第 2 款后段的规定,以故意杀人罪定罪处罚,刚好可以避免上述两个方面的缺陷。

【绑架罪】

关于绑架罪,我写过一篇论文,题目是《绑架罪的基本问题》,发表在《法学》2016年第4期上,这里我只是简单讲几个问题。

一、保护法益

在确定绑架罪的保护法益时,不能只考虑最常见的绑架行为,而要考虑一些不常见的情形,这样才能将所有应当作为绑架罪处理的情形都包含在绑架罪之内。比如,婴儿有没有可能成为绑架罪的对象?再比如,父母有无可能成为绑架亲生子女的犯罪主体?还如,没有使被害人离开原本的生活场所的行为,能不能成立绑架罪?没有勒索到财物的是成立绑架既遂还是成立绑架未遂?如果有一点没有考虑到,所确定的保护法益就会不准确。

有的教材说,绑架罪的保护法益是被害人的生命权、健康权、人身自由权与公私财产所有权。①这样的表述过于抽象,也不准确,不能指导对绑架罪构成要件的解释。比如,偷走婴儿将其作为人质,但没有对婴儿实施任何其他侵害,要求监狱释放特定犯人的行为,是否侵犯了婴儿的生命权、健康权、人身自由权与公私财产所有权呢?好像都没有侵犯,但我们不可能认为上述行为不构成绑架罪。所以,尽管这种观点表述了那么多的法益内容,但依然存在漏洞。

由于绑架婴儿肯定成立绑架罪,所以,有的观点认为,绑架罪的保护法益是被害人的人身自由以及监护权。②可是,父母就不能绑架亲生子女了吗?其实也能,美国就发生过一个案件,一位母亲从监狱逃出来后,将自己2岁的儿子作为人质,如果警察抓捕她,她就要杀害儿子。这个行为也构成绑架罪。

还有观点认为,绑架罪的保护法益不仅包括被绑架人的生命、身体利益,而且包括担忧被绑架者的安危的第三者的精神上的自由即自己决定是否向他人交付财物的自决权。③这一表述也有问题。一方面,生命、身体利益的表述过于抽象,不利于指导绑架罪构成要件的解释。另一方面,勒索财物只是绑架罪的一种目的,而不是全部目的,《刑法》第239条并没有要求行为人实施勒索行为。所以,将相关第三者决定是否向他人交付财物的自决权作为绑架罪的保护法益,存在疑问。

保护法益的确定和构成要件的解释有一个相互拉近的过程,也就是说,在存在争议的场合,要不断把构成要件向保护法益拉近,不断把保护法益向构成要件拉近,经过反复循环,才能准确确定构成要件和保护法益的内容。

我认为,绑架罪的法益是被绑架人在本来的生活状态下的行动自由以及身体安全。绑架婴儿的行为,虽然没有侵犯其行动自由,但使婴儿脱离了本来的生活状态,侵害了其身体安全;父母绑架未成年子女将其作为人质的行为,也侵害了子女在本来的生活状态下的身体安全或行动自由;绑架行为虽然没有使他人离开原本的生活场所,但如果以实力控制了他人,使其丧失行动自由或者危害其身体安全的,同样成立绑架罪。即使经过监护人同意,但如果绑架行为对被绑架者的行动自由或身体安全造成侵害的,也成立绑架罪;至于征得被绑架者本人同意但违反监护人意志,使被害人脱离监护人监护的案件,如果本人的同意是有效的,被告人的行为不成立绑架罪;如果本人的同意是无效的,则被告人的行为成立绑架罪。

二、绑架行为

存在争议的是,绑架行为是单一行为还是复合行为?由于绑架罪的法定刑太重,尤其是在《刑法修正案(七)》增设情节较轻的情形之前,最低要判处10年有期徒刑。如果只是单纯绑架了他人,就要认定为绑架既遂的话,就让人感觉处罚太重,所以,有人主张绑架行为是复合行为,也就是说,只有在实力支配他人之后,又实施了勒索等行为,才构成绑架既遂。但是,一方面,我国《刑法》第239条明文将勒索财物表述为目的,而没有要求行为人实施勒索财物的行为。也就是说,绑架罪是目的犯,是短缩的二行为犯,而不是复行犯。另一方面,很多恐怖分子绑架人质后,根本不主动提出什么要求,而是让政府主动联系他们。此外,绑架罪是侵犯人身的犯罪,通过增加侵犯财产的内容来提高其不法程度,是不是也不合适?也就是说,由于绑架罪是侵犯人身的犯罪,如果从侵犯人身的角度限制本罪的成立范围,是不是更好一些呢?

所以,一方面我认为,绑架罪的构成要件只是单一行为,即以实力支配控制他人,不需要将勒索财物的行为作为本罪的构成要件行为。我国《刑法》第239条规定的后一句即"绑架他人作为人质的",也是短缩的二行为犯,也就是说,"作为人质"也是目的。你们可能有一个疑问,如果不要求行为人实施勒索财物等目的行为,单凭客观上以实力支配控制他人的事实,怎么能认定为绑架罪呢?也就是说,怎么区分非法拘禁罪与绑架罪呢?其实,在其他目的犯中都存在这样的疑问,但这并不是一个问题。在现实案件中,一定可以通过被告人与被害人的关系、行为时的各种状况作出合理判断。另一方面,我主张限制绑架的手段,也就是说,只有以暴力、胁迫或者麻醉方法实施绑架的,才能构成绑架罪。这是从我国《刑法》第240条关于拐卖妇女罪中的一项规定得出的结论。

三、与非法拘禁罪的关系

从法条表述上看,可以认为绑架罪是非法拘禁罪的特别法条。不过,由于司法解释对非法拘禁罪的时间要求过长,导致绑架罪可能不符合非法拘禁罪的时间要素,在这个意义上又不好说绑架罪是非法拘禁罪的特别法条。但除此之外,也就是说,如果不考虑司法解释规定的时间要素,完全可以认为绑架罪是非法拘禁罪的特别法条,因为所有的绑架行为都必须属于非法拘禁行为。

司法实践中存在的重要问题是,如何理解和适用我国《刑法》第238条第3款的规定?该款规定:"为索取债务非法扣押、拘禁他人的,依照前两款的规定处罚。"2000年7月13日最高人民法院《关于对为索取法律不予保护的债务非法拘禁他人行为如何定罪问题的解释》指出:"行为人为索取高利贷、赌债等法律不予保护的债务,非法扣押、拘禁他人的,依照刑法第二百三十八条的规定定罪处罚。"首先,从司法解释本身来说,这一解释不是很合适。司法解释很可能是着眼于当时绑架罪的最低刑是10年有期徒刑的缘故,但是,不管是民法还是其他法律,都不可能保护非法债务,也就是说,没有任何法律承认非法债务。可是,这一解释却肯定了非法债务会受到刑法的一定保护。你们可能说,这个司法解释明文说了赌债不受法律保护,可是,既然不受保护,怎么有赌债与没有赌债在刑法上的处罚不一样呢?也就是说,如果行为人并不享有赌债,那么,他为了勒索财物而绑架他人时,就成立绑架罪;但是,如果行为人享有赌债,那么,他为了勒索赌债而绑架他人时,只成立非法拘禁罪。这不就意味着刑法在保护赌债吗?可是,刑法绝不可以保护赌债,这无论如何都说不通。或许有人认为,司法解释并不是保护赌债,只是从责任角度来说的。也就是说,因为行为人享有赌债,所以他的期待可能性就减少了,因而责任就减轻了。这一解释难以成立。只要行为人的客观行为符合绑架罪的构成要件,主观上具有绑架的故意与相应的目的以及责任要素,就成立绑架罪。期待可能性减少只是意味着绑架罪的期待可能性减少,也就是说,只有在认定绑架罪的基础上承认期待可能性减少,当然究竟是否减少是另一回事,而不能因为减少就变成其他犯罪了。所以,我难以赞成司法解释的上述规定。

由于司法解释将索债的范围过于扩大,司法机关在认定绑架罪时出现了许多问题,如果你们收集一些判例,就会发现各种判决五花八门,尤其是将索债的范围无限扩大。比如,凡是行为人以讨债为名的,不管是什么债、是否存在债,一些司法机关也认定为非法拘禁罪。这明显不合适。

当然,我并不是要扩大绑架罪的处罚范围,也不是说凡是为了索取赌债而关押他人的,一律构成绑架罪,而是主张从客观不法层面限制绑架罪的成立。前面讲过,我主张首先从行为手段上限制,其次,考虑到绑架罪的特点,绑架罪的成立必须有侵犯被害人的生命、身体安全的行为。也就是说,绑架罪对人身自由的侵害一定是重于非法拘禁罪的。比如,在绑架罪的场合,被害人及其近亲属都会担心行为人是否会杀害、伤害被害人,但在非法拘禁罪中,被害人及其近亲属一般没有这样的担心。在有的案件中,丈夫欠钱不还,行为人为了索债关押了丈夫,然后说明真相要求妻子还债,有的妻子说"我没有钱还债,你们想关多久就关多久",这并不是因为夫妻感情不好才这么说,而是因为妻子不担心行为人对丈夫会实施杀人、伤害等行为,否则行为人不能达到讨债的目的。这样的行为不可能成立绑架罪。

总之,我认为,《刑法》第238条第3款所称的索取债务只限于索取合法债务,只有这样,才能实现法秩序的统一性。这样来解释,也与权利行使不构成敲诈勒索罪相协调。也就是说,当行为人是行使权利时,只能判断手段行为是否构成犯罪。在行为人索取合法债务时,这一目的本身是正当的,但由于手段触犯了非法拘禁罪,所以仅认定为非法拘禁罪。如果按照司法解释的逻辑,行为人只是以轻微暴力或者胁迫手段索取赌债的,不成立敲诈勒索罪,因为这种手段行为本身不构成犯罪。这显然不合适。反过来说,只有将《刑法》第238条中的索取债务限定为索取合法债务,才可以与侵犯财产罪的处理相协调。

还有一点我顺便讲一下。2001年11月8日最高人民法院《关于对在绑架过程中以暴力、胁迫等手段当场劫取被害人财物的行为如何适用法律问题的答复》指出:"行为人在绑架过程中,又以暴力、胁迫等手段当场劫取被害人财物,构成犯罪的,择一重罪处罚。"这一解释也有疑问。我估计这一解释也是因为绑架罪与抢劫罪的法定刑较重才这么规定的。但是,这一解释过于绝对。在我看来,不排除在某些场合,二者属于想象竞合。比如,行为人在以实力控制被害人的过程中,担心被害人用手机报警,而抢劫手机据为己有的,可以认定为想象竞合,从一重罪处罚。但是,如果明显存在两个行为,则应当实行数罪并罚。比如,行为人在绑架被害人后,在以实力支配控制被害人的过程中,又使用暴力、胁迫等手段,将被害人随身携带的财物据为己有的,应当认定为绑架罪与抢劫罪,实行数罪并罚。一方面,在上述情形下,绑架已经既遂了,既然已经既遂了,那么,在持续的过程中,行为人实施的其他性质的犯罪行为,就不可能被绑架罪所吸收,也不可能与绑架罪成立想象竞合。另一方面,上述行为完全符合数罪的成立条件,因为并非只有一个行为,所以不能认定为想象竞合,更不可能成立牵连犯,没有理由仅按一个重罪处罚。在现行刑法施行不久之时,有的地方还不将绑架过程中的强奸行为认定为独立的犯罪,只以绑架罪论处,这就太离谱了吧!

四、绑架罪的处罚

1997年刑法对绑架罪的法定刑规定得太重,《刑法修正案(七)》增加了情节较轻的处5年以上10年以下有期徒刑的规定,我觉得,除了绑架时间长、严重虐待被绑架人、造成伤害或死亡结果、已经向第三者勒索到财物等情形外,一般都属于情节较轻的情形。其实,可以将这个法条中的情节较轻的情形理解为基本规定。

《刑法修正案(九)》删除了绑架"致使被绑架人死亡"的规定,也就是说删除了结果加重犯的规定,但是,在这样的场合,要认定为绑架罪与过失致人死亡罪的想象竞合,在某些情形下,则可能是数罪。比如,在着手实施绑架行为时,由于过失导致被绑架人死亡的,就只能认定为想象竞合。再如,行为人扣押过程中,没有提供充分饮食,导致被害人死亡的,也可以只认定为想象竞合,当然会有争议。反之,行为人将被绑架人扣押在野外的简易草房内,在看守过程中吸烟时导致房屋起火烧死被绑架人的,应当实行数罪并罚。

还有一个问题:如何理解和认定《刑法》第239条的"杀害被绑架人"?如果行为人故意杀死了被绑架人,也就是所谓"撕票"了,当然属于杀害被绑架人。问题是,在杀人未遂的时候应当如何处理?只会有三种方案:一是仅认定为绑架罪,适用"处无期徒刑或者死刑"的法定刑,不适用未遂犯的规定;二是仅认定为绑架罪,适用"处无期徒刑或者死刑"的法定刑,但适用未遂犯的规定;三是认定为绑架罪与故意杀人罪,实行数罪并罚。第一种方案存在明显的缺陷。即使是结合犯,也存在未遂犯。但第一种观点否认了结合犯的未遂犯,所以不合适。只能在第二、三种方案中进行选择,两种选择都有理由。我觉得还是第三种方案略有优势一点。一方面,从《刑法》第239条要求伤害行为造成重伤才适用"处无期徒刑或者死刑"的法定刑的规定来看,如果杀人行为没有造成重伤,也不宜适用上述规定。另一方面,实行数罪并罚更容易实现罪刑相适应原则。此外,就这个问题的考虑,还必须联系预备犯与中止犯的情形。比如,在杀人预备或者杀人中止的场合,一概适用"处无期徒刑或者死刑"的法定刑,可能并不理想。所以,我选择了上述第三种方案。

【拐卖妇女、儿童罪】

关于拐卖妇女、儿童罪,我简单地讲四个问题。

一、本罪的保护法益是什么

我认为,拐卖妇女、儿童罪的保护法益与绑架罪是一样的,很难说两罪的保护法益存在区别。比如,日本刑法规定了略取和诱拐罪,其中就包括了买卖人身罪与掳人勒赎罪。掳人勒赎罪的行为有三种类型:(1)利用被拐取者的近亲者或其他人对被拐取者的安危的忧虑,以使之交付财物为目的,而略取或者诱拐他人。(2)在实施了略取或诱拐行为之后,利用被拐取者的近亲者或其他人对被拐取者的安危的忧虑,使之交付财物或要求交付财物。(3)行为人收受被拐取者之后,利用被拐取者的近亲者或其他人对被拐取者的安危的忧虑,使之交付财物或要求财物。日本刑法中的买卖人身罪包括"收买他人的""收买未成年人的""以营利、猥亵、结婚或者对生命、身体的加害为目的,收买他人的""出卖他人的""以移送至所在国外为目的,买卖他人的"几种行为类型。在日本,买卖行为不要求使被害人有场所的转移。买卖行为完成后,才能成立既遂。如果只是签订了买卖的合同或协议,则不成立既遂。根据日本的判例与刑法理论的通说,收买他人,是指通过支付对价现实地取得对他人的支配;出卖他人,则是与之相对应的对向行为。对价不限于金钱,只要能评价为财产性利益即可。对他人的支配,不以完全拘束他人的自由为必要,只要使他人处于难以脱离行为人的影响的状态即可。对此,应当根据拘束的程度、被害人的年龄、行为的具体状况等进行综合判断。在日本,上述两个罪的罪名与构成要件虽然不同,但保护法益是相同的,刑法理论是整体讨论略取与诱拐罪的保护法益,而不是说掳人勒赎罪的保护法益与买卖人身罪的保护法益不同。

二、妇女的同意是否阻却犯罪的成立

例如,农村妇女希望自己嫁给城市里的男性,同意他人将自己"出卖"给城市里可以结婚的人,于是,行为人就寻找买主,把妇女带到买主家后,双方愿意,行为人收取大笔费用。或者,不是妇女主动找行为人,而是行为人主动找妇女按上述方式实施行为。行为人的行为是否成立拐卖妇女罪?简单一点说,得到妇女具体承诺的,行为人的行为是否成立拐卖妇女罪?

首先可以肯定的是,如果行为人将妇女带到买主家后,妇女不愿意而行为人强行将妇女卖给买主的,当然构成拐卖妇女罪。但我讲的不是这种情形,而是妇女从始至终都知道真相而且同意的情形。我认为,对这种情形不能评价为"拐卖"。虽然拐卖行为不一定以完全拘束被害人的自由为必要,但是,如果被害人并没有处于难以脱离行为人的影响的状态,恐怕难以评价为"拐卖",因为这种行为没有侵害妇女的人身自由与身体安全,因而阻却构成要件符合性。或者说,这种行为只是一种介绍婚姻的行为,只不过收取的介绍费过高了而已。即使行为人会根据妇女的长相、年龄等向买主收取费用,我也不主张认定为拐卖妇女罪。

持反对观点的学者认为,拐卖妇女、儿罪侵害的是妇女的尊严,妇女对侵害尊严的同意是无效的。这一反对意见不是从构成要件符合性的层面说的,而是从违法阻却事由的层面说的。可是,将人的尊严表述为本罪的法益并不合适,如果这样表述,就没有办法解释构成要件,也不能处理拐卖妇女罪与强制猥亵、侮辱诽谤等很多罪的关系。况且,人的尊严不是公共法益,而是个人法益,刑法不能强迫他人维持自己的尊严。如果以人的尊严不能放弃为由,否认被害人同意或者承诺的效力,就会不当缩小被害人同意或者承诺的有效性的范围。

三、如何处理出卖亲生子女的行为

从刑法规定与刑法理论上说，如果父母确实出卖了亲生子女，没有理由不认定为拐卖儿童罪。因为出卖行为就是拐卖儿童罪的实行行为。当然，这里有一个问题，就是如何理解《刑法》第240条第2款的规定，该款规定："拐卖妇女、儿童是指以出卖为目的，有拐骗、绑架、收买、贩卖、接送、中转妇女、儿童的行为之一的。"一般来说，前三个行为是手段行为，也就是将被害人置于自己支配下的行为。本来，如果实施了前三种行为，只不过是拐卖妇女、儿童罪的未遂犯；贩卖则是目的行为；而接送、中转则是共犯行为，可以说是共犯的正犯化。由于这一款的规定，实施上述任何一项行为，都成为本罪的正犯行为，而且成立既遂，而不会当未遂处罚。这样的规定，显然是考虑到拐卖妇女、儿童罪的共犯形态乃至集团犯罪形态所作的规定。问题是，在单独正犯中，能否也认为，只要实施其中之一行为，也构成拐卖妇女、儿童罪的既遂犯？如果认为上述规定只是就共犯形态而言，那么，倘若是单独正犯，则只有同时实施了手段行为与目的行为才构成拐卖妇女、儿童罪，于是，父母单纯出卖子女的行为，就不构成拐卖儿童罪。但是，从解释论上来说，不能得出这样的解释结论。也就是说，既然刑法规定了上述六种行为都是拐卖妇女、儿童罪的正犯行为，那么，不管是单独正犯还是共同犯罪，都应当将上述六种行为认定为正犯行为。所以，父母出卖亲生子女是成立拐卖儿童罪的。

问题是，什么样的行为才是出卖亲生子女的行为？我觉得不能从形式上判断。比如，不能说凡是收取了财物的，都是出卖，父母完全可能索要此前的抚养费。也不能说，只是收取抚养费的就不构成犯罪，但如果收取了儿童对价的，就是拐卖儿童罪。因为这样说没有意义，我们怎么判断什么样的钱是抚养费，什么样的钱是儿童对价呢？能以数量多少来判断吗？显然不能。接收儿童的家庭比较富裕的，可能给的钱或者行为人要的钱很多；反之，则不一定多。所以，我觉得一定要联系保护法益来讨论，也就是说，是否侵害了儿童的人身自由与身体安全，尤其要考虑儿童的身体安全。

比如,父母不想抚养子女或者由于某种原因不能抚养子女,在调查了解了对方的家庭环境、接收儿童的目的后,认为对方会抚养好儿童,然后将儿童交付给对方的,无论收取了多少钱,也不论是以什么名义收钱,我觉得都不宜认定为拐卖儿童罪。

反之,如果明知对方不会抚养好儿童,甚至知道对方会虐待、残害儿童,而将儿童有偿交付给对方的,就应当认定为拐卖儿童罪。有的父母为了通过出卖亲生子女获利,而根本不关心接收者如何对待儿童,对此一般也能认定为拐卖儿童罪。

最高人民法院、最高人民检察院、公安部、司法部2010年3月15日《关于依法惩治拐卖妇女儿童犯罪的意见》规定:"以非法获利为目的,出卖亲生子女的,应当以拐卖妇女、儿童罪论处。""要严格区分借送养之名出卖亲生子女与民间送养行为的界限。区分的关键在于行为人是否具有非法获利的目的。应当通过审查将子女'送'人的背景和原因、有无收取钱财及收取钱财的多少、对方是否具有抚养目的及有无抚养能力等事实,综合判断行为人是否具有非法获利的目的。""具有下列情形之一的,可以认定属于出卖亲生子女,应当以拐卖妇女、儿童罪论处:(1)将生育作为非法获利手段,生育后即出卖子女的;(2)明知对方不具有抚养目的,或者根本不考虑对方是否具有抚养目的,为收取钱财将子女'送'给他人的;(3)为收取明显不属于'营养费'、'感谢费'的巨额钱财将子女'送'给他人的;(4)其他足以反映行为人具有非法获利目的的'送养'行为的。""不是出于非法获利目的,而是迫于生活困难,或者受重男轻女思想影响,私自将没有独立生活能力的子女送给他人抚养,包括收取少量'营养费'、'感谢费'的,属于民间送养行为,不能以拐卖妇女、儿童罪论处。对私自送养导致子女身心健康受到严重损害,或者具有其他恶劣情节,符合遗弃罪特征的,可以遗弃罪论处;情节显著轻微危害不大的,可由公安机关依法予以行政处罚。"将上述第(1)(2)种情形认定为拐卖儿童罪,我是完全赞成的。但是,第(3)和第(4)并非没有疑问。因为不能由于行为人收取的钱多,就认为其行为侵害了儿童的自由与身体安全。总的来说,以有无获利目的来区分送养与拐卖,并不是一条好的路径。因为父母收取此前的抚养费用,也可能说是获利目的;刑法没有理由禁止父母收取大量的营养费、感谢费,也就是说,刑法没有理由要求父母只收取少量营养费、感谢费。上述规定,可能导致根据收取的费用多少来区分罪与非罪,显然与本罪的保护法益相背离。

四、如何处理认识错误的情形

拐卖妇女、儿童罪的行为对象为妇女与儿童,那么,本罪的成立需要对行为对象认识到何种程度? 比如,以为是男性儿童而拐卖,但实际上是已满14周岁的少女的,是否成立拐卖妇女罪的既遂犯? 这既是故意论的问题,也是错误论的问题。如果采取具体符合说,那么,只有当行为人拐卖的是妇女而且认识到自己所拐卖的是妇女时,才成立拐卖妇女罪的既遂犯;如若根据法定符合说,由于妇女和儿童在《刑法》第240条中是完全等价的,所以,只要客观上拐卖了妇女或者儿童,即使误将妇女当作儿童或者误将儿童当作妇女,也不影响拐卖妇女、儿童罪的既遂犯的成立。

不可否认的是,虽然方法错误与对象错误有区别,但其反面的故意论则没有不同。或者说,不管是方法错误还是对象错误,其所对应的故意论完全相同。例如,甲原本要伤害男童,但由于行为差误却伤害了妇女。这是具体的方法错误。同样,乙原本要拐卖男童,却误将妇女当作男童拐卖。这是对象错误。但从故意的认识内容来说,对二者的要求应当是一样的,而不可能有所区别。持任何一种学说的人都不可能说:在前例中,行为人没有认识到伤害的是妇女,所以对妇女是过失伤害;而在后例中,行为人虽然没有认识到是妇女,但依然成立拐卖妇女罪的既遂犯。同样,持任何一种学说的人也不可能说:在前例中,行为人对妇女成立故意伤害既遂;在后例中,行为人对拐卖妇女仅有过失。

比如,乙想收买一个不满14周岁的男童,甲得知后就将在本村附近流浪的丙拐卖给乙。其实,丙是15周岁的少女,只是因为担心受侵害才打扮成男孩(下面我称为误卖妇女案)。按照具体符合说,甲对拐卖儿童成立未遂犯,对拐卖妇女属于过失,但由于过失拐卖妇女不成立犯罪,仅以拐卖儿童罪的未遂犯处罚。然而,这样的结论明显不当。不仅如此,甲能否成立拐卖儿童的未遂犯,也不无疑问。

　　将上述案件归入对象错误,也不能解决问题。在故意杀人的场合,如果行为人误将乙当作甲杀害,具体符合说的解答是:因为在行为的当时,行为人想杀的是"那个人"(Y),而事实上也杀了"那个人"(Y),因而属于具体的符合,成立故意杀人既遂。这样回答是因为刑法规定的故意杀人罪的对象是"人"。但是,在误卖妇女案中,不能说行为人想拐卖的是"那个人",事实上也拐卖了"那个人",所以成立拐卖人口既遂。因为这样的解答显然提升了概念,属于类推解释。人们只有说,行为人想拐卖的是"那个男童",但事实上却拐卖了"那个妇女"。儿童与妇女虽然都是人,但《刑法》第240条没有使用"人"这个上位概念。所以,只要采取具体符合说,对误卖妇女案就不可能认定为故意的既遂犯,甚至只能认定为不能犯。或许有人认为,对于上述情形可以按抽象的事实错误来处理。然而,对于抽象的事实错误,也只能在重合的限度内认定为轻罪的既遂犯。可是,妇女与男童并无重合之处。也许有人认为重合之处是"人",但"人"不是二者的重合之处,而是二者的上位概念。

　　一定要注意的是,一旦采取客观的未遂犯论就会发现,就具体的方法错误而言,我们不可能跟着德国刑法理论得出相同的结论。当然,如果要采取主观的未遂犯论,则可以跟着德国刑法理论得出结论;否则,就不能跟着说了。例如,在误卖妇女案中,由于行为人根本没有拐卖其他人的意思,只具有拐卖眼前的流浪者的意思与行为,故客观上根本不可能拐卖其他男童。根据具体符合说与客观的未遂犯论,行为人对拐卖男童成立不能犯,对拐卖妇女成立过失,因而不构成犯罪。反之,如果采取客观的未遂犯论,同时采取法定符合说,那么,上述案件都成立故意的既遂犯。

> 课堂提问

　　问:几名行为人长期跟着被害人,被害人去哪里行为人就跟到哪里,给被害人造成了很大困扰,甚至导致被害人不敢上班,就一直待在家里。

这样的行为能不能认定为非法拘禁罪？

答：你刚才是不是没有听课？行为人强行让被害人跟着自己走的，是非法拘禁，但行为人跟着被害人走的，只是跟踪，不是非法拘禁。跟踪行为当然具有法益侵害性，所以国外不少国家刑法都规定跟踪罪。我国的许多人喜欢讲谦抑性，所以，现在好像还没有学者主张刑法设立跟踪罪。主要是学者们没有被人跟踪，没有尝到被跟踪的滋味。

问：老师刚才讲到，绑架罪的手段行为只限于暴力、胁迫与麻醉方法，我们那里发生过这样的案件：几名行为人通过欺骗方法让被害人上了面包车，然后在一个地方玩，其中一个人给被害人家属打电话，声称绑架了被害人，要亲属给赎金，否则杀人。我们那里的法院认定为绑架罪。如果不认定为绑架罪，认定为什么罪呢？

答：这怎么构成绑架罪呢？被害人的人身自由与身体安全没有受到任何侵犯嘛！我以前也看到过类似的案件：甲知道乙认识丙以及丙家的小孩，而且与小孩关系不错，就与乙合谋，由乙将丙的小孩叫出来，然后去了儿童游乐场，乙和小孩一起玩。甲在此期间给丙打电话，谎称已经绑架了小孩，要求丙给予赎金，否则就杀害小孩。这样的案件只能认定为诈骗罪与敲诈勒索罪的想象竞合，不能认定为绑架罪。

课外作业

第一个作业是案例分析。甲教唆乙、丙非法拘禁丁，但乙和丙在拘禁丁的过程中使用拘禁之外的暴力致丁死亡。如果认为《刑法》第238条第2款后段是注意规定，对乙、丙和甲应当如何处理？如果认为《刑法》第238条第2款后段是法律拟制，对乙、丙和甲应当如何处理？

第二个作业是，每位同学找两个真实判决：一个是应当认定为绑架罪但法院认定为其他犯罪的，另一个是应当认定为其他犯罪但法院认定为绑架罪的。理由可以简单一点写，但一定要把案件事实说清楚。

※ ※ ※ ※ ※ ※

注释

① 参见高铭暄、马克昌主编:《刑法学》,北京大学出版社、高等教育出版社 2017 年第 8 版,第 471 页。

② 参见周光权:《刑法各论》,中国人民大学出版社 2016 年第 3 版,第 42 页。

③ 参见黎宏:《刑法学各论》,法律出版社 2016 年第 2 版,第 243 页。

第七讲

作业解答

上次作业的第一题，设定的是甲没有杀人与伤害的故意，乙和丙也没有杀人故意，但暴力致丁死亡。如果将《刑法》第238条第2款后段理解为注意规定的话，就会认为乙和丙成立故意伤害致死，而甲由于没有实施暴力行为，也没有伤害与杀人的故意，所以，死亡结果不可能归属于甲的行为。此外，在上述情形下，不可能认为乙和丙的行为成立非法拘禁罪的结果加重犯。因为结果加重犯的加重结果必须由基本行为造成，而上述乙和丙是在拘禁行为之外实施的暴力，故不成立结果加重犯。既然如此，甲也不可能承担结果加重犯的责任，只能成立普通的非法拘禁罪。

如果将《刑法》第238条第2款后段理解为法律拟制的话，乙和丙就成立故意杀人罪。但是，如果要认定甲的行为也成立故意杀人罪，障碍太多。有的同学认为甲成立故意杀人罪，但甲既没有实施暴力行为，也没有唆使乙和丙实施暴力，其教唆非法拘禁的行为与丁的死亡虽然有条件关系，但不符合客观归属的条件。另一方面，从主观方面来说，在适用《刑法》第238条第2款后段的法律拟制的时候，虽然不要求行为人具有杀人故意，但行为人必须认识到自己在对被害人实施暴力行为。否则，不可能适用法律拟制的规定。但本案的甲显然对乙和丙的暴力行为也没有认识到。所以，即使甲有预见可能性，对其也不能适用法律拟制的规定。

问题是,在认定乙和丙成立故意杀人罪时,能否认定甲成立非法拘禁致人死亡的结果加重犯?如果乙和丙的非法拘禁行为本身造成丁的死亡,成立结果加重犯,那么,甲也成立结果加重犯。现在的问题是,乙和丙不成立结果加重犯,却成立故意杀人罪,按理说比非法拘禁罪的结果加重犯更严重,如果认定甲成立非法拘禁罪的结果加重犯,从结论上来说,容易被人接受,也有同学认可这种观点。但是,将甲的行为认定为非法拘禁罪的结果加重犯,面临着如何说理的问题。我找不出适当的理由。在加重结果不是由正犯的基本行为造成的情况下,却认定教唆行为成立结果加重犯,在理论上完全说不通。你们不能抽象地说,甲教唆的行为可能造成死亡结果,事实上正犯也造成了死亡结果,而甲对死亡结果具有预见可能性,所以甲成立结果加重犯。根据共犯从属性原则,只有当正犯成立结果加重犯时,教唆犯才可能成立结果加重犯。从这里也可以看出,就一个结论的说理,必须是具体的说理,而不能抽象地说理。

这个作业题与认识错误没有什么直接关系,不需要从认识错误的角度来讨论。

我顺便说一下在其他案件中教唆犯对加重结果负责的问题。比如,A教唆B、C抢劫,B、C因为被害人反抗把被害人打死后抢劫了财物。B、C成立故意杀人和抢劫致人死亡的想象竞合,所以,A应该负抢劫致人死亡的教唆犯刑事责任,因为抢劫罪中的暴力本身属于基本行为,而且包括致人死亡的暴力。在这种场合,即使A对B、C说过"你们不要把人打死了",A也要负结果加重犯的责任,因为这恰好表明他对死亡结果具有预见可能性。再如,张三教唆李四去伤害他人,反复说只能打成重伤,不能打死了,但李四的行为还是致人死亡了。在这种场合,很多人认为张三对被害人的死亡不承担结果加重犯的责任,理由就是张三强调了不要把人打死了,或者认为,李四是所谓的实行过限。这些说法都不成立。一方面就是我刚才说的,正是因为张三预见到李四可能把人打死,所以才对李四这么说,这只是表明张三对被害人的死亡没有故意,而不能表明他没有过失。另一方面,正犯的基本行为造成加重结果,并不是什么实行过限。

关于作业的第二题,你们大多数同学所找的判决都符合作业的要求。

不过,有一点我要说明一下,有的同学强调,如果索取债务的数额明显高于债务本身的数额,就要认定为绑架罪。我不太赞成这个思路。绑架罪的设立不是为了保护财产,而是为了保护人身自由与身体安全,这就决定了不能单纯由索取的债务多少来决定行为是成立绑架罪还是非法拘禁罪。可以肯定的是,不管什么情形,只要索取合法债务而扣押被害人的,都只成立非法拘禁罪。索取赌债之类的,需要通过对人身自由与身体安全的侵害程度来判断行为是构成绑架罪还是构成非法拘禁罪。

下面我把刑法分则第四章剩下的几个重要罪名简单地讲一下。

【诬告陷害罪】

一、保护法益

关于诬告陷害罪的保护法益,存在四种观点:(1)人身权利说,即刑法规定诬告陷害罪是为了保护被诬陷人的人身权利(个人法益说);(2)司法(审判)作用说,即刑法规定诬告陷害罪是为了保护国家的司法作用尤其是审判作用或司法机关的正常活动(国家法益说);(3)择一说,即刑法规定诬告陷害罪既是为了保护公民的人身权利,也是为了保护司法作用,只要侵害其中之一就构成诬告陷害罪;(4)并合说,即只有既侵犯公民的人身权利,又侵害司法机关的正常活动的行为,才能成立诬告陷害罪。

与上述分歧直接相关的问题是,没有侵犯他人人身权利的诬告行为是否构成诬告陷害罪?有两种典型情况:第一,甲得到被害人承诺的诬告行为是否构成诬告陷害罪?第二,乙向外国司法机关诬告中国公民的是否成立诬告陷害罪?根据人身权利说,甲的行为没有侵犯或者不可能侵犯他人的人身权利,因而不成立本罪;乙的行为依然侵犯了中国公民的人身权利,故成立本罪。根据司法作用说,甲的行为妨害了国家的司法作用,因而构成本罪;乙的行为没有侵犯我国司法机关的正常活动,所以不成立本罪。根据择一说,甲、乙的行为都构成诬告陷害罪,因为甲的行为侵犯了司法机关的正常活动,乙的行为侵犯了他人的人身权利。根据并合说,甲、乙的行为均不成立诬告陷害罪,因为他们的行为都只是侵犯了其中一种法益。

可以肯定的是,并合说明显不当。这种观点过于缩小了诬告陷害罪的处罚范围。从处罚的合理性来说,择一说是最理想的。德国、日本刑法分则是将诬告陷害罪作为独立的一章来规定的,也就是说,既不把诬告陷害罪规定在侵犯人身自由的犯罪中,也不把诬告陷害罪规定在妨害司法的犯罪中,由于是独立的一章,所以,可以采取择一说。这一立法体例是相当有智慧的。从这里也可以看出,主张刑法分则各章的条文数量要大体差不多的观点,是多么的形式化!其实,当一个犯罪的设立不仅可以保护个人法益而且可以保护公共法益时,一定要将这个罪独立成章,而不能勉强塞到哪一章里。

在我国,能采取择一说吗?不能!因为我国刑法将诬告陷害罪置于侵犯公民人身权利、民主权利罪一章中,这说明刑法规定本罪是为了保护公民的人身权利;刑法没有将本罪规定在刑法分则第六章第二节的"妨害司法罪"中,说明立法者规定本罪不是为了保护司法活动。因此,应当采取人身权利说,而不能采取司法作用说、择一说与并合说。

二、客观行为

关于行为的具体内容,教材已讲得很清楚,我现在只是强调一点,不要将本罪的构成要件行为理解为捏造与告发两个行为。也就是说,不要理解成所谓的复行为犯。其实,从《刑法》第 243 条的表述来看,也不能表明本罪的行为是复行为。将本罪理解为复行为犯至少存在两个缺陷:第一,会导致行为人在电脑上捏造犯罪事实或者证据时,就构成诬告陷害罪的实行行为,就可以当未遂犯来处罚。这肯定不合适。这个行为充其量是一个预备行为,不可能是实行行为。第二,如果说是复合行为,会导致利用他人伪造的证据予以告发的行为就不构成诬告陷害罪了,这显然不合适。比如,甲意外获得了一堆资料,这些资料是他人捏造乙犯罪的证据,甲明知是他人捏造的,依然将这些资料提供给有关国家机关。这个行为就是诬告陷害的行为。如果认为只有捏造之后再告发才构成诬告陷害罪,甲的行为就无罪了,我难以赞成这个结论。

我顺便讲一下《刑法》第 221 条。该条规定:"捏造并散布虚伪事实,损害他人的商业信誉、商品声誉,给他人造成重大损失或者有其他严重情节的,处二年以下有期徒刑或者拘役,并处或者单处罚金。"从字面上看,构成损害商业信誉、商品声誉罪需要两个行为,一是捏造,二是散布虚伪事实,"并"这个字显然不可能理解成"或者"的意思。不过,这让我想起了 1995 年以前的《日本刑法》第 109 条,该条使用了"或者"一词,但刑法理论与司法实践没有任何争议地认为,这一条中的"或者"是"并且"的意思,但在日本语的任何词典中,"或者"都没有"并且"的意思。尽管如此,我也不敢将《刑法》第 221 条中的"并"解释为"或者"的意思,因为解释成为"或者"也存在缺陷,导致单纯捏造的行为也成立犯罪,但我不同意这个结论。不过,我还是认为,不能仅从字面上理解法条的含义,也不能靠查字典理解法条含义。字典对字词的解释是离开语境的,但任何字词在特殊语境下都会有新的含义,所以要考虑语境。我一直主张将"捏造并散布虚伪事实"解释成散布捏造的虚伪事实。也就是说,不要求行为人既捏造又散布,行为人散布他人捏造的虚伪事实的,即使不存在共犯关系,也要认定为本罪。多年前就发生过一起案件,我改编一下。甲乙两个县都有啤酒厂,竞争很激烈,A 行为人打印了很多纸条,纸条上写着"乙县啤酒厂的啤酒罐里发现了一具男性尸体"。这些纸条被 B 捡到了,B 明知这是捏造的虚伪信息,但仍然到处张贴。A 的行为充其量是本罪的预备行为,B 的行为则是本罪的构成要件行为,虽然二人没有共犯关系,但 B 的行为成立损害商品声誉罪。

当然,肯定有人认为我上面的解释违反了罪刑法定原则,因为法条明明要求有两个行为,而我解释成只要一个行为。其实,法条强调的是行为人散布的内容是捏造的虚伪事实,而不是强调必须有两个行为。

三、危害结果

诬告陷害罪原本应该是抽象的危险犯。在德国、日本,只要诬告的内容到达了有关机关,诬告行为就构成既遂,而不是等到机关工作人员看到了才是既遂。另一方面,我国《刑法》第 243 条要求"情节严重"才构成犯罪。但是,我不主张对"情节严重"提出过于严格的要求。在我看来,只要诬告行为足以引起公安、监察、检察、法院的追诉活动,产生追诉的具体危险,就要理解为情节严重。事实上,现实生活中的诬告陷害行为并不少见,但追究责任的太少,可能就是对情节严重要求太高了。当然也有其他原因,我就不讲了。

刑法对诬告陷害罪还规定了"造成严重后果"的法定刑升格情形。封建社会刑法实行的诬告反坐,是有一定道理的,反映出最朴素的报应观念。如果行为人诬告他人杀人,就按照杀人罪的法定刑处罚行为人。但是,现代社会不采取这种诬告反坐的做法,因为并不是只要行为人诬告,公安司法机关就按行为人诬告的内容从事追诉活动。也就是说,被害人的人身自由受侵害的程度,不是完全取决于行为人的诬告行为。此外,不能不考虑的是,诬告他人犯相同犯罪的两个行为人,其行为本身的危险程度就可能不一样,比如一个行为人伪造了详细的证据材料,而另一行为人并非如此。这当然使得诬告行为本身对被害人的人身权利的侵犯程度不同。所以,不能一概实行诬告反坐的方法。1979 年刑法对诬告陷害罪规定的处罚原则是,比照行为人所诬告的犯罪予以处罚,类似于诬告反坐,但有灵活处罚的余地。这样规定的一个重要原因,可能是因为"文化大革命"期间诬告盛行,为了严厉禁止诬告所作的规定。现行刑法对造成严重后果的诬告陷害行为规定了 3 年以上 10 年以下有期徒刑的法定刑。

但是,这会出现另一个问题,比如,行为人的诬告陷害行为,导致法院判处被诬陷人死刑并已执行的,也只能处 10 年有期徒刑吗?我觉得在这种情况下,对诬告人可以认定为故意杀人罪的间接正犯,就是通过欺骗手段支配了司法工作人员的行为。当然,一般的诬告陷害行为难以做到这一点,但是不能否认在特殊情形下发生这种案件的可能性,尤其是诬告轮奸之类的案件。有人认为,司法工作人员怎么可能由诬告人支配呢?其实,只要行为人的诬告行为使司法工作人员相信诬告内容是真实存在的,就可以说支配了司法工作人员的行为。我觉得,将这样的情形认定为间接正犯,不会有问题。

退一步说,即使不认定为间接正犯,按我的观点也可以认定为故意杀人罪的教唆犯。因为我认为,教唆犯的成立不需要引起被教唆者的犯罪故意,只要使被教唆者产生实施符合构成要件的违法行为的意思进而实施了这种行为,教唆者就成立相应犯罪的教唆犯。我在论文与教材中讲过土药案:张三教唆李四说"你把这个毒药给王五吃了",李四听成了"你把这个土药给王五吃了",李四将药给王五吃了后,王五就死了。这样的案件在德国的处理并不理想,因为他们认为李四的行为并不具备故意杀人罪的不法,所以,张三不成立故意杀人罪的教唆犯,也不成立间接正犯。在我们国家,也不能认定张三构成故意杀人罪的间接正犯,因为张三没有间接正犯的故意,只有教唆的故意,如果不定张三的行为成立故意杀人罪的教唆犯,估计就只能认定过失致人死亡罪了,德国好像有这样的观点。但是,我觉得这种结论不合适,而且,在采取正犯与共犯区分制的情况下,将教唆行为评价为过失致人死亡罪的实行行为,也会有疑问。所以,我认为土药案中的张三成立故意杀人罪的教唆犯。基于同样的理由,当行为人诬告他人轮奸,导致法官对被诬告人判处死刑时,即使不认定为故意杀人罪的间接正犯,也可以认定为教唆犯,因为教唆犯与间接正犯并不是对立的,间接正犯都符合教唆犯的成立条件,但不能说教唆犯符合间接正犯的成立条件。如果认可诬告者的行为成立故意杀人罪的教唆犯,就要同时认可片面的教唆犯,因为司法工作人员根本没有意识到判处被害人死刑是谁唆使的结果。

总之,不管认为上述情形是成立故意杀人罪的间接正犯还是教唆犯,它和诬告陷害都属于想象竞合。这样就既克服了诬告反坐的缺陷,也克服了给诬告陷害罪规定确定的法定刑的缺陷。

四、主观要素

诬告陷害罪的主观要素包括故意与特定意图。诬告陷害罪只能由故意构成,不仅如此,为了保障公民检举控告的权利,要求行为人对所告发的虚假犯罪事实具有确定的认识,而不得是间接故意或者未必的故意,但对于构成要件的其他要素,则可以是未必的认识、间接故意。也就是说,如果行为人认为,自己告发的犯罪事实既可能是真实的也可能不是真实的,那么,即使所告发的事实是虚假的,也不成立诬告陷害罪。只有当行为人确定或者确切地知道自己所告发的事实是虚假的事实时,才成立诬告陷害罪。我25年前左右在一个地方电视台看到一个报道,一个国有工厂,厂里很穷,但厂长很富。工厂的几个员工没有任何证据,但就是怀疑厂长贪污了工厂的财物,于是就向检察机关控告。检察机关还真查出一个贪污案来了。在这个案件中,即使没有查出厂长的贪污事实,也不能认定为诬告陷害罪。至于行为人对其他构成要件要素的认识,则可以是间接故意的。所以,不能笼统地说,诬告陷害罪不能由间接故意构成。

本罪除了故意之外,还要求行为人具有使他人受刑事追究的意图,可以将这个意图理解为目的。需要注意的是,不能将这个意图限制解释为使他人受刑罚处罚的意图,只要有使他人被立案侦查,或者说使他人作为嫌疑人、被告人卷入刑事诉讼活动中的意图,就可以了。因为使他人作为嫌疑人、被告人卷入刑事诉讼活动中,即使后来被判处无罪,也侵害了他人的人身权利。

顺便说一下,行为人的行为足以引起司法机关的追诉活动后,又将真相告诉司法机关的,不成立诬告陷害罪的中止犯,仍然成立既遂犯。

【非法侵入住宅罪】

一、法益

关于非法侵入住宅罪的保护法益,主要存在住宅权说与安宁说的争论。

安宁说也称为平稳说,主张只有当侵入住宅的行为侵害了住宅权人的生活安宁或者平衡时,才成立犯罪。安宁说存在两个方面的疑问:第一,安宁究竟是什么意思?怎么判断?这是比较模糊的。第二,既然侵入住宅是对人身自由的侵犯,怎么可能跟被害人自由决定的意志相分离呢?

换言之,认定本罪一定要考虑被害人的意志内容。这个意志内容只能是住宅权人是否同意他人进入住宅的权利,而不是隐私或者其他内容。

住宅权说认为,非法侵入住宅罪的保护法益是住宅成员是否允许他人进入住宅的权利。这一学说也存在疑问:第一,以平稳的方式进入住宅的,在中国认定为侵入住宅罪,几乎不可能。日本也有学者认为,对于这种行为不应当认定为侵入住宅罪。比如,被害人进入家门没关门就直接去了厨房,行为人看见门是开着的,就进入家门并且直接去了厨房。被害人问"你要干什么",行为人说"我就是讨一口水喝"。这样的行为在中国不可能认定为犯罪。日本也有学者主张这样的行为不成立非法侵入住宅罪。第二,住宅权说面临一个难以解决的问题:住宅里的夫妻两人,一个同意他人进入,一个不同意他人进入,他人进入的怎么办?不过,主张住宅权说的人也提出了不同的解决方案。第三,如果采取住宅权说,就难以处理罪数关系。例如,家里有 5 个人,都不同意行为人进入,行为人却闯进来了。如果采取住宅权说,就意味着这个行为侵犯了 5 个人的住宅权,住宅权属于个人专属法益,要认定为 5 个非法侵入住宅罪,这显然不合适。不过,主张住宅权说的学者也不会认为这种情形成立 5 个非法侵入住宅罪。

中国以前是一个熟人社会,认识的人随意串门是一件很正常的事情,不可能认为有什么法益侵害。所以,我国的司法实践长期以来实际上采取的是安宁说,安宁说还可以坚持一段时间。但经过一段时间后,可能就要转向住宅权说了。因为现在基本上是陌生人社会了,一般也不随意串门了,国民的观念在改变,非法侵入住宅罪的保护法益也会改变。

二、住宅

在国外,侵入的对象并不限于住宅,而是包括其他许多封闭的场所,但我国刑法只规定了非法侵入住宅罪。我觉得,将住宅定义为个人的日常生活场所就可以了。具体来讲,要把握以下几点:(1)住宅可以是临时性的,而不要求是永久性的;(2)必须有一定的日常生活设备,只有这样才能称之为日常生活场所,如果完全是一个空房子,不能叫住宅;(3)住宅不等于建筑物,或者说,住宅不要求是建筑物,帐篷、房车等也属于住宅;如果住宅表现为建筑物,也不要求是建筑物的全部,侵入建筑物的一部分就可以;(4)住宅包括周围封闭的庭院(围绕地);有的国家刑法除规定住宅外,还规定了住宅的庭院,有的国家则没有规定庭院,在后一种情况下,就会将庭院解释为住宅;我国刑法仅规定了住宅,但这个住宅应当包括周围的封闭式庭院;(5)住宅必须是供他人使用的,只要是行为人不在其中生活的住宅,就是他人的住宅;(6)住宅不要求是他人合法占有和占用的,非法占有的也不排除在外;不能因为他人对住宅的占有是非法的,就直接否认他人具有刑法的住宅权;不要将作为本罪保护法益的住宅权理解为民法上的居住权利,这里的住宅权仅仅是是否同意他人进入住宅的权利。

三、侵入

我国刑法理论对"侵入"行为没有展开深入研究,国外研究得相对细致一些。日本的关哲夫教授出版了三本关于非法侵入住宅罪的著作,里面的内容还没有重复的。联系国外的讨论,我提出以下一些问题,你们思考一下。(1)是否要求身体的全部侵入?比如,行为人的一只胳膊从窗户伸进住宅的,是否属于侵入住宅?英美法系对这个问题讨论得比较多。不要以为这个行为很轻微,在某些情形下会侵害住宅成员的安宁。比如,一位女士晚上洗澡的时候,一只手从窗户伸进来了,她会是什么感受?如果觉得这种行为值得科处刑罚,就可以认为不需要身体的全部侵入,只需要身体的一部分进入。但日本的通说认为,只有当行为人的身体全部进入住宅时,才成立本罪的既遂。(2)是不是只限于身体的侵入?其他物品或者声音的侵入,是否属于侵入住宅?比如,有的国家讨论向住宅打骚扰电话的是不是侵入住宅,我觉得不能认定为侵入。至于将物品扔入他人住宅的,同样不能认定为侵入住宅。(3)行为人没有进入他人住宅内,但登上他人屋顶的,是否属于侵入住宅?我认为这个行为难以评价为侵入。(4)不退去是否属于侵入?在德国、日本以及旧中国刑法中,不退去是与侵入相并列的两种行为,也就是说,不退去不属于侵入。但我国刑法没有规定不退去行为,而刑法理论都认为不退去属于侵入。我认为这是类推解释,因为不退去不符合侵入的要求。

四、同意

不管是采取安宁说还是采取住宅权说,只要被害人同意有效,进入住宅的行为就不能构成非法侵入住宅罪。问题是,如何判断同意是否有效?首先可以肯定的是,如果被害人同意行为人进入客厅,但行为人未经允许进入卧室的,当然属于侵入住宅。也就是说,要肯定被害人对住宅内的不同房间具有独立的住宅权。有争议的主要有两类案件。

第一类案件是,行为人隐瞒进入住宅犯罪的意图,以其他理由欺骗住宅权人,使得住宅权人同意进入的,是否成立非法侵入住宅罪?持住宅权说的许多学者认为,这种情形不存在法益关系的错误,所以,同意有效,侵入者不成立非法侵入住宅罪。但持安宁说的学者会认为,这种行为侵害了住宅安宁,所以,侵入者成立犯罪。我觉得还是以法益关系错误说为基础,同时考虑被害人是否基于意志自由而作出同意。比如,被害人同意具有什么身份的人进入,是法益关系的内容。所以,行为人冒充身份进入的,被害人存在法益关系的错误,同意无效。在非法侵入住宅罪中,这种法益关系的错误与被害人是否基于意志自由而作出同意,其实是一致的。比如,行为人谎称进屋讨点水喝,被害人可以自主决定是否允许其进入而同意的,这个同意有效,行为人的进入行为不成立非法侵入住宅罪。反之,如果是在没有选择余地的情况下同意的,则同意无效。比如,按小区规定,家庭用的水表必须由物业人员进入住宅内查看,行为人冒充物业人员进入住宅内查看水表时,被害人不能不同意。在这种情况下,被害人的同意是无效的。既可以认为,被害人存在法益关系的错误,因为被害人对进入者身份的认识错误属于法益关系的错误;也可以说,由于被害人只能同意,但这个同意不是在可以选择的前提下作出的,因而是无效的。

第二类案件是,住宅成员中部分人同意、部分人不同意的怎么办?这在将来采取住宅权说时必然成为问题。国外有三种学说:(1)全员同意说,即只有全体成员都同意了,行为人的进入行为才不构成犯罪。但是,这给人的感觉过于严格,按照这个观点,女儿谈恋爱,妈妈不同意,男朋友来了,女朋友让男朋友进来,她妈妈不同意的,男朋友就构成非法侵入住宅罪,不太合适。另一方面,这一学说虽然肯定所有成员的住宅权,但同时也否认了所有成员的住宅权。(2)一员同意说,其可以分为两种观点:其一,只要住宅里的任何一员同意就有效,不管其他人如何反对;其二,一员同意原则上是有效的,但是,如果同意者滥用了住宅权,导致不能期待其他成员容忍时,则该同意无效。后一种情形就存在如何判断的问题了。(3)在场者优先说。这个学说所讨论的问题与前面两种学说讨论的问题不完全一样。比如,丈夫出差了,妻子同意奸夫进入住宅内,但丈夫肯定是不会同意的,奸夫也肯定知道人家丈夫不可能同意,奸夫的行为是否成立非法侵入住宅罪?在场者优先说就认为不成立,因为在场妻子的同意优先。一种解释是,丈夫虽然享有不允许他人进入自己生活空间的利益,但是,丈夫出差时,他就将这一利益委托给共同生活的妻子打理了,所以,丈夫不能直接对奸夫主张利益,只能对妻子主张利益,但妻子不可能构成非法侵入住宅罪。但是,按照一员同意说的第二种观点,当然不能期待丈夫容忍,就应当认定为非法侵入住宅罪。

【刑讯逼供罪】

关于刑讯逼供罪,我简单地讲几个问题。

一、为什么会有刑讯逼供

这不是刑法学的问题,而是犯罪学的问题。首先是观念的问题,一些人总觉得不能放过任何一个违法犯罪。可这是做不到的,不放过任何一个罪犯的做法,必然会冤枉无辜者。其实,有许多案件没办法侦破,我们只能选择不冤枉任何一个好人,结局必然是放过一些罪犯。或者说,我们只能宁愿放过罪犯,也不要冤枉无辜者。"违法必究"可以当作一个宣传口号,但不可能当作司法目标。其次是办案人员太相信自己的预判。没有预判就不能破案,也不能适用法律,但太相信预判也不合适。预判具有二重性,好的预判是理想的,但不当的预判就是自己的敌人。任何人都要反思自己的预判,但预判明显不成立却还要坚持预判的人实在太多。再次是侦查手段的问题,一方面侦查手段比较落后,另一方面侦查人员喜欢口供,喜欢由口供指导自己的侦查活动。在没有口供就无处下手侦查的情况下,如果嫌疑人什么都不说或者说出来的内容对下一步的侦查没有用,就只好刑讯逼供了。最后是对刑讯逼供追究刑事责任的太少,总觉得刑讯逼供是出于公心,是出于好的动机,所以不能追究刑事责任。如果只有导致重伤或死亡的,才可能追究刑事责任,那么刑讯逼供永远也不可能得到抑制。

二、刑讯逼供与正当防卫是什么关系

有一部电影叫《战略特勤组》,电影里恐怖分子在美国几个城市放了炸弹,但是,无论如何不说出在哪里安放了炸弹。有一位女警察反对刑讯逼供,但另一位黑人警察就采用了严重的刑讯逼供方法。但恐怖分子在被刑讯逼供后也不说出炸弹地点,其中有一枚炸弹已经爆炸,造成几十人死亡。后来,黑人警察把恐怖分子的两个小孩带到恐怖分子面前,以打算对小孩实施虐待相威胁,恐怖分子才说出炸弹的位置,避免了炸弹的爆炸。这在德国百分之百会认定为酷刑。

德国曾经发生一起案件,绑架犯将一名被害人绑架后藏在某个地方,但就是不将隐藏的地点告诉警察,警察为了救人质,对绑架犯实施了暴力,绑架犯才说出人质在什么地方。遗憾的是,等警察赶到时,人质已经死亡了。这个警察的行为也被称为酷刑,法院认定警察的行为构成犯罪,但给予了特别轻的处罚。事后,德国国民有超过63%的人认为,不应当认定警察的行为构成犯罪。

我一直有一个疑问,为什么认定上面的行为就是刑讯逼供、就是酷刑?其实,上面两个案件中的警察都不是为了逼供,只是为了救人,为什么不可以评价为正当防卫?

比如,恐怖分子在飞机上安放了炸弹,但机组人员与乘客都不知道放在哪里,飞机上的乘客知道后,为了排除危险,对恐怖分子实施暴力迫使其说出了炸弹的位置,避免了飞机的爆炸。刑法理论都会认为,乘客的行为是正当防卫,是对不作为的正当防卫。可是,如果实施暴力的不是乘客,而是飞机上的乘警,为什么就变成了刑讯逼供或者酷刑?

我觉得完全可以不评价为刑讯逼供,因为警察只是为了救人,犯罪分子的交代内容可以不作为供述使用。

有的人喜欢利用滑坡论证方法,认为一旦允许特例就会导致刑讯逼供盛行。其实,这种特例存在明显的限制条件,即不是为了逼供,而是为了救人,不符合这个条件才是刑讯逼供。为什么不是反过来的滑坡论证呢?即一旦不让警察救人,警察就都不救人?当然,我并不是说后一个滑坡论证就是妥当的。

当然,高大上的理论是用人的尊严来说明,认为人的尊严包括恐怖分子的尊严是无一例外受保护的,生命的保护都有例外,但人的尊严的保护没有例外。可是,我不赞成将这样的理论运用到现实生活中。比如,在《战略特勤组》电影中,如果说一个恐怖分子的尊严比多数人的生命都重要,我是难以接受的。当然,如果说多数人都接受,我也认可这个理论,你们可以问问周围的一般人。刑法理论对案件的处理结论,一定要为与案件无关的一般人所接受。高大上的理论如果不能解决现实问题,有什么意义呢?如果高大上的理论让很多无辜者死亡,还高大上吗?

三、第 247 条后段是注意规定还是法律拟制

《刑法》第 247 条规定:"司法工作人员对犯罪嫌疑人、被告人实行刑讯逼供或者使用暴力逼取证人证言的,处三年以下有期徒刑或者拘役。致人伤残、死亡的,依照本法第二百三十四条、第二百三十二条的规定定罪从重处罚。"

我认为,上述条文的后段规定属于法律拟制,而不是注意规定。也就是说,只要刑讯逼供行为致人伤残、死亡的,即使没有伤害的故意与杀人的故意,也应认定为故意伤害罪、故意杀人罪,当然要以有预见可能性为前提。我在《刑法分则的解释原理》一书中讲了以下几点理由。

第一,不存在作出注意规定的必要性。换言之,刑法根本没有必要提

醒法官注意：如果司法工作人员在刑讯逼供过程中，故意伤害他人或者故意杀害他人的，应认定为故意伤害罪、故意杀人罪。

第二，存在将上述后段规定解释为法律拟制的理由。现行刑法重视对公民人身自由的保护，但刑讯逼供是常发犯罪，对之规定过高的法定刑也不合适。于是，立法者采取了现行的立法例：在通常情况下，规定较低的法定刑；如果致人伤残、死亡，则以故意伤害罪、故意杀人罪论处。一方面要禁止刑讯逼供行为，另一方面更要防止刑讯逼供行为致人伤残或者死亡。

第三，如果解释为注意规定，要求行为人具有伤害甚至杀人的故意，就明显不合情理。既然行为人主观上是为了逼取口供，就不可能有杀人的故意。杀害他人后怎么还能逼出口供或证言？既然有杀人的故意，还逼取口供干什么？所以，要求刑讯逼供时具有杀人的故意，是不合适的。

第四，刑法理论上的更多观点，是将《刑法》第247条后段的规定理解为所谓转化犯。亦即，刑讯逼供致人伤残、死亡，是指由刑讯逼供罪、暴力取证罪转化为故意伤害罪、故意杀人罪。但是，这种观点实际上是将数罪拟制为一罪。例如，如果说行为人在实施了刑讯逼供之后，产生了伤害故意或杀人故意，进而实施了伤害行为或者杀人行为的，原本是数罪，但根据转化犯的观点，《刑法》第247条后段规定对这种数罪仅以一罪论处。可是，不管从哪个角度来说，都不存在将数罪拟制为一罪的理由。

第五，行为人实施刑讯逼供行为，并致人伤残或者死亡的，在法益侵害上与故意伤害罪、故意杀人罪没有明显差异，故将上述规定解释为法律拟制，具有实质的合理性。从责任层面来说，法律拟制并没有肯定严格责任，只是将过失拟制为故意。过失与故意的非难可能性虽然存在区别，但二者只是两种不同的责任形式。概言之，法律拟制并没有违反责任主义。

第六，第247条后段规定与第234条、第232条在内容上存在区别，即没有像第234条、第232条那样写明"故意伤害""故意杀人"，只有解释为法律拟制，才使这一规定具有意义。

【暴力干涉婚姻自由罪】

关于本罪,简单地提一下两个问题。

第一,本罪的婚姻自由,是否包括同性婚姻自由?如果强迫他人成立同性婚姻的,当然构成本罪。问题是,以暴力干涉他人的事实上的同性婚姻的,是否成立本罪?从刑法条文本身来说,得出肯定结论是没有明显障碍的,但如果考虑到法秩序的统一性,或许还有一点障碍。但你们要注意,婚姻法不承认同性婚姻,不等于同性婚姻是违法的。如果说同性婚姻是被放任的,暴力干涉他人的同性婚姻就有可能构成本罪,而且也不违反法秩序的统一性。这是一个可以讨论的问题。

第二,《刑法》第257条第2款规定:"犯前款罪,致使被害人死亡的,处二年以上七年以下有期徒刑。"这一结果加重犯不是典型的结果加重犯,由于法定最高刑只有7年有期徒刑,所以,刑法理论的通说与司法实践都将引起自杀的情形作为本罪的结果加重犯来处理。我觉得是可以的。如果干涉者以伤害行为造成死亡,则要认定为故意伤害致死,而没有任何理由适用本罪的结果加重的规定。此外,致使被害人死亡,只能限于直接被暴力干涉的被害人死亡,而不包括间接被干涉的被害人的自杀。比如,父亲不允许儿子与某女性结婚,对儿子实施暴力,女性知情后就上吊自杀了。虽然父亲的行为也干涉了女性的婚姻自由,但我认为这种情形不符合《刑法》第257条第2款的规定。虽然上述规定不是典型的结果加重犯,但仍然要求死亡者必须是受到暴力干涉的被害人。但这个案件中,女性没有受到暴力干涉。

【虐待罪与虐待被监护、看护人罪】

虐待罪与虐待被监护、看护人罪,都没有限定为对身体的虐待,所以,当然包括了对身体的虐待与对精神的虐待。虐待罪的对象是家庭成员,但虐待被监护、看护人罪的对象则不要求家庭成员,而是被监护、被看护的未成年人、老年人、患病的人、残疾人等。残疾人后面有一个"等"字,这个"等"不应当被限定为等内,而应当是指等外,也就是说,要包括其他处于明显弱势地位的人,主要是指没有独立生活能力的人或者生活能力低下的人。但是,不要求被害人长时间持续生活能力低下。比如,虐待醉酒的人,也能成立虐待罪或者虐待被监护、看护人罪。虐待罪与虐待被监护、看护人罪是交叉关系,行为针对同一对象同时符合这两个罪的成立条件时,必须认定为想象竞合,按虐待被监护、被看护人罪处罚。或许有人认为二者是法条竞合的特别关系,但没有办法确定哪一个法条是特别法条。即使承认交叉关系是法条竞合的学者,也是主张按重法条处罚。但是,按法条竞合只认定为一个犯罪,不利于发挥刑罚的特别预防与一般预防作用。

《刑法》第260条第1款规定了虐待罪的基本构成要件,第2款规定:"犯前款罪,致使被害人重伤、死亡的,处二年以上七年以下有期徒刑。"这种情形也不是典型的结果加重犯,所以,虐待行为引起被害人自杀的,可以适用这一规定。

司法实践中争议较多的问题是,什么样的行为构成故意伤害致死罪,什么样的行为属于上述第2款规定的情形。其实,虐待与伤害不是对立关系,德国刑法将虐待身体与伤害规定在同一法条就说明了这一点。当然,也不能因此认为,凡是造成死亡的,都属于故意伤害致死。一般来说,如果每一次虐待行为都不构成故意伤害罪,但累积起来导致他人重伤或死亡的,可以适用上述第2款。但是,如果引起死亡的行为本身属于伤害或者杀人的,则要认定为故意伤害罪或者故意杀人罪,而且不排除与虐待罪的并罚。例如,长期在被害人茶杯中放毒,被害人喝了半年后死亡的,要认定为故意杀人罪。如果某一次"虐待"行为就造成伤害结果,而且能够鉴定出来的,当然要认定为故意伤害罪。如果不能鉴定重伤结果是哪一次的行为造成的,或者说只能认定为日积月累形成的,就只能适用上述第2款。

还有一个问题是,虐待被监护人、被看护人致人重伤、死亡的,应当如何处理?《刑法》第260条之一对此没有规定。如果行为对象是家庭成员,可以适用第 260 条第 2 款。此外,也要注意行为是否符合故意伤害罪、故意杀人罪以及过失致人死亡罪的构成要件,如果符合,就要认定为故意伤害罪、故意杀人罪、过失致人死亡罪。虐待被监护人、被看护人,导致被害人自杀的,如果不是家庭成员,也只能认定为虐待被监护、被看护人罪。

【拐骗儿童罪】

前面在讲故意伤害罪与拐卖儿童罪时提到了拐骗儿童罪。本罪的法益,也是未成年人的人身自由和身体安全,只是由于不要求行为人具有作为人质或者拐卖的目的,所以,不法与责任的程度相对轻一些,故法定刑较轻。不能将拐骗限制解释为欺骗儿童离开家庭或者监护人,凡是使儿童离开原本生活场所的行为,都属于拐骗儿童。比如,母亲在地里干活,让孩子在旁边玩,路人直接把孩子抱走抚养的,就构成拐骗儿童罪,这里根本不存在欺骗行为,所以,不能通过查字典来确定"拐骗"的含义。

【组织残疾人、儿童乞讨罪】

本罪的类型化明显不够,在立法机关组织的会议上讨论增设这个犯罪的时候,我举了一个例子说明仅规定组织乞讨不够类型化,需要将妨害儿童综合性成长的行为均纳入进来,但没有被采纳。我举的例子是,2005年前后的一天早晨,我去北京西站接家乡来的人,6 点多钟到了站台上,我要接的动车还没有到,但隔着一条轨道的动车进站了,我突然发现十几个儿童从我所在的站台上跳下去,飞速跨越一条轨道,然后翻窗户进入刚到站的动车里。我开始觉得很奇怪,几分钟后发现儿童将装满了易拉罐、塑料瓶的袋子从动车窗户扔出来,再回到原来的站台。我当时就觉得,对组织者的行为应当以犯罪论处。我举了这个例子之后,建议将类似行为也包含进来,但是没有被采纳。时隔 3 年之后,立法机关又增设了组织未成年人进行违反治安管理活动罪。可是,这样没有类型化地增设下去,永远都会有漏洞。

顺便讲一下,不要认为组织未成年人进行违反治安管理活动罪与盗窃罪、抢夺罪等罪是对立关系,相反,它们完全可能成立想象竞合。也就是说,如果儿童实施的行为符合盗窃、抢夺等罪的客观构成要件,则组织者成立本罪与盗窃、抢夺等罪的想象竞合,当然也不排除在有些案件中需要数罪并罚。本罪的保护法益与组织儿童乞讨罪的保护法益一样,都是为了保护儿童的综合性成长不受乞讨或违法活动的妨害。

【侮辱、诽谤罪】

一、保护法益

侮辱、诽谤罪的保护法益是名誉,没必要说是人格。一般认为,名誉包括外部名誉、内部名誉与名誉感情。首先,名誉感情不受刑法保护,名誉感情也称为主观的名誉,是本人对自己所具有的价值意识或者感情。我听说过这样一件事情:某大学的一位女生在上课时被老师点名提问却不会回答。她认为老师毁损了她的名誉,下一次课前把男朋友叫来,两人一起找到老师,要老师赔礼道歉。老师莫名其妙,女生说你上次提问毁损了我的名誉。即使这位女生真的觉得自己的名誉感情受到了毁损,刑法也不可能保护这种名誉感情。否则,老师们都可能构成侮辱罪。我不是因为自己是老师才这么讲的,而是因为对名誉感情不可能有一个标准来判断与衡量。内部名誉是客观存在的人的内部价值,一般来说这是难以受到毁损的,所以,不需要刑法保护。于是,刑法理论的通说认为,侮辱、诽谤罪的保护法益是外部名誉。

外部名誉又分为规范的名誉与事实的名誉,前者是指对一个人本来应有的评价,后者是指对一个人现实通用的评价。这涉及刑法是否需要保护一个人的虚名的问题。如果主张刑法应当保护人的虚名,就会赞成事实的名誉说;如果认为虚名不应当受到保护,就会采取规范的名誉说。一般人的虚名是否值得刑法保护是可以讨论的,但我认为,公众人物的虚名是不应当受保护的,对他们的评价关系到一般人的利益,不管采取什么学说,都不应当保护公众人物的虚名。

二、客观行为

在日本,侮辱罪和毁损名誉罪(日本刑法没有使用诽谤一词)的区别在于,前者不指出事实,后者指出事实,而且不管事实的真假,不过,如果与公共利益相关而指出的事实为真实时,则不构成犯罪。德国刑法的规定相对复杂一点。

我国刑法的规定显然和日本不一样,我国刑法规定的诽谤罪仅限于通过捏造事实的方法毁损他人名誉,而不包括披露真实事实的行为。披露真实事实的行为,如果毁损他人名誉的,成立侮辱罪。所以,在我国属于侮辱罪的,在日本可能属于毁损名誉罪。例如,被害人以前是卖淫女,后来在一家公司上班,行为人公然披露该事实的,在我国属于侮辱罪,在日本属于毁损名誉罪。侮辱罪的行为方式没有限制,暴力的、文字的、语言的等都包含在内。不作为能否构成侮辱罪,在国外有争议。日本有学者认为,当你应当对人家表示敬意的时候不表示敬意,就是不作为的侮辱。

我国刑法要求侮辱行为必须具有公然性,日本刑法也是如此,但德国刑法没有要求侮辱行为必须具有公然性。以前讨论的是,侮辱罪的公然是指行为公然还是结果公然?传播性理论认为,行为人直接面对特定的少数人实施行为,但此特定少数人可能进行传播,进而能够使不特定人或者多数人认识行为内容时,侮辱结果具有公然性,应认定为侮辱罪。这是在没有网络的时代所展开的争论。在网络时代,不能简单地说公然是指行为公然还是结果公然,而是要求侮辱行为本身能够使不特定人或者多数人知道行为人对他人予以轻蔑的价值判断的表示。比如,行为人一个人秘密利用网络对他人发表侮辱言论的,不能以行为没有公然性为由否认侮辱罪的成立。但是,甲、乙两人私下议论他人隐私之类的,则不符合公然性的要求。即使乙后来传播给他人,甲的行为也不成立侮辱罪。讲到这里我还是想劝你们一下:千万不要对别人的隐私感兴趣,更不要传播别人的隐私；万一知道了别人的隐私，尤其是别人知道你知道了他的隐私时，你最好主动跟别人说你绝对不会往外传播他的隐私，这样可以让别人安心一点。做人要高尚一点，要脱离低级趣味，对别人的隐私感兴趣就不太高尚了。

三、与强制猥亵、侮辱罪的关系

侮辱罪是对名誉的犯罪，而《刑法》第237条中的强制猥亵、侮辱罪是对性行为自主权的犯罪，二者的保护法益不同。但是，在一般人看来，对性行为自主权的侵害同时也是对被害人名誉的侵害。不过，如果认为任何对性行为自主权的侵犯都构成侮辱罪的话，就可能导致一些原本不成立性犯罪的行为反而可能成立侮辱罪。例如，男士在马路边露阴的行为，由于没有采取强制手段让他人观看，不构成强制猥亵、侮辱罪，如果认为这种行为侵害了他人名誉，则可能认定为侮辱罪，这可能不合适。即使认为所有的强制猥亵行为都侵害了被害人的名誉，恐怕也只是包括的一罪中的吸收关系，只能认定为强制猥亵罪。当然，不排除行为人在强制猥亵、侮辱的过程中有毁损名誉的侮辱行为，这就需要根据案件判断是属于想象竞合或者是数罪。例如，一帮人在歌厅唱歌时，甲要对提供正常服务的女性实施猥亵行为，女性表示反对，甲对女性说："你不就是一个卖淫女嘛，给你钱还不行吗？"女性仍然不同意，甲使用暴力对女性实施猥亵行为的，可以评价为强制猥亵罪与侮辱罪的想象竞合。

我在前面讲过，许多教科书中所列举的《刑法》第237条中的强制侮辱妇女的行为，并不都构成对性行为自主权的侵害，其中一些行为只能认定为《刑法》第246条的侮辱罪，比如，偷剪妇女发辫的、向妇女身上泼洒污物的，充其量只能认定为第246条的侮辱罪，不得适用《刑法》第237条。

【侵犯公民个人信息罪】

近几年来，刑法理论对侵犯公民个人信息罪的讨论比较多，司法解释也有一些规定,我就不详细讲了,只是简单地提四点。

第一点,本罪的保护法益是公民的个人信息权,个人信息权包括三个方面的内容:一是个人信息不被不正当收集、采集的权利;二是个人信息不被扩散的权利;三是个人信息不被滥用的权利。

第二点,公民个人信息的认定问题。一方面,只有当信息与具体公民密切联系,能够识别公民身份时,才能成为公民个人信息。例如,提供100个手机号码,但没有对应的姓名与其他可能识别姓名的信息,不可能成为公民个人信息。另一方面,只要是能识别公民身份的相对重要的信息,就可以成为公民个人信息,例如,姓名+手机号、姓名+家庭住址、姓名+银行卡号、姓名+身份证号、姓名+存款信息、姓名+行踪轨迹等,都属于公民个人信息。但是,一般来说,姓名+性别、姓名+毕业院校、姓名+学历、姓名+职务等,还难以成为公民个人信息。不过,如果是姓名+多项不重要的信息,也可能综合评价为公民个人信息。

第三点,对本罪的构成要件行为与情节严重的解释不要过于严格,换言之,不要试图限制本罪的成立范围,因为刑法条文已经限制了其成立范围。比如,司法解释规定:"非法获取、出售或者提供行踪轨迹信息、通信内容、征信信息、财产信息50条以上的",属于情节严重,应当追究刑事责任。那么,如何认定行踪轨迹的信息条数呢?比如,一位大学老师,早晨从家里到学校办公室(1),在办公室工作一小时(2),然后去了教学楼(3),上了三节课(4),然后去了教工餐厅吃饭(5),回到了办公室(6)。如果行为人向他人提供了这个行踪轨迹,是认定提供了1条还是认定提供了6条?我认为要认定为6条,而不是1条。另外,不能要求行踪轨迹很具体,大体的行踪轨迹也包括在内。如行为人提供的信息是某人三个月内都在北京的,当然属于行踪轨迹。

第四点,公民自愿提供的、同意他人使用的信息,不属于本罪的行为对象。例如,甲向小贷公司借款,小贷公司不能确定甲提供的身份证是否真实,于是要求甲手持身份证拍照,说明要使用甲的身份证上的相关信息与照片,提交有关部门用于验证身份证的真伪,甲表示同意。小贷公司将上述个人信息提交给相关公司,相关公司将上述信息提供给有关部门,有关部门人员根据上述信息调取甲的身份证的存档照片(没有其他信息),并将照片作网络化处理后交给相关公司,相关公司交给小贷公司,由小贷公司自己判断甲的身份证真伪。在这样的案件中,身份证及其相关信息与照片,都是甲自愿提供与同意他人使用的,除此之外只有一个网格照片,只能就网格照片本身判断相关人员的行为是否构成侵犯公民个人信息罪,由于网络照片没有其他信息,我觉得不能认定为侵犯公民个人信息罪。也就是说,在这样的案件中,不能认为相关人员非法提供了公民个人的姓名、身份证号、照片等信息,因为公民个人同意他人使用的必须除外。当然,如果相关人员超出公民同意的范围使用上述信息,则构成侵犯公民个人信息罪。

课堂提问

问:您刚才说,诬告人导致被害人被判处死刑时,诬告行为可以成为故意杀人罪的教唆犯。可是,按照共犯从属性说,只有当正犯的行为具有违法性时,才能认定教唆犯的成立,但能够说法院判处死刑是违法的吗?

答:当然是违法的,只是程序不违法而已,实体上当然是违法的。

问:按照您的观点,在土药案中,对张三是定故意杀人罪的教唆犯还是过失致人死亡罪的教唆犯?

答:当然要认定张三成立故意杀人罪的教唆犯,而不可能认定为过失致人死亡罪的教唆犯。一方面,我们都不认可对过失犯的教唆;另一方面,李四也可能完全没有过失。不过,我说的张三成立故意杀人罪的教唆犯,不是指被教唆的人成立故意杀人罪,只要被教唆的人实施了故意杀人罪客观构成要件的行为并且违法,教唆者对杀人具有故意,就成立故意杀人罪的教唆犯。

问:在土药案中,李四并没有杀人的故意,能够认定他的行为具有违法性吗?

答:我是采取客观违法性论的,故意不是违法要素而是责任要素,所以我认为,李四的行为已经具备了故意杀人罪的不法。当然,如果你采取德国的主流观点,就会认为李四的行为不具备故意杀人罪的不法,甚至连过失致人死亡罪的不法都不具备。你可能认为,既然李四没有杀人故意,他的行为怎么会有故意杀人罪的不法呢?按照我的观点,故意杀人罪的不法与故意没有关系,只是与客观构成要件以及违法阻却事由有关系。

问:您刚才说,住宅不必是合法占有,那么,被害人非法占有他人住宅时,如果权利人强行进入住宅要求被害人搬出的,也成立非法侵入住宅吗?

答:这种行为虽然是非法侵入行为,但具有违法阻却事由。行使权利的行为阻却了侵入住宅行为的违法性。顺便说一下,刑法关于非法侵入住宅中的"非法"的表述,只是提示存在违法阻却事由,而不是对构成要件行为本身的要求。所以,许多国家的刑法并没有关于非法的表述,因为合法的侵入就阻却了违法性,并不需要在分则中表述出违法阻却事由。

问:有的乞丐在天桥下用1米长的一些材料围了一圈,过路人可以看见里面是什么,也容易进入,这个情形能评价为住宅吗?

答:不能,这种情形还没有形成封闭的空间,不能评价为住宅。我在国外还见到过这样的情形:流浪者用粉笔在车站里画一个圈,写上自己的姓名,表示这个地方是自己晚上睡觉的地方。这就更不能评价为住宅了。

问:公民个人信息不被滥用的权利是从哪里体现出来的?

答:不被滥用就是指正当获得公民个人信息的单位或者个人不得随意将该信息提供给其他单位与个人。《刑法》第253条之一第2款规定:"违反国家有关规定,将在履行职责或者提供服务过程中获得的公民个人信息,出售或者提供给他人的",构成侵犯公民个人信息罪。这种行为就是对公民个人信息的滥用。

课外作业

第一个作业:结合伪证罪思考下面两种情形应当怎么处理:(1)在乙因为其他罪行被公安机关立案侦查以后,甲主动向公安机关举报乙抢劫了自己1万元的事实,但这一事实完全是虚假的。能否定甲的行为成立诬告陷害罪？如果不成立诬告陷害罪，是否成立其他犯罪？（2）嫌疑人A原本是一个人实施抢劫行为，在第一次被讯问的过程中，他向公安人员谎称无辜的第三人（指名道姓）和自己是同伙。A的行为是否构成诬告陷害罪？如果不构成诬告陷害罪，是否构成其他犯罪？

第二个作业：关于网络诽谤，对下列两种行为应当如何处理：（1）网络管理者在侮辱、诽谤的被害人要求删帖的情况下故意拒不删帖的，能否构成不作为的侮辱、诽谤罪？（2）行为人在网络上实施侮辱、诽谤行为，一直不删帖的，是状态犯还是持续犯？这显然涉及追诉时效的计算，是很有意义的问题。

第八讲

作业解答

上次的两个作业实际上是四个小问题，我按顺序讲一下。

第一，在乙因为其他罪行被公安机关立案侦查以后，甲主动向公安机关举报乙抢劫了自己1万元的事实，但这一事实完全是虚假的。我觉得应当认定为诬告陷害罪。一方面，虽然乙已经因为其他罪行被立案侦查，但甲的告发行为使乙面临受抢劫罪的刑事追究的危险。《刑法》第243条中的意图使他人受刑事追究，并不限于意图使完全无辜的人受刑事追究，而是包括使犯轻罪的人受重罪的刑事追究，使犯一罪的人受数罪的刑事追究。另一方面，在本案中，还不能认为甲是证人，不可能认定为伪证罪。因为公安机关并没有要求甲作证，不能说甲就是证人，如果这样的话，刑法关于证人这一特殊身份的要求就落空了。所以，认定为诬告陷害罪是合适的。

第二，嫌疑人A在被讯问时向公安人员谎称无辜的第三人和自己是同伙。一方面，可以认为A的行为是诬告陷害行为，因为他的行为显然捏造了犯罪事实，也是一种告发行为，虽然他可能是为了减轻自己的罪责，但不排除他具有使第三者受刑事追究的意图。所以，可以认为A的行为符合诬告陷害罪的构成要件。那么，能否认为A没有期待可能性呢？当然不能，不仅如此，也不能认为期待可能性减少。另一方面，如果说相对于第三人而言,A是证人,也可以认为A的行为同时触犯伪证罪。如果这一结论成立,则A的行为是诬告陷害罪与伪证罪的想象竞合。

第三,网络管理者或者服务提供者在侮辱、诽谤的被害人要求删帖的情况下故意拒不删帖的,我觉得可以构成侮辱、诽谤罪。当然,前提一定是,内容的确是侮辱、诽谤,且管理者明知这一点,也不存在为了保护公共利益而必须保留的必要。由于设问讲的是被害人要求删帖,所以,网络管理者的行为不可能构成拒不履行信息网络安全管理义务罪。顺便说一下,如果是监管部门责令网络管理者删除侮辱、诽谤他人的信息内容,但网络管理者拒不删除,导致侮辱、诽谤信息大量传播的,则是侮辱、诽谤罪与拒不履行信息网络安全管理义务罪的想象竞合。

第四,行为人在网络上实施侮辱、诽谤行为,一直不删帖的,我觉得可以评价为持续犯。在状态犯的场合,构成要件结果不会增加或者增强,只是构成要件行为所造成的状态一直持续。比如,在盗窃罪场合,盗窃行为既遂后,被害人的财产损失不可能增加或者增强,所以是状态犯。但网络侮辱、诽谤罪,构成要件结果在持续增加或者增强,就此而言,评价为持续犯是可以的。反对观点是以构成要件的行为没有持续为由的,但这与非法拘禁中的将被害人关进封闭场所后再也不管不问是一样的,最关键的是构成要件结果在持续增加或者增强,就可以认定为构成要件行为在持续。从另一角度来说,即使认为作为方式的侮辱、诽谤已经结束,也可能认为行为人具有删帖的作为义务,如果一直不删除,也可以说是持续的不作为。在网络时代,将上述行为仅评价为状态犯,不利于保护公民的名誉。

从今天开始讲侵犯财产罪。

【盗窃罪】

为什么先讲盗窃罪?因为相对于抢劫罪来讲,盗窃罪是基本法条。德国、日本都是先规定盗窃罪后规定抢劫罪。盗窃罪属于取得罪,即取得他人财产的犯罪。在取得罪里面,盗窃罪属于转移占有的取得罪,而且是直接取得财物的犯罪。在国外,取得罪分为直接取得与间接取得,间接取得是指赃物犯罪,但我国刑法将赃物犯罪放在第六章的妨害司法罪中,所以我国刑法中的取得罪都是直接取得。取得罪分为违反被害人意志的取得与基于被害人有瑕疵的意思的取得,盗窃罪属于违反被害人意志的取得,所以跟诈骗罪和敲诈勒索罪不同。盗窃罪是对个别财产的犯罪,而不是对整体财产的犯罪。行为人盗窃他人财物,不管怎么向被害人填补利益,都不影响盗窃罪的成立。

下面讲十个问题。

一、保护法益

首先介绍一下德国的学说与判例。德国刑法理论的通说采取的是所有权说,但也不是没有争议,有些判例和学者认为,盗窃罪除了保护所有权之外也保护占有。德国的通说为什么能采取所有权说呢?也就是说,我们一定要明白,在我们国家采取所有权说不能解决的问题,在德国是怎么解决的呢?比如,所有权人把自己所有的质押物从质押权人处盗窃回来的,按所有权说不构成盗窃罪,但这一结论是有疑问的,在德国是怎么解决的呢?因为《德国刑法》第289条规定了取回质物罪。所有权人从用益权人、质押权人、使用权人、留置权人那里窃回自己所有的财物的,构成取回质物罪。再比如,对盗窃违禁品的行为怎么处理呢?德国理论认为违禁品也有所有权,所以盗窃违禁品的行为也侵犯了所有权。又比如,乙盗窃了丙的财物,甲又从乙那里盗走了该财物的怎么办呢?德国的通说还是认为甲侵犯了丙的财产所有权。也就是说,甲虽然转移了乙占有的财物,但侵犯了丙的财产所有权。这里就有一些问题了,如果盗窃的环节较多,丙是否可以找N多人退赔呢?不管怎么说,由于法律规定不同,我们不可能完全照搬德国的通说。

日本刑法规定的跟德国不一样。日本的争议主要源于两个刑法条文,这一点和我国特别相似甚至相同。一个条文是,《日本刑法》第235条规定:"盗窃他人的财物的,是盗窃罪……";另一个条文是,《日本刑法》第242条规定:"虽然是自己的财物,但由他人占有或者依据公务机关的命令由他人看守的,就本章的犯罪,视为他人的财物。"

主张占有说或者以占有说为基础的折中说(中间说)的学者认为,《日本刑法》第235条所说的"他人的财物"就是指他人占有的财物,据此,《日本刑法》第242条似乎只是注意规定。主张本权说或者以本权说为基础的折中说(中间说)的学者则认为,《日本刑法》第235条所说的"他人的财物"就是指他人所有的财物,而《日本刑法》第242条是一个例外规定。

再来看我国刑法的规定。我国《刑法》第264条规定:"盗窃公私财物,数额较大的……处……";《刑法》第91条第2款规定:"在国家机关、国有公司、企业、集体企业和人民团体管理、使用或者运输中的私人财产,以公共财产论。"

主张占有说或者以占有说为基础的折中说的学者完全可以认为,《刑法》第264条所说的"公私财物"就是指公私占有的财物或者他人占有的财物,据此,《刑法》第91条第2款似乎只是注意规定,于是在他人管理、使用、运输中的私人财物,属于他人占有的财物。主张本权说或者以本权说为基础的折中说的学者则会认为,《刑法》第264条所说的"公私财物"就是指公私所有的财物或者说他人所有的财物,而《刑法》第91条第2款是一个例外规定。当然,甚至还会有学者认为,上述第2款并不是关于所有与占有的规定,只是为了区分贪污罪与盗窃罪、诈骗罪所作的规定。我不赞成这种说法。

从上述法条的规定可以看出,我国刑法的规定与德国刑法的规定存在较大区别,但与日本刑法的规定相似。所以,了解日本刑法关于盗窃罪的保护法益的争论,对我们是有借鉴意义的。

日本关于盗窃罪保护法益论是从三个层面展开的:第一是狭义的盗窃罪保护法益论,争论的问题是,所有权人把自己被盗的财物从盗窃犯那里盗窃回来的,是否成立盗窃罪? 本权说不会主张所有权人构成盗窃罪;单纯的占有说主张成立盗窃罪;平稳的占有说主张,需要根据盗窃罪的占有是否已经平衡来判断,盗窃的时间比较长了,占有就比较平稳了,所有权人的行为就可能成立盗窃罪。采取平稳占有说的学者,权衡了法益保护原则和法治原则,根据法治原则,公民个人要按照法律规定的路径去行使权利,也就是说,在法治国家,私力救济是受到很严格的限制的。所以,狭义的盗窃罪保护法益论主要涉及的是权利行使是否应当受到限制的问题。第二是广义的盗窃罪保护法益,主要讨论的是第三者从盗窃犯那里盗窃赃物的,或者行为人盗窃违禁品的,是否成立盗窃罪?这里不涉及所有权的问题,而是涉及对非法的占有是否保护的问题。第三是最广义的盗窃罪保护法益论,讨论的是对财产的保护,是按照民法的视角去判断还是按刑法自己独特的视角去判断?这不只是跟盗窃罪的保护法益有关,而且与诈骗罪等其他的财产犯罪的保护法益也有关系,比如,涉及不法原因给付与侵占罪、诈骗罪的关系,等等。

如果就盗窃罪的保护法益的"实体"来说,可以认为其中包括三个方面的内容:(1)对财物的事实支配(占有)本身。对财物的事实支配本身,也可以说是一种利益。如果没有对财物的事实支配,就不能利用这个财物。(2)对财物的利用可能性。这与前一点密切关联,但我感觉不是一回事。你们一定要知道,财物是被人利用的,如果不能被人利用就不是财物了。如果你事实上支配着财物,你就可以直接利用这个财物。比如,松原芳博教授指出,盗窃罪、委托物侵占罪与遗忘物侵占罪之所以法定刑不同,就是因为对利用可能性的侵害程度不同。在盗窃罪的场合,由于被害人占有着自己的财物,便可以直接利用,所以,盗窃行为对利用可能性的侵害就更严重。在委托物侵占罪的场合,虽然被害人没有占有自己的财物,但随时可以让受托人归还财物或者让受托人处理财物,但与盗窃罪的场合相比,被害人的利用可能性要小一些或者难一些。在遗忘物侵占罪的场合,被害人要利用其财物,则较为困难,所以,遗忘物侵占罪的行为对利用可能性侵害就更轻一些。(3)法益主体支配财物的自由或权利,这一点就与人格联系起来了。

保护法益的实体的这三个内容,与盗窃罪的定义就密切关联起来了。所谓对财物的事实支配本身,就跟盗窃罪的转移占有相关联;财物的利用可能性强调的是对被害人利益的一种保护,或者说财物必须是有价值的;法益主体支配财物的自由或权利,则与盗窃罪所要求的违反被害人意志密切挂钩。所以,盗窃是指违反被害人意志,将他人占有的财物转移给自己或者第三者占有的行为。

关于本权说和占有说以及折中说的一般性讨论,我就不讲了。我下面通过若干事例的比较以及应当采取的结论,来说明我国应当采取什么样的学说。

事例1:在占有和所有没有分离的场合,第三者从被害人那里盗走财物的,肯定构成盗窃罪。这种场合你可以说盗窃行为只侵犯了所有权,但也不可否认盗窃行为同时剥夺了被害人对财物的占有。这个事例可以得出所有权是保护法益的内容的结论,但并不能因此否认占有不受刑法保护。

事例2:第三者从不是所有权人的合法占有者那里窃取了财物。对第三者的行为肯定也要定盗窃罪。比如,乙把摩托车借给丙使用一个星期,丙用了一天后放到院子里,甲把摩托车盗走了。对甲的行为肯定要定盗窃罪,问题是,在这种场合是否要求甲的盗窃行为违反所有权人乙的意志进而采取所有权说?我觉得不能这样要求,要求违反所有权人的意志至少存在两个方面的问题。其一,比如,乙与丙有一个协议,如果丙使用过程中摩托车被盗了,丙要以三倍价格赔偿给乙,于是乙就希望有人把摩托车盗走。在这种场合,甲的行为就没有违反乙的意志,但显然不能因此认为甲的行为不成立盗窃罪。其二,即使没有这样的约定,丙也应当赔偿乙的摩托车。反过来说,丙对摩托车的占有就是一种利益,具有利用可能性。如果摩托车被盗,丙就不能归还摩托车。既然如此,就应当承认,丙对摩托车的合法占有,是值得刑法保护的法益。

事例3:行为人从不是所有权人的非法占有者那里盗窃财物。例如,B盗窃了C的自行车,A从B那里把自行车盗走了。如果采取所有权说,A的行为侵犯了C的所有权,也就是通过转移了B所占有的财物进而侵犯了C的所有权。但是,即使这样解释的话,还面临一个问题,因为A从B那里盗窃了自行车后,B就不能向C返还自行车,或者说,B对这辆自行车的利用可能性(用于返还给C)就被剥夺了。于是,B需要用自己的财产来赔偿C的损失。在这种场合,你们不能感情用事,不能说B应当自认倒霉,不能说B盗窃了C的车就要自己拿钱出来买车还给C。B对

C 的盗窃,一方面要受刑罚处罚,包括被判处罚金,另一方面要将摩托车返还给 C。A 的盗窃使得 B 因为不能返还摩托车而损害了 B 的财产,所以,应当肯定 A 的行为也对 B 构成盗窃罪。显然,只要承认 A 的行为构成盗窃罪,就需要承认非法的占有还是要受保护的。在这种场合,刑法不是保护非法占有本身,或者说,保护非法占有只是一种表象,实质上是保护非法占有者的其他合法利益。

事例 4:所有权人从合法占有者那里盗窃自己所有的财物。比如,甲向乙借款 30 万元,同时将自己的汽车质押给乙,汽车交由乙占有。后来,甲在没有归还借款的情况下,将汽车盗回来。我觉得对甲的行为不定盗窃罪明显不合适,否则,就意味着所有权人可以为所欲为。如果所有权人的财物在国家机关、人民团体等使用、管理或者运输过程中,所有权人所盗窃的就是公共财产了。我觉得可以将《刑法》第 91 条第 2 款理解为注意规定,即使不理解为注意规定,也可以说,在类似这样的场合,如果所有权人所盗窃的是国家机关、人民团体等占有的财物,则侵犯了国家机关、人民团体等的所有权;如果所有权人所盗窃的是公民个人占有的财物,则侵犯了公民个人的合法占有。

事例 5:所有权人从非法占有人那里盗回自己所有的财物。这是针对特定物而言,不是讲种类物。如果是种类物,比如,乙盗窃了甲的 1 万元现金,甲又盗窃了乙的 1 万元现金,由于现金是谁占有谁所有,在国外还是会认定甲的行为构成盗窃罪的。再如,如果 B 盗窃了 A 的摩托车,A 盗回 B 的 5000 元现金,在国外也会认定 A 的行为构成盗窃罪。问题是就特定物而言,例如,张三盗窃了李四的摩托车后,李四从张三那里盗回了这辆摩托车。日本一部分学人主张要认定李四的行为构成盗窃罪。其中平稳占有说认为,如果张三已经平稳地占有了摩托车,那么,李四的行为就构成盗窃罪。日本学者也有不主张认定为盗窃罪的,我也不主张认定为盗窃罪。首先,平稳占有的判断比较模糊,张三盗窃了多久才叫平稳占有呢?其次,认为李四的行为构成盗窃罪,在中国不太符合一般人的观念,中国的一般人把所有权人的权利看得很重,如果把李四的行为认定为犯罪,处罚范围太宽泛了。最后,我们司法机关对国民财产的保护力度不够,所以,对私力救济不能像有些国家那样严格限制。

事例6:原本的合法占有者,从所有权人那里窃回财物。例如,甲把自己的奥迪车质押给出借人乙,约定了归还时间,以及如果汽车被盗乙应当如何赔偿等。甲在没有归还欠款的时候把车偷开回去,乙找到汽车后又将汽车偷开回来。乙对汽车的占有是合法的,甲在归还欠款前不能行使权利把汽车开回去。相对于所有权人把车开回去而言,乙的权利是否更为优先?我对此持肯定回答,也就是说,不能认定乙的行为构成盗窃罪。如果你们认为认定乙的行为构成盗窃罪不合适,就不能认可所有权绝对优越于占有权的观点,否则,甲把汽车开回去就无罪了,这不合适;如果你们承认乙的行为是行使权利,乙的权利行使就优于甲的行为。这一点与甲将汽车偷开回来之后放在何处没有关系,即使甲将汽车放在其他地方,乙偷开回来的行为也不构成盗窃罪。

事例7:原本的合法占有者,从非法获得者那里窃回财物。假如在上面的案例中,乙合法占有甲的奥迪车时,丙把奥迪车盗走,乙发现后又盗回来,在我国也不会认定为乙的行为构成盗窃罪。相对于上一种情形而言,乙的行为更是行使权利了,相对于丙而言,乙的权利更加优越。

事例8:窃取他人占有的违禁品的,是否应当以盗窃罪处理?在我国,一般人对违禁品既没有所有权,也没有占有权,只是一种非法的占有。但是,我国司法实践是肯定违禁品成为盗窃的对象的。如果肯定这个结论,那么,非法占有也是盗窃罪的保护法益。这个问题在日本还有争议,有观点认为,违禁品虽然可以成为盗窃罪的对象,但对违禁品的占有本身并不属于盗窃罪的保护法益,尤其是主张本权说以及以本权说为基础的占有说的学者,可能这么认为。因为盗窃违禁品的行为,只是一种违反了法律规定的没收程序的行为;在实体上,持有违禁品的人没有任何利益可言,既然如此,怎么能当盗窃处理呢?不过,在我看来,不能说持有违禁品没有利益,只不过利益不合法而已。这和诈骗罪中法律的财产说、经济的财产说有一定关系。

通过以上的比较与分析,我们可以得出以下结论:所有权是要受刑法保护的,合法的占有也是要受刑法保护的,即使是非法的占有,在一定条件下也要受刑法保护。这里的非法占有,就是我在教材中所说的"需要通过法定程序改变现状(恢复应有状态)的占有"。问题是,哪些非法占有要排除在保护范围之外?按照平稳占有说的观点,只有不平稳的非法占有才不受刑法保护。我的观点是,对财物的非法占有,相对于权利人(不限于所有权人,还包括合法占有者)恢复或者行使权利的行为而言,不是盗窃罪的保护法益。

二、财物

盗窃罪的对象是财物,这里也只侧重于从盗窃罪的角度来讲,一些财产性利益在盗窃罪中并不涉及,等讲到诈骗罪时再说,比如债务的延期履行、非法债务的免除等,在盗窃罪中不可能成为问题。

总的来说,作为盗窃罪对象的财物需要具备三个特征:

第一是价值性。也就是说,要成为财物就需要有价值,这种价值性其实就是有利用可能性。财物是被人利用的,但是,我们对财物的利用,并不是说财物只能用于交换,交换只是利用的一种方式。反过来说,财物具有各种用途。所以,财物的价值性不只限于客观的交换价值,还要考虑主观的使用价值。比如,有纪念意义的照片。你小时候的照片,你自己当宝贝,但是你拿出去卖能卖多少钱啊?虽然不能出卖,但对于你来说就有主观的价值。当然,如果你成为伟大人物之后,你小时候的照片就可能具有客观的交换价值了。有人会问,如果说具有主观价值的财物也是盗窃罪的对象,那么,怎么计算盗窃数额呢?这在以前确实是问题,但是现在已经不是问题了。因为刑法规定了多次盗窃、入户盗窃、扒窃、携带凶器盗窃,盗窃具有主观价值的物品,一般都属于入户盗窃或者扒窃。

第二是管理的可能性。这是侧重于从被害人的角度来讲的,如果一种东西不能被管理,就不可能有法益主体。问题是,怎么理解管理可能性?主要存在物理的管理可能性说与事务管理可能性说。如果认为财物只限于有体物,就可能采取物理的管理可能性说;如果认为财物包括财产性利益,则会采取事务的管理可能性说。不过,即使采取物理的管理可能性说,也不能将物理的管理可能性限制得太狭窄。比如,我们对虚拟财产的管理，实际上也属于物理的管理。其实，只要能认定他人能够占有、享有财物，就可以说具有管理的可能性。

　　第三是转移的可能性。盗窃罪的行为是转移财物的占有，如果一种东西不能被转移占有，当然就不可能成为盗窃罪的对象。这样说意义并不是很大，但主要是想说明，盗窃罪中的转移占有强调的是一种零和关系，就是说，行为人转移了占有之后，被害人就不再占有此财物。所以，盗窃罪中的窃取不同于侵犯商业秘密罪的窃取。在后一种场合，虽然可以说行为人窃取了商业秘密，但权利人依然可能享有商业秘密，因而不是零和关系。除非行为人把商业秘密的载体一起盗走，权利人不再享有商业秘密，则与盗窃罪中的窃取含义相同。

　　与上述几点相联系，相应地就存在一些争议和需要解决的问题。

　　首先，与价值性相联系的有两个争议问题。第一，所谓消极价值的有体物能否成为盗窃罪的对象？比如，银行收取了破损的货币后准备销毁，破损的货币相对银行来讲没有价值，但是，如果落入他人之手，他人则会利用破损的货币，所以银行要销毁。通说认为，这种具有消极价值的有体物，能够成为盗窃罪的对象。也就是说，在银行销毁之前，行为人盗窃了这种破损的货币的，成立盗窃罪。但是，持反对观点的学者认为，如果行为人单纯地盗窃了破损的货币，银行与其他人并没有财物损失，不能认定为盗窃罪。如果行为人盗窃了破损的货币之后再到银行兑换完好的货币，则构成诈骗罪；如果不利用破损的货币，则不构成犯罪。所以，通说实际上是提前将诈骗的预备行为当作盗窃既遂处理了。这一反对观点的确有理由。但是，行为人盗窃了破损的货币之后，也可能并不是到银行兑换完好的货币，也可能直接向商店购物，在这种情况下，要认定为诈骗罪可能存在障碍。另一方面，盗窃罪是对个别财产的犯罪，而不是对整体财产的犯罪。只要银行不同意他人转移破损的货币，或者说，只要银行不希望破损的货币落入他人之手，就可以认为破损的货币相对于银行而言是有价值。所以，我还是倾向于将上述破损的货币认定为盗窃罪的对象。

　　第二，虚拟财产能否成为盗窃罪的对象？我持肯定回答。虚拟财产当然具有价值性，不仅具有主观价值，而且可能有客观的交换价值。有的年长学者说,虚拟财产没有客观价值,例如,游戏里的魔剑根本不可能拿到现实空间中来。我在跟本科生讲这一观点时,全班哄堂大笑。因为玩游戏的人根本不希望魔剑拿到现实空间中来,只有在游戏里玩才有意思。这就是代沟,很深的代沟。我经常强调的是,要了解一般人的价值观,而不能以自己的价值观衡量一切。

其次是与管理可能性相关的问题,其中主要的问题是无形财产尤其是财产性利益能否成为盗窃罪对象的问题,其实是物理的管理可能性说与事务的管理可能性说的争论。例如,日本学者井田良指出,日本刑法之所以没有规定无形财产可以成为盗窃罪的对象,主要有三个原因:一是在制定刑法的当时,没有预想到无形财产具有很大的经济价值;二是财物是否受到侵害应当是一种客观的事实,而无形财产的侵害本身并不是一种客观清楚的事态;三是如果认为盗窃财产性利益也构成犯罪,那么,民法上的不履行债务也构成盗窃罪。但是,我们不可能照搬这种观点。其一,我国刑法没有区分财物与财产性利益。其二,对财产性利益的盗窃完全可能是一种客观清楚的事态。比如,行为人通过技术手段将他人银行卡上的存款转入自己的银行卡中,这就是盗窃债权,在日本可能成立利用计算机诈骗罪,但在我国没有这个罪的情况下,必须认定为盗窃罪。其三,民法上的不履行债务根本不符合盗窃罪的客观要件,不存在占有的转移,当然不可能构成盗窃罪。所以,我觉得,没有必要采取物理的管理可能性说,只需要采取事务的管理可能性说就可以了。而且,物理的管理可能性与事务的管理可能性不一定有明确区别。比如,对电力的管理与对存款的管理,好像没有明显区别。

最后是与转移可能性相联系的问题。《德国刑法》第 235 条规定的盗窃罪的对象是可以转移的物品,在我看来,这样的限定没有任何意义,纯属多此一举。为什么呢?既然要转移占有,当然是可以转移的财物才能成为盗窃罪的对象。但这主要不是盗窃罪的对象问题,而是行为是否属于转移占有的盗窃行为的问题。比如,以前人们争论不动产能否成为盗窃罪的对象,其中一种观点认为不动产不能成为盗窃罪的对象。其实,只要能转移,不动产也可以成为盗窃罪的对象。例如,被害人家的院子里有一个牌坊,由于被害人长期不在家,邻居就将牌坊整体移到自己家院子里去了,这就是盗窃。再如,民法上会认为土地上生长的树是不动产,但盗窃他人房前屋后的树木的,当然构成盗窃罪。

总之,在我国,盗窃罪的对象包括狭义财物与财产性利益。不过,从现实上看,其中的财产性利益的范围比诈骗罪中的财产性利益的范围要窄。比如,在诈骗罪中,骗免债务也会构成诈骗罪,但就债务的免除不可能成立盗窃罪。再比如,在国外,欺骗他人使自己延期履行债务的,也构成诈骗罪,但不可能就延期履行债务构成盗窃罪。还有,劳务、服务等,虽然在诈骗罪中存在争议,但肯定不可能盗窃他人的劳务、服务。

三、占有

盗窃,是指违反被害人意志,将他人占有的财物转移给自己或者第三者占有。也就是说,盗窃的对象是他人占有的财物。于是,对占有的判断就成为特别重要的问题,如果是行为人自己占有的财物或者没有人占有的财物,就不可能成为盗窃罪的对象。

(一) 占有的一般判断

占有必须是他人占有。刑法上的占有和民法上的占有虽有相同之处,但不完全一样。比如,民法上承认间接占有、占有改定、占有的继承等,但刑法上不承认。例如,德国有这样的案例:妈妈和女儿一起生活,妈妈的财物当然由妈妈占有。妈妈旅游的时候去世了,但女儿不知道妈妈去世,就将妈妈的珠宝变卖了。德国法院认定为盗窃未遂。如果承认占有的继承,就不可能认定为盗窃未遂了。

刑法上的占有,是指一种对财物的事实上的支配关系。但这种事实上的支配关系,并不是一种事实的判断,而是一种规范的判断,也就是说要以一般人的观念为基准进行判断。之所以如此,与一般预防的必要性大小相关联。当一般人认为这是他人占有的财物时,行为人转移这种财物的,不法程度就高一点,一般预防的必要性就大一些;如果一般人认为这是脱离他人占有的财物,行为人取得这种财物的,不法程度就低一些,一般预防的必要性就小一些。如果离开一般人的观念,就会导致盗窃罪与侵占罪的认定出现偏差。

千万不要认为,对占有的判断必须分两步:第一步是事实的判断,第二步是规范的判断。因为第一步的事实的判断是没有任何意义的。比如,你买了一个新手机,宿舍同学要看一下,你就把手机递给他看。这个时候手机在同学手上,你进行事实判断会得出什么结论呢?难道说,根据事实的判断,手机由同学占有,但根据规范的判断,手机不由同学占有,而是由你自己占有吗?这显然行不通。更为重要的一方面是,如果说根据事实的判断,手机由同学占有,因而不属于你占有了,难道又说根据规范的判断,你占有了手机吗?可是,这种场合的事实的判断有什么意义呢?完全没有意义。反过来,如果你说,根据事实的判断,手机由你自己占有,根据规范的判断,手机也是由你占有。这样的事实的判断同样没有意义。再反过来,如果你说,根据事实的判断,手机由同学占有,根据规范的判断,手机也由同学占有,不仅事实的判断没有意义,而且判断结论也是错误的。

那么,应当如何判断呢?应当将所有的事实作为判断资料,再按照社会的一般观念判断有无占有以及谁占有。将所有的事实作为判断资料,并不意味着是一种事实的判断。要区分判断资料与判断标准。将所有的事实作为判断资料,不等于在进行事实的判断。关键是根据什么标准判断案件事实。

比如,前几年一个河南人到我们小区的北门卖山药,他把山药一袋一袋装好后放在一张破旧的桌子上,边上放着一个纸盒,上面写着"每袋10元"。然后他就骑着三轮车到清华大学的西北小区卖山药去了。我们小区北门与西北小区的直线距离有2公里多,晚上他才回到我们小区北门。想买山药的人就将10元钱放入纸盒内,然后拿走一袋山药。在这样的场合,谁都会认为,山药由这个河南人占有,拿走山药不给钱的就是盗窃。如果你先进行事实的判断,会是一种什么结论呢?如果你说事实的判断的结论就是由这个河南人占有,这个结论就不是事实的判断了。如果你说事实的判断是这个河南人没有占有,但规范的判断是这个河南人占有了,这个事实的判断就没有意义了。所以,你只需要将所有的事实作为判断资料,再根据社会一般观念进行判断就可以了。你们对占有的判断要反复训练,训练到任何一个案件不需要动脑子就知道财物由谁占有、谁没有占有的程度。

由于需要将所有的事实作为判断资料,所以,外表上相似的情形,如果发生在不同的环境,结论可能就不一样。例如,清华学生一进食堂,就将钱包往一个空座位上一放,然后去买饭菜。谁都认为,这个钱包仍然由学生占有,不会有人认为这是遗忘物。但是,如果你一进香山公园,就把钱包往一个空座位上一放,然后去了别的地方,不会有人认为你还占有这个钱包。再比如,清华学生下课后将手提电脑放在一楼的自行车框里时,发现有一件东西忘在四楼的教室里了,于是直接上楼取东西,不仅没有拿着电脑,甚至自行车也没有锁。在这种场合,同样谁都认为这个学生仍然占有着自己的自行车与电脑。但是,如果你在大街上这样放电脑,而且还不锁自行车,大家就会认为这是遗忘物。

(二) 占有的有无

日本的刑法学者通常把占有分两大类讨论:一是占有的有无,有人占有的,行为人拿走就是盗窃;二是占有的归属,即谁占有。我先讲占有的有无的判断。只举一些例子,具体内容你们看教材。我所要强调的是,不能把一些具体规则绝对化,一定要以社会的一般观念为基准。

我们住宅里的东西都是我们占有的,这应该没有疑问。但这只是一般情形,比如,客人到家里来了,手上提着一个包,客人进来后就将包放在桌子上。这个时候,这个包就由客人占有,而不可能是主人占有。即使客人与主人一起到外面散步,其间仍然将包放在主人家的桌子上,这个包也仍然由客人占有。主人家的其他人将包里的财物转移为自己占有的,就构成盗窃,而不是侵占。

一般来说,他人土地上的财物由他人占有。比如,高尔夫球场里的球,即使是打球的人抛弃的,也由高尔夫球场的管理者占有。周永康曾经下令把一个定性正确的案件改错了,我当时在最高人民检察院挂职,但没有办法抵制。一个高尔夫球场内,有一片树林归村里所有,但整个高尔夫球场都是有铁丝网的,村里所有的树林也在铁丝网内。有农民弄破铁丝网后到高尔夫球场内"捡球"然后出卖。这个行为属于盗窃是没有问题的,因为高尔夫球场是一个相对封闭的场所,不是任何人都可以随便进入,既然如此,球场内的散落在各处的球当然由球场的管理者占有和所有。但是,由于公检法在相关环节都出了问题,最后导致对被告人判得过重,引起许多人的不满。例如,鉴定部门将其中的部分球按新球价值鉴定,导致盗窃数额在1万元以上。按理说,检察院与法院不能采信这种鉴定意见,却采纳了。一审法院原本判了缓刑,这个量刑也挺合适的。可是,检察院认为,当时盗窃1万元以上要适用"三年以上十年以下有期徒刑"的法定刑,于是认为不能判处缓刑,进而抗诉。二审法院居然改判实刑,这就导致当地农民意见很大。后来,周永康就要求宣告无罪。其实,这是典型的盗窃,不能因为量刑不当就改判无罪。有律师认为,高尔夫球场里的球是打球的人抛弃的,根据先占原则,谁先捡到就由谁所有。这个说法根本不适用这种场合。在国外以及旧中国没有任何争议的是,散落在高尔夫球场里的球,当然由高尔夫球场的管理者占有和所有。再比如,从香山公园的正门进去就是一个水池,许多游客想看硬币能否浮在水面就投币试一试,结果都沉下去了。这个水池里的硬币,绝不是谁先捞走就归谁所有,当然由香山公园管理者占有和所有。对此不应有任何疑问。违反香山公园管理者意志捞走的,就是盗窃。

你们千万不要以为,只要是被害人心理上遗忘的财物就是刑法上的遗忘物。被害人忘记放在某个地方的财物是不是遗忘物,或者说是不是依然由被害人占有,要根据被害人离开财物的时间、距离、场所等进行综合判断。如果离开的时间短暂、距离不长,还是要认定为被害人占有。但是,任何学者都不可能提出具体的时间与距离的标准,只能通过直觉判断。比如,日本前几年曾经发生这样的案件,被害人坐在公园椅子上时,就将包放在了椅子上。后来他到另外一个椅子上和别人聊天,包还是放在原来椅子上。在附近的行为人就想着,被害人离开的时候要是忘记拿包就好了。被害人后来起身去车站,当他在过天桥时,行为人就拿走了包。被害人到了车站才想起来忘了包,随即回到原处,并找到了行为人。日本裁判所认定行为人的行为构成盗窃罪,而非侵占罪。你们一定要注意的是,在这种情形下,作为判断资料的,不是被害人到了车站的这个时间与距离,而是行为人拿包时被害人离开的时间与距离。被害人在过天桥时行为人拿走了包,这个时候只有27米的距离,而27米的距离及其离开的时间并不长,被害人回头就可以看见自己的包,所以,仍然要评价为被害人占有。

国内也有类似的案件。被害人在一个大剧院里面的咖啡厅喝咖啡,结完账后手机放在桌子上就离开了,等被害人走到电梯处时,行为人看到桌子上的手机就据为己有了。被害人走到大剧院外面时才想起来没有拿手机,于是折返回来。很多学者认为行为人的行为属于侵占,因为被害人都已经到大剧院外了。但是,我不赞成这种观点。因为不能将被害人想起来的时间与距离作为判断资料,而应将行为人转移手机时的时间与距离作为判断资料。如果这样来考虑的话,被害人当时离开手机的时间不到1分钟,只有十多米远。这就要认定为被害人继续占有自己的手机,应该认定行为人的行为构成盗窃罪。

财物虽然脱离了被害人占有,但转移给第三人占有的,属于他人占有的财物。问题是,在什么样的场合能够认定转移给第三人占有。我觉得,只要财物脱离占有的场所有管理者,且不是不特定或者多数人可以自由出入的场合,就应当认为转移给该场所的管理者占有。例如,前一顾客遗忘在宾馆房间的财物,由宾馆的管理者占有。后一顾客据为己有的,构成盗窃罪。在国外,遗忘在宾馆的财物当然由宾馆占有,其他旅客拿走的是盗窃。再如,旅客遗忘在高铁上的财物,应当认为由高铁管理者占有,而不应当认定为遗忘物。因为高铁的座位是固定的,高铁上不仅有管理者,而且有乘警。但遗忘在普通公交车上的财物,则应当认定为遗忘物。旅客下飞机时遗忘在飞机行李架上的行李,也由相关管理者占有,而不能认定为遗忘物。总之,被害人将财物遗忘在第三者的场所时,要根据第三者对场所的支配管理状态,什么样的人能进入场所,财物的形状、状态等综合判断。

关于死者的占有,刑法理论上存在争议。例如,甲死亡后其身上的财物是脱离占有物还是死者占有的财物。有学者认为是死者占有,有人认为如果死亡不久就由死者占有,有人否认死者的占有。我否认死者占有。因为盗窃行为必须违反被害人的意志,而且这个意志是盗窃行为时的被害人意志。死者不可能有意志,因而不存在违反死者意志的问题。可能有人会说,转移财物的行为违反了死者生前的意志,可是,生前的意志不是行为时的意志。况且,我们怎么知道死者生前的意志呢?其实只是解释者自己的判断而已。至于上述第二种观点,即死亡不久就由死者占有的说法,比较模糊,不具有明确性。

(三)占有的归属

占有归属所讨论的是谁占有的问题,即在被告人与被害人之间究竟谁占有。

我春节期间在日本,早晨去商店买口罩时要在店外排队。有两个店的做法让我想到了刑法上的占有。一个商店的做法是,商店开门后,店员在入门处给每个人发一盒口罩,顾客拿到口罩后在店内排队付款;另一个商店的做法是,商店在开门前,就将口罩发给排队的人,也是每人一盒,等到商店开门后,顾客才进入店内付款。那么,顾客拿到口罩后,是顾客占有了口罩呢?还是仍然由商店管理者或者店员占有呢?凡是在类似这样的场合,你们要从不同的角度去设想和判断。比如,如果就是顾客占有,那么,顾客没有付款就走了,就只构成侵占,这显然不合适。更为不合适的是,如果说是顾客占有了,那么,商店违反顾客的意志,将口罩收回的,反而构成犯罪了。显然,只要认为商店违反顾客意志将口罩收回的不构成犯罪,就只能认定为商店管理者或者店员占有着口罩。至于第三者从顾客手中夺走口罩的,当然构成盗窃罪。

你们一定要知道,共同占有的时候,任何一方将财物据为己有都构成盗窃。在国外,很清楚的是,当夫妻双方共同占有财物时,其中一方将该财物变卖据为己有的,就构成盗窃,只不过亲属间的盗窃在处罚上有特别规定。我听说某大学的刑法老师在课堂上举了一个例子:一个宿舍的甲、乙两位同学共同出资购买了一双皮鞋,周一、周三、周五甲同学穿,周二、周四、周六由乙同学穿,星期天让皮鞋休息。这位老师说:如果在甲穿的时候,甲把皮鞋变卖给他人,甲就是侵占,如果是乙卖了,乙就是盗窃;反之亦然。我不太赞成这个说法。我觉得这种情形属于共同占有,甲乙在任何时候变卖皮鞋的,都属于盗窃。

所谓利用职务上便利的盗窃,其实只限于共同占有的情形。比如,国有公司的保险柜由出纳与会计共同管理,出纳管钥匙,会计管密码,两个人一起才能打开保险柜。如果出纳有一天利用自己掌管的钥匙和偷看的密码,拿走了保险柜里的现金,就属于利用职务上便利的盗窃,因为他的这一行为侵害了会计对现金的占有。反之亦然。如果完全是由他人占有的财物,而不是共同占有的财物,则不可能存在利用职务上便利的盗窃。比如,公司主管财务的副总经理,半夜进入财务室把保险柜砸开后拿走现金的,就是普通盗窃。因为这一行为与他的职务没有任何关系,或者说,这种情形不可能评价为利用了职务上便利。所以,贪污罪中的利用职务上便利的盗窃其实是很罕见的。不能因为外表上是盗窃的形式就认定为盗窃罪。

所谓存款的占有一直也有争议。其实,存款这个词有两个意思,一是指存款债权,二是指存款所对应的现金。我觉得,存款人仅享有存款债权,不可能占有存入银行的相应现金。一个存款人在银行关门时从银行盗走现金的,没有疑问成立盗窃罪。银行收取了存款人的现金后,现金就由银行占有和所有,银行如何使用现金,存款人是不可能支配的。既然存款人不可能支配,当然就不可能占有了现金。有的人之所以认为存款人占有了现金,是因为对有些案件的被害人的认定存在误解。比如,甲拾到乙的银行卡后,到自动取款机上取走了2万元。我不认为机器可以被骗,这一点以后还会讲到,因此认为甲的行为构成盗窃罪。有的人认为,既然甲的行为构成盗窃罪,又由于乙是被害人,所以,就要肯定甲盗窃了乙占有的现金。但这个说法有疑问。不可否认的是,就盗窃有体物而言,行为人所取得的与被害人所丧失的财物必须具有完全的同一性,这就是素材的同一性。但是,现金明明是从银行的自动取款机里取出来的,而不是从存款人那里取得的。另一方面,存款人损失的是债权,而不是现金。如果你说存款人少了2万元现金,那我就会问存款人"你的2万元现金是在哪里被盗的"?存款人只能回答不是2万元现金被盗,而是银行卡里少了2

万元。可是，银行卡里少了2万元，不是被告人直接转走了，而是银行因为现金减少了2万元，于是就减少了存款人的2万元债权。也就是说，被告人取得的是现金，银行减少的或者损失的也是现金，这两个现金完全是同一的。但银行将损失转嫁给存款人，于是，最终的受害人是存款人。但不能跳过中间的环节，认为存款人是2万元现金的占有者与被害人。

在有上下主从关系的场合，一般由上位者占有，下位者只是占有的辅助者或者辅助占有者。比如，小商店店主雇用了一名店员卖东西，这种情形要认定店主占有，而不是店员占有，也不是店主与店员共同占有。在这样的场合，你们要反过来思考：如果店主拿走商品需要店员同意吗？如果没有征得店员同意，店主的行为构成盗窃罪吗？当然不构成。既然如此，就必须肯定商品由店主占有。但是，另一种特别情形就不一样了。比如，店主将所有商品交给店员，交待店员最后给自己多少货款就可以了。在这种情形下，店主就不得随意拿走商品，如果拿走了就必然导致店员的财产损失。因此，要认定店员占有了商品，店主拿走商品的行为就构成盗窃罪。

关于封缄物的占有，以前争议很大，现在虽有争议，但结论没有什么区别了。首先必须承认的是，真正的封缄物中的内容物是由委托人占有的，这是按照社会一般观念得出的结论。因为委托人就是不想让受托人利用、处分内容物，所以才封缄。你们一定要将占有这个概念与财物的利用可能性结合起来思考。既然委托人不想让受托人打开封缄物，那么，其中的内容物就只能由委托人占有。另一方面，不能不承认的是，受托人的确占有了整个封缄物。这也是根据社会一般观念得出来的结论。比如，一个箱子明明在受托人保管之中，这个箱子离开了委托人几千公里，我们怎么可能说受托人没有占有这个箱子呢？那么，能不能说如果受托人将包括内容物在内的整个箱子据为己有了就是侵占，而仅将其中的内容物据为己有的就是盗窃呢？也不是。道理很简单，如果是这样的话，岂不是不法更严重的行为反而成立轻罪？既然将内容物据为己有的构成盗窃罪，将包括内容物在内的整个箱子据为己有的更成立盗窃罪。这是因为，当行为人将包括内容物在内的整个箱子据为己有时，就侵害了委托人对内容物的占有,当然构成盗窃罪。这样的分析过程,符合我们前面讲的占有的判断标准,这样的分析结论,也符合刑法的公平正义性。

　　问题在于什么样的物才能评价为封缄物,这也涉及盗窃和侵占的区分。很容易打开包装的物,当然不是封缄物。但是,也不一定要上锁,还是要根据社会的一般观念判断。根据包装的形状等情况,如果在一般人看来,受托人是不应当拆开的,就属于封缄物。另外一个问题是,有些物品本来就是在封着的,这种物品是不是封缄物?比如,乙用纸袋装着一瓶价值1万元的红酒交给甲带给朋友丙。这瓶红酒是封缄物吗?一般不会评价为封缄物。按照桥爪隆教授的说法,要看把红酒装入酒瓶的目的是什么。如果是为了便于运输保管等,当然不是封缄物。所以,这个案件中的红酒不是封缄物。如果是为了阻止受托者利用,则是封缄物。因此,如果乙将红酒装入小箱中并上锁让甲带给朋友,则属于封缄物。

课堂提问

　　问:行为人以暴力相威胁,要求他人将载有商业秘密的PDF文档发给自己的,是否成立抢劫罪?

　　答:我觉得有可能。因为这个时候的PDF文档至少可以评价为财产性利益,行为人以暴力相威胁取得财产性利益的,当然可能构成抢劫罪。其实,即使是盗窃商业秘密,也可能成立盗窃罪。也就是说,如果行为人窃取了商业秘密,但权利人依然享有商业秘密,这便不存在占有的转移,不存在零和关系,当然不构成盗窃罪。但是,如果行为人盗窃商业秘密的全部载体,被害人丧失了商业秘密的,则可以认定为侵犯商业秘密罪与盗窃罪的想象竞合。

　　问:您前面讲的德国的女儿盗窃已经死亡的母亲的珠宝的案件,法院认定为盗窃未遂时,是因为所有权转移给女儿了吗?

　　答:我没有看判决书。因为德国采取的是主观的未遂犯论,女儿以盗窃的故意实施了所谓盗窃行为,但由于财物由女儿继承,所以只能认定为未遂。

问:行为人盗窃自己质押给他人的汽车,如何计算盗窃数额?

答:我在《论盗窃财产性利益》一文中讲过这个问题,为了避免处罚过重,我主张按被害人的实际损失计算盗窃数额。从另一方面讲,也可以说是按行为人主观上意图非法占有的数额计算。比如,行为人借款 10 万元给他人,质押的是价值 50 万元的汽车,在没有归还时盗回了汽车。被害人实际损失的是 10 万元,行为人也只是意图非法占有或者非法获利 10 万元,因此应当按 10 万元计算盗窃数额。

问:甲买了一辆宝马车后马上向典当行借款,并将汽车质押给典当行。随后,甲用备用钥匙将宝马车开回并卖给乙,乙又卖给丙,丙又卖给丁,但乙、丙、丁都声称不知道真相,汽车也没有办理过户手续。后来,典当行发现了宝马车,就直接从丁那里开走了宝马车。典当行的行为构成盗窃罪吗?

答:我不主张对赃物的善意取得,虽然转手多次,但仍然是赃物。况且,很难认为乙、丙、丁是善意取得,因为不过户的汽车买卖明显存在疑问。民商法的学者可能主张赃物也可以善意取得,因为承认善意取得才使得交易便捷,有利于经济发展。但是,我认为,在类似这样的案件中,要优先保护刑事被害人的利益,而不应当优先保护民事被害人的利益。相对于丁而言,典当行的权利更为优越,丁的权利不能与典当行对抗。也就是说,相对于典当行行使权利的行为而言,丁对宝马车的占有不是盗窃罪的保护法益。

问:入户盗窃或者扒窃价值微薄的财物,是不成立犯罪还是成立未遂?

答:两种情形都有可能。如果行为人试图盗窃数额较大的财物,但仅取得了价值微薄的财物,要认定为盗窃未遂;如果行为人仅想盗窃价值微薄的财物,则不构成犯罪。不过,只要不是明显微薄的财物,还是要认定为入户盗窃或者扒窃既遂的。前几天微信上有一个案件:被告人入户盗窃一只鸡,被户主发现后,为了摆脱户主就将户主推倒在地,导致户主轻伤。检察官以抢劫罪起诉后,法官要求检察官撤诉,理由是情节显著轻微危害不大不认为是犯罪,检察官还真撤诉了。其实,现在家养的母鸡也值一二百元的,认定为抢劫没有问题,怎么可能无罪呢?有人留言说,行为人只是想摆脱户主而已。想摆脱就是抗拒抓捕嘛,这一点不是无罪的理由。

问:对虚拟财产怎么计算盗窃数额?

答:这一点教材上写得很清楚,我以前在一篇论文中也写得很详细,你去看看吧。

问:盗窃罪的认定要不要另外考虑财产损失?

答:一般场合是不需要另外考虑财产损失的。因为只要承认占有本身是保护法益,而行为人转移了财物的占有,就造成了财产损失。但是,不排除在特别情形下,比如我前面讲的自动贩卖机的案件,可能要考虑有无财产损失。

课外作业

第一个案例是日本的案例:行为人从自动贩卖机里窃取货币后,直接又用该货币购买自动贩卖机里的商品。是第一个行为构成盗窃,还是第二个行为构成盗窃,抑或两个行为都构成盗窃?如果两个行为都构成盗窃,应当如何计算盗窃数额?

第二个案例是德国的案例:行为人将大额纸币边缘贴上长长的透明胶带后,将纸币投入自动兑换机,在自动兑换机吐出等价的小额货币后,行为人又利用透明胶带把大额货币拉出来。盗窃的对象是大额货币还是兑换的小额货币?如果均为盗窃,如何计算数额?

第九讲

作业解答

上次的两个案例分析作业,我讲到适当的时候再分析。下面接着讲盗窃罪的第四个问题。

【盗窃罪】

四、转移占有

转移占有只是窃取行为的部分要素,因为窃取行为除了转移占有外还有一个要素,就是违反被害人意志。我们国家的刑法理论对后一个要素研究得比较少,我稍后专门作为一个问题来讲。

就有体物来讲,转移占有是比较好判断的。德国、日本的刑法理论与判例要求行为人打破被害人的占有,建立新的占有。但是,法国刑法不要求建立新的占有,只要行为人以建立新的占有为目的而打破了被害人的占有,就构成盗窃既遂。不过,二者的实际区别并不是那么大,因为打破了被害人的占有而没有建立新的占有的情形,特别罕见。由于占有这个概念不是指物理的占有,而是根据社会一般观念进行判断的,所以,转移占有并不要求从物理上转移财物,只要根据社会的一般观念,被害人原来占有的财物由行为人或者第三者占有了,就属于转移占有。转移占有既可以由行为人直接实施,也可以利用他人的行为转移占有。比如,被害人骑着摩托车到商店门前,没有锁车就进了商店,准备买点东西后立即出来。行为人经过时看到摩托车没有锁,就对路过的第三者说:"我的摩托车1000元卖给你,要不要?"过路人觉得很便宜,就买走了。在本案中,行为人的行为触犯了两个罪名,对摩托车构成盗窃罪。在这种场合,即使行为人没有碰过摩托车,更没有直接转移摩托车的存放地点,对摩托车也构成盗窃罪。另一方面,行为人对过路人构成诈骗罪。二者属于想象竞合,从一重罪处罚。直接消费的行为也是转移占有。例如,行为人到蛋糕店后直接吃他人的蛋糕,就是转移占有的盗窃行为。

盗窃罪中的转移占有不要求秘密性。在我看来,所有要求秘密性的说法都是没有道理的,所有认为盗窃行为必须具有秘密性的学生,肯定不是清华的学生,因为清华没有一位刑法老师主张盗窃的秘密性。构成要件要素是表明违法增加的要素,秘密性增加了违法程度吗?难道公开不是更严重吗?既然秘密实施的行为都构成犯罪,怎么可能公开实施的反而不构成呢?于是,主张秘密性的人只是说,行为人自以为是秘密的。可是,这是主观要素,而不是客观要素。"客观上是公开窃取主观上自以为秘密"的要求,明显与构成要件的故意规制机能不相吻合。要求秘密性的人无非是想说公开盗窃的就是抢夺。这种看法认为盗窃和抢夺是一种对立关系,但将二者作为对立的犯罪,必然导致一些案件没有办法处理。比如,行为人进入一个摩托车停车场,也知道停车场有监控,知道管理室里有管理人员,但是,他心里想的是,不管管理人员看到没有,就是要将摩托车骑走。在这种情况下,行为人究竟是自以为秘密还是自以为公开?此外,不能说,只要被害人知道就是抢夺。抢夺不是公开盗窃的意思,而是要求对物暴力,通俗一点就是迅速使用强力夺走财物,但许多公开盗窃的行为并不具有这样的特征。我经常举的例子是,丈夫在四楼阳台时不小心将钱包掉下去了,下面就是马路。丈夫立即让妻子到楼下捡回钱包,这时候来了一位老人,丈夫对老人说"那是我的钱包,您不要拿走了",老人心想你也不会跳下来,就不慌不忙地将钱包拿走了。这构成抢夺吗?当然不构成!这就是公然盗窃。

问题在于如何评价财产性利益的转移占有?有一些案件是没有问题的,比如,行为人把他人银行卡里的 10 万元债权转移到自己银行卡里,导致他人丧失了 10 万元债权,行为人取得了 10 万元债权。这是典型的转移占有。另外,虚拟财产的转移占有,也是比较好判断的。比如,行为人得知他人的账号和密码后,把他人的 1 万 Q 币转移到自己的账户内,他人就损失了 1 万 Q 币,这也是典型的转移占有。再如,甲伪造股东会决议、被害人签名,通过公司登记机关,将乙对公司享有的 50% 的股权转移至自己名下。如果说公司登记机关只对变更材料进行纯粹的形式审查并进行相应登记,其并不会实质地考察股权变更是否合法,也无权裁判股权的归属,即登记机关单纯的登记行为不构成诈骗罪意义上的财产处分,对甲的行为也应认定为盗窃罪。这也是一种零和关系的转移占有的行为。

争议较大的问题是,类似高速公路逃费这样的行为,是否成立盗窃罪?比如,行为人驾驶大卡车在高速路上行驶上千公里,不管是在收费站突然冲出去,还是在收费站附近找个出口逃出去,都不可能构成诈骗罪,所以,有学者主张认定为盗窃罪,甚至有人认为,对突然冲出收费站的要认定为抢夺罪。抢夺罪只不过是盗窃罪的特别法条,我觉得,这种行为既不构成盗窃罪,也不构成抢夺罪。因为盗窃罪中的转移占有,是指将狭义财物或者财产性利益,从被害人那里转移到自己或者第三者这里。逃费行为虽然使行为人获得了利益,也就是事实上没有缴纳路费,但不存在一个具体利益的转移。也就是说,高速公路管理者依然对行为人享有债权,即便不知道行为人逃到哪里去了,但从现在的高速公路的监控摄像可以知道什么车逃费了,即使不知道是什么车,也还是要承认高速公路管理者对行为人享有债权。如果说行为人转移了利益,那么,转移了什么利益呢?我觉得没有转移利益。这不是财产性利益能否成为盗窃罪对象的问题,而是行为是否属于盗窃行为的问题。

这一点与诈骗财产性利益、抢劫财产性利益不一样。在诈骗、抢劫有体物的场合,实际上也要求有体物的转移。但在诈骗、抢劫财产性利益时,则不要求转移占有。例如,《日本刑法》第 246 条第 1 项规定:"欺骗他人使之交付财物的,处十年以下惩役。"同条第 2 项规定:"以前项方法,取得财产上的不法利益或者使他人取得的,与前项同。"从这样的规定就可以看出,在行为人诈骗狭义财物时,被害人交付财物是构成要件要素。交付财物意味着转移财物的占有。但是,在行为人诈骗财产性利益时 并不需要交付财产性利益,即不需要财产性利益从被害人占有转移给行为人或者第三者占有,只需要被害人基于认识错误处分财产性利益,行为人取得财产性利益。显然,如果没有上述第 2 项的规定,对于取得了财产性利益的行为,也不能认定为诈骗罪。德国刑法关于诈骗罪的规定没有区分狭义财物与财产性利益,只要行为人利用虚假的事实欺骗他人,获得了他人的财产,从而损害他人财产的,就成立诈骗罪。

我国刑法关于诈骗罪的规定,没有区分狭义财物与财产性利益。因此,我们也可以认为,就诈骗狭义财物而言,只有当被害人基于认识错误交付财物,发生财物转移时,才成立诈骗罪既遂;但就诈骗财产性利益而言,只要欺骗行为使被害人产生认识错误并处分财产性利益,行为人取得了财产性利益,就可以认定为诈骗罪既遂。因为这两种情形都符合"诈骗公私财物"的构成要件。也就是说,在行为人使用欺骗方法导致被害人产生认识错误进而处分财产性利益的情况下,只要行为人获得了财产性利益,即使不存在财产性利益的交付与转移,将其认定为诈骗罪,也不会不当扩大诈骗罪的处罚范围。因为欺骗行为、被害人产生认识错误、被害人基于认识错误处分财产性利益、行为人取得财产性利益这一系列要素,足以限制诈骗罪的处罚范围。同样,在抢劫财产性利益或者敲诈勒索财产性利益的场合,也可以通过手段行为、压制被害人反抗以及恐吓行为、被害人产生恐惧心理、基于恐惧心理处分财产等要素,限制抢劫罪、敲诈勒索罪的成立范围。但是,倘若将盗窃罪的行为扩大到不法取得财产的一切行为,就会因为缺乏限制要素,而不当扩大盗窃罪的处罚范围。例如,如若认为在高速公路上驾驶车辆后逃走的行为成立盗窃罪,就意味着所有欠债不还的行为均成立盗窃罪,就餐或者住宿后逃走的行为成立盗窃罪,夫妻离异后一方应当支付子女抚养费却逃避支付的,也成立盗窃罪。我难以接受这样的结论。

此外,将逃避债务的行为认定为盗窃罪,也会使绝大多数侵占罪变成盗窃罪。例如,甲代为保管乙的财物后拒不返还的,也可以说甲逃避债务,因而认定为对财产性利益的盗窃罪,我觉得不合适。同样,倘若将逃避债务的行为认定为盗窃罪,则所有没有履行经济合同义务,因而导致他人遭受财产损失的行为,都成立对财产性利益的盗窃罪,这将导致盗窃罪处罚范围的不当扩大。此外,刑法规定了拒不支付劳动报酬罪,如若认为逃避债务的行为构成盗窃罪,那么,拒不支付劳动报酬的行为,在政府有关部门还没有责令支付时,行为人就已经构成盗窃既遂,拒不支付劳动报酬罪就没有适用的余地。这显然存在疑问。总之,抢劫、诈骗、敲诈勒索财产性利益,因为有相关客观构成要件要素的限制,不至于不当扩大处罚范围。但是,在盗窃财产性利益的场合,倘若放弃"转移占有"这一要素,将所有不法获得财产性利益的行为均认定为盗窃罪,就必定使盗窃罪丧失定型性,导致处罚漫无边际。当然,主张上述情形构成盗窃罪的学者,也会作一些限制,比如由于不知道行为人是谁因而不通过民事诉讼挽回损失等,但这是在构成要件外进行的限制,而不是在构成要件中进行的限制。也就是说,对构成要件行为进行扩大解释乃至类推解释,然后再从构成要件外进行限制的解释方法,或许不是理想的方法。

介于明显有转移占有与明显无转移占有之间的情形,就更会有争议。让我一直纠结的是,行为人用假币在 ATM 里存款的情形。例如,行为人把自己的银行卡插入 ATM,放入 1 万元假币用于存款,ATM 不能识别,就使行为人的银行卡增加了 1 万元债权。使用假币罪的最高刑是 15 年有期徒刑,盗窃罪的最高刑是无期徒刑,如果对这种行为只定使用假币罪,我觉得不合适。所以,我一直想对这种行为认定为盗窃罪与使用假币罪的想象竞合。但是,如果说行为人盗窃了银行的债权,怎么解释呢?怎么能说明银行的债权转移给行为人占有了呢?行为人将银行对谁的债权转移给他自己了呢?解释起来的确比较麻烦,但不定盗窃罪我又不甘心。我是这样想的:银行是向不特定人或者多数人设置债权的机构,或者说,银行针对不特定人或者多数人不断地使自己成为债务人;于是,在观念上可以认为,银行时时刻刻都在将债权给他人,如同超市放着很多商品,谁买走都一样。比如,张三存入1万元真币,银行就给他1万元债权;李四存入1万元假币,银行也给他1万元债权。这种情形勉强可以评价为债权的转移。我觉得,财产性利益的转移,最多只能扩大到这里为止,不能再扩大了。

五、违反被害人意志

在盗窃罪中,把违反被害人意志说成是构成要件的要素比较容易被人接受,也就是说,如果没有违反被害人意志,就不可能是盗窃行为。如果理解为违法阻却事由,那么,凡是转移占有的行为都符合盗窃罪的构成要件,这显然不合适。违反被害人意志涉及三个问题。

(一)被害人的范围

被害人首先是指占有者,而不必须是所有权人。如果说这里的被害人只能是所有权人,就会遇到很大的麻烦。比如,我前面讲过的例子,所有权人甲把财物借给乙使用,约定了如果财物被盗,乙要3倍赔偿。此后,甲一直期待有人盗走该财物。如果丙盗走了该财物,就并不违反所有权人甲的意志,因而不构成盗窃罪。这显然不合适。所以,所有权人和占有者不是同一人的时候,只需要违反占有者的意志。当然,这一点要联系盗窃罪的保护法益来考虑。如果所有权人的权利处于优越的地位,他人帮助处于优越地位的权利人盗走财物的,即使违反占有者的意志,也不构成盗窃罪。比如,乙盗窃了甲的汽车,甲让丙把该车从乙那里盗开回来。这一行为虽然违反了乙的意志,但不构成盗窃罪。不知道你们发现没有,分则里的任何问题都需要联系保护法益来讨论,否则难以得出正确结论。

当一位所谓的被害人还没有占有财物的时候,就不可能说行为人盗窃了他的财物。比如,超市里的前一位顾客付款后,将钱包落在收银台上,收银员发现后立即问是谁的钱包,行为人谎称是自己的钱包,于是就拿走了。在这种场合,由于前一位顾客并没有走远,所以,应当认定为对前一位顾客的盗窃,而不是对收银员的盗窃。因为在这种场合,收银员没有占有钱包,不可能说行为人的行为破除了收银员的占有。如果前一位顾客离开的时间比较长了,根据社会一般观念,钱包已经由收银员占有了。如果有人违反收银员的意志而拿走钱包,可以说就是对收银员占有的侵害,违反的是收银员的意志。

被害人不包括死者,因为不存在违反死者意志的问题。既然死亡了,就没有办法判断是否违反他的意志。所以,行为人杀害他人后才产生取走财物的意思进而取走财物,既不构成抢劫罪,也不构成盗窃罪,只需要判断是否构成侵占罪。

儿童和精神病人当然也能成为盗窃罪的被害人。德国关于儿童是被害人的情形,有一个"零花钱规则",就是承认儿童对零花钱有处分意识。如果骗取儿童的零花钱的,构成诈骗而不是盗窃。如果欺骗儿童取得数额较大的财物的,则认为违反了父母或者监护人的意志,构成盗窃罪。"零花钱规则"在我国没有什么意义,因为骗取儿童手上的零花钱的,没有达到数额较大,不可能成立诈骗罪。但是,在上述场合,认定行为人的行为违反了父母或者监护人的意志,还是可以借鉴的。所以,有两个路径来解释这个问题:一个路径是,认定儿童和精神病人的同意是无效的,就像奸淫幼女、猥亵儿童罪一样,不认为儿童具有同意能力。另一个路径是,上述行为违反了父母或监护人的意志。但是,后一种路径还有问题需要解释:比如,能不能说儿童、精神病患者和父母、监护人共同占有了相关财物?如果持肯定回答,就必须说父母、监护人概括地同意了儿童、精神病患者对财物的使用、处分。否则,就可能导致儿童、精神病患者的行为违法。如果持否定回答,就不能以违反父母、监护人意志为由认定为盗窃罪了。

不可以说违反单位或者法人的意志,盗窃罪只能是违反自然人的意志。当然,也不能说财物由单位本身占有。如果说,违反单位意志的也可能是盗窃,那么,职务侵占、贪污罪中的侵占、侵吞就不存在了。比如,出纳一个人管理着保险柜,他用钥匙打开保险柜拿走了里面的50万元现金。这是典型的侵占,其中不存在违反谁的意志的问题。如果说,现金是单位占有的,出纳的行为违反了单位的意志,就构成盗窃了。但这个结论不妥当。顺便说一下,司法机关常常把单位本身当作诈骗罪中的受骗人,导致出现了许多错案。例如,行为人将真相告诉银行行长,行长明知不符合贷款条件,仍然发放贷款,司法实践经常将行为人的行为认定为骗取贷款罪或者贷款诈骗罪,理由是,行为人虽然没有欺骗银行行长,但其欺骗了银行本身。这个理由根本不成立。单位意志是从哪来的?离开了决策者,单位不可能有自己的独立的意志。所以,盗窃罪中的违反被害人的意志,只能是违反自然人的意志,而不可能违反单位的意志。

(二)意志的内容

这一内容其实很麻烦,并没有那么简单。

先讲一下德国的判例与通说。德国对三类案件处理不一样:第一类是将铁片塞入自动贩卖机里购买商品的,德国判例与通说认定为盗窃罪;第二类是用伪造的银行卡或者他人银行卡在机器上取款的,判例和通说都不认定为盗窃,而是认定为利用计算机诈骗罪,也有少数人主张认定为盗窃。第三类是在加油站自助加油的场合,一般是自己先加油然后去付款。行为人加油的时候并没有打算付款,加油后就逃走了,德国的判例与通说认为构成诈骗罪。我先提醒你们一下,你们在阅读国外文献时,不要只看通说,国外的通说在中国未必行得通;在许多问题上,国外的少数说反而可能在中国行得通。下面我具体介绍一下德国在这方面的判例与学说。

早在 1900 年时,德国帝国法院就将用铁片投入自动售货机中取得巧克力的行为认定为盗窃罪,德国联邦最高法院于 1952 年所作的判决也认定这种行为符合盗窃罪的构成要件。但是,Eduard Dreher 对盗窃罪的认定提出了疑问。理由是,在行为人对作为自然人的卖主使用假币时,仅存在是否成立诈骗罪的问题;在行为人利用自动贩卖机这样的"延长的手腕"时,行为的构造本身没有不同。因此,在这样的场合也不能作为盗窃罪的问题来处理。但是,在通过自动贩卖机进行交易时,因为不存在自然人,所以欠缺"认识错误"这一要件,所以,上述行为也不成立诈骗罪。后来,巴伐利亚州高等法院 1955 年的判决为德国现在的"附条件同意论"提供了根据。被告人将铁丝插入自动游戏机的硬币投入口后启动了游戏机,取得了奖品。巴伐利亚州高等法院的判决指出,自动机械的设置者,只是同意按照其操作指示取得财物;本案行为人违反操作指示解除自动机械的锁取走其中财物的行为,欠缺自动机械设置者的同意,因而构成盗窃罪。此后,德国法院对类似案件都采用了"附条件同意论"这种思考方法。

但是,后来在有些类似案件中,许多法院则没有认定为盗窃罪。比如,行为人事先通过违法手段获得了有关自动游戏机的程序方面的知识,避开运气或者偶然要素,获得高额奖品。不少法院认为,这种行为不构成盗窃罪,而是构成利用计算机诈骗罪。因为行为人至少在外观上不存在违反自动游戏机的操作行为,故应肯定被害人对转移奖品存在同意。显然,如果着眼于游戏机设置者的主观意志,是难以认定其同意被告人的这种行为的。

与上述用铁片从自动贩卖机取得商品构成盗窃罪不同,对于行为人利用盗窃的银行卡或者伪造的银行卡从自动取款机里取款的行为,德国法院则完全否认盗窃罪的成立。理由就是所谓"外观基准"。亦即,在转移占有的外观是"夺取"(德文 Nehmen)的场合,属于是否成立盗窃罪的问题;但在转移占有的外观是"交付"(德文 Geben)的场合,则属于是否成立诈骗罪或者利用计算机诈骗罪的问题。例如,行为人利用他人的银行卡从自动取款机里取出 500 马克,德国联邦最高法院否认了盗窃罪的成立,因为符合机器操作流程取得现金的外观,属于银行的交付而不是夺取,因而不是盗窃罪的问题。至于银行代理人如果知道了行为人没有权限是否不将现金交付给自动取款机的利用者,则并不重要。因为银行设定的是只要取款人的密码正确就将取款机中的现金交付给取款人,即使是无权限的人利用他人银行卡,只要在技术上正确地利用了自动取款机,就不存在对金钱的占有的侵害。德国联邦最高法院对行为人使用伪造的银行卡在自动取款机中取款的行为,也采取了相同的态度。德国的通说也赞成这种做法,只有少数学者主张对上述行为认定为盗窃罪。

对于行为人没有支付油款的意思却在自助加油站加油的案件,德国联邦最高法院也没有认定为盗窃罪,而是认定为诈骗罪。因为行为人加油时的外观动作,使加油站经营者或者从业员陷入了认识错误,即误以为行为人有支付油款的意思,便同意了行为人加油。换言之,根据外观基准,采取自然观察的方法,这类案件不是破坏占有意义上的夺取,而是基于欺骗的交付问题,所以,应当认定为诈骗罪。

为什么对利用伪造的银行卡或者他人的银行卡在自动取款机里取款的,不认为违反了银行代理人或者管理者的意志呢?德国通说的理由是,为了确保构成要件的明确性,不应当重视被害人纯粹的主观上保留的所有意志内容,而应重视自动机械的技术设备中被客观化的、外形上可以认识的条件设定。这当然是有一定道理的。但是,有以下几个问题需要讨论。

第一,为什么使用铁片在自动贩卖机里取得商品与使用伪造的银行卡在自动取款机里取得现金,在定罪上不一样呢?金德霍伊泽尔是这样说明的:在自动取款机里取款的行为,即便银行卡是伪造的,但其复制的数据信息本身是"真实的",而在自动贩卖机里取得商品时,行为人所使用的硬币不是"真实的",而是铁片。

不过,我难以接受这样的理由,既然承认银行卡是伪造的,为什么偏要说数据信息是真实的?数据信息的"真实"是在什么意义上讲的呢?显然只是在形式上讲的。可是,在自动取款机中,机器是靠数据信息进行判断的,而在自动贩卖机中,机器是靠尺寸与重量来判断的,两种行为都是符合机器判断标准的,凭什么说一个是真实的,另一个是不真实的呢?比如,行为人使用伪造的纸币在自动贩卖机里购物时,倘若机器不能识别是假币还是真币,那么,这与自动取款机不能识别是真实的银行卡还是伪造的银行卡有什么区别呢?

第二,如果采取外观基准,不考虑被害人的真实意志,难以使这种"意志的规范化"判断具有正当性。因为被害人同意这一法律制度,对于确保个人自由活动具有重要意义;财产罪的保护法益的内容也包括法益主体对财物的处分自由,所以,必须承认法益主体的现实的意志的重要性。一方面说盗窃行为必须违反被害人的意志,另一方面却完全不考虑被害人的意志内容,这恐怕不合适。

第三,通过外观基准区分交付与夺取,也不可能为盗窃罪的成立范围划定明确的界限。比如,现金是从自动取款机的出口吐出来的,行为人拿走现金时,究竟是银行的交付还是行为人的夺取?这是难以下结论的。因为自动取款机并没有将现金交付到行为人手中,而是行为人从出口处拿走的。

第四,一定要注意的是,对于行为人使用伪造的银行卡或者他人的银行卡在自动取款机里取款的行为,虽然德国的判例与通说否认盗窃罪的成立,但并非不以犯罪论处,而是以利用计算机诈骗罪论处。但是,我国刑法没有这个罪名,对这种行为以诈骗罪论处明显不当,因为没有受骗人产生认识错误。也就是说,对这种行为在我国只能像日本那样认定为盗窃罪。我要再提醒一下,你们在阅读德国、日本的论著时,不要一看到某种学说是通说,就认为在中国也应当是通说。德国、日本的少数说,完全可能符合中国的立法与司法现实。尤其是在法律规定不同的情况下,你们切不可照搬国外的通说。

那么,能否完全按照被害人的所有意志内容判断取得行为是否违反被害人意志呢?也不可能。比如,自动贩卖烟酒的机器上写着禁止不满18周岁的人购买烟酒,17岁的人用真币购买烟酒的,显然违反了自动贩卖机设置者的意志,能认定为盗窃罪吗?虽然日本有学者主张成立盗窃罪,但在中国不可能构成盗窃罪。再如,自动贩卖机的设置者甲看到仇人乙将现金输入机器购买商品时,立即口头制止说"你不得购买我机器里的商品",但乙仍然迅速继续操作取得了商品,能认定乙的行为构成盗窃罪吗?在任何国家都不会认定为盗窃罪。

所以,我们应当对被害人的意志采取一种规范的限定论,也就是说,要按照盗窃罪的保护法益和一般人的观念,对被害人意志的内容进行一种规范的判断。如果行为人取得财物的行为违反了被害人的与法益保护相关的、一般人可以接受的意志,就属于盗窃罪中的违反被害人意志。具体来说,要重视三个方面的内容。

一是被害人有没有声明、说明。如果完全没有声明、说明,只是藏在被害人内心,他人就不一定知道被害人的意志内容是什么。有了声明、说明之后,至少会对一般人产生一种心理上的障碍。比如,自动贩卖机上贴着"禁止不满18岁的人购买香烟、酒精"的纸条时,就对不满18岁的人产生了心理上的障碍。如果没有贴着上述纸条,只是内心里这么想的,就不可能对不满18岁的人产生心理障碍。

二是声明内容的合理性,这要按社会一般观念去判断。比如前面提到的,被害人本来就是在自动贩卖机里贩卖商品,却不允许仇人购买,这就不具有合理性。再如,假如保险公司为了减少赔付,在自己设置的自动贩卖机上贴着"禁止糖尿病患者购买巧克力"的纸条。但这样的声明内容不符合一般人的观念,所以,即使糖尿病患者购买了巧克力,也不可能构成盗窃罪。

三是意志内容必须与盗窃罪的保护法益相关联。在自动贩卖机上贴着"禁止不满18岁的人购买香烟、酒精"的纸条,这种声明内容完全是合理的,但是,是否与盗窃罪的财产法益相关,就需要讨论。如果完全不考虑财产损失,只考虑个别财产是否转移,也可以说与盗窃罪的财产法益相关。不过,这种情形在我国是不可能认定为盗窃罪的。虽然在盗窃罪中不讲财产损失这一要件,但那是因为占有转移本身就是一种财产损失。但在不满18岁的人购买烟酒的案件中,虽然转移了财物的占有,却可以认为没有财产损失。

与上一点相关联的问题是,所谓违反被害人意志,是只要行为方式违反被害人的意志就可以了,还是必须结果内容违反被害人意志?使用伪造的银行卡在自动取款机上取款的行为,虽然在德国不被认定为违反银行管理者意志,但在日本却被认为违反被害人意志,因为这种行为方式就是被害人不允许的。但是,日本的有些判例不一定能被你们接受。比如,行为人在玩老虎机时,身上带着体感器,不管能否证明因为使用体感器而多赢了弹珠,都会将所有的弹珠认定为盗窃所得。如果说,能够证明使用体感器赢了部分弹珠,但出于刑事政策的考虑,对所有弹珠认定为盗窃罪,我是可以接受的。因为如果在这种情形下采用事实存疑时有利于被告的原则,就只能宣告无罪或者盗窃未遂了。这必然鼓励行为人将非法所得与合法所得混合,从而不能预防犯罪。但是,如果完全不能证明使用体感器赢得了弹珠,或者说,行为人使用体器感时可能没有起任何作用,就将所有弹珠认定为盗窃所得,可能就有疑问了。在这样的场合,日本的裁判所重视的就是行为人的行为方式违反了被害人的意志。

所以,我觉得,既然盗窃罪是财产犯罪,那么,还是要看结果内容是否违反被害人意志。可以肯定的是,如果结果是使被害人遭受财产损失,当然要认定为违反了被害人意志。例如,使用伪造的银行卡到机器上取款的行为,肯定违反了银行管理者的意志,当然成立盗窃罪。问题是,除此之外,还有哪些情形属于违反了被害人意志,应当认定为盗窃罪的?

我经常提到,财产是为人服务的,是为实现人的目的服务的,所以,如果某种行为导致被害人的重要社会目的没有实现,也应当认定为违反了被害人的意志。只不过,重要社会目的的内容究竟包括哪些,必然存在疑问与争议。这是难以避免的现象。我们不可能期待,对刑法中的任何问题的处理都有详细、具体的标准。比如,不允许不满 18 岁的人购买烟酒这一目的是否重要?各人的看法可能不一样,于是,在日本有人主张认定为盗窃罪,有人不主张认定为盗窃罪。

再如,假如国家不允许黑社会成员办理和使用银行卡,但黑社会成员通过欺骗手段取得了银行卡,再通过电信诈骗让被害人将钱款打到其银行卡上,又持银行卡去机器上取出现金,在日本完全有可能成立诈骗罪与盗窃罪,实行并罚。因为不允许黑社会成员使用银行卡,是为了实现重要的社会目的。在我国,虽然将电信诈骗行为认定为诈骗罪是没有疑问的,但恐怕不会认定行为人从机器上取款的行为构成盗窃罪。

我设想一个案例:在疫情期间,商店在自动贩卖机上销售口罩,但自动贩卖机上有书面声明:每人每天只能购买一次,每次只能购买一盒口罩。行为人却一次购买了多盒口罩。如果这个案件发生在日本,可能有不少学者主张行为人的行为构成盗窃罪,因为商店尽量让多数人购买到口罩的重要社会目的没有实现。不过,在我国,估计没有人主张构成盗窃罪。你们去想一想为什么差距这么大,我就不解释了。

(三)违反的认定

违反,就是指没有得到被害人的同意。不能说,只要被害人没有反对,就表明被害人同意。一方面,在公开盗窃的场合,即使被害人看着行为人拿走财物,也仍然是违反被害人意志的。另一方面,有明确的同意或者推定的同意的,就不存在盗窃。例如,购买者到手机店购买手机时,店里没有人,购买者按标价放下钱款后拿走手机的,要评价为有现实的承诺或者同意,而不是基于推定的承诺。因为这一行为,完全符合商人的交易规则,不是盗窃。在被害人同意的场合,不需要被害人将同意内容表述出来,如果行为人转移财物的行为事实上没有违反被害人意志,就不构成盗窃。

不要以为我刚才讲的理论离我们很遥远,有一些问题其实已经出现了。比如,患者花几千元做了各种检查,事后须凭条形码在机器上取出检查结果。行为人捡到条形码后,从机器上取走了检查结果。如果医院还保留着检查结果,似乎问题不大。如果经过一段时间医院没有保留了,患者就白白花了几千元。按照德国的判例与通说,这种行为不成立盗窃罪,只是可能成立利用计算机诈骗罪。可是,我们国家刑法没有这个犯罪,不认定为盗窃罪可以吗?当然不行。

下面讲一下上次的两个作业。

第一个案件是,行为人从自动贩卖机里窃取货币后,直接又用该货币购买自动贩卖机里的商品。第一个行为当然是盗窃行为,问题在于第二个行为是不是也违反了被害人意志?完全可能持肯定回答。自动贩卖机的设置者虽然允许他人购买商品,但不会允许他人用自动贩卖机里的现金购买自己的商品。在这个意义上说,认定后一行为也是盗窃不是不可能的。再比如,行为人趁店主不注意,在付款前窃取了店主的货款,然后直接用该货款付款购买商品。如果店主知道真相,就不会将商品交付给行为人。于是,行为人的前一行为构成盗窃,后一行为构成诈骗罪。当然,在上面两个案件中,如果认为只能将前一行为评价为盗窃,不能将后一行为评价为盗窃与诈骗,也会有理由。不过,我还是认为,日本的这个案件,将前后两个行为都评价为盗窃还是有道理的。当然,在中国可以评价为包括的一罪,而不会实行数罪并罚。如果考虑到盗窃是对个别财产的犯罪,而不是对整体财产的犯罪,将行为人所盗窃的货币与商品一并计算为盗窃数额,也不是完全没有道理。

第二个案例是德国的案例:行为人将大额纸币边缘贴上透明胶带后,

将纸币投入自动兑换机,在自动兑换机吐出等价的小额货币后,又把大额货币拉出来。杜塞尔多夫上级法院认为这一行为成立盗窃罪。理由是,在兑换货币的场合,兑换者应当将大额货币留在机器内,而不得再取回。但本案行为人违反了这一条件,因而不存在附条件的同意。问题是,究竟哪一个行为是盗窃,或者说,究竟是大额货币是盗窃对象还是兑换出来的小额货币是盗窃对象,则存在争议。有学者认为大额货币是盗窃对象,也有学者认为大额货币不是盗窃对象。杜塞尔多夫上级法院认为,行为人并没有一度丧失对大额货币的事实上的支配,所以,大额货币不是盗窃对象,只能认为对兑换出来的小额货币成立盗窃罪。这样认定还有一个理由是,如果行为人取得兑换的小额货币后,放弃了将大额货币拉出来的想法的,能否认定为盗窃既遂?按照法院的观点,在这种情形下也成立盗窃既遂。得出这样的结论,我觉得一个很重要的原因是德国刑法理论比较重视行为人的故意等主观要素。另一方面,如果规范地判断占有,也可以认为,大额货币进入自动兑换机之后,就由银行管理者占有,因此,行为人后来将大额货币拉回来的,也是盗窃行为。于是,完全可能认定前后两个行为都是盗窃,但由于银行只有一个财产损失,所以作为包括的一罪处理。

六、特殊盗窃

除了普通盗窃之外,《刑法》第264条还规定了几种特殊盗窃,下面简单地讲一下。

(一)多次盗窃

对于多次盗窃不能像多次抢劫那样解释。司法解释对多次抢劫采取的是限制解释态度,因为多次抢劫的法定刑过重,确实有必要限制解释。但刑法规定多次盗窃是为了扩大处罚范围,如果进行限制解释,就违背了刑法的宗旨。比如,在一个市场连续盗窃三位被害人的财物的,就是多次盗窃;多次盗窃一个被害人的财物的,也是多次盗窃。

争议很大的问题是,受过行政处罚的盗窃次数能否计算在多次盗窃之内?不要通过讲空道理、大道理来解决这个问题,要通过设想各种情形得出合理结论,然后再去解决你认为或者其他人提出的合理结论可能存在的问题。比如,谁都知道要禁止双重处罚,问题是,能禁止性质不同的处罚吗?"双重"处罚是不是意味着就同一事实进行两次性质相同的处罚呢?所谓性质相同,是从法律形式上看还是从实质上看呢?从实质上看行政拘留是不是和刑罚一样呢?罚款是不是与罚金实质相同呢?什么样的情形下可以同时给予行政处罚与刑事处罚,什么样的情形下只能给予刑事处罚而不得给予行政处罚呢?讨论这些问题当然是有意义的,但谁也说服不了谁。最好是通过案件的比较形成合理的结论,然后再解决相关问题。

比如,甲一共盗窃了4次,没有被公安机关发现,甲的哥们乙知道后就说"你这是多次盗窃,构成犯罪了",甲就主动去公安机关,向公安人员交代自己盗窃过两次,每次100元。公安机关对甲作了罚款处理。后来,公安机关发现甲还有两次盗窃没有交待。比较一下:如果甲主动去公安机关交待自己的4次盗窃,肯定成立多次盗窃,构成犯罪吧!当然,可以认定为自首。那么,如果甲只交待盗窃2次,又因为这2次受到了罚款处理,反而不构成犯罪了吗?当然不能得出这样的结论,因为这样的结论不合理。从这个案件中,你们就要得出一个结论:受到行政罚款处理的盗窃,也必须计算在多次盗窃中。

再比如,乙一共盗窃4次,被公安机关发现。这个行为绝对成立多次盗窃,构成盗窃罪。丙盗窃2次后被公安拘留10天,拘留期满回家后,又盗窃2次。从不法层面来说,丙和乙对被害人财产法益的侵害是相同的;与乙相比,丙再犯的可能性更大,既然如此,没有理由认为丙的行为不构成犯罪。这个案件说明,受到剥夺自由的行政拘留处罚的盗窃,也必须计算在多次盗窃中。

接下来,肯定有人认为甲和丙受到了不应有的双重处罚。其实,这个问题很好解决。将甲的罚款折抵罚金,将丙的拘留折抵拘役或者有期徒刑,甚至还可以撤销以前的行政处罚决定。

(二)入户盗窃

刑法增加入户盗窃的规定,是为了扩大处罚范围,而不是为了限制处罚范围。所以,对这里的"入户"不能像抢劫罪中的"入户"那样限制解释,倒是可以将"户"作扩大解释。比如,学生宿舍也可以认定为"户"。因为入户抢劫是一种加重处罚条件,而且法定刑本来就很重了,所以不能扩大解释。入户盗窃没有数额限制,不能要求入户盗窃达到普通盗窃数额标准的 50% 以上或者 80% 以上才构成犯罪,否则就没有必要增加入户盗窃的规定,只要降低盗窃罪的数额标准就可以了。我认为,入户盗窃身份证、护照、钥匙、信用卡等对于被害人具有重要利用价值的财物,都应当认定为盗窃罪。但是,入户盗窃几张餐巾纸的,当然不成立盗窃罪,只是可能成立非法侵入住宅罪。

有一些案件可能有一点麻烦。例如,行为人看到被害人家外面停着摩托车,就入户盗窃了摩托车钥匙,随后存在两种情形:一是立即将摩托车盗走,二是碰到被害人刚好回家了,于是等到晚上将摩托车盗走。如果摩托车的价值没有达到数额较大的标准,能否认定为入户盗窃?有没有人认为,对第一种情形可以认定为入户盗窃,对第二种情形不能认定为入户盗窃?其实两种情形是一样的。从事实上看,行为人只是入户盗窃了车钥匙,而没有入户盗窃摩托车;或者说,行为人是在户外盗窃的摩托车。所以,不能说行为人整体上都是入户盗窃。也可能有人认为,如果不入户盗窃车钥匙就不可能盗走摩托车,入户盗窃起到了重要作用,所以要整体评价为入户盗窃。但这样的说法是有疑问的,凭什么说入户盗窃起到了重要作用呢?如果行为人事后担心被发现而没有盗走摩托车呢?这种情形实际上类似于先盗窃犯罪工具,再盗走目的物,对二者还是要分开判断。比如,有一个真实案件是这样的:甲坐乙的车一起去郊外的农家乐,到了目的地之后,乙要吃饭,甲假称不想吃,只是想睡觉,于是让乙把车钥匙给自己,谎称自己在车里睡会儿觉。乙将钥匙给甲后,甲根本没有睡觉,而是将车开到外地变卖了。甲对车钥匙是诈骗,但对车本身是盗窃,是否成立牵连犯则是另一回事,但的确构成两个罪。所以,对上面的入户盗窃车钥匙后再盗走摩托车的行为,还是分开评价为好。不过我认为,入户盗窃车钥匙本身就构成犯罪,因为车钥匙是被害人常用的物品,具有重要的主观价值。

（三）携带凶器盗窃

携带凶器盗窃，是指将凶器置于身上或者身边附近盗窃他人财物。由于随身携带，因而具有随时利用的可能性。在共同犯罪的场合，一个人携带了凶器，其他参与人知情的，所有人都是携带凶器盗窃。如果其他参与人不知道，因为没有携带凶器盗窃的故意，对其他参与人就不能认定为携带凶器盗窃，只能认定那个携带者的行为是携带凶器盗窃。一个真实案件是，4个人骑着三轮车去盗窃，三轮车上放着凶器。到达目的地之后，3个人下车实施具体的盗窃行为，1个人坐在三轮车上，三轮车离盗窃地点十几米远，盗窃的数额没有达到较大标准。对这种行为要认定为携带凶器盗窃。即使4人全部下了三轮车，三轮车上没有人，也要认定为携带凶器盗窃。

（四）扒窃

按照司法解释的规定，扒窃，是指在公共场所窃取他人随身携带的财物。

不要试图从其他角度说明扒窃的保护法益，扒窃行为侵犯的就是财产，将其他与财产无关的内容纳入保护法益并不合适。否则，有许多说不清楚的问题。我简化一点来说，如果你说扒窃的保护法益是财产＋X利益，可是这个X利益在其他犯罪中都不受保护，也没有专门的法条保护这个X利益，凭什么在扒窃中附带保护X利益呢？扒窃行为转移的是他人紧密占有的财物，这表明不法程度有所增加；另一方面，扒窃其实是容易被被害人发现的行为，即便如此行为人却仍然盗窃，表明其非难可能性有所增加。

携带，是指将财物放在身上或者置于身边附近。这里的携带与上面讲的携带是一个意思。你们不要问我附近是多远，这只可意会不可言传。绝对不可以按被害人胳膊是否够得着，来判断是否属于随身携带的财物。你们按社会一般观念来理解就可以。比如，你坐飞机时，除了托运以外的行李，就是你随身携带的行李。很多坐飞机的人，本来坐在后排，可是一上飞机就把随身携带的行李箱放在前面的行李架上。即使隔了一二十米,也是他随身携带的物品,不能因为隔了这么远,就否认是随身携带的物品。简单地说,飞机上的乘客没有托运的行李,都是乘客随身携带的财物。再如,你坐高铁时放在高铁车厢里的财物,都是你随身携带的财物,不管你是将行李放在座位上方的行李架上,还是放在两个车厢之间的专门用于放置行李的地方。这也是根据社会的一般观念进行判断的。比如,以前的客运列车上,经常挂着"严防扒窃"的标语,难道这只是意味着严防扒窃身上的财物,而不包括严防扒窃行李架上的财物?显然不能这样理解。

扒窃虽然大多表现为从他人衣服内或者包内取走财物,但这只是常见的事实,而不是规范,不能将事实强加于规范。也就是说,将他人随身携带的包整体拿走的,也是扒窃。否则,就太不合理了。从包内拿走财物的,是扒窃,构成犯罪;而将整个包拿走的,不是扒窃,反而不构成犯罪。千万不要说,"这不怪我啊,因为扒窃就是要求从衣服或者包内取走财物啊",这是你的解释,对扒窃完全可以不这样解释。《刑法修正案(八)》施行不久,北京就发生过一起案件:一位女士骑电动车下班回家在等红绿灯时,眼睛只是盯着信号灯,行为人偷偷地将她放在两脚中间的包拿走了。有人问这叫不叫扒窃,我说当然是扒窃。我们没有理由认为,如果行为人拿走了包里的财物就是扒窃,而将整个包拿走的反而不是扒窃。至于被害人在餐馆就餐时,将外套放在椅子的靠背上,旁边的顾客将外套里的财物或者整个外套取走的,当然也是扒窃。

将扒窃限定在公共场合,似乎没有充分理由。不过,这一限制并没有明显缩小扒窃的处罚范围,因为刑法规定了入户盗窃,除了小型办公室外,其他地方都是公共场所,马路上当然是公共场所。在我看来,这样要求主要是基于一般预防必要性大小的考虑。也就是说,在公共场所的扒窃的一般预防必要性较大,其他场合的扒窃十分罕见,没有一般预防的必要性。

七、着手和既遂

（一）着手

所谓开始实施盗窃罪的实行行为时就是着手的观点，是没有任何意义的。对盗窃罪的着手只能提出一个实质性的标准，那就是，行为具有转移财物占有的紧迫危险时就是着手。因此，需要就不同行为类型进行不同的判断。常常是被害人占有得越紧密的时候，着手的认定可能要晚一点；被害人的占有越松弛的时候，着手的认定就可能早一些。当然，这一点也不绝对。

比如，进入无人看守的仓库盗窃的，最晚是进入仓库时就要认定为着手，甚至可能认为开始撬门开窗时就是着手。因为行为人进入仓库后，不存在转移占有的任何障碍。再如，入户盗窃的，通常采取物色说，即行为人物色财物时就是着手，而不是进入户内就是着手。从刑事诉讼法上讲，在行为人没有物色财物时，我们也没有办法判断行为人就是入户盗窃。扒窃他人口袋里的财物的，一般认为接触口袋外侧时，就是着手；一些顺手牵羊式的盗窃，只有接触财物本身时，才是着手。比如，被害人将行李箱放在身边与朋友聊天时，行为人想趁被害人不注意而拿走。不管行为人如何物色，都还不能叫着手，只有当行为人接触行李箱时，才能认定为着手。盗窃他人放在高铁行李架或者飞机行李架里的财物时，也要以接触财物为着手。

盗窃罪的着手的认定，清楚地说明，着手可以存在于实行行为之前，而不是实行行为的起点。这是因为，如果说着手是实行行为的起点，而盗窃的实行行为是转移财物的占有，只有在开始转移占有时才是着手，这显然导致着手的不当推后。

（二）既遂

德国、日本通说都认为，行为人建立了新的占有就是既遂。问题是什么叫建立了新的占有？这当然要根据社会的一般观念判断。不过，你们在判断行为人是否建立了新的占有时，要经常反过来判断。就是说，在当时的情况下，被害人是不是没有任何障碍地就可以仍然占有、利用自己的财物？如果没有任何障碍，就表明行为人还没有建立新的占有；反之，则行为人建立了新的占有。

首先,如果被害人想继续占有存在物理障碍的,当然可以说行为人建立了新的占有。比如,行为人将财物转移到自己汽车后备厢里了。从行为人的角度来说,肯定已经建立新的占有了;从被害人的角度来说,要继续占有就有明显的物理障碍。

其次,虽然难以判断行为人是否建立了新的占有,但只有行为人知道财物在何处、被害人不知道财物在何处的,被害人想继续占有的障碍就很明显了。比如,行为人到被害人家做客时,将被害人的戒指藏在浴缸下面,想等下次来时再拿走。有人认为行为人没有建立新的占有,但从被害人根本不知道戒指在何处这个角度来说,继续占有的障碍很大,事实上也只有行为人知道戒指在何处,应当认定行为人建立了新的占有。再如,被告人是住在被害人家里帮被害人开卡车的,一天与被害人一起送货到外地时,被害人将3万元货款放在自己所坐的副驾座位下。回来后,被害人忘了将3万元现金拿下车。被告人就趁机把3万元藏在被害人家的大玉米缸里,准备过几天回家时再拿走。被害人想起来3万元货款的事情后,问被告人是否看到或者拿走了,被告人矢口否认。被害人报警后很快就破案了。这样的案件我都主张认定为既遂。总之,只要是被告人知道财物在何处,一般人不能轻易发现该财物,被害人不知道在何处的,即使财物离被害人很近甚至在被害人家里,也要认定为盗窃既遂。

最后,还有人格领域的障碍。比如,行为人将窃取的财物放在自己口袋里面了,即使被害人知道这一真相,但由于被害人不可能随便没有障碍地把手伸到行为人的口袋里,所以,要认定为盗窃既遂。

对在超市、自助商店的盗窃如何判断既遂,是一个重要问题。其中有两个方向的问题:其一,行为人所盗窃的财物还没有拿出超市,或者说还没有经过收银台时,能否认定为既遂?其二,由于许多超市的收银台外,还有超市的管理人员或者保安看守,能否因此而将盗窃既遂的时间推迟?对于这两个问题,都需要从日常生活角度,根据交易习惯与方式进行判断。德国判例的立场是,如果行为人将小商品装入了自己的口袋,即使没有经过收银台,也构成盗窃既遂。这是考虑到了人格领域的障碍。既然如此,倘若行为人已经经过了收银台,就更成立盗窃既遂了。问题是,是否需要考虑行为人的行为受到管理者或者保安监视的情形？也就是说，在上述案件中，如果行为人的行为一直受到商家的监视，能否认定为盗窃既遂？德国也有判例认为，在这样的场合，原则上不能认定行为人不受权利的干涉而对财物处于支配的状态，因而只能认定为未遂。我的看法是，在我们国家，如果行为人的行为一直受到监视，且还处于超市内，认定为未遂比较合适；如果没有受到监视，行为人将小商品装入口袋，则可以认定为既遂。但是，不管是否受到监视，如果行为人经过了收银台，就应当认为离开了商店，认定为既遂更为合适一点。

课堂提问

问：行为人在没有受到监视的情况下，在超市里将商品放入口袋，然后又放回原处的，是盗窃既遂还是盗窃中止？

答：刚才因为时间关系，我没有介绍相关学说。就盗窃既遂的判断，国外有学者侧重从行为人一方进行判断，比如，威尔泽尔认为，如果行为人的持有或者占有处于一种事实的平和状态，就构成既遂；有学者则侧重于从被害人丧失支配的角度进行判断；还有学者侧重于从证明的明确性方面进行判断。其实，这几种判断方法并不是对立的，完全可以综合运用。你说的这个案件从证明的明确性上来说，就存在疑问，就是说不能证明行为人具有盗窃行为与盗窃故意，所以，不能认定为盗窃既遂，甚至也不可能认定为盗窃中止。

问：雇主把自己的银行卡交给雇员使用，雇员被解雇后没有及时把银行卡还给雇主，三四天之后，雇员从自动取款机中取走了现金。请问能否认定雇员事实上的占有？

答：你必须明白你所说的事实上的占有是指对银行卡本身的占有，还是对银行卡中的银行债权的占有，不能这样笼统问。只要你区分银行卡本身的占有与对银行债权的占有，这个问题就非常容易，雇员只是占有了银行卡，而没有占有银行卡里的债权。所以，雇员利用银行卡在自动取款机里取款的，当然构成盗窃，而不可能是侵占。

问：甲盗窃了乙的贵重油画后，向乙勒索现金，否则就要把油画烧掉。

这个行为该怎么定罪？

答：我觉得，这个行为在我国肯定触犯两个罪，即盗窃罪与敲诈勒索罪，在日本也会认定为触犯两个罪。但这个行为在德国不一定构成盗窃罪，因为德国学说要求行为人具有将自己作为所有权人的意思，而这个案件的行为人还是承认了被害人是所有权人。但我不主张将德国的学说照搬过来。我觉得，行为人对油画本身就具有利用意思与排除意思，应当成立盗窃罪。后来的行为也构成敲诈勒索罪，勒索的对象是现金。需要讨论的是，行为虽然触犯两个罪，但应当如何处罚？如果考虑到被害人最终只有一个财产损失，认定为包括的一罪是有可能的。

问：盗窃罪中说的违反被害人意志中的重要社会目的，是否和被害人错误中的法益关系错误有关系？

答：有关系，二者的内容有相同的地方，但是角度不一样。盗窃罪所要讨论的是，行为人所违反的被害人的意志是否属于法益关系的意志；被害人错误中所要讨论的是，被害人的错误是否属于法益关系的错误。只是内容有相同的地方，但不是一回事。

课外作业

下面布置两个作业。

第一个作业是，在德国，行为人用铁片在自动售货机里购买商品的，被认定为盗窃罪，但对利用伪造的银行卡在 ATM 取款的，不认定为盗窃罪。这两种处理究竟有没有矛盾？这样处理的好处是什么？弊端是什么？

第二个作业是案例分析：某个夏天的一个下午，卡车司机把车停在马路边去小店买冷饮，车上装的是贵重金属。被告人趁卡车司机不注意，就把卡车上的贵重金属掀下来，推到马路边上的水沟里，准备晚上再捞回去。但下午连续几小时的暴雨，将贵重金属冲走了，被告人晚上没有捞到贵重金属。请问被告人的行为是盗窃既遂还是盗窃未遂？

第十讲

作业解答

先说一下上次的作业。第一个作业是想让你们学会正确判断国外的学说。对于国外的学说，首先要判断这个学说本身有没有道理，有没有缺陷；如果有道理，就再判断这种学说能否被我们借鉴，这就需要考虑国外学说的法律根据、实践根据、学说演变，等等。德国对附条件的同意采取外观基准，具有明确性的优势，但也不是绝对明确，还存在不考虑被害人的意志内容的缺陷。这种学说不管从外观上来说还是从实质的角度来说，可能还是存在矛盾的。例如，如果从机器所要求的信息来讲，在自动取款机里取钱和在自动售货机里购物都是一样的。自动售货机对硬币是按尺寸和重量判断的，行为人用铁片购物时，重量、尺寸和机器所要求的一样，所以就机器判断的外观而言是一样的。也就是说，就是否符合机器的判断标准来说，符合自动贩卖机所要求的尺寸与重量的铁片，与符合自动取款机所要求的磁卡信息，是没有区别的。如果是用人的肉眼判断外观，则完全可能都不一样。人的肉眼看铁片时，当然知道行为人是用铁片充当硬币，或者说以假充真。同样，如果行为人使用的银行卡在外观上就不同于一般银行卡，比如，行为人所使用的银行卡是在卡的背面贴上了伪造信息的磁条的，但信息与机器要求相符，这个时候用什么判断外观呢？我没有仔细研究，我估计是这样的：最早行为人用铁片之类的物品充当硬币在自动贩卖机里购买商品时,刑法上还没有利用计算机诈骗罪,只能认定为盗窃罪。后来,刑法增设了利用计算机诈骗罪,于是,对于后来出现的在自动取款机取款的案件,就认定为利用计算机诈骗罪了。其实,现在的自动贩卖机里也有计算机系统。按理说,对于上述两类案件的处理应当是一样的。可能是上述司法传统,形成了现在的矛盾局面。当然,这只是我的估计。如果是这样的话,那么,德国的刑法规定和司法传统与我国就不一样了,在这样的场合,是不可轻易地照搬他们的学说的。

第二个案件,虽然有学者认为是盗窃未遂,但我还是觉得构成盗窃既遂。因为不管从哪个角度来说,都难以得出盗窃未遂的结论。其一,从被告人的角度来说,只有被告人知道贵重金属藏在何处,这就说明他已经事实上支配了这些贵重金属;其二,从被害人的角度来说,被害人完全丧失了对贵重金属的占有;其三,从证明的明确性的角度来说,也没有任何疑问。所以,应当认定为盗窃既遂。

【盗窃罪】

下面接着讲盗窃罪。

八、主观要素

(一) 故意的认识内容

盗窃罪只能由故意构成。我在这里只想说明的是,盗窃数额巨大或者特别巨大的财物的情形,行为人必须对数额巨大或者特别巨大有认识,如果没有认识就不可以适用加重的法定刑。当然,并不要求行为人有那么准确的认识。比如,倘若数额特别巨大的起点是50万元,并不要求行为人清楚地认识到自己盗窃的财物的价值在50万元以上,只要回到刑法条文的表述去判断认识内容就可以了。也就是说,行为人事前、事中一般不可能准确判断所盗财物的数额,只要行为人认识到自己所盗的数额很大、特别大、非常多,就可以认定行为人对数额巨大、特别巨大具有认识。这也是"外行人领域的平行评价"理论在盗窃罪的故意内容中的运用。许多人总是担心,如果这样的话,行为人都会说自己没有认识到数额很大、特别大、非常多怎么办?其实不用担心这样的情形,司法人员完全可以根据相关客观事实作出合理判断。比如,一位没有读过书的家庭保姆将主人的手机盗走了,她就以为是一个普通手机,可事实上价值13万元。你没有理由怀疑她供述的真实性,你当然要相信她说的,只能适用数额较大的法定刑予以处罚。反过来,一个到博物馆盗窃名画的行为人,他说就以为是一幅不值钱的普通画,你肯定不相信他说的。我虽然认为盗窃罪中的数额巨大、特别巨大只是量刑规则,而不是加重构成要件,但你们不能据此认为,不要求行为人对数额巨大、特别巨大具有认识,适用量刑规则时,当然要求行为人对量刑规则所要求的事实具有故意。这一点是没有疑问的。

对于几种特别盗窃的故意,按构成要件的故意规制机能来理解就可以了。比如,认定为入户盗窃的,要求行为人认识到自己进入的是户。如果行为人误以为是厂房而侵入盗窃,事实上不是厂房而是住宅的,不能认定为入户盗窃。再比如,认定为携带凶器盗窃的,要求行为人认识到自己携带了凶器。这一点在共同犯罪中特别有意义,比如,三人共同盗窃,甲随身携带了凶器,但乙和丙不知道甲携带了凶器,如果三人所盗窃的数额不大,就只能认定甲的行为成立盗窃罪,而不能认定乙和丙的行为成立盗窃罪。行为人扒窃了他人放在高铁行李架上的财物,事后声称没有认识到自己的行为属于扒窃的,不是事实认识错误,充其量只是违法性的认识错误,不影响盗窃罪的成立。

(二)非法占有目的

关于盗窃罪的非法占有目的,理论上有许多争议。

由于刑法没有明文规定非法占有目的,所以,第一个层面的争论是,成立盗窃罪是否需要非法占有目的。我不赞成不要说。因为采取不要说,就没有办法区分盗窃罪和故意毁坏财物罪,尤其是行为人把财物转移了存放地点后才毁坏的,按照不要说,也成立盗窃罪。反过来说,只有当行为人原地毁坏他人财物的,才成立故意毁坏财物罪,这恐怕不合适。另一方面,在盗窃案件中完全存在物理上似乎没有转移占有但规范意义上转移了占有的案件,比如,燃放他人的鞭炮,如果不要求非法占有目的,也难以区分盗窃罪与故意毁坏财物罪。

第二个层面的争论是,如果采取必要说,那么,非法占有目的的内容是什么?有人说,只要具有利用意思就够了,不需要排除意思,因为排除意思属于盗窃罪的故意的意志因素,而不能归入非法占有目的。但是,我觉得排除意思和盗窃罪中的意志因素的内容并不相同。盗窃罪的结果是转移了财物的占有,盗窃罪故意的意志内容就是希望或放任占有的转移。例如,行为人把他人的摩托车骑走10分钟后就还回来,虽然在日本也会认定有非法占有目的,进而会认定为盗窃罪,但在我国不大可能认定为盗窃罪,我们有可能说行为人对转移占有具备认识因素与意志因素,也有利用意思,但难以认定有排除意思。也就是说,排除意思与转移占有的意思并不完全等同,或者说,排除意思实际上是妨害他人利用财物的意思。所以,我还是主张非法占有目的包括利用意思与排除意思。反过来说,只要你认为非法占有目的包括排除意思,你就必须将排除意思理解得与故意的意志因素不一样,而且必须对说明盗窃行为的责任起作用。当然,如果认为目的是主观的违法要素,则必须使排除意思对说明盗窃行为的不法起作用。

利用意思的机能是和故意毁坏财物罪相区别,不具有利用意思的行为不构成盗窃罪,但可能构成故意毁坏财物罪。对利用意思不能理解得过于狭窄,例如,不需要有按照财物的经济的、本来的用途进行利用的意思,只要不是为了毁坏、隐藏的都可以评价为具有利用意思。例如,盗窃他人的家具是为了劈柴烤火的,当然具有利用意思。再比如,男性基于癖好盗窃女性内衣,同样具有利用意思。此外,不想让权利人利用财物的意思,不意味着行为人具有利用意思,只是意味着行为人具有毁坏、隐藏财物的意思。

排除意思的机能是把不可罚的盗用行为排除在盗窃罪之外。盗用行为这个概念在中国使用得很混淆。一方面,人们可能说盗用行为有两类:一类是可罚的盗用行为,成立盗窃罪,另一类是不可罚的盗用行为,不成立盗窃罪。另一方面,人们也可能这样说,所有的盗用行为都不构成犯罪。后一种说法中的盗用行为,就是指不可罚的盗用行为,如果构成盗窃罪,则不再是盗用行为。但不管怎么说,排除意思的机能就是要把不构成盗窃罪的或者不可罚的盗用行为排除在盗窃罪之外。我刚才提到过,在我国不构成盗窃罪的盗用行为在日本完全可能构成盗窃罪,主要是因为对排除意思的理解与认定不同。

对于排除意思的理解,不能照搬德国的理论学说,因为德国刑法规定与我国刑法规定明显不同。比如,《德国刑法》第248b条规定了无权使用交通工具罪,行为人使用他人交通工具后返还的,不成立盗窃罪,但成立无权使用交通工具罪。我国刑法没有这样的规定,但不能认为无权使用交通工具的行为一概无罪。比如,甲、乙、丙三人想去新疆自驾游,但都没有车,于是共谋盗用一辆汽车自驾游,自驾游结束后归还给他人。对这样的行为,在我国必须认定为盗窃罪,也就是说,对于这样的情形,必须认定为行为人具有排除意思。

那么,究竟该怎样理解排除意思呢?我经常讲,财物是被人利用的,排除意思实际上是指排除权利人利用的意思,或者说是妨害权利人利用的意思。利用意思,是指使行为人或者第三者利用财物的意思,排除意思是指排除被害人、权利人利用的意思。但是,只有对他人利用的妨害达到一定程度时,才可能构成犯罪。所以,对于排除意思,只能进行实质的判断。一方面,不要求有永久性的排除意思,永久性的排除意思明显不符合当今社会的现状。比如,行为人把法律职业考试的指导用书盗走,考试结束后再还给他人的,当然具有排除意思。盗窃他人手机,打算用一年或者一段时间后归还的,同样要认定有排除意思。另一方面,排除意思的内容没有妨害或者轻微妨害他人的利用的,也没有必要认定为犯罪。

关于妨害他人利用的程度,要从时间、财物的种类、财物的利用价值等方面进行综合判断,而不是一个单纯的时间长短问题。可以认为,利用价值特别重要的财物,盗用时间短,也可能认定有排除意思。我觉得盗用他人手机后,即使只想使用一天乃至半天后就返还的,也具有排除意思。利用价值不重要的财物,则要求盗用时间相对长一点。再比如,有的财物是可以永久性利用的,而行为人打算使用的时间不长的,可能就没有排除意思;反之,如果一种财物只能被短暂利用,或者被一个人利用后其他人不能再利用了,在这种情况下,行为人打算短暂盗用的,也有排除意思。山口厚老师举的例子是,盗用他人牙刷后立即还给他人,也具有排除意思。因为行为人使用了他人的牙刷后,他人就不能再使用了。

关于盗开汽车的案件,司法解释规定的是,"偷开机动车,导致车辆丢失的,以盗窃罪定罪处罚。"一方面,我不赞成这样的规定,即使车辆没有丢失,但偷开时间较长的,或者行为人偷开机动车后将车辆放在目的地就不管的,都应当认定为盗窃罪。另一方面,也可以认为,司法解释只是列举了导致车辆丢失的认定为盗窃罪,而不是完全否认其他偷开机动车的情形(比如我讲的这两种情形)构成盗窃罪。

每次讲到这里的时候,总是有人认为,将一些盗用行为认定为盗窃罪,没有保障国民的自由,有人说,这样认定导致人权保障和保护法益之间不协调。我觉得,这种说法没有道理。行为人没有这种盗用他人汽车的自由,将这种行为认定为盗窃罪,怎么就侵害了行为人的人权?至于如何量刑,那是另一回事。如果车辆丢失了,按车辆价值计算盗窃数额没有问题;如果是偷开了几天后返还给被害人,可以按使用的汽油价值、折旧费等计算盗窃数额,也可能直接按情节处理。

由于非法占有目的包括利用意思与排除意思,所以,在任何案件中,对非法占有目的的认定有疑问的时候,都要弄清楚这个案件是利用意思有疑问,还是排除意思有疑问,不能笼统地判断行为人有没有非法占有目的。一般来讲,很少有案件既对利用意思有争议,又对排除意思有争议的。很遗憾,几乎见不到司法机关的法律文书中是区分了利用意思与排除意思来讨论非法占有目的的,一些学者在分析案件时,也只是笼统地讨论非法占有目的,而不区分利用意思与排除意思。例如,一位女士在离婚诉讼的时候,为了让自己多分得财产,要证明丈夫有外遇,她就到丈夫情人的住宅把丈夫送给情妇的衣服偷出来后在法庭上出示,证明丈夫与情人的不正常关系,然后将衣服还给丈夫的情人。被告人当然有利用意思,因为利用意思不要求遵从财物本来的、经济的用途的意思,所以,只需要讨论被告人有没有排除意思。在我国,很难认定这个案件的被告人具有排除意思。

利用意思与排除意思中的利用与排除的对象,既可以是财物本身,也可以是财物的价值,当然更可能是二者的结合。例如,行为人盗窃了他人的电话卡后,将话费充入自己的手机,然后将电话卡还给他人的,当然具有利用意思与排除意思。行为人所利用和排除的不是作为有体物的电话卡,而是电话卡的价值。

刑法理论上通常所讲的非法占有目的包括使第三者非法占有的目的,主要是指其中的利用意思,即利用意思不仅包括行为人自己利用的意思,而且包括使第三者利用的意思,第三者包括单位。不要对此持怀疑态度。当然,你也可以说,排除意思,包括为了第三者利用而排除权利人的意思。需要讨论的只是,是否需要限定第三者的范围?比如,行为人夜间将被害人一楼超市的商品搬到超市外,让与自己没有亲友关系的过路人拿走。这个行为是否构成盗窃罪?如果说,不需要限定第三者的范围,这个行为就构成盗窃罪。德国刑法理论并不限定第三者的范围。但是,日本刑法理论的通说,则是限定第三者的范围。那么,应当如何限定呢?这需要联系盗窃罪与故意毁坏财物罪的一般预防与特殊预防必要性大小来说明。就法益侵害而言,故意毁坏财物罪并不轻于盗窃罪;即使从非难可能性的角度来说,如果不联系特殊预防必要性的大小,也难以说明盗窃罪的非难可能性重于故意毁坏财物罪。因为难以认为,盗窃他人的财物是为了自己或者第三者使用,比单纯毁坏他人财物更值得谴责。但是,盗窃罪的一般预防必要性大,盗窃犯的特殊预防必要性也比故意毁坏财物罪的犯罪人特殊预防必要性大。所以,如果行为人一般不会为了毫不相干的人盗窃财物,就表明这种行为的预防必要性小,按故意毁坏财物罪处理比较合适。也就是说,从一般预防与特殊预防的必要性来考虑,只有当第三者与行为人有比较密切的关系时,才适合认定为盗窃罪。当然,这个一般预防与特殊预防的必要性的考虑,是放在非法占有目的中考虑的,而不是在此之外考虑的。或者说,我们是在预防犯罪目的的指导下解释非法占有目的的。

非法占有目的要求目的具有违法性。德国的刑法理论认为,"非法"

这一要素本身是客观的构成要件要素,因而是故意的认识内容。如果行为人误以为自己具有取得财物的民事权利,就不具有非法占有目的,因而不成立盗窃罪。但是,这种主观要素或者责任要素中存在客观构成要素的现象,在体系上是否合适,还是一个问题。比如,我们可不可以将"非法"提前归入到构成要件要素来考虑呢?假如我们说,盗窃罪的盗窃行为,是指违反被害人意志,"非法"将他人占有的财物转移给自己占有,那么,是不是对主观目的只需要表述为"占有目的"就可以了,而不需要表述为"非法占有目的"?这是一个可以研究的问题。例如,所有权人从盗窃犯那里盗回自己的财物的,虽然也违反了所谓被害人的意志,但行为并不违法,所以不符合盗窃罪的客观构成要件。也就是说,应当在盗窃罪的客观构成要件中就贯彻盗窃罪的保护法益,而不是等到非法占有目的中才贯彻盗窃罪的保护法益。

九、罪数

关于罪数问题,简单地讲以下几点,其中也会涉及盗窃罪与其他犯罪的关系。

首先,入户盗窃数额较小财物的,只需要定一个盗窃罪,不能再认定一个非法侵入住宅罪。当然,在这种场合,入户盗窃与非法侵入住宅罪是什么关系,只是一个理论问题。可能说非法侵入住宅被入户盗窃吸收比较合适。但是,入户盗窃数额较大的财物的行为,则应当认定为牵连犯,日本也是认定为牵连犯。对牵连犯应当认定为数罪,但仅从一重罪处罚。德国则是将侵入住宅盗窃罪规定为加重盗窃的一种情形。

其次,盗窃他人手机后使用他人微信或者支付宝在机器上购物,或者将他人微信、支付宝中的"钱款"转到自己的微信、支付宝中的,存在两个盗窃行为,前一行为是盗窃手机,后一行为是盗窃微信、支付宝中的财产。由于不存在对自然人的欺骗行为,所以,只能认定为盗窃。虽然有两个盗窃行为,原本是两个盗窃罪,但在我国将数额加起来计算,认定为一个盗窃罪就可以了。

顺便说明一下与信用卡诈骗相关的三种情形。第一种情形是,行为人盗窃他人手机后,发现他人手机上的微信、支付宝本身没有钱(使用"钱"这个字不准确,但暂且这么用,因为大家都习惯这么用),但微信、支付宝绑定了储蓄卡,于是通过他人的微信、支付宝,直接将钱转入自己的微信、支付宝的,应当如何处理?有人主张认定为信用卡诈骗罪。我不赞成这种观点。一方面,这样的案件中根本没有欺骗自然人的行为,因为机器不可能被骗。另一方面,即使承认机器可以被骗,也不成立信用卡诈骗罪。因为行为人没有直接使用他人储蓄卡,只是使用了微信与支付宝。不能因为钱源于储蓄卡,就认定行为人冒用了他人信用卡。也就是说,使被害人遭受财产损失的是从微信、支付宝中转钱的行为,但这个行为并没有使用储蓄卡的账号与密码。既然造成他人财产损失的行为本身没有使用储蓄卡,当然就不能认定为信用卡诈骗罪。有的人可能说,被害人的微信与支付宝中原本没有钱,行为人事实上是获得了他人储蓄卡中的钱,所以要认定为信用卡诈骗罪。不能这样讲理,因为认定财产犯罪取决于行为符合哪一个犯罪的构成要件,而不是取决于财产最终从哪里来。否则,我们就可以说钱最终都是从中国人民银行来的或者是从纳税人那里来的。再比如,父母给子女5万元现金,甲从子女那里盗窃了这些现金,但我们根本不需要考虑子女的现金从哪里来,更不需要考虑甲的行为是否违反父母的意志,就可以认定为盗窃。所以,这个案件仍然是两个盗窃行为,将数额加起来计算,认定为一个盗窃罪即可。

第二种情形是,行为人盗窃他人手机后,发现他人手机上的微信、支付宝里没有钱,但微信、支付宝绑定了储蓄卡,于是先将他人储蓄卡里的钱转入他人的微信、支付宝中,然后再将他人微信、支付宝中的钱转入自己的微信、支付宝的,应当如何处理?同样只成立盗窃罪。行为人虽然使用了他人的储蓄卡,但是,使用储蓄卡的行为本身并不是犯罪行为,因为行为人使用储蓄卡时,只是将被害人的储蓄卡里的钱变为被害人微信、支付宝中的钱,相当于将被害人左口袋里的钱装入被害人的右口袋,这一行为不可能构成犯罪。因为行为如果到此为止,被害人不会有任何财产损失。造成被害人财产损失的是后面从微信、支付宝中转钱的行为,但这一行为没有使用被害人的储蓄卡账号与密码,当然不构成信用卡诈骗罪。

我再重申一下,不能以钱源于储蓄卡为由,认定为冒用他人信用卡。所以,对这种行为也只能认定为盗窃罪。

第三种情形是,行为人盗窃他人手机后,发现他人微信、支付宝里没有钱,也没有绑定储蓄卡,于是,就偷偷地把被害人的储蓄卡和微信、支付宝绑定,再通过他人的微信、支付宝将钱转入自己的微信、支付宝中的,怎么处理呢?这个行为也不构成信用卡诈骗罪。因为行为人在绑定储蓄卡时,虽然使用了被害人储蓄卡的账号和密码,但这时候也只是相当于把被害人左口袋的钱转到被害人的右口袋。如果这个时候案发,就不可能构成任何犯罪,因为行为人没有将被害人的钱转移为自己或者第三者占有,被害人也完全没有财产损失。只有后一行为,即行为人把被害人微信、支付宝里的钱转到自己微信、支付宝中的时候,才是一个盗窃行为。但这个行为本身,并没有使用被害人储蓄卡的账号与密码,怎么可能是信用卡诈骗罪呢?

此外,即使被害人将可以透支的信用卡与微信、支付宝绑定,行为人盗窃被害人的手机后直接使用微信、支付宝购买商品的,由于行为人没有直接使用被害人的信用卡的账号与密码,所以,仍然只能认定为盗窃罪。

在认定财产犯罪与一些经济犯罪时,你们第一步要找到被害人,不要连被害人都不知道是谁的时候就下结论;第二步判断被害人损失的财产的具体内容是什么,是现金没有了,还是银行卡里的存款没有了,还是手机没有了,还是微信里的钱没有了。不能笼统说,被害人损失了 5000 元。要说明这 5000 元是什么具体财产形态。比如,甲捡了一张银行卡后,从自动取款机上取走了 2 万元,然后在银行柜台通过欺骗银行职员将他人银行卡里的 3 万元存款转入自己的银行卡内。在这样的案件中,不能笼统说被害人损失了 5 万元,要联系行为人取得的财产形态来分析。显然,在这个案件中,银行减少了 2 万元现金,但银行通过减少持卡人的债权填补了损失,持卡人总共损失了 5 万元债权。第三步判断具体损失结果是由什么行为造成的。显然,在上面这个案件中,造成银行现金减少 2 万元的,是行为人从自动取款机中取款的行为;造成持卡人 5 万元债权减少的,一个是因为行为人取出 2 万元现金导致银行减少了持卡人的 2 万元债权,二是行为人到银行柜台转账 3 万元的行为。第四步判断造成财产损失的行为符合什么犯罪的构成要件。我认为,在自动取款机中取款的行为符合盗窃罪的构成要件,我永远都不会承认机器可以被骗;在银行柜台转账的行为,属于冒用他人信用卡,符合信用卡诈骗罪的构成要件。如果公诉人说,行为人盗窃了持卡人的 2 万元现金,假如我是辩护人,我就会问:请问持卡人的 2 万元现金原本放在什么地方?是放在家里还是身上?行为人何时侵入住宅窃取了 2 万元现金?何时从持卡人身上扒窃了 2 万元现金?你们若是公诉人会怎么回答?难道你能说,持卡人的 2 万元现金放在银行的自动取款机里了?你要这样说我就问:持卡人什么时间放进去的?是怎么放进去的?你再怎么胡编也编不出来。自动取款机里的现金,是银行职员放进去的,由银行管理者占有和所有,而不是由持卡人占有和所有。既然如此,就不能说行为人盗窃了持卡人的 2 万元现金,只能说行为人盗窃了银行的 2 万元现金。

值得研究的问题是,如果是行为人盗窃了被害人的手机之后,直接去商店购物,用被害人的手机刷微信、支付宝的,是构成盗窃罪还是诈骗罪?这肯定会有争议。我感觉,这种情形和冒用他人信用卡不一样。冒用他人信用卡时,商家会关心发卡银行是否会认可,因而可以认为行为人冒用他人银行卡时,商家产生了认识错误进而处分了财产。但是,在店员面前盗刷他人微信、支付宝时,虽然也有第三方支付平台,店员可能并不关心行为人使用谁的微信、支付宝,因为只要行为人一刷微信、支付宝,钱款就进入了自己的账户。如果是这样的话,对于在店员面前盗刷他人微信、支付宝的行为,是不是仍然认定为盗窃罪合适一点?虽然有两个盗窃行为,但只需要将数额加起来计算认定为一个盗窃罪就可以了。另一方面,如果说认定为诈骗罪的话,也只能是三角诈骗,可是店员有权处分谁的财产呢?似乎没有处分权限。从这个角度来说,认定为盗窃罪比较合适。现实生活中肯定有这样的案件,但我没有见到这方面的判决与讨论。我觉得一旦讨论起来,也会争议较大。

最后,行为人盗窃了他人存折等债权凭证之后,再向自然人冒用的,冒用行为构成诈骗罪,而不是所谓盗窃行为的延伸。司法实践的做法是,盗窃存折后利用存折在银行柜台取款的,只认定为盗窃罪,将取款数额计算为盗窃数额。一个说法是,后行为是前行为的延伸,或者前行为是主行为、后行为是从行为,按主行为定罪。你们可不要这样讲。这种说法没有任何道理,我也不知道起源于何处。如果在他人办公室盗窃了一张存折,但并不取款,他人损失的只是存折本身,不会损失存款。如果行为人去柜台取款,就是诈骗行为,而不可能是盗窃行为。按照我前面讲的判断步骤,由于造成他人存款损失的是骗取行为,当然要认定为诈骗罪。如果动不动就说后行为是前行为的延伸,那么,行为人购买凶器后再用凶器杀人,也可以说,杀人行为是购买凶器行为的延伸,难道不成立故意杀人罪了吗?对方肯定也不同意,但逻辑是一样的。对方也可能说,在购买凶器杀人的案件中,杀人是主行为。可是,在前面的案件中,凭什么说盗窃存折是主行为呢?凭什么不能说使用存折的诈骗行为是主行为呢?在刑法上,有意义的行为都需要评价,没有意义的行为都不需要评价,不要滥用主行为和从行为的概念。

十、处罚

《刑法》第 264 条所规定的数额较大肯定是构成要件要素,其实,从理论上与刑法规定上讲,数额较大也可以有未遂犯,国外都会处罚盗窃的未遂犯。但是,我国司法实践一般不处罚数额较大的未遂犯。其实,我觉得还是可以肯定未遂犯的成立,也就是说,要肯定行为构成犯罪,只是可以不起诉,而采取其他方法处理就可以了。

我觉得,数额巨大、特别巨大以及情节严重、特别严重,是量刑规则而不是加重构成要件。可以肯定的是,我们不能说,一个盗窃犯的行为接近情节特别严重了,所以就认定为情节特别严重的未遂。实践中,也确实有人试图盗窃数额巨大或者特别巨大的财物但未得逞的,从形式上说,也可以说是数额巨大或者特别巨大的未遂犯。但我还是不主张数额巨大与特别巨大是加重构成要件,而是作为量刑规则。我在第一节课时就讲过,有人反对我的观点,说我提出的量刑规则的内容与德国的不一样。可是,我为什么要跟德国的一样呢?必须按照德国的量刑规则来确定中国刑法中的量刑规则吗？德国的加重盗窃会处无期徒刑吗？我是从中国的司法实践出发，尤其是从中国法官的量刑现状出发，认为司法解释规定的数额较大的起点过高，而数额巨大、特别巨大的起点太低，导致对后两种情形处罚过重，过重的刑罚不仅没有意义而且具有太多的副作用，我是基于这些理由提出来的观点。为什么一定要按德国的量刑规则来判断从而使中国的量刑更重呢？有人反对说，假如行为人去故宫博物院盗窃珍妃印，但未得逞，也只适用最低档法定刑并且适用未遂犯的规定吗？按照我的观点，这种情形适用情节严重或者情节特别严重的法定刑，然后再适用未遂犯的规定。但这个未遂犯，不是指情节严重或者特别严重本身的未遂，而是由于盗窃罪是转移占有的犯罪，虽然盗窃行为已经属于情节严重或者特别严重，但由于没有转移占有，只能认定为盗窃罪的未遂犯。

【侵占罪】

之所以在盗窃罪之后接着讲侵占罪，是因为在某种意义上讲，或者说，就部分情形而言，盗窃罪与侵占罪是一种对立关系。所以，在盗窃罪之后讲侵占罪，对侵占罪的理解就相对容易一点。

一、侵占罪概述

侵占罪在旧中国、日本刑法分为三类：遗忘物埋藏物侵占或者叫侵占脱离占有物、委托物侵占、职务侵占或业务侵占。这三类犯罪是什么关系呢？在日本刑法中，这三类犯罪的法定刑不同，讨论这三个罪的关系，就是要说明哪一个是特别法条，哪一个是普通法条。一种观点认为，委托物侵占罪是普通法条，职务侵占罪是特别法条，遗忘物埋藏物侵占罪是和前面两个侵占罪没有特别关系的异质的犯罪。另一种观点认为，遗忘物埋藏物侵占是基本法条，委托物侵占与职务侵占是加重法条或特别法条。其实，两种观点并不是对立的，只是比较的范围不一样。前一种观点，只是将行为人自己占有的财物作为比较对象，所以，委托物侵占罪是普通法条，职务侵占罪是特别法条，遗忘物埋藏物不存在行为人自己占有的问题,所以是异质的犯罪。后一种观点是把他人没有占有的财物作为比较对象的,亦即,就他人没有占有的财物而言,遗忘物埋藏物侵占罪是普通法条,另外两个罪是特别法条。所以,我不认为两种观点是对立的。

国外刑法所规定的侵占罪中,遗忘物埋藏物侵占罪的法定刑明显低于委托物侵占罪的法定刑,于是,国外刑法理论会认为,委托关系本身就是一种保护法益,这样就能说明为什么二者的法定刑不同。但是,我国对这两种侵占罪规定的法定刑是一样的,于是,在我国说委托关系是保护法益的内容就没有什么意义。在我国,只需要说,两种侵占罪的保护法益都是所有权就可以了。

在我国,侵占罪是一种取得行为,而不可能是越权行为。对于法条中的拒不退还、拒不交出,不要按字面含义理解,而要把握法条的真实含义。只要能认定行为人把他人的财物据为己有了,就不需要再判断拒不退还、拒不交出了。比如,行为人将代为保管的他人电脑变卖了,就成立委托物侵占了。不能说,如果行为人赔偿了被害人的损失,就不构成侵占罪了。只有在不能证明行为人已经据为己有的时候,才需要通过拒不退还、拒不交出的行为进行判断,得出是否构成侵占罪的结论。例如,乙把一个封缄的箱子交给甲,让甲带给丙,但是甲一直将箱子放在自己家里,也没有打开箱子。在这种场合,我们不能得出甲已经据为己有的结论。在这样的场合,如果乙要求甲尽快将箱子交给丙,但甲拒不交给丙的,才能认定甲的行为成立侵占罪。如果甲立即将箱子交给了丙,则不可能构成侵占罪。同样,A将自己拾得的一个封缄的行李箱一直放在家里,没有打开。到此为止,我们不可能认定 A 已经据为己有,因而不能认定其行为构成侵占罪。只有当失主或者警察等要求 A 将财物还给失主,而 A 并不归还时,才成立侵占罪。

二、委托物侵占

《刑法》第 270 条第 1 款规定的"代为保管",就是指受委托占有的意思,当然也包括受委托使用,但这个使用是以占有为前提的,所以,只要理解为受委托占有就可以了。千万不要将保管与占有理解得不一样,否则,要么造成盗窃罪与侵占罪的重叠,要么在盗窃罪与侵占罪之间形成处罚漏洞。盗窃是将他人占有的财物转移为自己或者第三者占有,而委托物侵占是将自己占有的财物据为己有,遗忘物埋藏物侵占是将没有人占有的财物据为己有,这样理解即可没有重叠,也没有漏洞。你们可能会问,为什么不将盗窃罪中的占有改为保管?我多年前曾经有过这样的想法。也就是说,我国《刑法》第 270 条第 1 款明文规定了代为保管,既然侵占罪是将自己保管或者没人保管的财物据为己有,盗窃就是违反被害人意志将他人保管的财物转移给自己保管或者第三者保管。这样也完全可以行得通。只不过,一方面,从汉语的角度来说,"转移给自己保管或者第三者保管"体现不出违法性,你们去体会吧。简单地说,与保管一词相比,占有一词显得更规范化一点。另一方面,1979 年刑法没有规定侵占罪,加上我们一开始就借鉴了日本刑法理论的表述,所以就在盗窃罪使用了占有的概念。在普遍接受了在盗窃罪中使用占有这个概念之后,再改为保管就没有必要了。

虽然委托关系不是保护法益,但存在委托关系是委托物侵占罪的构成要件要素。是否存在委托关系,就是看行为人有没有退还给委托人的义务,以及有无按照委托人的要求使用、利用财物的义务。没有这样的义务时,就没有委托关系。

《民法通则》第 79 条规定:"所有人不明的埋藏物、隐藏物,归国家所有。接收单位应当对上缴的单位或者个人,给予表扬或者物质奖励。拾得遗失物、漂流物或者失散的饲养动物,应当归还失主,因此而支出的费用由失主偿还。"《民法典》第 314 条规定:"拾得遗失物,应当返还权利人。拾得人应当及时通知权利人领取,或者送交公安等有关部门。"第 316 条规定:"拾得人在遗失物送交有关部门前,有关部门在遗失物被领取前,应当妥善保管遗失物。因故意或者重大过失致使遗失物毁损、灭失的,应当承担民事责任。"于是问题就来了:《刑法》第 270 条中的遗忘物、埋藏物,是不是也属于代为保管的财物呢?这样解释并非不可能。如果这样解释的话,《刑法》第 270 条第 2 款只不过是一种注意规定。但我不愿意这样解释。其一,代为保管强调的是委托人与受托人之间的关系,保管是基于委托人的请托,而《民法典》规定的保管不是基于委托人的请托,只是法律规定而已。其二,现在的解释也要为将来的立法修改作铺垫,因为遗忘物埋藏物侵占的法定刑应当低于委托物侵占,我们现在强调二者是不同的侵占类型,有利于将来修改法定刑。如果我们现在强调第 270 条是注意规定,将来的立法就不一定修改法定刑了。

委托物侵占罪中争论最大的还是对象的问题,下面我就其中的几个问题说明一下。

(一)金钱

金钱作为委托物时,一般存在三种情形:

第一,委托人将金钱装到某个容器里,封缄后交给行为人。行为人使用该金钱的,构成委托物侵占罪。在国外,即使行为人填补了金钱,也会认定为委托物侵占罪,但在我国,恐怕只要如期如数填补了金钱,则不会认定为委托物侵占罪。

第二,委托人将金钱交给行为人,虽然没有封缄,但说明了金钱的用途,如果行为人使用了金钱的,在国外也会认定为委托物侵占罪。争议在于,如果行为人在很短暂的时间内填补了金钱,是否认定为委托物侵占罪?大多数人认为,对这种情形不认定为犯罪,因为在短时间内填补的,表明行为人没有将自己当作金钱的所有人。反过来说,如果经过长时间才填补的,也会认定为委托物侵占罪。

第三,委托人既没封缄也没有说明用途就将金钱交给行为人,行为人使用了金钱的,在国外会认定为背任罪。但是,我国刑法没有规定背任罪,所以,如果行为人拒不退还的,只能认定为侵占罪。在这样的场合,不能滥用"金钱谁占有谁所有"的原则,否则,侵占了他人的金钱的行为在中国都不构成犯罪,这恐怕不合适。

(二)存款

我前面已经讲过,一定要区分存款一词在不同场合的含义。联系到侵占罪来讲,包括三种情形:(1)存折本身;(2)存折记载的银行债权;(3)与债权对应的现金。例如,乙把一个存折交给甲保管,可是,甲拿着存折到取款机上取出 2 万元自己使用了。甲的行为是构成盗窃罪还是侵占罪？判断的标准是行为人有无取款的权限,如果有取款的权限,就定侵占罪;如果没有取款的权限,就定盗窃罪。因为取款实际上相当于行使债权,有权限取款就相当于代为保管了债权。甲在没有取款权限的场合取款,不管是相对于银行管理者而言,还是相对于存款人乙而言,都是违反他人意志的。这样的行为,看上去是两个盗窃,一个是盗窃了乙的债权,另一个是盗窃了银行的现金,但两个行为是完全重合的,不可能定两个盗窃罪,也不能将两个数额相加。当然,在这样的场合,能否说甲盗窃了乙的债权,可能存在争议。也可以说,甲直接将他人的债权变成了现金据为己有了。不过,这不是一个大问题。

所以,不能将存折与存款债权混为一谈。当行为人拾得他人存折时,只是拾得了存折,并没有拾得他人的银行债权。如果行为人不归还存折,只是侵占了存折本身,而没有直接侵占存款债权。而当行为人在自动取款机里取款时,则是违反他人意志的盗窃行为。就银行卡而言,也是如此。行为人保管他人的银行卡,但如果没有取款权限却从自动取款机里取款的,构成盗窃罪,如果在商场对自然人使用的,构成信用卡诈骗罪。

(三) 二重买卖

只要区分了具体的对象物,对二重买卖的定罪就没有那么难。不过,在阅读日本的论著时,要注意不动产买卖的所有权的转移、取得与中国是不一样的。例如,甲把自己的房屋卖给乙,收取了乙交付的房款后,还没有进行转移登记时,又把房屋卖给了丙,而且将房屋登记在丙名下。这个案件在日本会认定甲对乙成立委托物侵占罪,因为不动产的所有权在买卖合同成立时就转移给乙了。在甲没有将房屋转移登记给乙时,就属于基于委托占有了乙所有的房屋。但是,我们的民法不是这么规定的,我们就不能说甲对乙的不动产成立侵占罪,只能说,如果甲把房款退给乙了就无罪,如果不退还给乙,就对乙交付的房款成立侵占罪。反过来的情形,就涉及诈骗罪了。例如,甲把房屋卖给乙,然后又卖给丙,但在收取了丙的房款后,将房屋过户到乙的名下。甲不可能对乙构成犯罪,但如果他根本没有将房屋出卖给丙的意思,就对丙成立诈骗罪。当然,如果他原本是想出卖给丙的,后来由于某种原因将房屋过户给乙,却不将房款退还给丙的,也只是对丙成立侵占罪。

(四)所有权保留

比如,购买汽车分期付款的协议内容是,付清全部车款后,汽车的所有权才转移给购买人即被告人,在此之前,汽车的所有权属于商家,被告人只享有使用权。但是,被告人还没有付清全部车款时,就将汽车出卖给了第三者,对此行为是否应当认定为委托物侵占罪?国外对此有三种观点:(1)被告人付款很少的时候就出卖汽车的,应认定为侵占罪,不考虑被告人是否还在继续还款;但如果付款很多了,则不认定为侵占罪。(2)被告人的行为构成背任罪,而非侵占罪。(3)通常成立侵占罪,如果被告人还在继续还款,就因为缺乏可罚的违法性或者没有故意,而不认定为侵占罪。在我国,如果行为人还在继续还款,不可能认定为侵占罪;如果出卖汽车后并不还款,则应当认定为侵占罪,只不过数额可以扣除已经还款的那一部分。

(五)不法原因给付物

关于侵占不法原因给付的行为是否构成侵占罪的问题有三种学说:否定说、肯定说、区别说。肯定说是有缺陷的,因为这一学说与民法原理相冲突,损害了法秩序的统一性。我也不赞成区分不法原因给付物(终局性给付)与不法原因委托物的区别说。第一,首先是方法论上的问题,我们所讨论的不法原因给付,原本就不是终局性给付,既然是终局性给付,就是已经有转移所有权的意思了,行为人的行为当然没有侵害所有权,因而不可能构成侵占罪。可是,区分说的方法论的问题是,想将侵占不法原因给付物的行为认定为侵占罪,就把根本不可能构成侵占罪的情形拿进来,然后去区分。其实,争议的问题就是,甲将贿赂款交给乙,委托乙将贿赂款交付给国家工作人员丙,但乙后来没有将贿赂款交给丙,而是据为己有了,这就是真正意义上的侵占不法原因给付物的问题。没有必要把原本不构成犯罪的现象拿进来一起讨论。第二,这种区分在民法学上也是不成立的。第三,按照这种区分说的观点,也难以维护法秩序的统一性。

所以,最终的问题还是要判断,在上述乙既不将贿赂款交给国家工作人员丙,也不将贿赂款还给甲的案件中,是否存在值得刑法保护的利益?

归根到底是,甲能否请求国家的保护,即能否要求国家机关把钱款从乙那里追回来后还给甲?我觉得甲不能请求国家的保护,既然如此,就只能采取否定说。

那么,能否说乙侵占了遗忘物呢?也就是说,虽然甲没有返还请求权了,但国家有权追缴,可是国家也不知道乙手中藏有贿赂款,所以,乙侵占了属于国家所有的遗忘物。我不赞成这样的分析。因为在国家没有发现的场合,就根本没有取得所有权。如果国家发现之后就从乙那里追缴了贿赂款,乙的行为也不可能构成侵占罪。如果说这种行为构成对国家的侵占罪,那么,行为人赌博后没有将所赢的钱款交给国家的,行为人非法经营后没有将违法所得交给国家的,行为人贩卖毒品后没有将违法所得交给国家的,全部成立侵占罪。这显然不可能。

(六)赃物

盗窃犯 A 把所盗窃的赃物交给 B 保管或者出卖,但 B 将赃物据为己有。一种观点认为,赃物也能成为委托物侵占罪的对象;另一种观点认为,赃物不能成为委托物侵占罪的对象。根据前一种观点,B 的行为是委托物侵占罪与赃物犯罪的想象竞合。如果按前面讲的侵占不法原因给付物的行为不成立侵占罪,那么,在此问题上只能采取后一种观点,直接按赃物犯罪处理就可以了。

不过,在这种情形中,有可能认定 B 对原被害人构成遗忘物侵占罪。即使得出这样的结论,也是与赃物犯罪构成想象竞合。

(七)汽车里的汽油

这里所要讨论的案情是,行为人准备在自助加油站加了油之后再去付钱,但加满油后发现身上没有带钱就开车逃走了。按照合同关系与交易规则,自助加油后没给钱,所有权就没有转移。问题是汽油谁占有?即使不是自助加油,而是由加油站的工作人员操作,也存在相同的问题。如果说此时的汽油是加油站占有,可是汽油明明在行为人的车里;如果说是行为人占有,那么,行为人的行为仅成立侵占罪。这在中国是一个问题。一是因为侵占罪的数额标准太高,二是侵占罪是告诉才处理的犯罪,公安机关不立案,加油站怎么找到行为人呢?《德国民法》第 947 条、第 948 条规定,像这种行为人所加的汽油和车里原来就有的汽油相混合之后,加油站对车里的汽油享有共同所有权。可是,这也只讲到所有权,因而并不能解决问题,我们现在讨论的是占有问题。从事实上看,汽油是在行为人的车里,说加油站还占有着汽油不大可能。那么,能否说加油站管理者与行为人共同占有呢?一定会有争议,我感觉也不大可能。也就是说,在这样的场合,加油站不太可能要求行为人将油倒出来,而是要求行为人支付对价,这就意味着行为人占有了汽油。所以,还是只能认为,行为人加完油之后产生犯意逃走的,只能成立侵占罪,这样可能更合适一些。即使否认委托关系,也至少成立对遗忘物的侵占,只不过数额一般不可能达到定罪标准。另一方面,认定为侵占,与将行为人一开始就不想支付对价而加油的认定为构成盗窃或者诈骗相比,也是合适的。因为与这种情形相比,发现没有钱之后才逃走的行为人的非难可能性要小一些,所以,定侵占罪也是协调的。这与行为人在餐馆吃完饭后发现没有带钱而逃走的不完全一样,因为吃在行为人肚子里的东西,不可能再评价为财物,但是加在行为人汽车里的汽油仍然是财物。就吃完后逃走的情形而言,只能将吃饭的对价作为财产罪对象来讨论,但加油的场合,虽然也有可能将汽油的对价作为对象来讨论,但同时也可以将汽油本身作为对象来讨论。

三、遗忘物埋藏物侵占

日本等国刑法所规定的是脱离占有物侵占罪,行为对象除列举的遗忘物、漂流物等外,还有一个兜底规定:"以及其他脱离占有的物"。我国《刑法》第270条仅规定了遗忘物与埋藏物,这就需要对遗忘物作扩大解释。如果按字面含义解释,就会造成处罚漏洞与处罚的不均衡。比如,楼上的被害人在阳台上晒的贵重衣服,被风吹到楼下一家的阳台上,楼下的人据为己有了。不能说,楼上的被害人没有遗忘啊,因为他清楚地记得衣服晒在阳台上。这样理解遗忘物,显然不合适。如果确实是遗忘的物,都能成为侵占罪的对象,为什么没有遗忘的物反而不能成为侵占罪的对象?我要再提醒一下,不能说:"这不怪我啊,刑法就是这么表述的啊!"问题不仅在于刑法如何表述,而且在于如何解释刑法的表述。不能将自己的直觉当作真理！所以，要对遗忘物进行规范的解释，也就是说，不是基于他人本意，脱离了他人占有的物就是遗忘物。只要仔细看德国、日本刑法分则的教科书，就会发现，他们不能容忍处罚的不公平。委托物是他人基于本意让行为人占有的物，遗忘物则不是基于他人本意脱离了他人的占有，而由行为人偶然占有的物。不过，行为人是否偶然占有并不重要。一方面，行为人可能偶然占有后据为己有，另一方面，行为人完全可能发现遗忘物后直接据为己有。

对于埋藏物也不要从字面上理解，不要以为凡是埋在地底下的物都是埋藏物。埋藏物也必须是他人享有所有权但丧失了占有的物，如果是他人占有的物，就不属于埋藏物。例如，他人家中院子里或者墙脚下埋藏的物，就依然由他人占有，而不属于埋藏物。如果行为人将这种财物转移为自己或者第三者占有，则构成盗窃罪。

有这样一个案件：甲自己有一栋房屋，他父亲去世前就跟他说过，房屋的某个地方藏着一些银圆，但不知道具体位置。几年后，甲要将房屋卖给乙，但同时约定，如果以后发现房屋里藏着银圆应当归甲所有。后来乙在翻修房屋时，发现一个墙角下埋着许多银圆，乙将值钱的大量银圆据为己有，只是将一点点不值钱的银圆交给了甲。如果在甲将房屋出卖给乙之前，有人偷偷地从墙角下挖出银圆，就构成盗窃罪。这一点没有疑问。因为银圆是甲占有的，尽管甲不知道银圆藏在何处。在甲将房屋出卖给乙之后，甲依然对银圆享有所有权，但他已经丧失了占有，乙将银圆据为己有，构成侵占罪。问题在于，乙究竟是对埋藏物构成侵占罪还是对受委托占有的财物构成侵占罪？其实也容易回答。

课堂提问

问：刚才讲的加油站的案例，与在餐馆吃饭后不付钱，有什么区别？

答：其实我都讲过了，你没有仔细听。在加油站加油前或者加油时就不想付款却自助加油，然后逃走的，成立盗窃罪或者诈骗罪，对象是汽油本身；在餐馆点菜时就没有打算付款，吃完饭后逃走的，成立诈骗罪，诈骗对象就是餐馆提供的食物,这一点没有疑问。但是,在加油后才产生不付款的想法而逃走的场合,由于汽油仍然是财物,所以,可以讨论行为人对汽油本身构成何罪。而在餐馆吃完饭后才产生不付款的想法而逃走的场合,由于食物已经不是财物了,所以,不可能讨论行为人对食物本身构成何罪的问题。在后一种场合,只能讨论行为人对逃避债务是否成立犯罪,由于是逃走的,不可能成立诈骗罪,也不存在债权的转移,因而不可能成立盗窃罪。加油案件也是如此,讨论行为人偷偷开走车的单纯逃避债务的行为是构成诈骗罪还是盗窃罪,会得出否定结论;只有讨论对汽油的占有,才可能成立侵占罪。

问:行为人在用他人的微信或支付宝对自然人消费使用时,微信、支付宝中没有余额,支付的款项是从微信、支付宝关联的银行卡里扣除的,这个行为构成什么罪?

答:这个问题其实我也讲了,我认为不成立信用卡诈骗罪,因为行为人没有使用他人银行卡的账号与密码,怎么能说行为人冒用他人银行卡呢?不能因为钱最终源于银行卡就认定为信用卡诈骗罪,否则人们还可以再追问,被害人银行卡里的钱又是从哪里来的呢?所以,我觉得你说的这种行为,应当成立盗窃罪。前面讲过,在对自然人使用他人微信、支付宝付款时,能否成立诈骗罪,可能还需要讨论,但我还是倾向于认定为盗窃罪。

问:甲先盗窃了乙的手机,然后向乙的微信好友丙发短信,假冒乙向丙借款,丙将钱转入乙的微信后,甲再将乙微信里的钱款转移到自己的微信中。这个案件怎么处理?

答:甲的行为构成两个罪,应当数罪并罚。因为前面的诈骗行为的被害人是丙,而盗窃罪的被害人是乙。或许有人认为,甲只是利用了乙的微信,只成立诈骗罪,而不成立盗窃罪。但是,按照我们前面讲的盗窃罪的保护法益,丙转给乙的钱,由乙所有和占有,乙也有向丙归还钱款的义务。所以,我认为,甲对乙还是成立盗窃罪的。但是,这个案件不符合牵连犯、想象竞合的特征,也不符合包括一罪的特征,所以,我觉得可以并罚。当然,也许有人认为是包括的一罪,因而会有争议。

问：行为人冒用他人的蚂蚁花呗的行为，构成什么罪？

答：我觉得构成贷款诈骗罪。我认为支付宝这样的第三方支付平台，以及小额贷款公司，当他们是被害人时，属于刑法上的金融机构。你说的这种行为其实就是冒名贷款，所以成立贷款诈骗罪。当然，如果其中没有自然人的处分行为，完全是机器操作，我就认为构成盗窃罪。

问：偷换二维码的那个案件怎么定？

答：我写过一篇论文，我认为是三角诈骗。我觉得在德国也会认定为三角诈骗，顾客是受骗人，商家是受害人。

课外作业

第一个作业是，有关前面讲过一个甲将藏有银圆的房屋出卖给乙的案件。在这个案件中，甲将房屋出卖给乙之后，乙是否占有了银圆？或者说，银圆是甲继续占有，还是由乙占有，抑或没有人占有？

第二个作业是，被害人错误汇款将钱汇到行为人的银行卡之后，行为人将错误汇款取出来据为己有。收集对这样的案件认定为不同犯罪的判决并加以评析。

第十一讲

作业解答

首先讲一下上次的两个作业。

第一个作业是问,甲将房屋出卖给乙后,房屋中藏着的银圆由谁占有。

大家都认为甲没有占有,这当然是正确的。至于乙是否占有,你们部分人说乙已经占有,所以乙构成委托物侵占;部分人说乙没有占有,因为乙不知道银圆藏在何处,所以,乙成立埋藏物侵占罪。可是,你们所有的人都只是就事论事,没有任何一个人设想:"如果丙或者第三者知道后,从乙的房屋的墙角下挖走银圆,构成什么罪?"我跟你们讲过无数次,分析案件时,要设想出各种可能出现的情形,以便能够针对所有可能出现的情形都得出正确的结论。不能选择一种最轻松的学习方式来安慰自己,每天就是轻轻松松看点书,只是想知道别人说了什么,知道别人得出了什么结论,或者知道了一个新名词、新概念,而什么都不思考。如果仅仅将知道别人说了什么作为目标,那平时也不需要读书;把所有的书都当作工具书,想知道的时候一查就知道了。平时读书、看书不是只用眼睛的,是要用大脑思考的。思考什么呢?首先,吸取别人观点、论证方法等方面的优点,明白别人的书、别人的论文好在哪里,哪些方面值得自己学习。不要一见到别人的观点与自己的不同,就不往下看,就立即反对。如果是这样,脑子里永远只有自己原先装的一点东西,永远也不可能有进步!你们一定要善意地对待别人的观点。然后,要设想别人书中没有提到的相关问题,按照别人的观点,相关的问题会怎么处理,自己觉得怎么处理合适。如果涉及法条的解释,一定要想到解释的多种可能性。学习刑法各论,最有效的方法就是设想出各种可能发生的案件,比较各种观点的结论,权衡各种结论的利弊,从而形成最好的处理方法。关于这个案件的处理,只要你想一想第三者丙挖走了银圆应该怎么处理,就会得出乙是否占有了银圆的结论。如果丙挖走了银圆当然构成盗窃罪,不可能只构成侵占罪。既然如此,就必须说乙已经占有了银圆。你们部分人以乙不知道银圆藏在何处为由,否认乙占有了银圆。可是,占有意思需要具体意识到银圆藏在何处吗?乙事实上知道房屋里的某个地方藏有银圆,而且房屋是乙占有和所有,怎么可能说乙没有占有银圆呢?我在讲盗窃罪中的占有时,第一点就是说,主人房屋内的财物都是主人占有,例外的是客人提着包到主人家时,包由客人占有,当然也会有其他例外情形,比如住家保姆箱子里的财物,由保姆占有。但是,乙房屋里藏着的银圆,不可能属于例外情形,当然由房屋主人即乙占有。我们看书的时候要思考,除此之外,要不断地进行规范与事实的对应的训练,事实与规范的涵摄判断不是老师教会的,是自己反复训练才会的。我讲了无数次要你们设想可能发生的相关案件,如果总是不进行这方面的训练,就不可能养成这个习惯,永远也不会设想。就像我以前跟你们讲各种解释方法一样,你们不训练,永远也不会灵活运用解释方法。你可能记住了十种左右的解释方法,可是如果不进行解释方法运用的训练,遇到法条时,也只知道进行平义解释,而不可能熟练运用各种解释方法。

第二个作业是关于被害人错误汇款后行为人从机器或者柜台取款的行为应当如何处理的问题。在德国,行为人取出他人的错误汇款是不构成盗窃罪与诈骗罪的,因为根据德国民法规定,在这种情形下,行为人取得了债权。除了错误汇款外,还有错误记账的情形,对于行为人取款的行为,以前有判例认定为犯罪的,后来的判例也不认定为犯罪了。这与德国民法规定的债权取得的无因性有关。德国刑法理论比较强调法秩序的统一性,包括形式上的统一性。但是,日本刑法理论与判例在此问题上采取了相反的立场,少数人主张对上述情形认定为侵占脱离占有物罪,但通说与判例则认定成立盗窃罪或者诈骗罪,即在机器上取款的成立盗窃罪,在银行柜台取款的成立诈骗罪。日本刑法理论并非不讲法秩序的统一性,但似乎是从更实质的层面追求法秩序的统一性,而不是只讲形式的统一性。我赞成日本的通说与判例。其一,我国民法并没有肯定债权取得的无因性。其二,不能否认错误汇款人已经丧失了自己的民事权利,换言之,错误汇款人完全有权要求相关机关或银行保护自己的权利。其三,与上一点相关联,就不能肯定行为人已经取得了债权,即使行为人没有义务向错误汇款人说明情况,但不能据此认为行为人取得了银行债权。其四,行为人从自动取款机中取款时,相当于没有取款的实际权利却取款,可以认为违反了银行管理者意志;行为人从银行柜台取款时,如果说明真相,银行职员则不会将现金交付给行为人,所以,行为人对银行职员实施了欺骗行为。其五,如果从现金的角度来说,现金原本是银行占有的,行为人最终取得的也是现金,所以,认定行为人对现金成立盗窃罪或者诈骗罪,完全符合素材同一性的要求。我觉得,在中国将上述行为认定为侵占行为不合适。如果认定为侵占行为,就意味着行为人占有了债权,但对债权并不所有,可是,行为人取得的是现金。如果说,将上述行为认定为侵占,那就意味着即使行为人不取款,但只要不将汇款返还他人,就构成侵占罪。我觉得,在目前这样认定不大可能。而且,即使有这种可能,也不能直接否认后面的取款行为构成盗窃罪或者诈骗罪。

接下来讲抢劫罪。

【抢劫罪】

一、抢劫罪概述

(一)保护法益

应当说,抢劫罪的保护法益是财产和意思活动自由。如果说是财产和人身权利,那么,这个人身权利指什么呢?抢劫行为没有侵犯生命、身体的,一样能构成抢劫罪;我们不能要求侵犯了生命、身体的行为才成立抢劫罪,否则就意味着只有部分加重抢劫才构成抢劫罪,这显然不合适。比如,行为人将安眠药给被害人吃,趁被害人睡着后取走财物的,侵犯了生命、身体健康吗?当然没有,但侵犯了被害人的财产与意思活动自由,所以要认定为抢劫罪。确定抢劫罪的保护法益,是要确定成立抢劫罪的最低限度,而不是要把抢劫罪可能侵害的法益全部列举出来。而成立抢劫罪的最低限度,就是要侵犯财产与意思活动自由。所以,意思活动自由就是抢劫罪的保护法益的内容。我之所以一直主张刑法要规定暴行罪、胁迫罪,也就是因为意思活动的自由本身就是受刑法保护的法益。如果刑法没有规定暴行罪、胁迫罪,意思活动自由就只是在有些犯罪中附带地被保护,于是,意思活动自由只在部分犯罪中成为保护法益,单纯侵犯时则不是保护法益。这就是很不理想的状态。

(二)行为对象

抢劫罪的行为对象包含狭义财物和财产性利益。抢劫财物时,必须有占有的转移;否则,就只成立抢劫未遂或者其他犯罪。抢劫财产性利益时,不要求像盗窃罪那样把他人的债权转移到自己的银行账号这种真正意义上的转移,只需要像诈骗罪中的骗取财产性利益一样,行为人取得的利益与被害人丧失的利益之间具有对应关系就可以了。比如,行为人坐了很久的出租车,下车时司机让他给车费,但行为人拿出刀来威胁司机"你是要钱还是要命",司机被迫放弃了车费请求权。这个行为当然成立抢劫罪,行为人取得的利益,正是司机丧失的利益。也就是说,行为人通过以暴力相威胁的方式,免除了自己的债务,而司机则不能行使自己的债权。这与诈骗罪中的骗免债务是一样的情形。

(三)行为构造

日本学者一般认为,抢劫罪是结合犯,有的说是暴行罪、胁迫罪和盗窃罪的结合犯;德国学者一般说是强制罪和盗窃罪的结合犯。但是,德国刑法理论既不认为抢劫罪是强制罪的加重类型,也不认为抢劫罪是盗窃罪的加重类型,而是认为,抢劫罪是强制罪与盗窃罪的独自的结合。因为单纯讲普通的结合犯或者加重类型,不能说明抢劫罪的法定刑为什么那么重。所谓独自的结合犯,就是要求手段和取得财物之间具有机能性的关联。

在我国,由于没有暴行罪、胁迫罪与强制罪,加上普通盗窃有数额较大的要求,所以,不能笼统说抢劫罪是结合犯。比如,行为人的暴力致人轻微伤,仅取得 300 元现金的,虽然构成抢劫罪,但不可能是结合犯。即使行为人的暴力致人轻伤但仅取得 300 元现金,也不是结合犯。当然,也不排除一种事实上的结合犯。例如,行为人的暴力致人轻伤,并且强取了 5000 元现金的,则可以说是故意伤害罪与盗窃罪的结合犯。但这种结合不只是时间、场合上的结合,而必须具有机能性的关联。

(四)手段与目的的关联性

不管抢劫罪是不是结合犯,都存在一个需要讨论的问题,即暴力、胁迫和后面的取得财产必须具备什么样的关联?其中分为主观的关联性与客观的关联性。

德国采取主观的关联性说,也就是说,只要行为人主观上把暴力、胁迫当成取得财物的手段的时候,就构成抢劫既遂。这涉及两类案件:一类是暴力、胁迫对被害人未起作用的情形。我国曾发生一个案件,被害人养了一些猪,养猪场边有个小屋子,被害人晚上就睡在小屋里。被告人半夜去偷猪,为了防止被害人反抗,就将小屋子反锁起来,然后将猪偷走。但被害人居然没有因为猪的叫声而醒过来,而是第二天早上醒来才发现自己被反锁在屋子里了。这样的案件在德国会认定为抢劫既遂,因为手段与目的之间具有主观的关联性。另一类案件是,针对第三者实施暴力、胁迫,然后取得财物。比如,摩托车主因为要上楼取一点东西马上下来,就没有给摩托车上锁,被告人看到摩托车后,以为摩托车边上的一个人是摩托车主,就将其推倒在地,然后骑走了摩托车。其实,这个人与摩托车没有关系。按照主观的关联性说,由于行为人主观上将推倒他人作为取得摩托车的手段,也成立抢劫既遂。也因为如此,德国刑法理论的通说认为,抢劫罪的被害人,只要是行为人认为具有保管财物的意思的人就可以了。

日本的通说主张客观的关联性说,当然,客观的关联性要求行为人有认识,因而也就是主客观相统一的关联性说。从客观上来说,行为人的暴力、胁迫必须足以压制被害人的反抗,压制反抗就是一个中间结果,这个结果与意思活动的自由相对应,也就是与抢劫罪保护法益中的一个法益相对应;压制反抗后取得财物,是另一个结果或者叫最终结果,这个结果与抢劫罪中的财产法益相对应。在解释其他犯罪时,也要注意这一点。如果说刑法保护的是双重法益或者复杂客体,那么,构成要件结果一定也是双重结果。否则,说双重法益就没有意义了。

我赞成客观的关联性说。主观的关联性说导致抢劫既遂的范围扩大,也不符合德国学者所提出的客观归责的原理。这是因为,只有压制了被害人反抗而取得财物时,才能将财产损失的结果同时归属于暴力、胁迫行为,从而使暴力、胁迫与取得财物产生机能性的关联。此外,上面讲的偷猪的案件与摩托车案件,也未必能说被害人的意思活动自由受到了侵害。所以,我觉得德国的刑法理论不合适。而且,只要行为人认为对方是具有保管财物的意思的人就可以成为抢劫罪的被害人这一观点,我也难以赞成。

我2004年出过一道司法考试的案例分析题,答案引起了很多争议。甲男与乙男于2004年7月28日共谋入室抢劫某中学暑假留守女教师丙的财物。7月30日晚,乙在该中学校园外望风,甲翻院墙进入校园内。甲持水果刀闯入丙居住的房间后,发现房间内除有简易书桌、单人床、炊具、餐具外,没有其他贵重财物,便以水果刀相威胁,喝令丙摘下手表(价值2100元)给自己。丙一边摘手表一边说:"我是老师,不能没有手表。你拿走其他东西都可以,只要不抢走我的手表就行。"甲立即将刀装入自己的口袋,然后对丙说:"好吧,我不抢你的手表,也不拿走其他东西,让我看看你脱光衣服的样子我就走。"丙不同意,甲又以刀相威胁,逼迫丙脱光衣服,丙一边顺手将已摘下的手表放在桌子上,一边流着泪脱完衣服。甲不顾丙的反抗强行摸了丙的乳房后对丙说:"好吧,你可以穿上衣服了。"在丙背对着甲穿衣服时,甲乘机将丙放在桌上的手表拿走。甲逃出校园后与乙碰头,乙问抢了什么东西,甲说就抢了一只手表。甲将手表交给乙出卖,乙以 1000 元价格卖给他人后,甲与乙各分得 500 元。关于抢劫这部分,我提出的答案是:甲、乙构成抢劫罪共犯,因二人有抢劫的共同故意和抢劫的共同行为;甲、乙的抢劫属于入户抢劫,因为丙的房间属于其生活的与外界相对隔离的住所;由于乙与甲共谋入户,甲事实上也实施了入户抢劫行为,所以乙虽没有入户,对乙也应适用入户抢劫的法定刑。甲、乙虽构成抢劫罪共犯,但二人的犯罪形态不同:(1)甲的抢劫属于犯罪中止。因为在当时的情况下,甲完全能够达到抢劫既遂,但他自动放弃了抢劫行为;由于抢劫中止行为没有造成任何损害,所以,对于甲的抢劫中止,应当免除处罚。(2)乙的抢劫属于犯罪未遂。一方面,不能因为甲事实上取得了手表,就认定乙抢劫既遂,因为该手表并非甲抢劫既遂所得的财物;另一方面,乙并没有自动放弃自己的抢劫行为,甲的中止行为对于乙来说,属于意志以外的原因。根据刑法规定,对于未遂犯乙,可以比照既遂犯从轻或者减轻处罚。之所以这样出答案,就是因为甲在放弃了抢劫手表的意思后,只是针对强制猥亵实施了胁迫行为,在猥亵行为结束后,甲只是利用了女教师不知情的状态而窃取了手表,其中没有新的暴力、胁迫。也就是说,甲不是通过前面的抢劫故意下的暴力、胁迫压制被害人反抗进而取得手表的,也不是实施了新的暴力、胁迫取得手表的。所以,前面的暴力、胁迫与后来的取得手表之间既缺乏主观的关联性,也缺乏客观的关联性。因为事先所具有主观的关联性与客观的关联性被中止了,当然不能成立抢劫既遂。客观的关联性要求,是在以抢劫故意实施的暴力、胁迫压制被害人反抗后取得财物的,才构成抢劫既遂,这不应当有疑问。但当时对我提出的答案争议很大,虽然马克昌先生跟他的学生说"这个题目出得天衣无缝",但多数人都不同意我的这个答案。不知道经过这么多年之后,反对这个答案的人是不是还在反对。经过这么多年后,我也没有觉得我的答案有什么问题。总之,抢劫罪不是暴力、胁迫与取得财物的简单结合,而是有机的结合,这就是客观的关联性。在实施暴力、胁迫行为时必须有抢劫故意,而且该暴力、胁迫压制了被害人反抗,在此前提下取得财物的,才成立抢劫既遂。

在抢劫罪中,针对强取财物而言,尤其是强取财产性利益的时候,是否要求被害人具有处分行为,在理论上存在争议。少数说认为需要被害人有处分行为,但多数人认为不需要被害人有处分行为。我赞成后一观点,既然已经压制了被害人的反抗,就不能再要求被害人有处分行为。正因为如此,在抢劫罪中,并不要求被害人认识到行为人在抢劫自己的财物。例如,我国发生过这样的案件:一伙人上午9点多闯到被害人家里,将家里的老两口捆绑在一个房间里,老两口问你们干什么,他们不回答。这伙人然后去另外的房间把财物取走,老两口真不知道这伙人是在抢劫,但这不影响这伙人的行为成立抢劫罪。总之,被害人不知道财物被抢走,不是否认抢劫罪的理由。

二、压制反抗后产生取得财物的意思而取走财物的情形

在国内外的司法实践中,都存在这样的案件:行为人出于其他目的对被害人实施暴力行为,在暴力行为压制被害人的反抗后,行为人产生了取得被害人财物的意思,进而取得了被害人财物。对这样的案件应当怎么处理呢?这个问题既涉及抢劫罪的主观要素和行为与责任同时存在的原则,也涉及暴力、胁迫可否表现为不作为的问题,不作为能否构成抢劫罪,就是要解决这方面的问题。

(一)德国的判例

我先简单介绍一下德国的相关判例。第一个是1961年的判例:被告人用斧头向一位饭店经营者砍了两下,使被害人倒地,并受到了致命伤,然后被告人就产生了取走财物的想法。被害人趴在地上时,陷入意识模糊的状态,但被害人在无意识中,为了防止被告人把钱拿走,一只手放在装钱的裤子后面的口袋里。被告人把被害人的手拿开,然后把钱拿走。德国法院认定为抢劫罪。理由是,将被害人的手拿开就属于暴力。在中国,一般人可能不会认为把丧失反抗能力的被害人的一只手拿开就是暴力。

第二个是1964年的判例。被告人在公路上想强吻18岁的女孩,女孩拼命反抗,被告人没有得逞,被告人在抓住被害人的手时,发现女孩左手戴着手表,于是就趁机把手表摘下来了。这个案件也被认定为抢劫罪。

法院认为,被告人摘下手表实际上是暴力行使的继续。

第三个是 1965 年的判例。被告人强奸被害人之后,产生了把她包里的财物取走的意思,由于前面的暴力使被害人丧失了反抗能力,被告人就趁被害人没有注意时将其包里的钱包等财物取走。慕尼黑高等法院少年部认定被告人的行为构成抢劫罪,但德国联邦最高法院否定了抢劫罪的成立,认为后面的行为仅成立盗窃罪。因为单纯从包里取走钱包与其他财物,不能评价为暴力与胁迫。

第四个是 1983 年的判例。几个被告人在宾馆住宿后不想交房费,他们早晨就把宾馆的保安捆绑在房间里,离开宾馆经过一楼前台时,把前台柜子里的现金拿走了。一审法院否认了后面的行为成立抢劫罪,只认定后面的行为成立盗窃罪,德国联邦最高法院也认可了这一判决。

从 1964 年和 1983 年的判决来看,法院认为,如果能评价为暴力行为在继续实施的时候,就认定为抢劫罪,但如果只是暴力效果的继续,那就要认定为盗窃罪。

最后一个是 2003 年的判例。被告人侵入他人的狩猎小屋并在此过夜。第二天早晨,被害人来到小屋打开门,被告人即对被害人实施殴打等行为,将被害人摔倒在地,并进一步实施了严重暴力,使被害人受伤,然后用绳子将被害人的双手捆绑起来,塞进小屋里。其后,被告人产生了将被害人的汽车与其他财物据为己有的想法,于是,就拿走了被害人的包,锁上小屋的门,开着被害人的汽车离开了。地方法院适用了《德国刑法》第 250 条第 2 款第 1 项的规定(实行抢劫行为时使用武器或者其他危险工具),上级法院虽然肯定了抢劫罪的成立,但认为法条适用错误,应当适用第 1 款第 1 项的 b(意图以暴力或者以暴力相威胁的方式以防止或者压制他人的反抗,而携带其他器械或者工具)。

本案这样的情形是否成立抢劫罪,在德国学说上有争议。有见解认为,行为人以取得财物的目的,利用没有取得财物的故意时所实施的持续的剥夺自由这一行为,从用语上来看,已经看不到暴行了,所以,不能认定为抢劫。也有见解认为,从抢劫罪的构造上看,抢劫罪的构成要件要求有作为的暴力、胁迫,只有在第三者实施了作为的暴力、胁迫,而具有保证人地位的被告人具有阻止义务时却违反作为义务而不予阻止的,这一不作为才可能符合构成要件,本案这样的情形不能成立抢劫罪。但是,法院的判决没有采取这些并无说服力的观点。在法院看来,这些见解采取的是自然主义的暴力观念。在没有除去或者维持对身体的压制作用的场合,可以由不作为来实施暴力,这与强制罪的构成要件的通说观点是一致的。仅将焦点放在行使作为的暴力这一点上,与剥夺自由罪的持续性质不相符合。将他人拘禁或者拘束的行为,就是对他人的暴力,就是在行使物理的强制力。维持可以归属于行为者引起的违法状态——与打倒被害人这样的情形不同——是在继续实施暴力行为。这个暴力行为,只有在解放或者解除拘束时才终了。这一情形,是由行为人对违法状态的有责引起。至于这一情形是以作为方式行使暴力,还是在存在由先前行为引起的保证人义务的情况下以不作为方式行使暴力,在本案中没有判断的必要。因为即使非难可能性的重点在于不作为,就利用以其他目的实施的剥夺自由行为所产生的压制状态而认定抢劫罪的成立,也没有问题。一部分学说认为,被告人前面的强制行为缺乏目的性,但判决认为,这只不过是认为暴力仅包含作为这一观念所导致的结论。不作为与目的性并不是相互排斥的。不作为的行为人,也能为了取得财物而有意图地维持被害人不可能反抗这种违法状态。此外,还有观点认为,这种情形下实施的抢劫,其不法内容与由作为实现的构成要件不相当,但法院的判决认为,从本案的事实来看,这样的观点是没有根据的。像本案这样的,以抢劫以外的原因而实施的作为的暴力和利用这一暴力取得财物之间,在时间和场所上存在接近关系的场合,也就是在被告人在以其他原因实施拘束被害人的行为后立即产生取得财物的意思的场合,与通常的抢劫的不法内容没有什么区别。

(二)日本的学说与判例

在行为人出于其他目的实施暴力压制被害人反抗后产生取得财物的意思,进而得取财物的,如果认定为抢劫罪,是否要求有新的暴力、胁迫行为?日本大体上存在三种学说。

第一种是不要说,代表性的人物是藤木英雄,这可谓个别说。藤木教授的观点是,行为人利用先前暴力产生不能抗拒的状态取得财物的,就成立抢劫罪,不需要新的暴力、胁迫。

第二种是必要说。必要说认为,只有当行为人产生取得财物的意思后有新的暴力、胁迫,才能认定为抢劫罪。那么,怎么判断行为人是否实施了新的暴力、胁迫呢?有三种观点:(1)必须有作为方式的新的暴力、胁迫,比如再殴打被害人或者进行言语胁迫等。但所有主张要求有作为方式的新的暴力、胁迫的学者,都不会对暴力、胁迫的程度提出很高的要求,或者说都不要求像通常的抢劫罪那样从被害人完全自由到压制被害人反抗程度的严重暴力、胁迫,因为行为人前面的行为已经压制了被害人的反抗,后面作为方式的暴力和胁迫,即使再轻微,也可以评价为压制了被害人反抗的暴力、胁迫。(2)不作为犯构成的学说。亦即,虽然要求新的暴力、胁迫,但当行为人前面的暴力、胁迫压制了被害人反抗后,行为人就负有使被害人回复到可以反抗状态的义务。如果行为人不履行这个义务,就是不作为方式的暴力、胁迫,这种不作为方式的暴力、胁迫,当然就是新的暴力、胁迫。显然,这种不作为犯的构成和上面的不要说只是说理不同,对相同案件的处理结论是完全一样的,本质上都是不需要新的暴力、胁迫。不作为犯的构成说,可能过于扩大了抢劫罪的处罚范围。(3)现场存在说。被告人先前的暴力压制被害人反抗后,只要被告人还在现场,就可以评价为有新的暴力、胁迫,尤其是在现场有任何的言行举止时,就可以评价为新的暴力、胁迫。现场存在说似乎介于前面的两种学说之间,但其实结论与不要说和不作为犯的构成说是一样的,我认为仍然扩大了抢劫罪的处罚范围。

第三种是两分说。如果被告人先前以暴力捆绑、拘束了被害人,就不需要有新的暴力、胁迫。反之,如果先前的暴力没有捆绑、拘束被害人,则需要新的暴力、胁迫。比如,行为人把被害人关在小屋里,对被害人实施了猥亵行为,猥亵后把被害人反锁在小屋里,准备离开时产生了取得财物的意思进而将财物拿走,这种行为构成抢劫罪。反之,如果前面的暴力只是将被害人打倒在地,在被害人没有反抗能力时,产生取走财物的意思进而取走财物的,则仅成立盗窃罪。两分说有一定道理,但给人的感觉又不是那么均衡。比如，行为人将被害人捆绑起来，与将被害人殴打昏迷相比，从被害人不能反抗的角度来说，没有任何区别。为什么前一种情形取走财物的构成抢劫罪，而后一种情形就只能成立盗窃罪呢？

日本的判例可谓形形色色，相同的案件完全可能被不同的裁判所认定为不同的犯罪，事实上，有的裁判所采取必要说，有的裁判所采取不要说，有的则并不明确。

有一些行为应当认定为抢劫罪，但如何说理则是问题。例如，行为人以强奸目的实施暴行、胁迫，使被害人陷入不能反抗的状态，被害人表明了提供财物的意思后，被告人便松手，接受了被害人提供的财物。东京高等裁判所的判决指出，被告人以强奸目的实施的暴力、胁迫，使妇女陷入了不能反抗的状态，只要被告人没有离开现场，妇女的畏惧状态就在持续，因而期待被告人尽快离开现场而提供财物。妇女提供财物明显是基于上述畏惧状态，而不是任意提供的。被告人接受这一财物的行为，就是趁妇女陷入畏惧状态而夺取对方的财物，故应认定为抢劫罪。有学者指出，可以预想，如果被害人不提供财物，被告人就要继续强奸，因而可以评价为胁迫。也有学者认为，以强奸目的实施的暴力、胁迫，是被害人提供财物的意思表示的契机，因而使用暴力、胁迫与提供财物之间具有关联性，因此，前面的暴力、胁迫属于抢劫罪的暴力、胁迫。

再如，被告人束缚被害人的身体后实施猥亵行为时，被害人提供现金哀求被告人离开，被告人接受现金后准备离开，但后来未能抑制性欲，仍然实施了猥亵行为。大阪高等裁判所的判决指出："至少在被害人提供现金的阶段，被告人将其作为良机产生了取得现金的犯意，不能否认被告人在利用自己先前行为造成的被害人畏惧状态的意思下，达到了强取上述现金的程度"，进而认定为强制猥亵罪与抢劫罪的并合罪。有的学者认为，本案事实是以离开现场为条件而交付现金，所以，被告人滞留在现场本身，也可以评价为不作为方式的新的胁迫。有的学者则认为，这种情形可以认为存在新的暴力，因而能认定为抢劫罪。

（三）不同类型的归纳

我将中国、德国、日本这方面的一些案件作了一些归纳。其中有的没有争议,有的可能争议很大。

第一,为了取得财物实施新的暴力、胁迫行为的,肯定要认定为抢劫罪。例如,被告人甲与乙为了不法取得财物而进入某个公寓里被害人的住宅室内,发现被害人一人在就寝中,看到被害人头发很长,就误以为是女性,于是想实施性犯罪。二人强行进入室内后,按住被害人并威胁说:"安静一点,吵闹的话就杀了你!"二人使被害人全裸后,发现被害人是男性,就想利用这一机会夺取财物,于是,将被害人的手脚捆绑起来,进而物色财物,并取得财物。其后,为了避免被发觉,就将被害人塞进汽车,并高速驾驶汽车,使被害人不能逃出。东京高等裁判所的判决指出:"被告人产生抢劫的犯意后,实施了足以使被害人不能反抗的新的暴行,这是很清楚的。""在最初以强奸的犯意实施暴行、胁迫后产生抢劫的犯意,利用已经实施的暴行、胁迫的结果夺取财物的场合,要考察能否认定暴行、胁迫是抢劫的手段进而肯定抢劫罪的成立。就此而言,强奸罪与抢劫罪在目的、法益方面存在区别,但暴行、胁迫作为手段压制被害者的意思,夺取被害人的贞操或者财物这一点则是共通的,作为犯罪构成要件重要部分的暴行、胁迫是重合的。因此,以强奸的犯意实施暴行、胁迫使被害人不能抗拒之后,改变为抢劫的犯意,利用到此为止所实施的暴行、胁迫取得财物的场合,不妨碍将上述暴行、胁迫行为原封不动地解释为抢劫的手段,因此,即使不是基于抢劫的犯意实施新的暴行、胁迫,肯定抢劫罪的成立也是合理的。虽然实施暴行、胁迫时的具体犯意不同,但否认行为人具有抢劫的故意,认为不成立抢劫罪是不合理的……总之,在本案抢劫罪中,将当初被告人以强奸的犯意对被害人实施的暴行、胁迫,认定为抢劫手段的一部分是合理的。"判决最终认定被告人的行为成立抢劫罪与监禁罪的并合罪。不过,在我看来,这个案件完全可以因为行为人有新的暴力而认定为抢劫罪,没有必要将前面的暴力也认定为抢劫罪的手段行为。或许法官不想再认定一个暴行罪,所以作出了这样的评价。但这样的评价给人们的感觉是,不需要新的暴力、胁迫也能成立抢劫罪。

第二,在共同实施强奸、强制猥亵的过程中,二人的暴力、胁迫行为压制被害人反抗后,一人正在实施奸淫、猥亵行为,另一人取走财物的,对后者取走财物的行为要认定为抢劫罪。例如,被告人甲与乙共谋强奸被害人,压制被害人反抗后,甲让被害人为自己口淫,乙在望风的时候产生了取得财物的意思,进而取得了被害人财物。日本的地方裁判所认为乙没有实施新的暴力、胁迫行为而取得财物,认定为盗窃罪。但大阪高等裁判所认为,"共犯者甲现实地实施的持续行为,也是被告人乙应当负有罪责的暴力行为。在本案中,乙产生了取得财物的犯意后,虽然其自身没有为取得财物而实施特别的暴力、胁迫行为,但毋宁说没有这样的必要。而且,被告人是在认识到上述状况的情况下取得财物的,所以并不缺乏抢劫的故意。"不过,我觉得这样的说明并不理想。在我看来,既然二人共同压制了被害人反抗,而甲仍然处于持续的压制被害人反抗的过程中,甲的行为也应当归属于乙的行为,既然如此,就可以说,乙还是利用了可以归属于自己的暴行实施抢劫行为。再如,被告人 A、B、C 三人共谋强奸,在 C 强奸被害人时,A、B 形成新的共谋,从被害人的钱包中取得了现金。东京高等裁判所的判决指出,就强奸而言,三人成立强奸罪的共同正犯,就取得现金而言,由于 C 没有就取得现金进行共谋,所以,对 A、B 而言,"必须要求上述强奸行为(暴力、胁迫)与取得现金之间具有相当因果关系",据此,认定 A、B 成立抢劫罪。也就是说,在本案中,C 持续实施的强奸行为自体成为 A、B 作为取得财物手段的新的暴力、胁迫行为,当然要认定 A、B 的行为成立抢劫罪。因为 C 的强奸行为也是 A、B 的共同行为的一部分。总之,在上述这样的案件中,都可以将一个共犯人的强奸、强制猥亵行为,同时评价为取得财物的其他参与人的抢劫罪中的手段行为。也可以认为,在上例中,C 是 A、B 有故意的工具,所以,C 强奸的暴力就是 A、B 抢劫行为的暴力。

第三,在被害人被捆绑的过程中,产生犯意取走财物的,应当认定抢劫罪。前面讲的德国 2003 年的判例就是如此。再讲一个日本 2013 年的判例:被告人将捆绑女性的工具放在汽车内,将汽车停在停车场。某天早晨,被告人在路上以强奸目的对被害女性实施暴力,将被害人拉到停车场,塞入汽车内。在汽车内捆绑了被害人,并且继续实施暴力。为了防止被害人逃离,被告人开车到集装箱仓库前,将被害人塞入集装箱,并且从里面反锁,继续对被害人实施暴行,并试图奸淫被害人。此时,被害人说自己怀孕了,被告人看到了被害人钱包中的妇产科就诊卡,就误以为被害人怀孕了,奸淫的意图消失了,没有达到目的。上述一系列的暴力导致被害人约需要治疗十天的伤害。随后,被告人趁被害人处于被紧绑的状态,在被害人知情的情况下,从被害人的包内取走了9000日元。判决针对前面的行为,认定为猥亵目的的略取罪、逮捕监禁罪与强奸致伤罪,三罪成立想象竞合,同时认定后面的行为成立抢劫罪,实行并罚。辩护人认为,被告人在取得现金时没有实施新的暴力、胁迫行为,也不存在可以等同评价的情形,主张对后面的行为仅认定为盗窃罪。但法院没有采纳辩护人的主张,判决认为,"由于被告人将被害人的两膝和右手紧绑着,即使左手没有被束缚,但被害者自己也不可能解除束缚,而且,被害人在狭窄的集装箱内,被告人的行为不管是从物理上还是从心理上,都使被害人认为自己对被告人处于完全不能抵抗的状态。诚然,这样的犯行是为了达到强奸或者强制猥亵的目的而实施的,被告人在取得被害人包内所持的现金时,也没有说'拿钱来'等语言,不能认定被告人对被害人另有要求现金的情形。但是,被告人在维持上述状态的同时,产生了取得现金的意思,并利用这样的状态实施了取得现金的行为,从实质上来看,行为人是在持续实施足以压制被害人反抗的暴力、胁迫的状态中,持续地维持了上述强度的紧绑状态。这完全可以等同于为了取得该财物而实施新的暴行、胁迫的情形,因此,不能赞同辩护人的主张。"不难看出,这一判决与德国2003年的判决的观点是一致的。由于被告人的暴力行为表现为拘禁,而拘禁是一种持续犯,所以,被告人在取得财物时乃至在此之后,其暴力行为一直在持续。既然如此,就可以认为被告人实施了新的暴力。在这样的场合,没有必要采取不作为犯的构成。

第四,在暴力行为已经压制反抗,且仍然能评价为暴力在持续中的状态下,取走财物的,能够认定为抢劫罪。这与上面一种情形可谓性质相同,但表现形式有差异。例如,被告人强奸未遂致伤后,身体仍然压在被害人上半身上,被害人身上有钱包等物,哀求被告人快起身,被告人就在压在被害者身上的状态下取得钱包后逃走了。采取新的暴力、胁迫必要说的第一审判决指出:"与其他场合不同,在对方陷入这样的不能反抗的状态的场合,犯人稍微一个动作,如单纯地提出要求财物,或者单纯地接近对方身边的行为,都足以压制对方的反抗,可以说作为无言的胁迫而有起作用的余地,但不管怎么说,必须要有某种足以评价为作为取得财物手段的行为",不能认为本案中存在足以评价为暴力、胁迫的行为,故只能认定为强奸致伤罪与盗窃罪的并合罪。但是,上级裁判所认为,像本案这样由被告人自身的暴行使被害人陷入畏惧状态的情形,没有理由否认抢劫罪的成立。在我看来,被告人身体压在被害人身上时,本身就是一种暴力,在这种暴力的持续期间取得被害人财物的,完全可以评价为有新的暴力行为,应当认定为抢劫罪。

第五,行为人在持续实施暴力行为的过程中,被害人提出给钱,行为人才停止的,只要能够评价为存在"如果不给钱就继续实施暴力"的胁迫,就应当认定为抢劫罪。我国有这样的案件。两名行为人受雇对被害人实施暴力,被害人提出"我给你们钱,你们不要打我了",两名行为人停止殴打后,盯着被害人,看其是否给钱,被害人给钱后,两名行为人才离开。在这样的场合,有可能评价为存在"如果不给钱就继续实施暴力"的胁迫,可以认定为抢劫罪。

第六,暴力行为已经压制反抗后,对被害人有任何可以评价为暴力的行为的,能否认定抢劫罪,要看是否符合抢劫罪的构造。前面讲过德国1961年的判例,行为人将被害人的一只手拿开,就被评价为新的暴力。但是,日本有一个判例中,脱下西服的行为却没有被认定为新的暴力。被告人基于其他原因对被害人实施暴力,导致被害人陷入不省人事的状态,受到的伤害约需要一周时间治疗,然后,被告人将被害人身穿的西服脱下来拿走了。日本旭川地方裁判所的判决指出:"抢劫罪的法定刑明显重于暴行罪或胁迫罪与盗窃罪的并合处罚时的处断刑,之所以如此,是因为抢劫罪并不是单纯的暴行罪或者胁迫罪与取得财物的结合……而是因为压制对方的反抗进而夺取了财物,特别是该行为所反映出来的犯人反社会的重大性。"据此,实施了新的暴力、胁迫,或者在先前行为的暴力、胁迫的持续中产生犯意取得财物的,才可能成立抢劫罪。这些场合的暴力、胁迫,"不要求其自身达到足以压制抽象的一般被害人反抗的程度,以其他原因所实施的暴力、胁迫造成了恐惧状态为前提,在这种场合,要客观地考察手段、犯人与被害人的性别、年龄等具体情况,只要足以压制被害人的反抗就可以了。因此,例如,将手伸入正在发抖的强奸罪被害人怀中取得财物的,要求被害人拿出现金等进而取得现金这样的场合,就可以认定抢劫罪的成立。"在本案中,不存在作为夺取西服的手段的新的暴力、胁迫,虽然取得财物的行为本身也可能解释为暴力,但被害人陷入了不省人事的状态,被告人也知道这一点,因而不能说是为了压制反抗的行为,于是,认定为伤害罪与盗窃罪的并合罪。可以看出,日本的这一判决之所以与德国 1961 年的判决不一样,可以这样来理解:在德国 1961 年的案件中,行为人拿开被害人的手是为了取得财物,也就是说,拿开被害人的手这一动作是为了取得财物的行为手段,这个行为手段也在行使物理的有形力,因而属于暴力,所以,符合抢劫罪的构造。而在日本的这个案件中,由于被害人已经不省人事,所以,行为人脱下被害人西服的行为,就是取得财物的行为本身,而不是为了取得财物所实施的暴力行为。这样来分析的话,是不是容易理解上述两个判决为什么不一样了呢?

第七,暴力行为已压制反抗后,产生取得财物的意思,然后有任何语言威胁的,都可以评价为抢劫罪中的胁迫。这个我就不举案例了。

第八,暴力行为已经压制反抗后,产生取得财物的意思,行为人要求被害人将财物给自己的,一般也能评价为新的胁迫,因而应当认定为抢劫罪。

第九,暴力已经压制反抗后,产生取得财物的意思,被害人恳求不要取走财物,而行为人仍然取走的,能否认定为抢劫罪。例如,被告人以强奸目的实施的暴力、胁迫行为使被害人不省人事,随后产生了取得财物的犯意,要将钱包和通讯本拿走。苏醒过来的被害人要求返还通讯本,但被拒绝。日本札幌高等裁判所的判决指出,由于被害人已经不省人事,在这种被害人不能抗拒的状态中要求行为人有新的暴力、胁迫是没有意义的,在这种场合,被害人原本就没有反抗的可能性,也没有认识到被夺取了财物,所以,像这种在被害人陷入不能反抗状态后产生犯意,行为人在被害人也知道的场合窃取财物的,与杀人犯在杀害被害人后产生犯意盗走财物,没有什么差异,故不成立抢劫罪。但是,行为人拒不返还通讯本的言行举止存在胁迫行为,可能认定为抢劫罪。也就是说,就行为人在被害人不省人事时拿走钱包和通讯本的行为而言,由于没有新的暴力、胁迫,因而不成立抢劫罪。但还在当场时,被害人要求行为人返还通讯本,而行为人拒不返还的,相对于已经被压制反抗的被害人而言,则是一种胁迫行为,所以,针对通讯本可能成立抢劫罪。

第十,暴力、胁迫行为已经压制反抗,但暴力、胁迫并没有持续时,被害人主动提出给钱,而行为人提出了数额要求的,可以评价为有新的胁迫行为。例如,被告人为了强奸被害人而实施了暴力、胁迫行为,被害人恳求说:"我给你钱,你让我回家吧",此时被告人说"你要给钱就必须给5000元",被害人拿出 5000 元给被告人的,应当认定后一行为构成抢劫罪。因为提出数额要求的行为,明显是一种胁迫,表达了"如果不给 5000 元就继续强奸"的意思,所以,应当以抢劫罪论处。

第十一,暴力行为已经压制反抗,暴力威胁也并没有持续,被害人主动提出给钱,行为人单纯拿走被害人所提供的现金的,能否成立抢劫罪?我国有一个案件,行为人与被害女青年同住在一栋出租的楼房里,某天晚上,行为人进入女青年房间,对其实施暴力,试图强奸女青年,女青年恳求其不要强奸自己,同时主动拿出 400 元现金给行为人,行为人拿到 400 元就放弃了强奸。我以前在讲课时,都否认了这个行为构成抢劫罪。因为行为人在实施暴力行为的过程中,并没有产生取得财物的意思;被害人主动提出给 400 元现金后,行为人才产生拿走 400 元现金的意思,但此后不存在可以评价为新的暴力、胁迫的行为。所以,我感觉难以认定为抢劫罪。当然,这个案件争议很大,其中一个原因是,基本案件描述得不详细,各人可能有不同的设想。

第十二,暴力、胁迫行为已经压制反抗,然后产生取得财物的意思,在被害人意识到的情况下取走了被害人的财物。日本有一个案例:被告人侵入被害人住宅实施强奸后,看到桌子上的书中夹着一张 1 万日元的钞票,就放到自己口袋里了。日本裁判所的判决指出,在室内,当强奸的实行行为终了后,行为人利用被害人的恐惧、被压制反抗的状态,停留在同室内,取得同室内的财物的行为,应当认为符合抢劫罪的成立条件。这采取的是现场存在说。也就是说,只要行为人存在于现场,就可以评价为新的胁迫行为,所以成立抢劫罪。我认为应当具体分析,不能说,任何情形下存在于现场本身都是胁迫行为,还是要看有没有其他一些可以评价为暴力、胁迫的言行举止。

第十三,暴力、胁迫已经压制反抗后,产生取得财物的意思,在误以为被害人没有意识到的情况下,取走了被害人的财物。日本有一个判例:被告人通过暴力使被害人一时失去知觉,被害人马上恢复意识后,担心被告人又进一步使用严重暴行就假装没有恢复意识。此时被告人产生取得财物的意思,在误以为被害人仍然处于丧失知觉的状态时取下了被害人的手表。日本高松高等裁判所的判决指出,后行为要成立抢劫罪,必须限于"能评价为使用了暴行或者胁迫的场合,或者可以与将暴行、胁迫作为手段等同看待的场合","要求财物或者接触身体夺取财物的……向被害人提出要求财物或者接触身体等举动本身,通常可以评价为足以使被害人产生恐惧的胁迫,或者,在以其他目的实施暴行的持续过程中,被害人因为害怕为了避免更严重的暴行而自己提出给予财物,被告人因此而取得财物的,不妨碍抢劫罪的成立。""在本案中,被告人既没有利用畏惧状态的意思,也没有趁机夺取财物的情形,不属于可以评价为为了取得财物而使用暴力、胁迫或者可以与之等同看待的情形。本案如同吵架的对方被犯人打击后死亡或者不省人事时,犯人在将要离开时突然产生物欲,从尸体或者不省人事的他人身上取得财物,二者没有什么区别。即使在广义上,也不能说是趁被害人不能抗拒而取得财物,故不成立抢劫罪。将本案认定为单纯的盗窃罪是合适的。"于是,判决认定为暴行罪与盗窃罪的并合罪。在这个案件中,行为人从被害人身上取下手表,虽然也有物理的有形力,但这是取得财物的行为,而不是作为手段的暴力行为。我还是赞成这一判决结论的。

第十四,暴力、胁迫已经压制反抗后,产生取得财物的意思,在被害人没有意识到的情况下,取走了被害人的财物。日本虽然有判例认为这样的行为构成抢劫罪,但许多学者持反对态度,我也不赞成认定为抢劫罪。我把前面讲过的2004年的司法考试题改编一下:甲男2004年7月28日侵入某中学暑假留守女教师丙房间,持刀相威胁,逼迫丙脱光衣服,女教师流着泪脱完衣服。甲不顾丙的反抗强行摸了丙的乳房后对丙说:"好吧,你可以穿上衣服了。"在女教师背对着甲穿衣服时,甲趁机将丙放在桌上的手表拿走。那么,对甲的行为能认定为抢劫罪吗?我觉得不可以。因为前面的暴力、胁迫只是强制猥亵的手段,不能同时评价为抢劫的手段行为;甲产生取走手表的意思后,没有任何暴力、胁迫行为,所以,对窃取手表的行为只能认定为盗窃罪。

以上归纳的14种情形,谈不上很严格的分类,我是通过案例进行归纳的。大家可以思考一下还有没有其他情形,以及对上述情形究竟应当如何处理。

三、抢劫致死的认定

抢劫致死的认定,首先遇到的一个问题是,抢劫致人死亡究竟只是结果加重犯,还是同时包含了结合犯?也就是说,行为人在抢劫行为结束之后,甚至是在既遂之后,因为当场被人发现,在被抓捕的过程中使用暴力把他人打死了,是只定一个抢劫罪,还是要认定为数罪?如果只认定为一罪,就会认为,抢劫致死不仅包括结果加重犯,而且还包括抢劫罪+故意杀人罪这种结合犯。这个问题在日本讨论很激烈,之所以如此,是因为日本刑法规定的抢劫致死罪的法定刑是无期徒刑或者死刑,也就是说最低要处无期徒刑,但是,如果要认定为普通抢劫罪与故意杀人罪,实行并罚,在日本一般不会被判处无期徒刑。正是为了实现量刑的公平、协调、合理,所以,日本刑法理论对此存在争论。从这里可以看出两点:一是法定刑的轻重的确影响对构成要件的解释,二是处罚的公平、协调是一个相当重要的问题。你们只要仔细阅读日本学者的刑法分则教科书,对这两点就会深有体会。再举一个例子,日本的强制罪的法定刑是3年以下徒刑,但滥用职权罪的法定刑是2年以上徒刑,而从法条表述上看,滥用职权罪可以说是强制罪的特别法条,因为行为都表现为让他人做没有义务做的事情或者妨碍他人行使权利,而滥用职权罪的主体则是公务员,因而看上去似乎表明滥用职权罪是特别法条。但是,日本几乎没有学者认为二者是特别关系。当公务员利用职权以胁迫方式让他人做没有义务做的事情或者妨碍他人行使权利时,都作为想象竞合处理,而不是作为法条竞合处理。

那么,抢劫致死罪究竟是结果加重犯还是结合犯这一问题,具体来说就是要讨论造成死亡结果的原因行为是什么行为,对此有不同学说:(1)手段说。以平野龙一教授为代表的学者主张,造成死亡结果的原因行为必须是抢劫罪的暴力、胁迫这一手段行为,这就把抢劫致死罪理解为抢劫的结果加重犯了。(2)机会说。团藤重光教授认为,只要在抢劫的机会中杀害了他人,就是抢劫致死罪。这一观点显然是为了实现处罚的公平、协调。但是,这样认定太宽泛了。反对的学者会举例说,几名抢劫的共犯人,由于在抢劫的过程中都想按照自己的计划实施抢劫行为,因而产生内讧,其中两个抢劫犯把另一个抢劫犯杀害了,定不定抢劫致死罪呢?因为这也是抢劫的机会中杀人,但对这种情形肯定不能认定为抢劫致死罪。再提醒你们,讨论分则的问题,不要讲空道理、大道理,要拿具体案例比较。(3)密切关联性说。就是说,只要死亡结果是与抢劫行为存在密切关联性的行为造成的,就可以认定为抢劫致死罪。这个学说旨在将共犯人之间的杀害行为排除在外,不过,其中的密切关联性也比较含糊。(4)扩张的手段说。亦即,致人死亡的行为必须是手段行为,但手段行为不限于为了取得财物而实施的暴力、胁迫行为,而是要扩张到类似于事后抢劫罪的手段行为,而事后抢劫的手段行为是犯盗窃罪后当场实施的暴力、胁迫行为,所以,犯抢劫罪后当场为抗拒抓捕等实施的暴力、胁迫行为致人死亡的,也要认定为抢劫致死罪。(5)作为整体的抢劫行为说。这一观点认为,下列三种情形都应当认定为抢劫致死:一是暴力、胁迫手段本身致人死亡的。二是只要是有助于抢劫而实施的行为,虽然不能评价为暴力、胁迫,只要是压制反抗实施的行为致人死亡的,也构成抢劫致死罪。三是抢劫结束后,为了便于逃跑实施的暴力、胁迫行为,这是抢劫罪的伴随行为,这种行为致人死亡的,也应认定为抢劫致死罪。其实,后三种观点基本上只是表述不同,对案件的处理结论不会存在明显区别。

我国没有怎么讨论这个问题,因为在我国,认定为抢劫致人死亡并不一定比认定为普通抢劫与故意杀人罪的数罪并罚所判处的处罚更重。故意杀人罪的最高刑是死刑,我国的法官对故意杀人既遂首选的也是死刑,而对普通抢劫罪也能判处罚金,所以,对抢劫致人死亡所判处的刑罚,与对普通抢劫与故意杀人并罚所判处的刑罚,没有明显的差异与不协调,唯一的区别在于,对前者可以没收财产,对后者不可能没收财产,只能判处罚金。所以,我们需要讨论的是,行为人在抢劫行为结束后当场被人抓捕时,杀害抓捕者的,是必须认定为两个罪实行并罚,还是只需要认定为一个抢劫致人死亡。

我的看法是,通常情况下,应当认定为两个罪,即普通抢劫罪与故意杀人罪,这个认定也完全符合罪数原理。但是,如果联系抢劫致人重伤,则不排除只认定为一罪;有时候也可能认定为数罪,但不一定是抢劫罪与故意杀人、故意伤害罪,而是要看具体情形。下面我举两组案例。

第一组案例是:甲在办公楼盗窃了乙的 5000 元现金,当场被保安发现时,为抗拒抓捕对保安使用暴力,造成保安重伤。可以肯定的是,甲的行为成立事后抢劫,适用的是"十年以上有期徒刑、无期徒刑或者死刑"的法定刑。这是没有疑问的。再看下面的案例:A 在办公楼对 B 以暴力相威胁,抢劫了 B 的 5000 元现金,当场被保安发现,为抗拒抓捕对保安使用暴力,造成保安重伤。如果认定为普通抢劫与故意伤害,实行数罪并罚,最低判处 3 年徒刑,最高判处 20 年徒刑。这与甲适用的法定刑明显不协调。所以,我认为,在这种场合,必须将 A 前面的行为评价为盗窃,进而认定 A 的行为属于事后抢劫,对事后抢劫致人重伤,也要适用"十年以上有期徒刑、无期徒刑或者死刑"的法定刑。只有这样,才能实现处罚的公平与协调。但是,我不主张像日本刑法学者那样,对 A 的行为直接适用《刑法》第 263 条,而是需要先适用《刑法》第 269 条,再适用第 263 条。这就是将普通抢劫罪与后来的故意伤害罪评价为一个事后抢劫罪的情形。

第二组案例是：甲在办公楼趁乙趴在桌子上睡觉时盗窃了乙的5000元现金，当场被保安发现时，为抗拒抓捕对保安使用暴力，造成保安重伤。可以肯定的是，甲的行为成立事后抢劫，适用的是"十年以上有期徒刑、无期徒刑或者死刑"的法定刑。这是没有疑问的。再看下面的案例：A为了抢劫在办公楼对B使用暴力，不仅致B暂时昏迷，而且造成了轻伤，随后取得了B的5000元现金，当场被保安发现，为抗拒抓捕对保安使用暴力，造成保安重伤。如果认定为普通抢劫与故意伤害，实行数罪并罚，最低判处3年有期徒刑，最高判处20年有期徒刑。这与甲适用的法定刑明显不协调。所以，我认为，在这种场合，必须将A前面的行为评价为盗窃，进而认定A的行为属于事后抢劫，对事后抢劫致人重伤，也要适用"十年以上有期徒刑、无期徒刑或者死刑"的法定刑。同时，还要将A前面的行为另认定为故意伤害罪，只有这样，才能实现处罚的公平与协调。与上面一样，我也不主张像日本刑法学者那样，对A的行为直接适用《刑法》第263条，而是需要先适用《刑法》第269条，再适用第263条。这就是将普通抢劫罪与后来的故意伤害罪（重伤）评价为另外两个罪即故意伤害罪（轻伤）与事后抢劫罪的情形。

我发现，在日本主张手段说的学者，如平野龙一教授也是认为前面的抢劫可以评价为盗窃，进而对他们所争论的情形认定为事后抢劫，这样也不会造成处罚的不协调。也就是说，甲抢劫后当场为抗拒抓捕而故意杀害他人的，按照平野教授的观点，也可以评价为一个事后抢劫致人死亡，适用的法定刑也是"无期徒刑或者死刑"。我觉得这一解释路径优于其他解释路径。

四、抢劫罪的其他加重类型

下面简单地讲一下抢劫罪的其他几种加重类型。

入户抢劫存在两个方面的问题：一是对入户抢劫的行为判处10年以上有期徒刑也是罪刑相适应的，但如果判处无期徒刑或死刑，就明显过重了。在这种情况下，是否需要限制入户抢劫的成立范围。如果说不需要限制，问题也不大，按照刑法总则规定的量刑原则，只判处10年、11年有期徒刑也是可以的。不过,就这种情形而言,我们可以认为,《刑法》第263条中的无期徒刑与死刑并没有分配给入户抢劫,对入户抢劫分配的只是10年以上有期徒刑。二是对入户抢劫判处10年有期徒刑也觉得过重的情形。比如,行为人趁被害人没有锁门而进入住宅,也没有携带凶器,只是以暴力相威胁,取得了他人的100元现金。我觉得,对这种行为要判10年以上有期徒刑并不合适。所以,在这种情况下,对入户抢劫要进行限制解释。但是,限制解释的结论也不能导致处罚的不公平,比如,如果对"户"进行限制解释就会出现这样的问题,所以,我主张对入户的方式、目的进行限制,这样才不至于出现不公平的现象。这一限制当然也适用于应当判处10年以上有期徒刑的入户抢劫行为。关于这个问题,可以看一下我发表过的一篇关于入户抢劫的论文。

在公共交通工具上抢劫,并不要求行为人的身体处于公共交通工具内,行为人在公共交通工具外,持枪胁迫公共交通工具内的乘客交付财物给自己的,也应当属于在公共交通工具上抢劫。

冒充军警人员抢劫的最大问题是,对真正的军警人员抢劫能否评价为冒充军警人员抢劫,我觉得可以,但绝大多数学者与司法解释都不同意我的观点。(1)我觉得几乎所有两个字组成的词都是可以拆分的,所以,我将冒充拆分为假冒与充任,后者包括了真正军警人员。但人们认为我的拆分超出了冒充一词可能具有的含义。其实,我觉得,只要是我们能够想出来的含义,一般都是刑法用语可能具有的含义,换言之,我们不可能想出刑法用语不可能具有的含义。我进行拆分解释,是从《春秋左传》受到的启发。《春秋左传》讲:"凡火,人火曰火,天火曰灾",用现在的话说,人为的火灾叫火,自然的火灾叫灾。《消防法》第44条规定:"任何人发现火灾都应当立即报警。"我们就可以把其中的火灾拆分开来解释,不管任何人发现的是人火还是天火,都应当立即报警。《春秋左传》还说:"正直为正,正曲为直。"一种解释是,一个人自己行得正,就是正,能批评他人的缺点就是直。所以,如果要说一个人正直,这个人必须是自己行得正,而且还敢于指出他人的缺点。老好人充其量只是正,而不是正直,有的人很直却不正。再如获得这个词,《春秋左传》讲:"凡获器用曰得,得用焉曰获。"意思是得到器物、用具为得,获得了人才、动物为获。所以,我们常常说的是捕获了一个动物,而一般不说捕得了一个动物;同样,我们常常说某人是一位"难得"的人才,而不是说一位"难获"的人才。还如咨询这个词,《春秋左传》说:"访问于善为咨,咨亲为询。"一种解释是,向善良人请教为咨,向亲人请教为询。一看到这个解释,你就知道不要向既不是亲人也不是善良人那样的人咨询问题。类似的情形并不少见。古代早期没有笔没有纸,要把一个字固定下来很困难,所以,一个字就是一个意思,后来人们才逐渐把两个字并在一块使用,但我觉得一般还是可以拆分的。(2)我之所以主张拆分解释,一个实质理由是,真正的军警人员抢劫更值得科处更重的刑罚。法理学者郑永流教授写过一本名为《法学方法阶梯》的书,他认为,正是由于对真正的军警人员抢劫应当适用提高的法定刑,刑法才规定冒充军警人员抢劫的要提高法定刑,也就是说,对假冒军警人员抢劫加重法定刑的前提是,真正的军警人员抢劫应当加重法定刑。这是实质理由,但刑法实行罪刑法定原则,所以,还是需要说明,为什么真正的军警人员抢劫符合冒充军警人员抢劫的成立条件。我就采取了拆分的解释方法。(3)有一种说法是,真正的军警人员抢劫时就不是军警人员了,因而属于冒充军警人员。不过,我难以接受这样的解释。因为按照这样的逻辑,国家工作人员索取、收受贿赂时,就不是国家工作人员了。但如果不是国家工作人员了,我们就不能认定为受贿罪了,这显然不合适。(4)刑法分则中除了冒充一词外,还有假冒一词,既然如此,我们就可以认为,冒充不同于假冒,后者不包括真正的情形,但前者则可能包括。当然,如果你不同意拆分解释,你就会说,刑法分则中的冒充与假冒是一个意思。问题是,这是你反对拆分所得出的结论,既然如此,我要坚持拆分,就可以说二者不是一个意思。(5)将《刑法》第263条中的冒充限定为假冒,就意味着这一项犯罪是消极身份犯,即真正的军警人员不可能成为这项犯罪的正犯,只能成为教唆犯与帮助犯,这恐怕不合适。(6)假如将冒充限定为假冒,在共犯中就会出现处罚上的不协调。例如,真正军警人员与无业人员共同抢劫时,前者让后者穿上制服,后者假冒了军警人员,前者则没有冒充。于是,如果认为正犯与共同正犯必须具有身份,而真正的军警人员不具有身份,只能作为从犯处罚了。即使认定为共同正犯,也应当认为对共同正犯的处罚原则上应当轻于正犯,于是,对真正军警人员的抢劫处罚必须轻于假冒者,这显然不合适。(7)如果将冒充限定为假冒,那么,什么样的情形才是假冒呢?认定为假冒的情形意义何在呢?例如,不是警察却声称是警察的,肯定是假冒。再如,东区的警察在东区抢劫时,声称自己是西区的警察的,是否属于假冒呢?估计不少人会持肯定回答。那么,东区的警察穿着制服在西区抢劫时,没有告诉对方自己是东区的警察,是不是也叫假冒呢?也可能有人持肯定回答。但是,不管怎么说,只要你认为,东区的警察声称是西区的警察是冒充军警人员抢劫,那么,市公安局的警察就减少了冒充军警人员抢劫的几率,省公安厅的警察更加减少了冒充军警人员抢劫的几率。可是,这样的结论明显不公平。

持枪抢劫的,只要所持的是真枪就可以了,不要求枪里有子弹,因为如果要求枪里有子弹就很麻烦。如果枪里没有子弹,但手里有子弹的怎么办呢?手里没有子弹但身上或者包里有子弹的怎么办呢?况且,刑法规定的就是持枪抢劫,真枪就足以起到明显的压制作用。所以,对持假枪的不能认定为持枪抢劫。有人说,被害人以为是真枪时,假枪所起到的作用和真枪是完全一样的,可是,我们不能将不是枪的东西评价为刑法上的枪。假枪不是枪!有人可能会问,为什么刑法中的买卖国家机关公文、证件包括买卖伪造的国家机关公文、证件呢?这不也是将假的评价为真的了吗?不是的!买卖国家机关公文、证件,不是从公文、证件的真假角度而言,而是从应当由国家机关制作的角度而言的。假如有人买卖中华人民共和国农业部的公文、证件,即使现在没有这个部,但这个公文、证件也是应当由国家机关制作的,所以,仍然是买卖国家机关公文、证件。如果说假枪也是枪,就无异于说,杀害稻草人、机器人的都是杀人,这显然不合适,这样的认定导致构成要件要素丧失了应有的意义。此外,持枪抢劫,并不是只要抢劫时携带了枪支就构成,必须是使用了枪支,包括以使用枪支相威胁。

最后,抢劫军用物资、抢险、救灾、救济物资的,行为人必须认识到了是军用物资、抢险、救灾、救济物资,这是责任主义的要求。否则,只能认定为普通抢劫罪。

课堂提问

问：关于错误汇款的案件，如果是两家银行，从甲银行汇款到乙银行，银行操作失误重复汇款了，得到错误汇款的行为人把现金取出来，受损失的是哪个银行？

答：我觉得，如果说现金是行为对象，那么，现金从哪个银行出来的，哪个银行就是被害人。

问：如果错误汇款时，行为人没有取出现金，而是转入妻子的账户的，是否成立犯罪？

答：如果没有取款也没有转账，我觉得在当下的中国可以不定罪。但是，如果转到其他账户了，我觉得还是要定罪的，犯罪对象就不是现金，而是银行债权了。因为行为人并没有取得债权的实质根据，不享有债权。如果行为人是在机器上转账的，就是盗窃债权，如果行为人是在柜台转账的，就是诈骗债权。

问：说抢劫罪不需要被害人有处分行为，是否和抢劫罪保护法益中的意思活动自由有矛盾？

答：没有矛盾。作为保护法益的意志活动自由没有限定其活动内容，被害人被压制反抗后想做任何事情都做不了，在这个意义上就侵犯了其意志活动自由，不一定是针对财物的意志活动自由。针对财产的侵害，可以归结到抢劫罪的另一个保护法益中。

问：关于冒充军警人员抢劫的，最高人民法院的司法解释和老师的解释不一样。

答：我知道啊！我从来没有期待我的所有观点都被采纳，司法解释与我的观点不一样，或者说，我的观点与司法解释不一样，都是很正常的现象。但是，我在做学术研究时，从来就并没有将司法解释当作法律，也就是说，我对刑法本身的态度与对司法解释的态度是不一样的。我经常批判司法解释，但不轻易批判刑法本身。

问：抢劫罪的不作为构成，存在什么问题？

答：如果对抢劫罪采取不作为的构成，那么，只要行为人出于其他目的的先前行为压制了被害人反抗，其后产生取得财物的意思进而取得财物的，就都构成抢劫罪。因为只要行为人的行为压制了被害人的反抗，就有义务使被害人恢复到可能反抗的状态，如果没有恢复到可能反抗的状态而拿走财物，就是一个新的不作为的暴力或者胁迫，这实际上是不要求有新的暴力、胁迫。此外，如果说只要行为人压制了被害人反抗，后来取走财物的就是不作为的暴力、胁迫，那么，行为人先杀害了被害人，后来取走财物的，由于不可能使被害人恢复到可能反抗的状态，就不能适用不作为的构成，因而对后面的行为只能认定为侵占或者盗窃，这显得也不协调。还有学者以其他理由反对不作为的构成，比如，根据法条的表述，暴力本身必须是一种有形的状态，要用有形力来行使的，不作为不是一种有形的形态，不是有用形力来行使的，所以不能评价为暴力。至于父母看见未成年子女抢劫而不制止，之所以构成不作为的抢劫，是因为未成年的子女对被害人实施了暴力、胁迫，其中存在有形的形态。这是另一回事。有人可能说，既然父母可以利用未成年子女抢劫，为什么行为人不能利用自己先前的暴力、胁迫抢劫呢？但这不是利用与否的问题，还有行为与责任同时存在的要求。当然，不作为的构成肯定是有道理的，否则不可能成为一种有重要影响力的学说。

问：抢劫公司印章的行为，构成抢劫罪吗？

答：如果印章的财产价值值得刑法保护，当然也能成立抢劫罪；但如果印章的价值极为低廉，不值得刑法作为财产保护，就不要认定为抢劫罪了。这个行为在国外当然成立抢劫罪，因为印章就是有体物，而且是有财产价值的。当然，如果要说印章的主观价值很大，我也觉得可以认定为抢劫罪。可是，我们的司法机关基本上不考虑主观价值，总是只考虑财物值多少钱，可以卖多少钱，这也是我一直所反对的做法。

问：如果涉及股东权利纠纷，是不是要等到民事判决生效之后才能启动刑事程序？

答：刑事法官不会判断吗？如果会判断，就自己作出判断，再决定是否启动刑事程序。

问:我还是不理解素材同一性的具体要求,您能否再解释一下?

答:在转移狭义财物的占有的犯罪中,就要求是绝对同一的。比如,被害人丧失的是一个手提电脑,要认定行为人的行为对此构成盗窃罪、抢劫罪或者诈骗罪,就要求行为人取得的就是行为人丧失的那台手提电脑,否则,怎么能说行为人盗窃、抢劫或者诈骗了被害人的电脑呢?再比如,行为人将他人银行卡中的10万元债权转移到自己的银行卡中,这也是绝对同一的。但是,在诈骗和抢劫财产性利益的时候,则不可能要求都绝对同一,只要求有对应关系就可以了。比如前面讲的,行为人乘坐出租车后,以暴力相威胁不付出租车费,我认为构成对财产性利益的抢劫。但是,这个时候并没有一个债权的转移,但行为人得到的利益即免除了债务,就是被害人损失的利益即债权未能实现,这就是一种对应关系,也符合素材同一性的要求。但是,你不能说行为人转移或者占有了债权。在盗窃罪中必须是完全同一的占有转移。

课外作业

第一个案例分析:被告人入户的目的,是为了抢劫被害人的手提电脑,因为被害人的手提电脑里有被告人的隐私。被告人入户后对被害人使用暴力,压制了被害人的反抗,但始终没有找到电脑,最后在抽屉里看到2万元现金时,就将现金拿走了。对2万元现金能否成立抢劫既遂?

第二个案例分析:几名被告人拿着仿真手枪进入到一个二楼的店铺,店铺里有店长和另三名营业员,被告人对他们以暴力相威胁,压制了他们的反抗后,抢走了店铺里面的货款。当时店铺的所有权人,是一位女士,在二楼的另外一个房间听到了被告人持枪威胁的话语,知道是有一伙人抢劫,担心这伙人到自己的房间来抢劫,就很恐惧,为了躲避危险,她就从二楼窗口往下跳,摔成了重伤。请分析抢劫犯要不要对这位女士的重伤负责,也就是说,是否应当认定为抢劫致人重伤。

第十二讲

作业解答

先讲一下上次的两个案例分析。

关于第一个案例,你们都想到了主观的关联性说与客观的关联性说对本罪会得出不同结论,你们都采取了客观的关联性说,其中绝大多数人都认为被告人对2万元现金成立抢劫既遂,只有个别同学认为被告人的行为成立抢劫未遂与盗窃罪。

这个题目首先涉及的当然是手段行为与目的行为之间的关联性问题,如果采取主观的关联性说,则会得出抢劫未遂与盗窃罪的结论,按照德国的学说这两个罪可能是想象竞合。但是,我在讲课中说过,我赞成客观的关联性说。

问题是,在采取客观的关联性说的同时,是否需要考虑其他问题。有个别同学认为,即使采取客观的关联性说,也只能认定为抢劫未遂与盗窃罪,因为被告人在压制被害人反抗后,没有发现电脑,此时已经构成未遂。但行为人后来没有实施新的暴力、胁迫,也不能认可不作为的暴力、胁迫,所以,后面取走现金的行为构成盗窃罪。但是,这个案件与我们前面讲的出于其他故意使用暴力、胁迫压制他人反抗后产生取得财物的故意,还是不一样的。被告人本来就是以抢劫故意实施的暴力,后来也在寻找电脑的过程中发现并取走了现金,既然如此,就难以认为发现现金前已经对电脑成立抢劫未遂。

除此之外,这个案件可能与故意的认识内容有关,也就是说,可能与具体符合说、法定符合说有关。如果采取具体符合说,并要求入户时具有抢劫的故意,那么,被告人在入户时没有抢劫现金的故意,只有抢劫电脑的故意,因而只能成立入户抢劫的未遂,后面取得现金的行为,则既可能被人们评价为普通抢劫的既遂,也可能被人们评价为盗窃罪,前后行为也可能是想象竞合。不过,如果采取法定符合说,则会认为,被告人的行为成立一个入户抢劫的既遂。我一直赞成法定符合说,只要行为人入户时具有抢劫财物的故意即可,至于行为人是为了抢劫电脑还是为了抢劫现金,都不影响入户抢劫的既遂。

第二个案例是日本的真实案件,大多数同学都认为被告人对女士的重伤不承担结果加重犯的责任,只有少数同学持肯定结论。这个案件在日本被认定为抢劫的结果加重犯,也就是说,被告人要对女士的重伤承担责任,日本学者也大多赞成这一结论。之所以如此,是因为女士的反应完全正常而不异常,因为女士只是从二楼跳下去,而不是从20楼跳下去;而且,女士知道了被告人持枪抢劫的胁迫,这种胁迫相当严重,预想到被告人还会针对自己实施抢劫,也很正常。既然如此,就能够将女士的跳楼行为及其结果归属于被告人的胁迫行为。如果能够认定结果归属,那么,剩下的是三个问题:一是女士是不是抢劫罪的被害人,如果不是抢劫罪的被害人,当然也不可能成为抢劫致人重伤的对象;二是被告人对女士的重伤有没有预见可能性;三是是否要求被告人对暴力、胁迫本身具有故意。

日本的判例认为,几名被告人用气枪顶住店员进行的胁迫,客观上已经影响到当时在店铺内的所有人;尽管被告人对作为所有权人的女士在店铺之内这一点并无具体认识,但处于完全可认识到女士存在的状态之下,被告人用气枪顶住店员等人的行为,客观上也是对当时在店铺之内的女士实施了胁迫。虽然判决没有明确说明被告人是否对女士有胁迫的故意,但其实是认定被告人针对在店铺之内的所有人员具有概括的故意。日本还有学者认为,按照判例与多数学者采取的法定符合说,即便不能认定被告人存在概括的故意,从事实认识错误的角度,也能认定被告人存在针对女士的胁迫故意。如果承认了对女士有胁迫的故意,就可以认定其对女士的伤害具有预见可能性。此外,过失也可能是概括的过失。也就是说,既然有概括的故意,相应地也有概括的过失。在我看来,日本裁判所之所以认定抢劫致人重伤,是因为不强调结果加重犯的直接性要件,之所以不强调直接性要件,很可能是由于日本法官的量刑很轻的缘故。也就是说,即使认定为结果加重犯,但由于法官选择最低刑,所以不会导致处罚过重。

此外,日本的判例与通说认为,在抢劫致人伤亡的场合,从主观方面来说,只要行为人对伤亡结果具有过失就可以,不要求行为人对暴力、胁迫本身具有故意,例如,行为人在抢劫的当场不小心踩死了睡在地上的婴儿的,也认定为抢劫致人死亡。

不过,我觉得对上述几个方面的肯定结论都比较勉强。尤其是结果归属与预见可能性两个方面。就女士的受伤而言,即使肯定了一般的因果关系与结果归属,但也难以肯定直接性要件或者直接性关联。如果说几名被告人已经或者将要闯入女士的房间,倒是可以认为符合直接性要件。认定被告人对店铺里的所有人都实施了胁迫,虽然勉强可以接受,但要认定被告人对女士的重伤具有预见可能性,也可能存在疑问。不过,我觉得最主要的原因是不符合直接性要件,所以,不宜认定为抢劫致人重伤。

【事后抢劫罪】

在其他国家,事后抢劫是一个独立的罪名,我国的司法解释没有将事后抢劫视为独立罪名,但可以将它作为一个独立罪名来理解。很多人习惯于将事后抢劫称为转化型抢劫,其实,这个称谓并不好。事后抢劫不同于由盗窃转化为抢劫的情形,而是有独立的构成要件。比如,行为人入户后在物色财物时,被害人刚好回家,于是行为人使用暴力、胁迫手段强取财物的,就是由盗窃转化为抢劫,在这种场合,直接适用《刑法》第263条就可以了,不得适用《刑法》第269条。我下面就事后抢劫讲五个问题。

一、事后抢劫的实质根据

解释学虽然不是立法论,但解释学是可以使刑法条文更完善的。在很多场合,由于法条规定的处罚范围太窄了,我们要通过解释扩大其适用范围;在很多场合,我们要通过解释去限制一些条文的适用范围;同样,如果一些法条的法定刑太重了,我们要通过解释缩小其适用处罚范围。讨论事后抢劫的实质根据,就是为了明确这样的问题,即像《刑法》第 269 条规定的这种行为,按抢劫罪论处究竟是否合适?也就是说,事后抢劫的有责的不法程度是否与普通抢劫的不法程度相当?如果相当,我们就不必限制第 269 条的适用范围;如果不相当或者说事后抢劫的有责的不法程度低于普通抢劫,解释学就要适当限制其适用范围。我先介绍一下德国与日本的各种学说。

德国刑法规定的事后抢劫以盗窃既遂为前提,而且目的仅限于窝藏赃物或者说确保赃物,进而对他人实施暴力或者胁迫。事后抢劫仅限于这种情形时,其与普通抢劫就只是行为顺序不同,行为性质和不法程度没有什么区别。尽管如此,德国的判例与学说还是会讨论事后抢劫与普通抢劫的等质性,对此主要有三种观点。

第一是德国的判例采取的犯罪心理的同质性说。也就是说,事后抢劫与普通抢劫的犯罪心理是同质的。普通抢劫是想通过暴力、胁迫取得财物,而且普通抢劫的暴力、胁迫和强取财物之间只需要主观的关联性;同样,在事后抢劫的时候,行为人也是为了确保取得的财物而实施暴力、胁迫,暴力、胁迫行为与最终取得财物之间也存在主观的关联性。于是,事后抢劫与普通抢劫的犯罪心理是同质的。

第二是客观的等值性说。比如,佩龙教授就极力批判犯罪心理的同质性说,认为事后抢劫与普通抢劫在客观上是等值的,我理解为客观不法的等值,二者只是行为的时间先后不同,行为的内容与结果的内容是相同的。

第三是紧急权说,罗克辛教授就持这样的观点。在事后抢劫的场合,被害人享有紧急权,你们可以理解为被害人在紧急状态下的各种权利,比如夺回财产的权利、抓捕行为人的权利等,行为人的暴力、胁迫行为侵害了被害人的紧急权。于是,前面的盗窃行为,加上暴力、胁迫行为对被害人意志活动自由的侵害,以及对被害人紧急权的侵害,其有责的不法程度就不会小于普通抢劫。

日本刑法规定的事后抢劫与我国的事后抢劫更相似,主要表现为事后抢劫的三个目的与我国一样,但日本事后抢劫罪的前提犯罪仅限于犯盗窃罪,法条上没有要求盗窃既遂。由于法条上不限于盗窃既遂,同时又有抗拒抓捕与毁灭罪证的目的,所以,当行为人盗窃未遂同时出于抗拒抓捕或者毁灭罪证的目的而实施暴力或者胁迫行为时,如何说明其与普通抢劫的等值性就成为问题。日本有许多学说,我介绍几种主要观点。

第一种观点认为,在事后抢劫的场合,行为人对财物的占有还没有确实化,即使既遂了,也处于一种不确定的状态,此后,行为人通过暴力、胁迫手段,使自己对财物的占有确实化或确定化的,就与普通抢劫相同。这种观点似乎没有明确说要把盗窃未遂排除在外,但给人的感觉是将盗窃未遂排除在外了。不过,在我看来,这种说法在很大程度上不是从刑法解释论角度讲的,是从犯罪学的角度讲,只是描述了一种现象,还是有些疑问。

第二种观点认为,作为事后抢劫的前提犯罪的盗窃,只限于盗窃既遂,而不包括盗窃未遂。只有盗窃既遂才能成立事后抢劫的观点,的确有利于使事后抢劫与普通抢劫的不法程度等值。但是,这个解释也存在许多疑问。首先,如果将盗窃仅定为既遂的话,就意味着事后抢劫罪只有既遂犯,而没有未遂犯。于是,持第二种观点的学者会认为,只有当行为人最终确保了所盗窃财物时,才成立事后抢劫罪的既遂;如果在盗窃既遂后被他人夺回了,就仍然成立事后抢劫的未遂。但日本的判例与通说,都没有接受这种观点。其次,法条明文规定了三种目的,如果将盗窃限定为既遂,就难以解释法条为什么将抗拒抓捕与毁灭罪证包含在内。一般来说,如果行为人盗窃既遂,被害人首先就是要夺回财物,然后才可能是抓捕行为人;如果行为人盗窃未遂,被害人首先就是要抓捕行为人。所以,将盗窃限定为既遂,还是难以解释法条的。而且,这种观点导致事后抢劫罪的法条几乎可以删除，为什么这么说呢？这是因为，抢劫罪的对象包括狭义财物与财产性利益，比如，行为人过失拿走了他人的财物，或者说误将他人的财物当作自己的财物拿走了，被害人上门索要自己的财物时，行为人对其实施暴力、胁迫的，就直接构成普通抢劫罪，抢劫的对象是财产性利益。如果行为人盗窃既遂后，在被害人当场要求其返还财物时，行为人对其实施暴力、胁迫的，也可以直接认定为普通抢劫罪，抢劫的对象就是财产性利益。抢劫罪与前面的盗窃罪就形成包括的一罪，仅按抢劫罪处罚。显然，将作为前提犯罪的盗窃限定为未遂，就会导致事后抢劫的条文没有意义了。此外，如果在行为人盗窃未遂当场为抗拒抓捕而使用暴力的场合，不认定为事后抢劫，而是认定为盗窃未遂与暴行罪的并合罪，在日本行得通，但在中国就完全可能无罪了，因为中国基本上不处罚盗窃未遂，也没有暴行罪与胁迫罪，这显然不合适。即使按盗窃未遂处罚，也难以做到罪刑相适应。所以，我们不太可能接受这种观点。

第三种观点认为，事后抢劫的手段对被害人的人身造成了危险。这显然是从手段及其危险的角度说明事后抢劫与普通抢劫的等值性的。

在我看来，要想让事后抢劫与普通抢劫在性质上完全相同，是不可能的。因为盗窃未遂时为抗拒抓捕或者毁灭罪证而当场使用暴力或者以暴力相威胁的情形，与普通抢劫存在明显的区别。也就是说，普通抢劫时，暴力、胁迫手段是取得财物的手段行为，而在上述场合，暴力、胁迫却不是取得财物的手段行为，只是抗拒抓捕或者毁灭罪证的手段行为，而且，这两个目的本身又不是为了取得财物。所以，我觉得只能从整体不法程度上要求等值，而不能要求两个犯罪的性质与构造完全相同。日本的上述前两种观点，实际上是想要求事后抢劫与普通抢劫的构造相同，但这是难以做到的。所以，我们还是要承认《刑法》第 269 条的法律拟制性质，而不是将其视为注意规定。上述第二种观点似乎只是将事后抢劫罪的规定视为一种注意规定，进而要求行为完全符合普通抢劫罪的构成要件，这条路行不通。

那么，怎么说明事后抢劫与普通抢劫的不法程度相当呢？首先要注意的是，《刑法》第 269 条关于事后抢劫的实行行为，已经仅限定于暴力与以暴力相威胁。一方面,不包括其他手段,另一方面,明确将胁迫限定为以暴力相威胁,这本身就使不法程度有所提升。你们可能认为,普通抢劫中的胁迫也是当场以暴力相威胁,其实这只是通说为了使抢劫与敲诈勒索相区别所作的解释,《刑法》第263条并没有要求以暴力相威胁。按理说,只要胁迫行为压制了被害人反抗进而取得财物的,就可以成立抢劫罪。所以,日本的判例与通说并没有将抢劫罪中的胁迫限定为以暴力相威胁。其次,也可以借鉴德国紧急权说。也就是说,侵害一个享有紧急权的人的意志活动自由,与侵害一个普通人的意志活动的自由,在不法程度上还是有区别的,前者当然更为严重。比如,对一个普通人实施暴力行为,与对一个享有正当防卫权利的人实施暴力,其不法程度当然有区别。再加上前面的犯盗窃、诈骗、抢夺罪,事后抢劫的总体不法程度,就并不低于普通抢劫罪了。所以,我觉得没有必要再对我国的事后抢劫罪进行限制解释,也没有必要扩大解释。当然,上面所说的不法程度相当,实际上是指有责的不法程度相当。如果不法程度相当,但责任明显不相当,也不可能适用相同的刑罚。

二、事后抢劫的构造

事后抢劫罪究竟是身份犯还是结合犯?这个问题在日本争议很大,两种观点势均力敌。

在我国,要说事后抢劫是结合犯,几乎不可能。一方面,前面的盗窃、诈骗、抢夺行为也可能因为数额不大而不成立犯罪,另一方面,后面的暴力与以暴力相威胁也未必就构成犯罪,因为我国刑法没有规定暴力罪、胁迫罪。

那么,能否因此就认为我国的事后抢劫是身份犯呢?从法条的文字表述上来看,说事后抢劫是身份犯也是可能的,但是,身份犯说除了我教科书上讲的疑问以外,还有两个不好解释的问题:(1)如果把前面的犯盗窃、诈骗、抢夺罪解释为身份犯的话,就意味着事后抢劫的追责对象只有暴力和以暴力相威胁了。可是,暴力和以暴力相威胁本身在我国刑法中原本并不构成犯罪,怎么可能因为行为人具有某种身份就构成重罪呢?

当然,或许有人认为,采取身份犯说并不是只能将暴力和以暴力相威胁作为追责对象,前面的盗窃罪、诈骗罪、抢夺罪也是追责对象。可是,如果采取身份犯说,就意味着前面的不是行为而是身份,因为身份本身不是行为。当然,也可能说,虽然身份不是行为,但可能因为行为而取得一种身份。可是,如果这样说的话,就只是一种表述的变化而已,没有实质意义。也就是说,身份犯说采取的表述是:"犯盗窃罪、诈骗罪、抢夺罪的行为人,为窝藏赃物……";不采取身份犯说的表述是:"行为人犯盗窃罪、诈骗罪、抢夺罪,为窝藏赃物……"。按理说,后一种表述才是法条的表述。

(2) 如果将事后抢劫解释为身份犯的话,就与"当场"的要求不协调。日本的事后抢劫罪没有当场的规定,但是日本的判例和学说要求暴力、胁迫行为必须发生"在盗窃的机会中"。之所以要求"当场"或者"在盗窃的机会中",就是为了强调前面的犯罪与后者的暴力、胁迫的关联性、一体性。如果说事后抢劫罪是身份犯的话,就没有必要要求"当场"了。因为行为人盗窃后回家了,第二天被害人找上门要求返还财物的,行为人依然也是身份犯。简单地说,将前面的犯盗窃、诈骗、抢夺罪解释为行为而不是身份,才有利于说明前后行为的关联性与一体性。

一般来说,将事后抢劫解释为身份犯,可能有利于解释承继的共犯的问题。比如,甲实施盗窃,被被害人抓捕,此时乙知道真相后与甲共同实施暴力、胁迫的,对乙怎么定罪?采取身份犯说,就可以不需要用承继的共犯理论来解释,而是用身份犯的共犯来解决。但事实上也没有这么简单。日本采取身份犯的学者,对此存在不同观点。

第一种观点认为,事后抢劫虽然是身份犯,但属于加减身份犯,而不是构成身份犯。所以,对上述案例中的甲虽然要按事后抢劫量刑,但对乙只能按暴行罪、胁迫罪量刑,因为乙不具有加重量刑的身份。我们显然不可能采取这种学说,因为如果采取这种学说,乙在我国就不构成犯罪了。

第二种观点认为,事后抢劫罪是身份犯,而且是构成的身份犯,或者说是真正身份犯。根据《日本刑法》第 65 条第 1 项的规定,虽然乙不具有身份,但其与有身份的甲共同实施暴力、胁迫行为犯罪时,也成立事后抢劫的共犯。这种观点有利于解决承继的共犯问题。但是,我觉得我们也不能采取这种观点。因为如果采取这种观点,事后抢劫就是特殊身份＋暴力、胁迫,但上述案件中的乙并没有身份,而其所参加的暴力、胁迫本身也不是犯罪。所以,乙的结局仍然是无罪,这显然也不合适。

第三种观点认为,事后抢劫中的行为人为了窝藏赃物的时候是违法的身份,为了抗拒抓捕、毁灭罪证时是责任身份。由于违法是连带的,所以,当上述案例中的甲出于窝藏赃物的目的,乙知道真相而与甲共同实施暴力、胁迫行为时,乙也成立事后抢劫。但是,责任是不可以连带的,所以,当上述案例中的甲出于抗拒抓捕或者毁灭罪证的目的,乙知道真相而与甲共同实施暴力、胁迫行为时,乙因为不具有责任身份,所以,仍然仅成立暴行罪、胁迫罪。但是,我国没有这两个罪,所以,按照第三种观点,在这种情况下,乙只能无罪。

所以,并不是说只要采取身份犯说,对上述案例就能当然得出乙成立事后抢劫共犯的结论,还要看采取哪种学说。如果是采取结合犯说,就要用承继的共犯的理论,乙是否构成抢劫罪,就取决于你采取肯定说还是否定说。德国几乎没有争议地采取肯定说,事后抢劫中途参与的,德国都认定为事后抢劫的共犯。日本有部分学者采取否定说,日本的判例与通说是采取肯定说或者限定的肯定说。我是采取限定的肯定说的,否则,许多案件没有办法处理。

三、事后抢劫的前提犯罪

刑法规定的事后抢劫罪的前提是犯盗窃、诈骗、抢夺罪,对此教科书上讲得很详细。我要提醒注意的是,一定要将"犯盗窃、诈骗、抢夺罪"理解为,行为能够被评价为盗窃罪、诈骗罪、抢夺罪就可以了。所以,不管是想象竞合或者法条竞合,抑或是牵连犯,只要前面的行为符合盗窃、诈骗、抢夺罪的构成要件,就可能认定为事后抢劫,否则会导致处罚不公平。比如,盗伐林木数额较大,当场被林业部门工作人员抓捕时,对工作人员实施暴力或者以暴力相威胁的,当然要认定为事后抢劫,因为盗伐林木的行为也符合盗窃罪的构成要件。如果不认定为事后抢劫,就明显不公平。再如,前面的行为是金融诈骗、合同诈骗的,当然也符合诈骗罪的构成要件,只要符合后面的条件,也成立事后抢劫。同样,抢劫罪也能评价为盗窃罪或者抢夺罪,当然也可能再成立事后抢劫。以前讲过这一点。希望你们对这一点不要有疑问,只有过于形式主义地解释法条,或者说采取汉语文字法学的人,才会说事后抢劫的前提犯罪,只包括字面意义上的三种犯罪。

还要说明的是,我并没有对"犯盗窃、诈骗、抢夺罪"作扩大解释,我只是说,凡是行为符合了这三个罪的构成要件或者说能够评价为这三个罪的,就符合事后抢劫前提犯罪的条件,而不是说,盗窃罪包括盗伐林木罪,诈骗罪包括金融诈骗罪。虽然最终结论是一样的,但解释路径不一样。而且,如果说盗窃罪包括盗伐林木罪,诈骗罪包括金融诈骗罪,也难以被人接受。

四、事后抢劫的主观要素

犯盗窃、诈骗、抢夺罪当然是故意的,此外还需要出于三个特定目的,这些我就不解释了。问题是,在暴力或以暴力相威胁致人重伤或者死亡的时候,是否要求行为人对暴力、胁迫本身有故意?比如,为抗拒抓捕或者毁灭罪证,过失实施的暴力致人重伤、死亡的,可不可以认定为抢劫致人重伤、死亡?不要以为这种情况不可能发生,世界之大无奇不有,你没有看到、没有想到的,不意味着不可能发生。例如,行为人犯盗窃罪后被紧追不舍,行为人为了摆脱紧追在后面的被害人,就跨越很高的栏杆,导致栏杆倒塌,刚好砸到后面的被害人,导致被害人重伤或者死亡。又如,行为人在逃跑的时候,踩中一块不稳固的石头,导致边上的一块小石头弹起来砸中了被害人的太阳穴,导到被害人死亡。行为人的行为导致有体物击中了被害人时,客观上当然叫暴力。因为从客观上说,这与行为人持铁棒或者石块打中被害人是没有区别的。但是,行为人对暴力没有故意,如果行为人对重伤、死亡结果有过失时,能否认定为事后抢劫致人重伤、死亡?日本的通说认为,抢劫致人伤亡罪,不需要行为人对暴力、胁迫有故意,只要行为人对伤亡结果有过失即可。当然,这与日本认定的抢劫致人伤亡罪的范围有关。例如,我前面讲过,行为人入户抢劫后逃出时,不小心踩中睡在地上的婴儿，在日本会认定为抢劫致人死亡。但我们一般不会接受这种观点。当然，我国《刑法》第269条的"为……而当场使用暴力或者以暴力相威胁的"，似乎只是强调了目的，而没有要求对暴力、胁迫本身有故意。但是，不可否认暴力和以暴力相威胁是事后抢劫罪的客观构成要件要素，而事后抢劫本身是故意犯罪，这就要求行为人对暴力、胁迫本身具有故意。否则，就很难与普通抢劫罪的有责的不法程度相当。一个故意的盗窃、诈骗、抢夺行为加上过失的暴力，不可能与普通抢劫的有责的不法程度相当。所以，我觉得，行为人还是必须对暴力、胁迫行为本身具有故意，并对伤亡结果有过失，才能认定为事后抢劫致人重伤死亡。我刚才举的案例，只能将前面的行为认定为盗窃罪，将后面的行为认定为过失致人重伤罪或者过失致人死亡罪，当然行为人必须具有过失，然后实行数罪并罚。

五、主观目的是否需要客观化

事后抢劫罪的成立必须出于三种特定目的之一，问题是，行为人虽然出于三种目的之一，但客观上并不是有助于三种目的实现的情形，应当如何处理？这一点在日本存在争议，在我国也存在不同观点。

例如，行为人犯盗窃罪，在逃离现场的时候，误以为一个无关的第三人是在追赶自己，实际上第三人就是个跑步的，行为人对第三人实施了暴力或者以暴力相威胁。再如，行为人犯盗窃罪后，保安或警察没有发现他的盗窃行为，只是礼节性地跟行为人打个招呼，问行为人去哪里，行为人为抗拒抓捕对保安或者警察实施暴力或者以暴力相威胁。

一种观点认为，刑法只是规定行为人必须出于三种特定目的之一，没有要求实现这三种目的，而且，刑法也没有限定暴力、胁迫的对象，所以，上述行为人的行为成立事后抢劫。我称之为肯定说。另一种观点则认为，行为人是为了达到一定目的而实施暴力、胁迫的，因此，其实施的暴力、胁迫必须与目的的达成之间存在客观的关联性，也就是说，暴力、胁迫在客观上必须是能够实现特定目的的。在上述案件中，相对于行为人的目的而言，其实施的暴力、胁迫行为实际上是完全没有意义的行为，因此，不能成立事后抢劫罪,只能成立盗窃罪与暴行罪、胁迫罪。我称之为否定说。

我前面在讲普通抢劫的时候,主张暴力、胁迫等手段行为与强取财物之间必须具有客观的关联性,实际上是讲手段行为与目的行为的客观关联性。可能有人认为,既然如此,在事后抢劫罪中,也必须要求客观的关联性。其实,所谓事后抢劫罪的客观的关联性,应当是指暴力、胁迫手段与前面的盗窃、诈骗、抢夺的客观关联性,客观上的"当场"再加上行为人出于特定目的,就足以体现客观的关联性,而不一定要求暴力、胁迫行为必须是实现目的的行为。从我国《刑法》第 269 条的字面表述上看,三个特定目的是主观的超过要素,不要求行为人实现这三个目的,法条也没有限定暴力、胁迫的对象,所以,对上述两个案件认定为事后抢劫还是有理由的。当然,这个问题其实与其他目的犯都有关系,也就是说,在目的属于主观的超过要素时,是否要求行为人所实施的行为必须是能够达成目的的行为?以及如果达成目的的话,是不是要求行为人所实施的行为本身达成目的?其实是可以持否定回答的,当然肯定会有争议。既然是主观的超过要素,就不需要客观化,只要存在于行为人的内心即可。例如,在上面两个案例中,我们不可能否认行为人具有抗拒抓捕的目的。

说实话,我对这个问题一直在犹豫,我在《刑法学》第五版中就想修改观点,即修改为上述两个案件不成立事后抢劫罪,但想去想来还是没有修改。虽然也不排除以后会修改,但一旦修改,就会导致后面的行为不成立犯罪,只能认定前面的犯罪,如果前面的行为没有达到数额较大的起点,可能就不构成犯罪了,这是我不能接受的结论。如果将行为认定为寻衅滋事罪,则完全改变了行为的性质,使一个侵害个人法益的犯罪变为对公法益的犯罪,也不合适。

那么,如果采取肯定说,是否与我前面讲的对被害人紧急权的侵害相冲突呢?我觉得也不一定冲突,因为在行为人犯盗窃、诈骗、抢夺罪的当场,任何人都享有抓捕或者扭送行为人、保护犯罪证据的权利,只是没有意识到这个权利而已,但没有意识到这个权利不等于他没有这个权利。

总的来说,如果越强调事后抢劫和普通抢劫的构造的相同性,越会对上述问题采取否定说;如果认为事后抢劫原本就不是抢劫而是刑法的拟制规定,则采取肯定说也是可能的。反正我一直在犹豫中,如果我国刑法规定了暴行罪、胁迫罪,我可能立马就会改变观点。

【抢夺罪】

下面简单地讲一下抢夺罪。

大多数国家(地区)刑法没有规定抢夺罪,德国、日本刑法没有规定抢夺罪,韩国刑法也没有规定抢夺罪,规定了抢夺罪的是少数国家。东南亚有些国家(地区)刑法规定了抢夺罪,我的印象中,泰国刑法也有抢夺罪规定,我国台湾地区现行刑法也规定了抢夺罪。我国宋朝法律就有抢夺罪的规定,后来就一直有了抢夺罪的规定。

德国、日本刑法没有抢夺罪,对抢夺行为部分认定抢劫罪,部分认定为盗窃罪。之所以对部分抢夺行为可能认定为抢劫罪,是因为抢夺行为都是夺取他人紧密占有的财物。当财物在他人身上或者拿在手中时,使用强力夺取,就不只是对物暴力,而是对他人的身体实施暴力,而且是一种压制他人反抗的暴力,因而能够认定为抢劫罪。在我们国家,对于所谓的飞车抢夺,除了极少数情况外,通常要认定为抢劫罪。因为当行为人骑着摩托车或者开着汽车抢夺他人尤其是行人身上或者手中的财物时,不仅属于对他人的暴力,而且这种暴力相当危险。只有当飞车抢夺所夺取的是他人自行车、电动车的前面或者后面的篮子里的财物,而且财物与自行车、电动车没有系在一起时,也就是说,抢夺财物不会直接导致自行车、机动车翻倒时,才可以认定为抢夺罪。如果被害人的包系在自行车或者电动车上,对于飞车抢夺的行为也必须认定为抢劫。你们不能将暴力理解得过于狭窄,也不能将对物暴力与对人暴力完全对立起来,对物暴力完全可能同时也是对人暴力,对人暴力分为直接暴力与间接暴力,飞车抢夺属于直接暴力,而不是间接暴力。以前还有人问这样的案件:行为人骑着摩托车夺取被害人手提包时,由于被害人紧抓着手提包,行为人将被害人拖行了十几米乃至几十米后,被害人才松手。这百分之百是抢劫,而不能认定为抢夺罪。

不要将抢夺理解为或者等同于公开盗窃。对抢夺其实是很难下定义的，即使是像旧中国以及现在的台湾地区的学者所说的"不法使用腕力夺取财物"，也很难真正表达抢夺的含义。在汉语中，抢与夺都有迅速、强力的含义在里面，所以我认为，从形式上说，至少必须具备两个条件才能认定抢夺：一是行为对象是被害人紧密占有的财物，包括被害人自行车、电动车上面的财物，如果财物已经完全离开了被害人的身体与交通工具，行为人取得该财物的，无论如何都不是抢夺，只能是公开盗窃。二是行为必须能评价为迅速的、严重的或者说强力的对物暴力。所以，扒窃虽然可能取得了他人紧密占有的财物，行为也可能很迅速，但不属于严重的对物暴力。从实质上说，只有可能致人伤亡的行为，才可能成为抢夺行为。当然，不要求致人伤亡的可能性很大，但多多少少要有一点可能性。之所以提出这一实质要求以及上面两个形式要求，是因为清律、旧中国刑法以及现在的台湾地区刑法，对抢夺罪都规定了致人伤亡的结果加重犯，如果不同时符合上面两个条件，怎么可能致人伤亡呢？当然，可能有人会说，我国现行刑法没有规定抢夺致人伤亡的结果加重犯，为什么要这么限定呢？但是，一个罪的形成和发展过程，会影响我们对其构成要件的解释。更为重要的是，在现代社会中，一个人的身上不可能携带数额巨大、特别巨大的财物，对抢夺罪的情节严重与情节特别严重，就主要通过行为造成的伤亡结果来判断。

对于携带凶器抢夺的规定，一定要理解为法律拟制，不要理解为注意规定。尤其是不能按照通说那样去理解抢夺。通说认为，抢夺是乘人不备公然夺取，又认为只有使用或者显示了凶器才成立抢劫罪。可是，如果这样理解的话，怎么可能存在携带凶器抢夺的案件呢？要求行为人先到被害人面前显示一下凶器，然后再乘其不备夺取其财物吗？况且，如果将携带凶器抢夺理解为注意规定，这种行为也不成立抢劫罪啊！因为显示凶器与乘人不备夺取财物，缺乏客观的关联性，并不是因为显示凶器就压制了被害人反抗。只有将携带凶器抢夺理解为法律拟制，才能解释所有问题。因为抢夺他人财物时，他人是可以立即发觉的，而发觉后的第一反应当然是要夺回财物，可是，行为人携带了凶器，并且具有随时使用凶器的意思,因而与抢劫罪的不法程度相当。1997年的刑法修订草案原本还有携带凶器盗窃的以抢劫论处的规定,但后来删除了,确实应当删除。虽然存在公然盗窃的情形,但大多数盗窃客观上还是秘密的,在这种情况下,对于携带凶器实施盗窃的行为以抢劫罪论处,确实不合适。

【诈骗罪】

一、保护法益

关于财产罪保护法益中的占有说、本权说以及中间说,主要是围绕转移有体物的犯罪去展开的。因为在德国、日本,盗窃罪的对象仅限于有体物或者狭义财物,而不包括财产性利益。受德国刑法理论的影响,关于财产罪保护法益的法律的财产说、经济的财产说及其折中说,则主要是围绕诈骗罪展开的,因为德国刑法规定的诈骗罪的对象就是财产。但是,财产当然包括有体物,在这个意义上说,关于占有说、本权说及其中间说,并不是完全不适用于诈骗罪。也就是说,当行为人骗取他人狭义财物时,基本上还是可以通过占有说、本权说及其中间说来解释的。日本刑法关于诈骗罪的规定,明确区分了财物与财产性利益,所以,大多数日本学者没有就诈骗罪的保护法益作出与盗窃罪的保护法益不同的解释。但是,德国刑法关于诈骗罪的规定,没有区分财物与财产性利益,而是直接表述为财产。于是,什么是财产就成为问题。刑法理论上存在法律的财产说、经济的财产说与法律的经济的财产说。

德国较早采取法律的财产说,这显然与权利侵害说有关系。但是,德国的判例从1910年起就采取了经济的财产说。后来大概经过了20年的时间,经济的财产说在理论上成为相对有力的学说。为什么会从法律的财产说转向经济的财产说呢?从宏观到微观主要是三个原因:(1)关于刑法和民法关系的转变。以前强调刑法要从属于民法,也就是刑法的从属性,刑法是第二次规范。但后来刑法的独立性思想受到了重视,于是,就不能完全按照民法上规定的民事权利去判断财产罪的保护法益。

(2)从权利侵害说到法益侵害说的发展也给经济财产说提供了理论支撑。按照费尔巴哈的权利侵害说,根本不可能主张经济财产说,因为经济财产说只考虑被害人的经济利益是否减少,而不考虑权利是否受到侵害。(3)不法原因给付和诈骗罪的关系,作为一个契机,使经济的财产说得以发展。如果采取权利侵害说以及法律的财产说,被害人虽然受欺骗但基于不法原因交付财产给他人时,对方就不成立诈骗罪了,但判例和理论都认为应当认定为诈骗罪。比如,行为人把面粉当做毒品卖给他人,不定诈骗罪很不合适。但是,完全采取经济的财产说也存在问题,所以,后来出现了法律的经济的财产说,也就是折中说。我采取的是折中说。

随着社会的发展,对财产性利益的犯罪会逐步增加,而对有体物的犯罪可能会慢慢减少。我们现在都认为现金是有体物,可是,使用现金的情形越来越少,而且推行电子货币后,电子货币就相当于债权了。当然,也有不少学者认为金钱也是一种债权凭证。所以,从财产或者财产性利益的角度来研究保护法益,还是很有意义的。这个意义并不限于诈骗罪,而是对所有将财产性利益作为对象的犯罪都有意义。那么,是不是一定要根据有体物与财产性利益形成两套保护法益的理论呢?我觉得从长远来看没有这个必要。由于我国刑法分则并没有区分财物与财产性利益,或者说,我国刑法分则规定的财物是广义的财物,只需要有一套财产罪的保护法益的理论就够了。现在之所以存在两套保护法益的理论,是因为我们原先了解的是日本的学说,后来又了解了德国的学说,而这两个国家的刑法理论所讨论的侧重点不一样。其实,两套保护法益理论是可以融合贯通的。因为本权说与法律的财产说的实质是一样的,都是强调民事权利的重要性;而占有说与经济的财产说的实质也是一样的,都是强调被害人的经济利益;本权说、占有说之间的中间说与法律的经济的财产说,都是折中的学说。所以,有可能将二者整合成一套理论。我以前就反复在课堂上讲过,我国刑法没有区分狭义财物与财产性利益,但我们却偏偏接受了对二者进行区分的理论学说,一些人完全按照德国的刑法规定与理论解释我国的刑法规定,坚持认为财产性利益不能成为盗窃的对象,但可以成为诈骗等罪的对象。德国刑法理论成为检验我国刑事立法与刑法理论的唯一标准。其实,区分狭义财物与财产性利益的学说面临着很多困境,我听说日本一些法科学生认为只将有体物作为盗窃罪对象的规定不可思议。我们有的教授居然还反问:"电脑游戏中的魔剑拿不到现实世界中来,有什么价值?"代沟啊代沟!如果我们对狭义财物与财产性利益不作区分,将虚拟财产乃至部分数据均作为财物,齐心协力形成一套保护法益的理论,进而对财产犯罪的构成要件作出全新的解释,在这一方面领先其他国家不是没有可能的。可惜呀可惜!

话说回来,如何理解法律的财产说、经济的财产说以及法律的经济的财产说,以及如何运用这些学说,并不是根据字面含义就可以得出结论的。持任何学说的学者,都要考虑具体案件结论的妥当性。所以,持相同学说的学者,也完全可能对同一个案件持不同的结论。因为结论首先来源于学者的预判,而不一定来源于他的理论。当甲学者自称采取经济的财产说,但遇到一个案件他觉得不构成诈骗罪时,他会说这个案件中被害人不存在经济利益的减少,所以对方的行为不构成诈骗罪。这其实是很正常的现象,并不异常。存在争议的是以下几种情形。

第一是违法的劳务。比如,甲跟乙说:"如果你把丙的车毁坏了,我给你5万块钱。"乙信以为真,就把丙的车毁坏了,但甲没有给乙钱。甲的行为是否构成诈骗罪?根据法律的财产说,甲是不可能构成诈骗罪的。因为乙的劳务本来就违法,不应当取得报酬。根据经济的财产说,就有可能得出甲的行为构成诈骗罪的结论,劳务虽然不合法,但还是要看是否影响经济利益,如果乙的经济利益减少了,还是可以认定甲的行为成立诈骗罪的。不过,在我国不可能认定甲的行为成立诈骗罪,即不会完全采取经济的财产说。相反,甲的行为成立故意毁坏财物罪的共犯。

第二是无效的请求权。比如,甲和乙共同盗窃,约定所盗财产各得一半,乙主要在门外望风,甲入室盗窃了2万元现金,但谎称只窃取了5000元,于是仅给乙2500元。不管后来乙是否知道真相,以及是否向甲讨要7500元,都涉及甲的行为是否构成诈骗罪的问题。按照法律的财产说,甲的行为不可能成立诈骗罪。按照经济的财产说,甲原本是构成诈骗罪的,但德国判例觉得构成诈骗罪不合适,所以在这一点上有所修正,认为无效的请求权没有经济价值。可是,我觉得这个修正就是为了得出甲不构成诈骗罪的结论,怎么能说没有经济价值呢?乙明明少得了7500元。只有采取法律的财产说或者法律的经济的财产说,才有可能说甲是无罪的。

第三是基于违法的占有。例如,行为人欺骗盗窃犯,让盗窃犯把赃物交给自己的,是否成立诈骗罪?根据经济的财产说,这一行为构成诈骗罪。问题是采取法律的财产说、法律的经济的财产说会得出什么结论?有的学者认为,根据民法的占有保护规定,基于违法的占有也应当受保护。有的学者则认为,基于违法原因的占有不应当受法律保护。我认为,只要行为人不是本权者,其行为是成立诈骗罪的。

第四是违法目的的预付款。比如,雇凶杀人案件中,凶手从雇凶者那里获得的预付款,是否受刑法保护?经济的财产说会得出肯定的结论,但法律的财产说、法律的经济的财产说都有争议,一种观点认为,通过对违法目的作出否定评价来否认刑法上的保护;另一种观点则认为,金钱的所有、占有本身是合法的,所以值得刑法保护。在我看来,第三者骗取凶手所得的预付款以及雇凶者骗回预付款的,都能成立诈骗罪。

二、诈骗对象

从事实上说,诈骗罪的行为对象要比盗窃罪的行为对象宽一些。前面讲过,我国刑法中的财物包括狭义财物与财产性利益。狭义财物与财产性利益的关系比较复杂,有时候,狭义财物是财产性利益背后的经济利益,有时候,财产性利益是狭义财物背后的经济利益;有时候二者同等重要,有时候其中一个更重要;有时候,狭义财物与财产性利益有对应关系,有时候二者之间没有对应关系。我这里侧重就财产性利益讲几种情形。

第一是债权的取得。债权的取得既可能成为盗窃罪的对象,也能成为诈骗罪的对象。比如,行为人通过某种软件将他人银行卡里的10万元转到自己银行卡上,就是盗窃罪。同样,如果行为人欺骗他人,让他人把债权转移给行为人,这个行为构成诈骗罪没有什么问题。争议的问题是,行为人甲欺骗乙让乙给自己写了一张欠条,即乙欠甲10万元。如果后来乙果真将10万元现金交付给甲,当然成立诈骗罪。但甲仅仅是取得了乙的欠条时,是否成立对财产性利益的诈骗既遂?在德国会认定为诈骗既遂,但在日本有争议。部分学者认为,甲的行为构成诈骗既遂;部分学者认为,对这种情形认定为诈骗既遂要谨慎,但没有明确说这种行为是否构成诈骗既遂;部分学者认为这种行为不构成诈骗财产性利益的既遂,只是诈骗狭义财物的未遂犯。在中国的司法实践中,都不认为构成诈骗既遂,因为大家认为,乙根本不会归还这10万元,完全可以"赖掉",因而没有财产损失。按理说,只要承认财产性利益可以成为诈骗罪的对象,就可以认为上述行为成立诈骗既遂。问题不是出在解释上,而是出在观念上。一方面,越是讲信用的国家,越容易认定诈骗既遂,反之则不会认定为犯罪,甚至会否认未遂犯的成立。另一方面,是单纯进行事实判断还是进一步进行规范判断,也会影响对上述案件的处理结论。

第二是债务的免除。行为人使用欺骗手段使他人产生认识错误免除行为人债务的,肯定构成诈骗罪。这在我国好像没什么问题。为什么债务免除定诈骗既遂没有障碍,而取得债权就不能定诈骗呢?二者难道不是一样的吗?为什么使他人免除自己的债务,他人就有财产损失,而使他人给自己打欠条的,他人就没有财产损失呢?还是诚实信用问题,因为我们认为,被害人债务免除了行为人就不还钱了,而被害人打了欠条之后可以不还钱。有人会说,欺骗他人打欠条时,这个欠条是无效的,当然不用还钱,所以,被害人没有财产损失。可是,我也可以这样讲,欺骗他人免除债务时,免除也是无效的,行为人当然还要还钱。这有什么不一样呢?不管怎么说,通过欺骗手段使他人免除债务的,应当认定为诈骗罪。例如,行为人在餐馆吃完后,发现忘了带钱包,就通过欺骗方法使餐馆免除了自己的餐费。这个行为成立诈骗罪。顺便讲一下:行为人在餐馆点菜时,就没有想支付对价的意思,吃完后不给钱就要走,但被餐馆人员拦住了,行为人就使用暴力压制反抗,餐馆人员只好同意行为人离开了。行为人前面点菜的时候就没有支付意思,是对饭菜的诈骗罪;后面使用暴力压制反抗,是对财产性利益的抢劫,即通过暴力手段使他人免除自己债务的,成立抢劫罪。问题是,对上述行为怎么处理。在国外有三种观点:(1)认定为两个罪,即诈骗罪与抢劫罪,二者的行为对象不同,前面的对象是有体物,后者的对象是财产性利益,实行数罪并罚。但是,被害人最终毕竟只有一个财产损失,所以,实行数罪并罚不合适。(2)前面的行为构成诈骗罪,后面的行为是不可罚的事后行为或者共罚的事后行为。这个观点明显不当,单纯使用暴力迫使他人免除债务的都成立抢劫罪,为什么在诈骗之后使用暴力使他人免除债务的反而只成立诈骗罪?这明显不公平。(3)前后两个行为属于包括的一罪或者想象竞合,从一重罪处罚。按理说,这三种观点中,第三种观点更为合理。你们想一想,是否还有一种可能,即有没有可能构成事后抢劫呢?即行为人犯诈骗罪,出于特定目的而当场使用暴力或者以暴力相威胁的,成立事后抢劫罪。问题是行为人主观上出于哪个目的?如果餐馆只是要求行为人支付餐费,行为人的目的是什么呢?是窝藏赃物吗?赃物在肚子里,不需要窝藏了,餐馆并非要夺回赃物,行为人也不是为了抗拒抓捕或者毁灭罪证,所以,似乎不符合事后抢劫罪的主观要素。不过,反正可以进一步讨论,比如,能不能说这种情形是抗拒抓捕呢?

第三是债务的延期履行。债务人使用欺骗手段使债权人同意其延期履行债务的,国外一百多年前就认定为诈骗罪,在中国没有人会主张这种行为构成诈骗罪,好像能延期履行债务就不错了,怎么能构成犯罪呢?跟国外学者讨论这样的案件时,我总是感到很惭愧。其实,在许多情形下,债务的延期履行会给债权人带来重大的损害。比如,乙借给甲1000万元,约定一个月归还。一个月后乙有投资项目或者股市大涨,但甲采用欺骗手段使乙同意延期一个月归还,乙丧失了投资机会或者未能在股市上获利,而甲却利用这1000万元在股市上获利很多。所以,我还是建议将债务的延期履行认定为财产性利益,而且是值得刑法保护的财产性利益。

第四是劳务、服务。前面讲的是违法的劳务,现在讲的是合法的劳务、服务。在德国,劳务、服务本身就是利益,所以,成为诈骗罪的对象没有问题。在日本则存在无限定说与限定说。无限定说认为,劳务、服务本身就是财产性利益。例如,行为人假冒地震灾区的志愿者,以志愿者负责人的身份欺骗其他志愿者,让其他志愿者给自己建房屋。无限定说认为,这种行为构成诈骗罪。限定说则认为,劳务、服务本身不是财产性利益,劳务、服务的对价才是财产性利益。所以,上面的这个案件就不构成诈骗罪。再如,甲只是购买了从北京到石家庄的高铁票,但一直乘坐到广州,到达广州站之后,逃票出了车站。如果采取无限定说,甲当然构成诈骗罪,所骗取的就是从石家庄到广州的高铁服务。如果采取限定说,则会有不同观点。有人可能认为,甲的行为不构成诈骗罪,也不构成盗窃等罪;有人可能认为,甲的行为仍然构成诈骗罪,只不过是在北京进站时或者在石家庄站隐瞒了自己的内心想法,导致车站人员或者乘务人员没有要求其补票,从而免除了其债务。当然,在有一些场合,两种观点得出的结论是一样的,只是说理不同,着手、既遂的认定时间可能不同。将刚才的案件改编一下:甲只是购买了从北京到石家庄的高铁票,但一直乘坐到广州,在广州站欺骗高铁工作人员,谎称高铁票丢失,工作人员信以为真,就予以放行。如果采取无限定说,甲在石家庄站不下车就是诈骗罪的着手,不久即既遂,行为一直持续到广州。如果采取限定说,则既可能认为在石家庄站是着手,也可能认为在广州下车后谎称高铁票丢失才是着手。这一点,日本的讨论相当充分,大家可以看一看日本的刑法分则教科书。不过,要注意我国刑法的规定。我国刑法规定了强迫劳动罪,如果说劳务、服务本身就是财产性利益,那么,强迫他人免费为自己劳动的,就构成抢劫罪。这一结论是否合适? 需要讨论。当然,如果采取无限定说,也会这样认为,强迫他人为自己劳动并支付报酬的,构成强迫劳动罪;强迫他人为自己劳动但不支付报酬的,构成抢劫罪。但是,采取限定说,也可能对后一种情形认定为抢劫罪,只是说,对应当支付的对价构成抢劫罪,而不是对劳动本身构成抢劫罪。

第五是使用银行卡的利益。这是我归纳出来的一种情形。比如,民营企业负责人甲以自己的名义办理了一张银行卡,并存入200万元,然后将银行卡行贿给国家工作人员乙,同时也将密码告诉了乙,乙收下后过了一个星期就被留置。甲估计乙还没有使用,就到银行柜台挂失,使200万元又回到了自己的银行卡上。甲除了行贿罪以外,对200万元当然要承担刑事责任。比如,A将一根金条行贿给国家工作人员后再盗窃回来的,能不成立盗窃罪吗？当然成立。那么，甲构成什么犯罪呢？甲并不是将银行债权送给了乙，因为相对于银行而言，只有甲是债权人，乙根本不可能是债权人。甲只是将使用银行卡的利益转移给乙了，然后，甲又将使用银行卡的利益转移回来了。当然，这个案件中债权本身也是财产性利益，我只是从使用银行卡的利益角度来说的。

第六是银行卡的密码。这与上一点有联系。以前讲过日本的案件，行为人事先取得了他人的银行卡，后来使用暴力、胁迫手段迫使他人说出银行卡密码，案件到此为止。日本裁判所认定为抢劫既遂，抢劫对象是财产性利益，即行为人通过暴力、胁迫手段取得了随时可以取款的地位或者利益。假如，甲捡到他人银行卡后，通过欺骗他人的方法获得了他人的密码，还没有取款或者使用时，是否成立诈骗罪呢？按照日本裁判所的逻辑，就构成诈骗罪。但在我国，估计大家都不会接受这个观点。我的观点是，银行卡密码本身不是财产性利益，但使用银行卡的利益本身则是财产性利益。

第七是岗位、职位。行为人通过欺骗手段骗取了一个岗位、职位时，在德国就构成诈骗罪既遂，而不是等拿到工资或者报酬时才是诈骗既遂。但是，我没有见到日本有这样的判例与学说。德国还有一个缔约诈骗的概念，行为人使用欺骗手段与他人签订的合同，签完合同就构成诈骗既遂。在我国，估计也没有人接受德国判例与学说的观点。

第八是专利、商业秘密等。我觉得不排除它们能成为诈骗罪的对象。也就是说，通过欺骗手段骗取专利、商业秘密的，也就是骗取了财产性利益，完全可能成立诈骗罪。当然，可能与侵犯知识产权罪成立想象竞合。

> **课堂提问**

问：为什么说对事后抢劫罪采取身份犯说与刑法关于"当场"的规定不协调？

答：按照身份犯说，就意味着行为人在犯盗窃、诈骗、抢夺罪后，就取得了这一身份。行为人过了几天后出于法定目的对他人使用暴力或者以暴力相威胁的，没有理由不成立事后抢劫，因为行为人具有这一身份。但是,刑法规定"当场"这一条件,就是要强调前面的犯罪与后面的暴力、胁迫的紧密关联性。也就是说,只有不将犯盗窃等罪理解为身份犯,而是理解为犯罪本身,才需要提出"当场"的要求。

问:前面讲到的日本抢劫银行卡密码的案件,如果行为人后来持他人银行卡到银行柜台取款的,应当怎么处理?

答:我觉得应当是包括的一罪,因为被害人最终只有一个财产损失,所以,还是只按抢劫罪处罚。

问:既然认为事后抢劫罪与普通抢劫罪的不法程度相当,为什么最高人民法院的司法解释要把已满14周岁不满16周岁的人排除在行为主体之外?

答:事后抢劫罪与普通抢劫罪的不法程度相当,是刑法明文规定的,因为最终的定罪相同、法定刑相同。我认为已满14周岁不满16周岁的人要对事后抢劫承担刑事责任。两种观点的推理是不一样的。司法解释的推理是,事后抢劫的前提是犯盗窃、诈骗、抢夺罪,但《刑法》第17条规定已满14周岁不满16周岁的人不能犯盗窃、诈骗、抢夺罪,所以,也不能构成事后抢劫罪。其实,已满14周岁不满16周岁的人并非不能犯盗窃、诈骗、抢夺罪,而是能犯这几种罪,只是不负刑事责任而已。但是,对这三种犯罪不负刑事责任,不等于对事后抢劫罪不负刑事责任。我的推理是:《刑法》第17条规定已满14周岁不满16周岁的人对抢劫罪承担刑事责任,事后抢劫属于抢劫罪,既然如此,已满14周岁不满16周岁的人要对事后抢劫承担刑事责任。所以,我不赞成司法解释的观点。

问:关于事后抢劫的案例,在司法实践中,有的小偷被多人围住了,小偷就说"你们上来我就砍死我自己",周围的人很害怕就离开了,对小偷能否认定为事后抢劫?

答:不能。以暴力相威胁,是指以加害他人的生命、身体等相威胁,而不是以加害自己的生命、身体相威胁。周围的人不是害怕自己受到侵害,而是害怕小偷会砍死他自己。也就是说,小偷根本没有实施威胁行为。不能因为周围的人很害怕,就想当然地认为行为人实施了胁迫行为。

问:前面讲的行为人点菜吃完后不付费,并使用暴力、胁迫压制他人反抗,使被害人免除其债务的,为什么可能是想象竞合?

答:我国刑法理论一般认为想象竞合只能是一个行为,但事实上在两个行为存在重合时,也会认定想象竞合。问题是,两个行为达到什么重合程度时,才成立想象竞合,有的学者主张主要部分重合说,有的学者主张部分重合说。如果采取部分重合说的话,上述情形就会成立想象竞合。另外,这个案件有可能被认为是一个自然意义上的行为,因而成立想象竞合。不过,我认为上述情形属于包括的一罪。

问:关于事后抢劫的实质根据,如果说事后抢劫与普通抢劫相当,但事实上,事后抢劫的成立条件高于普通抢劫限制,因为事后抢劫要求达到一定数额,而普通抢劫不要求达到一定的数额。

答:事后抢劫也不一定要求客观上达到数额较大的要求,犯盗窃、诈骗、抢夺未遂时,也可能构成事后抢劫。如果行为人客观上不可能盗窃、诈骗、抢夺数额较大财物,则不可能成立事后抢劫。

课外作业

第一个作业:行为人以前盗窃了两次,第三次盗窃时,数额也没有达到较大要求,客观上也不可能盗窃数额较大的财物,但第三次盗窃时,行为人为窝藏赃物、抗拒抓捕或者毁灭罪证而当场对被害人使用暴力或以暴力威胁的,能否认定为事后抢劫?就多次盗窃而言,成立事后抢劫罪的条件是什么?

第二个作业:王某和孙某盗窃苗某的机动车,在正要驾驶所盗车辆离开时,被苗某发现,苗某立即坐上出租车追赶,王某与孙某快被追上时,前面遇到了集市,集市上有很多人。王某与孙某商量说:"不管那么多,赶紧加大油门冲过去。"二人在冲过集市的过程中,当场将集市中行动不便的两个人撞成了重伤,然后趁机逃走。身受重伤的两个人后来因为抢救无效死亡。请问,对王某与孙某的行为可否认定为事后抢劫?

第十三讲

> **作业解答**

　　上次第一个作业的问题是，多次盗窃在什么样的情形下成立事后抢劫罪。行为人以前盗窃了两次，数额都不大，第三次盗窃时，数额也不大，但出于特定目的当场实施暴力或者以暴力相威胁。这一行为是否成立事后抢劫罪？绝大部分同学都认为不构成事后抢劫罪，因为最后一次行为人不构成盗窃罪，因而不能评价为"犯盗窃罪"，所以不能适用《刑法》第269条。只有一位同学说构成事后抢劫罪，因为最后一次盗窃的时候就是"犯盗窃罪"了，故符合事后抢劫的前提条件。不过，这里有问题，所谓多次盗窃构成犯罪，是指三次以上盗窃累加起来才构成盗窃罪，还是说第三次盗窃行为本身构成盗窃罪？显然是前者而不是后者，也就是说，并不是第三次盗窃行为独立构成盗窃罪。既然如此，对上述行为要认定为事后抢劫罪，还是存在障碍的。问题是，多次盗窃在什么情形下可以构成事后抢劫？有一部分同学设想的是，如果三次盗窃的时间和场所很接近，也能够评价为多次盗窃，在最后一次出于特定目的实施暴力或者以暴力相威胁的，成立事后抢劫罪，因为这种情形完全符合"当场"的条件，也就是说，相对于三次盗窃而言，均符合当场条件时，就可以认定为事后抢劫。这一点我完全赞成。不过，这样设想的情形太少了，应当还有其他可能发生的情形。比如，行为人骑着三轮车盗窃，上午、中午、晚上在不同地方各盗窃一次，所盗窃的财物都放在三轮车上，在晚上的最后一次盗窃时，为了窝藏三次盗窃的财物而当场使用暴力或者以暴力相威胁的，是否成立事后抢劫罪？再比如，行为人为了毁灭三次盗窃的证据而在最后一次盗窃的当场使用暴力或者以暴力相威胁的，是否成立事后抢劫罪？相对于多次盗窃而言，最主要的问题在于，能否缓和"当场"的要求？除了前面说的三次盗窃在同一现场外，一般的多次盗窃都不是在同一现场，如果行为人的目的与多次盗窃相关联，是不是可以说只要最后一次盗窃符合"当场"的条件就可以构成事后抢劫呢？在思考这个问题的时候，还要考虑与入户盗窃、扒窃、携带凶器盗窃成立事后抢劫罪的均衡性。也就是说，这三次情形完全可以成立事后抢劫，而多次盗窃是和这三种情形等值的，如果认为多次盗窃不可能成立事后抢劫或者限定在极窄的范围，是不是不合理呢？你们去思考这些问题，要多设想一些情形，要动脑筋！

第二个作业是一个真实的案件。大体上一半同学认为构成事后抢劫，一半同学认为不构成事后抢劫。主张不构成事后抢劫的同学，都是以客观的关联性为依据的，不过，你们对客观的关联性的理解过于狭窄。在事后抢劫中，即使要求客观的关联性，也只是说，暴力、胁迫手段客观上必须有助于三个特定目的的实现，或者说，暴力、胁迫手段客观上对实现窝藏赃物、抗拒抓捕或者毁灭罪证起到了作用，没有必要要求暴力、胁迫的对象必须是夺回赃物的人、抓捕自己的人或者保护证据的人吧！刑法条文对暴力、胁迫的对象没有任何限定，即使采取客观的关联性说，两名被告人开着车从集市中冲过去，客观上对实现窝藏赃物、抗拒抓捕起到了明显的作用，如果他们不冲过去，就被苗某追上了。或者说，正是因为两名被告人不顾他人安全从集市中冲过去，才实现了他们的特定目的。所以，还是要认定为事后抢劫。至于两名被告人从集市中冲过去致人死亡的行为是否触犯其他罪名，则是另一回事，即使触犯其他罪名，也不能否认事后抢劫的成立，只是成立想象竞合而已。

很多人回答两名被告人的行为不成立事后抢劫罪，而是成立盗窃罪和以危险方法危害公共安全罪。你们怎么这么喜欢这个罪名呢？因为司法解释与司法实践总是喜欢使用这个罪名吗？在有宪法法院的国家，这个罪名一定会被宣布违宪。我国虽然没有宪法法院，但也可以认为这个罪名是违宪的，不符合法治原则中的明确性原则。我国已经加入的《公民权利和政治权利国际公约》第6条规定，即使缔约国保留死刑，也只能保留谋杀罪的死刑。将两名被告人后来的行为认定为故意杀人罪判处死刑，可以说不违反公约的规定，如果按以危险方法危害公共安全罪判处死刑，国际社会反应就不一样了。认定故意杀人罪比认定为以危险方法危害公安全罪要好得多，你们也不要以为认定为以危险方法危害公共安全罪就可以判得更重，事实上，按故意杀人罪处理才能实现罪刑相适应。比如，倘若这个案件因为集市中的人躲避得快，只是造成了多人轻伤。按照以危险方法危害公共安全罪处理，只能适用3年以上10年以下有期徒刑的法定刑，而按照故意杀人罪处理，则视情形可以适用3年以上直至死刑的法定刑。故意杀人罪的规定这么好用，为什么不用却偏要用以危险方法危害公共安全罪的罪名呢？我真想不明白。你们不要把司法解释当作真理，司法解释的许多规定其实不合适。近几年来，司法解释越来越喜欢适用以危险方法危害公共安全罪这个罪名。比如，最高人民法院2019年10月21日发布的《关于依法妥善审理高空抛物、坠物案件的意见》规定："故意从高空抛弃物品，尚未造成严重后果，但足以危害公共安全的，依照刑法第一百一十四条规定的以危险方法危害公共安全罪定罪处罚；致人重伤、死亡或者使公私财产遭受重大损失的，依照刑法第一百一十五条第一款的规定处罚。"可是，高空抛物行为人怎么可能像放火、爆炸那样危害公共安全？从20层扔下去一两个东西能导致多人重伤、死亡吗？即使是行为人看到楼下有许多人而扔许多东西，也不可能像放火、爆炸那样形成结果不能控制的局面吧！再说，对这样的行为认定为故意杀人罪、故意伤害罪，又有什么不好呢？比如，楼下有人时向楼下扔有一定重量的东西足以砸中人时，当然有致人死亡的危险，既然如此，即使没有砸中人，也认定为故意杀人未遂，这没有任何障碍。如果楼下没有人，行为人扔再多的物品，也不可能危害公共安全，怎么能认定为以危险方法危害公共安全罪呢？而且，即使危害公共安全的高空抛物行为，也完全可能构成其他犯罪，而不是构成以危险方法危害公共安全罪。比如，将一块还在燃烧的蜂窝煤扔下去,或者将汽油抛下去,导致下面发生火灾的,能定以危险方法危害公共安全罪吗?司法解释显然没有考虑到这种情形。关于高空抛物的司法解释公布后,上海的一个法院很快就按司法解释作出了一个判决。蒋某因家庭矛盾与父母感情恶化,从父母家中搬出。2019年8月1日,蒋某声称要为外公外婆讨回公道,手持棒球棍来到父母家。没想到父母竟然更换了门锁,蒋某心中顿生怒火,联系了锁匠上门开锁。门锁落地,蒋某发现父母都在家中,双方遂发生了激烈的争吵。争执过程中,蒋某抡起手中的棒球棍对家中电器、窗户玻璃等一顿打砸,还将手边的平板电脑、手机、水果刀等物品扔出窗外。蒋某父母家住14楼,窗户下方是小区公共道路,蒋某扔出的部分物品砸落在小区公共道路上,还砸坏了楼下停放的三辆机动车,损失合计4293元。人民法院认定蒋某的行为成立以危险方法危害公共安全罪,对其判处有期徒刑1年。这个案件的判决书,在描述案情时指出蒋某的行为"严重危害公共安全";在评价蒋某的行为时表述的是,蒋某的行为"虽未造成人身伤害或财产重大损失的严重后果,但足以危害公共安全,其行为已构成以危险方法危害公共安全罪"。在反驳辩护人的观点时,使用的又是"(严重)危害公共安全"的表述。这其实是没有正确区分具体危险犯与抽象危险犯的表现。事实上,检察院的指控与法院的判决都没有说明蒋某高空抛物时楼下有人,既然如此,就不能认为蒋某的行为产生了造成实害的具体危险。概言之,类似于这样的高空抛物行为,由于案发当时楼下没有行人,就不足以"侵害"不特定或者多数人的生命、身体,只是足以"威胁"人的生命、身体(仅存在抽象的危险),因而不能评价为《刑法》第114条的"危害公共安全"。可能有人会说,蒋某这样的行为虽然不能致人伤亡,但可能引起了不特定多数人心理的恐慌。可是,心理安全不可能成为公共安全的内容,以危险方法危害公共安全罪不是为了保护心理安全。

你们还是要多看书、多训练。看书要看好著作、好论文,不要花时间看一些没有意义的论著。看论文时首先看摘要,摘要里什么观点也没写的,就不要往下看了。摘要有观点后,看看注释多少,其中有没有国外一手资料。看了论文的前几段后发现都是废话的,就不要往下看了。现在是信息爆炸的时代,需要有识别能力,不能什么论著都看,要看值得看的论著。看书的时候一定要思考,不要把重点放在我知道了什么概念这一点上,每天总要产生一点跟别人不一样的想法吧。我经常讲,如果你就同一问题看了五篇论文,却一点想法都没有,要么就是你看的论文实在不值得看,要么就是你看论文时根本没有任何思考。我想不明白,为什么看了五篇论文,居然一点想法都没有?

【诈骗罪】

下面接着讲诈骗罪。

三、欺骗行为

欺骗行为的实质是使他人产生处分财产的认识错误,而不是任何意义上的欺骗行为。其实,欺骗行为后面的几个要素,可以说是对欺骗行为的进一步解释。欺骗行为的实质就是让受骗人产生一个与客观真实不相符合的观念,这个观念必须是处分财产的观念,而不是别的什么观念。比如,行为人使用谎言或者诡计使他人分散注意力,乘机将他人财物拿走的,就不可能是诈骗罪中的欺骗行为。就同一行为对象而言,也不可能存在所谓盗骗交织的现象。因为盗窃与诈骗是对立关系,而不应当承认竞合。如果非要承认二者有竞合关系,那就认定为想象竞合,不存在所谓盗骗交织的案件难以定性的问题。你们一定要注意,不能为了创新,就把清清楚楚的问题弄得一塌糊涂,更不能因为自己没有弄明白,就滥造概念。

欺骗行为首先表现为就事实进行欺骗,其中的事实不仅包括客观事实,而且包括规则与主观心理事实。如果行为人的内心想法是A,但向对方说自己的想法是B,就属于就事实进行欺骗。比如,借款诈骗就是隐瞒了心理的事实,即行为人内心里没有归还的想法,却向出借人说自己一定归还,使对方信以为真进而出借给行为人的,行为人的行为便是就心理事实进行的欺骗。合同诈骗罪中的许多行为也是就心理的事实进行欺骗,即原本不打算履行合同的,却隐瞒了这一心理的事实,使对方与之签订合同,进而骗取对方财物。

可以肯定的是,既可能就过去的事实进行欺骗,也可以就现在的事实进行欺骗,存在争议的是,能否就将来的事实进行欺骗?德国的判例与通说持否定回答,但日本的判例与通说持肯定回答。但事实上,两种观点对一些案件的处理没有区别。比如,行为人出卖天文望远镜时,跟他人说一周之后就有日全食,但事实上并没有。这原本是就将来的事实进行的欺骗,但德国判例与通说认为,这是现在就可以确定的事实,因而不是就将来的事实进行欺骗,而是对现实的事实进行的欺骗。其实,你也可以说是就过去的事实进行的欺骗,因为过去多少年就知道在行为人所说的一周之后没有日全食。所以,问题就来了,所谓就过去、现在的事实进行欺骗,是指就过去、现在发生的事实进行欺骗,还是就过去、现在可以确实的事实进行欺骗?如果说就过去、现在的事实进行欺骗包括过去、现在发生的事实以及过去、现在可以确定的事实,那就意味着可以就将来发生的事实进行欺骗。

与事实不同的是价值,能否就价值进行欺骗?德国的通说采取否定说,日本的通说采取肯定说。我觉得,在中国应当采取肯定说。你们知道,在共同欺骗犯罪案件中,有的人负责出卖假冒伪劣产品,有的人实际上就是托,在旁边对受骗人讲这个产品怎么好,这个托实际上就是针对价值进行欺骗,没有理由排除在欺骗行为之外。而且,虽然事实与价值的区分通常是可能的,但事实和价值的两分法在哲学上也受到了批判。比如说,甲与乙共谋,甲出卖伪劣电动车,乙在边上负责说"这种电动车真好骑"。你们说这是就价值进行欺骗还是就事实进行欺骗?不一定好回答。有些场合不能认定为诈骗罪,并不是因为行为人在就价值进行欺骗,而是因为欺骗内容过于抽象,不足以使一般人产生认识错误。比如,出卖保健品的人说"这种保健品可以延年益寿",出卖楼盘的人说"你赶快买吧,房子马上升值"。这样的行为大家习以为常,并不会信以为真。买保健品的人许多都不是为了自己吃,而是当作礼物送人,并不是相信了延年益寿的说法。

欺骗行为可以是语言、文字、举动等,举动包括明示的举动、默示的举动。比如,行为人到餐馆点菜,给服务员和一般人的感觉就是他要买单的,如果行为人内心里没有买单的想法就是欺骗行为。

关于不作为能不能构成欺骗行为,理论上有全面肯定说、部分肯定说与全面否定说。持否定说的学者主要是从不作为与作为的等值性的角度来说的,也就是说,不作为不可能与作为的欺骗行为等价。我不赞成在不作为犯的成立条件之外,再增加一个等价性的条件,也就是说,只要符合了不作为犯的成立条件,当然就是与作为等价值的。所以,当行为人有义务向对方说明真相时却不说明的,就是不作为的欺骗行为。例如,出售贵重工艺品的人,将有重大瑕疵的工艺品放在柜台内,原本没有打算出卖这个工艺品,只是为了告诉顾客有这种工艺品出售。顾客不知道有瑕疵提出购买这个工艺品时,出售人就有义务告诉对方,否则就构成不作为欺骗行为。

四、陷入错误

欺骗行为的直接结果就是使对方陷入错误。陷入错误,除了从没有错误到产生错误这种狭义的陷入错误外,还包括维持、强化错误。也就是说,行为人的欺骗行为使他人产生、维持、强化认识错误的,都可能成立诈骗罪。

受骗人只能是自然人,机器不可能被骗,这在德国、日本刑法理论中属于基本常识。符合机器设定的条件的,就能出现相应的结果,不符合设定条件,就不产生相应的结果。这与人的处理是不完全一样的。比如,我自己的真实银行卡,因为忘了密码,无论如何都不可能从机器中取出现金来,因为不符合条件。我将银行卡交给学生去取款,只要密码是正确的,就能取款,当然还需要里面有存款或者银行债权,否则也取不出现金来。但是,我忘了密码后在银行柜台就可以通过密码挂失而取出现金来,学生如果没有我的身份证,他从银行柜台也取不出现金。这就是说,机器不可能识别谁在冒用他人信用卡,但人是可以识别的。既然如此,就只能针对人冒用他人信用卡,而不可能针对机器冒用他人信用卡。反过来说,只有人可以产生与真实事实不一样的认识错误,而机器不可能产生这样的认识错误。即使机器出现故障,也不能说机器产生了认识错误。如果说机器可以被骗,那么,盗窃他人汽车的,都构成诈骗罪,因为汽车的钥匙与车锁也都是智能的,可是,没有人会认为这种行为也成立诈骗罪。可是,用伪造的钥匙盗窃汽车与用伪造的银行卡取款,在性质上是完全一样的。至于有的人所说的"如果行为人持他人银行卡后猜出了密码进而在机器上取款,就是诈骗行为,如果他人银行卡背面原本就写着密码行为人据此在机器上取款,就是盗窃行为"这种区分方法,则完全不成立。不管是行为人猜出密码还是行为人原本知道密码,这对于机器而言没有任何意义。希望你们不要采信机器可以被骗的观点,我说过,我永远也不会承认机器可以被骗。有的学者说,虽然机器不能被骗,但机器背后的人可能被骗。这样说也许是成立的,比如,行为人在超市购物时,将便宜的条形码贴在贵重商品上,收银台的工作人员利用机器扫码后,仅收取少额货款后交付了贵重物品。在这种情形下,行为人当然还是欺骗了自然人,而不是因为欺骗了扫码机器而构成诈骗罪。但是,当行为人使用他人信用卡在机器上取款时,不能说这个行为欺骗了机器背后的银行工作人员。如果有人说欺骗了机器背后的银行工作人员,你们就必须追问,欺骗了机器背后的哪个具体的人,对方肯定回答不上来。如果说欺骗了机器背后的人,又不能说出欺骗了哪个具体的人,就表明没有欺骗机器背后的人。事实上,银行的工作人员都不会承认自己受到了欺骗,因为他们确实没有受欺骗。上面这种说法,充其量是一种拟制,就是说,当行为人使用他人信用卡在机器上取款时,就拟制为对机器背后的人的欺骗。但是,只要承认诈骗罪的成立必须欺骗自然人,这种拟制就不符合罪刑法定原则。

单位本身不能被骗,也就是说,单位本身不能成为受骗者,但可以成为被害人。借款人向银行申请贷款时,因不符合贷款条件,银行行长为了完成贷款任务,让借款人使用伪造的材料。显然,具有决定权的行长并没有受骗,借款人不可能成立骗取贷款罪或者贷款诈骗罪。但我看到有的检察官写的论文这样讲:在上述案件中,虽然行长没有受骗,但银行本身受骗了,所以,借款人仍然成立骗取贷款罪或者贷款诈骗罪。这种说法没有任何根据。谁欺骗了银行本身呢?银行本身是怎么受骗的呢?如果单位本身可以成为受骗者,那么,我们可以说,凡是盗窃了单位财物的,也是欺骗了单位,凡是侵占了单位财物的,也是欺骗了单位。这显然行不通。在很多情况下,由于我们的理论不精细,导致人们认为单位可以受骗。例如,行为人甲持伪造的现金支票到乙银行的柜台取款,工作人员丙误以为是真实的现金支票,就将现金交付给甲。我们许多人习惯于说,这种场合,银行就是受骗者与被害人。其实,不能这么讲。严格地说,这也是三角诈骗,即工作人员丙是受骗者,乙银行是被害人。

儿童与严重精神病患者,也不能成为诈骗罪中的受骗者,因为他们缺乏辨别判断的能力。德国的零花钱规则在我国意义不大,因为零花钱达不到数额较大的要求。需要讨论的是,12岁左右的儿童能否成为诈骗罪中的受骗者?旧中国刑法、日本刑法对这种情形以及精神耗弱者的诈骗有特别规定,也就是说,对这些人实施欺骗行为时,不需要达到一般诈骗的程度。其实,没有这样的规定,也可能认定为诈骗罪。也就是说,欺骗行为是否达到一般诈骗的程度,要考虑受骗者的年龄、精神状态等因素,进行具体判断。

受骗者与被害人既可能是同一主体,也可能不是同一主体,所以,受骗者与被害人不能完全等同。在两者间诈骗时,受骗者与被害人是同一的,但在三角诈骗的场合,受骗者与被害人不是同一的。

问题是,怎么理解受骗者产生或者陷入认识错误?德国的通说认为,认识错误必须是一种积极的错误的认识,也就是说单纯的不知情还不是认识错误。例如,公交车的司机不知道有人没有买票时,即使车上的确有人没有买票,也不能说司机存在认识错误。但是,对此也不能理解得过于严格。比如,我们经常提到行为人没有付款的意思却到餐馆里点菜,餐馆的服务员似乎也没有积极的错误的认识。但是,德国的判例与刑法理论的通说认为,服务员有认识错误,也就是说,即使餐馆的服务员根本没有意识到或者什么都没想过,也会认为服务员有认识错误。德国刑法的判例与通说采取的是"事物思考的共通意识"的理论,也就是说,凡是属于理所当然的时候,行为人并不是按理所当然去做或者去想的,就认为受骗者有认识错误。顾客到餐馆里点菜隐瞒了其内心不付费的想法时,由于理所当然是要付费的，所以，尽管服务员没有积极的意识，但有潜在的意识，因而就有认识错误。所以，一方面要求有积极的错误的认识，另一方面又通过"事物思考的共通意识"使之包含潜在的意识，看似有些矛盾，其实这个理论的主要目的旨在将单纯的不知情排除在认识错误之外。

"事物思考的共通意识"这一理论，对于电信诈骗以及其他针对不特定或者多数人的诈骗罪的认定，是具有意义的。比如，电信诈骗集团冒充公、检、法工作人员，对众多受骗者谎称存款系赃款，需要转移到公、检、法机关保管，受骗者信以为真就转款。假如可以肯定，电信诈骗犯通过这种方法总共骗了3000万元，但实际上找到的被害人加起来的总数额只有1000万元乃至更少，也完全可以而且应当按照3000万元计算诈骗的总数额。因为行为人采取的是同一欺骗手段，对方理所当然产生的是相同的认识错误，因而能够肯定另外损失了2000万元的受骗者也产生了认识错误，没有必要将所有受骗者都找来询问。这就是"事物思考的共通意识"理论的运用。德国也有这样的判例，只找到少数受骗者时，也对全额认定诈骗罪。我国的司法人员为什么都觉得累？因为收集了太多没有意义的证据，有的还称不上证据，只是一般材料。我看过许多卷宗，里面有许多没用的材料。换言之，从证据的角度来说，司法实践存在两个极端：一个是证据不充分也可能定罪，另一个是没有意义的材料繁多，也影响了对案情的判断。话说回来，如果行为人虽然采取了同一欺骗手段，但受骗者并不会形成共通意识，或者说受骗者的想法因人而异时，就必须调查所有的受骗者。当然，我这里是从广义上讲的受骗者，事实上未必是受骗者。比如，行为人出售的手串原本没有开过光，却欺骗对方说是开过光的，但出售价格与没有开过光的用品相差无几甚至没有差别。在这种场合，有的购买者是因为开过光才购买，否则就不购买了；有的购买者则不在意是否开过光，而是因为价格不贵或者其他原因才购买。行为人的行为相对前一种购买者而言是欺骗行为，购买者也产生了认识错误；但相对于后一种购买者而言，虽然也可以说有欺骗行为，但购买者并没有产生认识错误。在这样的案件中，不能将行为人的销售总额全部认定为诈骗数额，只能将前一种情形的销售数额认定为诈骗数额。当然，也有学者会认为,即使是前一种情形,也不构成诈骗罪,因为行为人提供了价格相当的商品。我不赞成这种观点。财物也好、商品也罢,都是为人服务的,是用来满足人的目的的,购买者的目的没有实现,当然就有财产损失,故不能否认诈骗罪的成立。顺便说一下,我国刑法分则第三章第一节规定的生产、销售伪劣商品罪,其实都成立诈骗罪。国外刑法没有规定这样的犯罪,但对这样的行为都认定为诈骗罪,当然,销售假药等罪还可能是诈骗罪与故意杀人罪的想象竞合。我在前面说过,在这样的场合,要将诈骗罪的规定作为基础法条来理解,或者说,要以诈骗罪的规定为重心来解释相关犯罪。不能因为刑法规定了生产、销售伪劣商品罪,就认为只要行为人提供了商品就不可能构成诈骗罪。

认识错误跟恐惧心理可以是竞合的。德国承认被害人的认识错误和恐惧心理可以竞合,通常说是诈骗罪与敲诈勒索罪的想象竞合,主要是想突出想象竞合的明示机能。日本在此问题上则有不同观点:第一种观点认为,当行为同时具有欺骗性质与恐吓性质,受骗者同时产生认识错误和恐惧心理时是想象竞合。第二种观点认为是包括的一罪,这种观点所强调的是被害人只有一个财产损失,既然如此,就不应当认定为想象竞合,因为想象竞合实质上是数罪,只是不并罚而已。第三种观点认为,只需要认定为敲诈勒索罪即可,而不是想象竞合与包括的一罪。因为在这种场合,即使对方产生了认识错误,但主要也是因为恐惧心理才交付财物的。第四种观点认为,这种情形属于法条竞合中的择一竞合。不过,现在的通说都不承认择一竞合,因为既然是择一的就不叫竞合,所以,第四种观点有问题。我是主张按想象竞合处理的。不过,你们要注意的是,只有当行为人同时采用诈骗手段与恐吓手段,并且对方同时产生了认识错误与恐惧心理时,才成立想象竞合。也就是说,既不能单纯由行为人的行为内容决定,也不能单纯由被害人的心理状态决定,而是要同时考虑二者。当然,究竟该如何判断,有时候可能比较困难,我在讲敲诈勒索罪时再介绍一些德国的判例。

有争议的是,受骗者对行为人欺骗行为产生怀疑后仍然处分财产的,要不要认定行为人的行为构成诈骗既遂?多数人持肯定说,少数研究被害人教义学的学者认为不构成诈骗既遂,认为被害人自己都不保护自己的财产,刑法就当然不保护了。但后一种观点给被害人增加了不必要的负担。按照这样的观点,被害人出门时没锁门,小偷入户盗窃的,被害人也要自我答责。我难以接受这样的观点。

五、处分行为与处分意识

处分行为和处分意识(或意思),涉及盗窃罪和诈骗罪的关系。

(一)处分行为

可以肯定的是,成立诈骗罪,要求受骗者有处分行为,这一点没有争议。处分行为必须是基于认识错误而作出,也就是说,认识错误与处分行为之间必须具有因果关系,也叫心理的因果性。不是基于认识错误处分行为时,对方充其量成立诈骗未遂,而不可能成立诈骗既遂。大款遇到了一个诈骗犯后,明知对方是诈骗犯但基于同情而交付财物的,诈骗犯仅成立诈骗未遂。

在诈骗对象是有体物的时候,处分行为一般表现为交付财物,或者说将自己或者被害人占有的财物转移给行为人或者第三者占有,包括直接处分行为与间接处分行为。间接处分是指介入了他人交付的情形。例如,在诉讼诈骗中,法官不可能直接交付被害人的财物,但法官作出了处分财物的判决,由被害人将财物交付给行为人。在这种场合,还是要认为法官作出判决是处分行为,而不是说被害人的行为是处分行为,因为被害人可能完全没有受骗,而处分行为人必须是受骗者,在诉讼诈骗案件中,法官是受骗者。仅仅使财物的占有松弛的,还不是处分行为,只有转移财物的占有,才是处分行为。处分行为不同于民法上的处分,英美刑法理论要求受骗者具有处分所有权的意思,但大陆法系国家普遍不要求受骗者具有处分所有权的意思,只要处分占有就可以。

在诈骗对象是财产性利益的时候,则会有两类处分行为:一类是转移财产性利益的占有或者享有,形式上与有体物一样。比如,行为人欺骗他人将 10 万元银行债权转移到自己的银行卡上。10 万元银行债权原本由被害人占有或者享有,现在由行为人占有或享有,这就是银行债权的转移。另一类难以评价为转移,但仍然是把自己的财产性利益处分给行为人或者第三者。在这种场合,只要行为人得到的利益与被害人损失的利益具有对应关系就可以。比如,债务人通过欺骗手段使债权人免除了自己的债务,在此并不存在债权的转移,而是说被害人处分了自己的债权,处分的结果是被害人免除了债务。这种情况下,同样存在处分行为,也符合素材同一性的要求。

前面说过,认识错误与处分行为之间必须具有心理的因果性,另一方面,处分行为和被害人的财产损失之间也必须具有因果性,而且需要具备直接性要件。直接性要件在德国有点混乱,德国刑法理论会在三个地方讲到直接性要件:(1)在处分行为中讲的直接性要件,是指处分行为与被害人的财产损失之间的直接性。(2)在财产损失中讲的直接性要件,是指当行为人实施了欺骗行为但又有填补行为即给被害人提供一定财物时,被害人财产的支出和收入之间要有直接性。(3)在非法占有目的或者不法获利目的中讲直接性要件,实际上是讲素材的同一性。也就是说,行为人以获利为目的,是指通过直接损失被害人的财产获利,而不是通过损失被害人的财产再从第三者那里获利。比如,被告人欺骗被害人说,你的这幅画分文不值,赶紧毁掉吧。被害人毁掉自己的画后,从第三者那里获得了利益。被告人的行为不成立诈骗罪。

在处分行为中讲的直接性要件是什么意思呢?就是指不需要行为人进一步的行为,也不需要不属于被害人阵营的第三者的进一步的行为,就可以造成被害人的财产损失。首先是不需要被告人的进一步行为,就可以造成被害人的财产损失,否则就不成立诈骗罪。例如,将被害人骗出家门外,然后入室取走被害人财物的,不可能成立诈骗罪,只能成立盗窃罪。也不要认为这是所谓盗骗交织的案件,在本案中,根本就没有诈骗罪中的欺骗行为。再比如,被害人和被告人坐在高铁上,高铁到达一个站后,想抽烟的被害人就问被告人高铁在这个站要停多久,原本只停两分钟,被告人却说停12分钟。被害人下车后放心地抽烟,没有及时上车,随后被告人将被害人的财物据为己有。这个案件也不是诈骗,因为被害人没有处分行为,被告人需要进一步的行为才能取得财物。这也不是所谓盗骗交织的案件,这个案件中也不存在诈骗罪中的欺骗行为,因为欺骗行为的内容并不是使被害人处分财产。其次是也不需要不属于被害人阵营的第三者的行为。如果需要属于行为人阵营或者与被害人没有关系的人的进一步行为,就不符合直接性要件。比如,甲对乙实施欺骗行为,谎称可以为乙提供电脑修理服务,但乙没有同意,甲欺骗自己的员工丙,让其从乙的办公室取走电脑的,成立盗窃罪的间接正犯,而不是诈骗罪。反之,如果欺骗行为经由被害人领域的第三者的行为导致被害人财产损失,则不影响诈骗罪的成立。比如行为人欺骗店主送货给自己,店主安排店员送货给行为人的,依然符合直接性要件。

为什么要求直接性要件呢?德国学者的说法是,直接性要件确定了诈骗罪是自己加害罪的性质。与此相对应,受骗者必须实施了处分行为,而且该处分行为直接使被害人减少或者损失了财产。不过,我认为这样的说法并没有什么意义,在德国刑法中,诈骗罪与盗窃罪的基本法条所规定的法定刑是一样的,在我国,诈骗罪与盗窃罪的法定刑完全相同,但强调诈骗罪是自己加害罪就可能产生对被害人不利的解释结论,或者认为诈骗罪轻于盗窃罪,但事实上并非如此。其实,只要使诈骗罪与盗窃罪成立对立关系,为了避免二者的竞合,就要求处分行为与财产损失之间具备直接性要件。也就是说,提出直接性要件是区分诈骗罪与盗窃罪的要求。

有少数学者批判直接性要件,比如日本的林幹人教授对直接性要件提出了三点疑问:第一,在诉讼诈骗的场合,实施处分行为的是法官,但被害人的财产损失是由判决执行人员的强制执行行为造成的;第二,在受骗者具有处分意识但其处分行为属于不作为时,在被害人的处分行为与财产损失之间会介入行为人的行为,但没有理由否认诈骗罪的成立;第三,日本的登门贩卖者谎称为了获得自己登门贩卖的证据而使对方在买卖合同上签名时,合同成立后贩卖者后来并没有伪造行为,虽然符合了直接性要件,但难以认定被害人有处分意识,因而不能认定被害人有处分行为。

不过,这些疑问是可以消除的。第一,就诉讼诈骗而言,判决生效后被害人就产生了债务,因而直接形成了财产损失,符合直接性要件。即使认为只有强制执行后被害人才有财产损失,也可以认为,在法官作出不利于被害人的判决后,强制执行人员的行为只是执行判决的行为,而不是独立于判决之外的行为。第二,在被害人基于处分意识作出不作为的处分行为后,行为人后来的行为就属于取得财物的行为,因而不影响直接性要件的成立。第三,虽然具备直接性要件但被害人没有处分意识因而不成立诈骗罪的情形,不能反证不具备直接性要件也能成立诈骗罪。

(二) 处分意识

关于处分意识的争议也很大,有处分意识不要说与处分意识必要说,以及根据行为对象进行区分的学说。主张处分意识不要说的学者认为,如果欺骗行为使受骗者都没有产生处分意识,就表明这种欺骗行为比产生了处分意识的情形更为严重,没有理由否认诈骗罪的成立。德国的许多学者主张,诈骗狭义财物时,需要有处分意识,否则就不可能区分盗窃与诈骗了;但诈骗财产性利益则不需要处分意识,这是考虑到了处罚漏洞的问题。在行为对象是狭义财物时,如果受骗者没有处分意识,可以将行为认定为盗窃罪。但是,因为盗窃罪的对象仅限于狭义财物而不包括财产性利益,如果行为人在诈骗财产性利益时,也要求受骗者具有处分意识,那么,在受骗者对财产性利益没有处分意识时,行为人的行为就不构成犯罪了,这便形成了处罚漏洞。不过,从解释论上来说,如果日本学者这样解释我还可以接受,因为日本刑法是分两款分别规定对狭义财物的诈骗与对财产性利益的诈骗的,可以认为日本的诈骗罪分为财物诈骗罪与利益诈骗罪,因而可以分别解释两个罪的构成要件。但是,德国刑法是在一款中规定诈骗罪的,并没有区分财物与财产性利益,所以,对同一个构成要件能否作出两种不同的解释,不能没有疑问。

我一直认为,我国刑法中的财物包括狭义财物与财产性利益,所以,我们并不面临德国、日本刑法所面临的问题。也就是说,为了维护盗窃罪与诈骗罪的对立关系,避免二者的竞合,我们采取处分意识必要说,也不会产生处罚漏洞。问题只是在于,是要求严格的处分意识还是比较缓和的处分意识?这一点在国外争议很大,因为如果要求过于严格,也会导致某些非法获取他人财产性利益的行为不成立任何犯罪。但在我国不存在这样的问题,因为不认定为诈骗罪就会认定为盗窃罪,反之亦然,而不会形成处罚漏洞,所以,只要司法实践中采取相对一致的观点就可以。日本学者为了避免处罚漏洞,对处分意识的要求比较缓和。比如山口厚教授所举的例子:被害人桌上有一个信封,里面有1万日元,但被害人不知道,被告人知道里面有1万日元,就要求被害人把空信封给自己使用,被害人同意后,被告人拿走了信封。山口老师认为被害人有处分意识。在被害人都没有意识到信封里有钱的场合,就认为被害人对钱有处分意识,这显然非常缓和了。我主张以受骗者是否认识到财物或者财产性利益的存在为区分标准,因为这样判断相对容易,不至于产生分歧。刚才这个案件中,被害人没有意识到现金的存在,所以,没有处分意识。反之,如果受骗者认识到财物或者财产性利益的存在,但数量等发生认识错误,则具有处分意识。例如,由于行为人的欺骗行为,导致被害人将两部相机当作一部相机交付给行为人的,就具有处分意识,因而成立诈骗罪。反之,行为人在超市的一箱方便面中藏着一部相机,收银员不知道方便面中有相机,仅收取方便面的对价的,行为人对相机就构成盗窃罪。教材上对此有比较具体的说明,你们可以看一看。

(三) 三角诈骗

三角诈骗是受骗者与被害人不是同一人的情形。大家不要否认三角诈骗,也不要认为三角诈骗是两者间诈骗的间接正犯。两者间诈骗有间接正犯,三角诈骗也还有间接正犯。比如诉讼诈骗是典型的三角诈骗,诉讼诈骗也会有间接正犯。甲伪造证据欺骗乙让乙提起民事诉讼,法院判决被害人败诉的,甲就是三角诈骗的间接正犯,乙则是被利用者。所以,认为三角诈骗就是间接正犯的观点,完全不成立。

问题是,在受骗者与被害人不是同一人的场合,为什么可以认定为诈骗罪?显然,受骗者必须与被害人具有某种关系。德国的判例与通说采取的是阵营说,这一学说使诈骗罪的范围有所扩大,相应地使盗窃罪的范围有所缩小,目的就是为了减少处罚漏洞,避免非法取得财产性利益的行为既不成立盗窃罪也不成立诈骗罪。但是,阵营说也有疑问,一是在某些情况下,要判断受骗者是否与被害人属于同一阵营,并不容易。另一方面,由于诉讼诈骗是典型的三角诈骗,但受骗者是法官,法官原本是中立者,如果说法官与被害人属于同一阵营,则难言妥当。

我还是主张权限说,也就是说,只有当受骗者具有处分被害人财产的权限或者处于可以处分被害人财产的地位时,才成立三角诈骗,否则成立盗窃罪的间接正犯。权限说中的权限,并不是指民法上的权利,而是根据社会的一般观念去判断的。当然,如果受骗者具有民法上的权利,当然成立诈骗罪。比如,代理人因为受骗而处分了被代理人的财产时,对方的行为就是三角诈骗。刑法理论认为诉讼诈骗是典型的三角诈骗,就是因为法官处分被害人的财产具有宪法等法律规定的权限。

我在这里顺便讲一下信用卡诈骗的相关问题。

第一,不当使用自己名义的信用卡即恶意透支。日本刑法没有专门就恶意透支规定一个罪名,对恶意透支行为都是认定为诈骗罪。在我国,对恶意透支行为认定为信用卡诈骗罪,问题是,认定为信用卡诈骗罪时,谁是受骗者、谁是受害人。我国刑法理论大多不研究这样的问题,显然并不精细。以持卡人不具有归还的意思却在加盟店购物的案件为例,日本有四种观点。第一种观点认为,加盟店的相关人员是受骗者,加盟店是被害人,诈骗对象是商品。但是,这一观点有疑问,因为发卡银行会将商品对价支付给加盟店,也就是说,加盟店事实上没有财产损失,而是实现了交易目的,难以认为其是被害人。第二种观点认为,发卡银行的相关人员是受骗者,银行本身是被害人,行为人骗取的是财产性利益,即让发卡银行为自己购买商品付款,免除了自己的付款义务。但是,行为人并没有对发卡银行的相关人员实施欺骗行为,所以,这一观点也有缺陷。不过,可以研究的是,能否认为行为人是对银行相关人员实施诈骗行为的间接正犯?也就是说,行为人让加盟店的相关人员欺骗了银行的相关人员。但是,这一说法也难以成立,因为加盟店并没有人欺骗银行的相关人员。第三种观点认为,银行相关人员与加盟店相关人员都没有基于认识错误处分财产,因而不成立诈骗罪。但是,如果说不成立诈骗罪的话,在中国就等于无罪了,这一观点对于我们来说并不可取。第四种观点认为,行为人通过欺骗加盟店的相关人员,使加盟店的相关人员处分了发卡银行的财产,所以,受骗者与被害人不同一,这是三角诈骗。加盟店相关人员之所以能够处分发卡银行的财产，是因为发卡银行与加盟店有协议，银行同意持卡人在加盟店透支购买商品，然后银行向加盟店填补货款，所以，完全符合三角诈骗的构成。我一直主张最后一种观点。当然，第一种观点与第二种观点的结论其实也是三角诈骗，只不过三角的具体内容不同。

第二，捡拾他人信用卡之后使用。我所说的使用都是指对自然人使用，不包括在机器上使用，因为在机器上使用就是盗窃。例如，行为人拾得他人信用卡后到加盟店购物，一种观点认为，加盟店的相关人员是受骗者，加盟店是被害人，诈骗对象是商品。但是，加盟店其实不会遭受损失，或者说，事实上都是由持卡人承担损失的。另一种观点认为，加盟店的相关人员是受骗者，也是财产处分人，持卡人是被害人，诈骗对象是财产性利益，即由持卡人代行为人支付对价，从而免除了行为人的支付义务。后一种观点是妥当的。

第三，抢劫信用卡后再使用。我觉得，抢劫信用卡的行为本身就构成抢劫罪，而不管其事后是否使用，抢劫对象就是信用卡本身。如果数人共同抢劫信用卡，部分人将被害人控制在一个场所，部分人到自动取款机取款的，也只认定为一个抢劫罪，可以将取款数额一并认定为抢劫罪的数额。但是，如果行为人抢劫信用卡后，并没有继续控制被害人，经过一段时间后才使用的，则要认定为数罪。如果行为人在机器上取款，则前面的行为成立抢劫罪，后面的行为成立盗窃罪；如果行为人对自然人使用，如在商场购物或者在银行柜台取款，则前面的行为成立抢劫罪，后面的行为成立信用卡诈骗罪；两种情形都要实行数罪并罚。你们不要以后行为是前行为的延伸为由，认定为一个抢劫罪。否则，在前一种情形中，行为人拾得信用卡并使用的，也只能认定为侵占罪，这显然不合适。要判断直接造成财产损失的行为符合什么犯罪的构成要件，进而认定构成什么犯罪。

第四，得到持卡人同意而使用他人信用卡。你们肯定认为这种行为不构成犯罪，但是，这种行为在日本也可能构成诈骗罪，只有部分学者认为，亲属间使用时不认定为诈骗罪。在我国，对此可以分为两种情形：一是使用人经持卡人同意，持卡人归还透支款的，当然不成立犯罪。二是使用人经持卡人同意使用,但知道持卡人并不归还透支款的,在我国要认定持卡人恶意透支,而不是使用人恶意透支,因为使用人不符合恶意透支的主体条件。

第五,使发卡银行为被害人支付现金。例如,经营商店的甲谎称可以向乙出售特定商品(事实上甲并无该商品),乙无钱购买,甲便要求乙到银行办理可以透支的信用卡,乙办理信用卡后,发卡银行将所谓货款汇入甲的账户。在这样的案件中,可以认为,甲既对乙成立诈骗罪,也对银行成立诈骗罪。一方面,甲使乙负担了债务,另一方面,甲使银行产生了不良债权,如果能认定这也是财产损失,当然也是对银行的诈骗。当然,由于只有一个行为,不可能实行数罪并罚,也谓同种罪的想象竞合。

六、行为人取得财产与被害人遭受损失

这两个要素我就合并在一起讲一下。我国的刑法规定既不同于德国刑法的规定,也不同于日本刑法的规定。德国刑法规定诈骗罪的成立以使被害人遭受财产损失为要件,也就是说,德国的诈骗罪是对整体财产的犯罪。不过,德国的判例与学说倒也不是仅从经济价值进行比较,如果采取目的失败论,对整体财产损失的认定与日本采取实质的个别财产损失说,几乎没有什么差异。例如,行为人开演唱会,广告上谎称演唱会的所有收入都用于救济灾民,可是事实上收入归行为人自己所有。即使购买门票的人都观看了演唱会,在德国也会认定被害人有财产损失,因为他人救济灾民的目的没有实现。再比如,一个德国老人只吃德国生产的奶酪,被告人将西班牙进口的奶酪冒充德国生产的奶酪,而且降低了价格出售给老人,老人吃了后发现不是德国奶酪。这个行为在德国也被认定为诈骗罪,因为被害人的目的没有实现。在我国,许多人会认为,"老人占了便宜,怎么还是受害人呢?""你不吃你可以卖啊!"凭什么还要老人卖!许多人这么思考是因为将财产与财产主体的关系分离开来,没有想到财产是为人服务的。

日本刑法没有明确规定造成被害人财产损失是诈骗罪的构成要件要素,但既然是财产罪,一般来说就是要给被害人造成财产损失,否则怎叫财产罪呢？所以，日本的争议很大。有人认为，诈骗罪是对整体财产的犯罪，不过多数人认为，诈骗罪是对个别财产的犯罪，但要求有实质的财产损失。日本的通说可谓实质的个别财产损失说。

关于财产损失在构成要件中的地位，日本有不同观点。

第一类观点将个别财产的丧失本身当作财产损失，就是说，行为人欺骗他人使他人交付或者处分个别财产时，他人就丧失了个别财产，这就是财产损失，不考虑被害人因此而得到了什么财产。这一观点显然采取的是个别财产说，在构成要件结果上采取了形式的个别财产损失说。在我看来，这一观点其实是不要求财产损失，也就是说，没有将财产损失作为构成要件要素。不过，其中有两种不同的小观点。A1观点：不管行为对象是财物还是财产性利益，只要财物或财产性利益本身丧失了，就构成财产损失。A2观点：主张区分狭义财物和财产性利益，如果对象是狭义财物，那么，丧失了该财物就是有财产损失；如果对象是财产性利益，则只有当被害人丧失的财产大于被害人得到的财产时，才是有财产损失。这一观点似乎将对财产性利益的诈骗罪当成了对整体财产的犯罪。

第二类观点主张财产损失必要说，认为财产损失是与其他要素不同的不成文的构成要件要素，其中又存在两种不同的小观点。B1观点：采取整体财产损失说，将诈骗罪当作对整体财产的犯罪，而不管行为对象是狭义财物还是财产性利益。这一观点可谓"作为构成要件要素的整体财产损失必要说"。B2观点：认为财产损失是个别财产损失，也就是说诈骗罪是对个别财产的犯罪。这一观点可谓"作为构成要件要素的实质的财产损失必要说"。

第三类观点主张在其他的构成要件要素中判断财产损失，或者说财产损失不是独立的构成要件要素，而属于其他构成要件要素里面的内容。其中C1观点主张，在欺骗行为中判断财产损失，可谓欺骗行为还原说。这种观点认为，如果被害人没有财产损失，就表明行为人所实施的行为不是欺骗行为。C2观点主张在受骗者的认识错误的判断中来考虑财产损失。这是法益关系错误说的具体运用。也就是说,如果欺骗行为使受骗者产生了有关法益的认识错误进而处分财产,就构成诈骗既遂。这种观点认为,诈骗罪的保护法益不只是财产本身,还包括处分财产的自由,使被害人产生了法益关系的错误,就给法益造成了分割。C3观点主张在取得财物或者取得财产性利益中判断财产损失,也认为不需要把财产损失当成独立的要件。

上述三类观点中,第一类观点认为财产损失不是独立的构成要件要素;第二类观点认为财产损失是不成文的构成要件要素;第三类观点虽然认可成立诈骗既遂需要有财产损失,但认为财产损失不是独立的构成要件要素,而是属于欺骗行为、认识错误、取得财产或者取得财产性利益这些构成要件要素中的内容,或者说在这些要素中考虑财产损失。

不过,最关键的还是财产损失的判断方法,上面的学说采取了不同的判断方法。也就是说,判断财产损失的有无,应当着眼于什么?主要有以下三种观点。

第一种判断方法着眼于个别财产的丧失。被害人原本占有的财物丧失了或者原本享有的利益没有了,就直接认定为有财产损失。A1观点和A2观点的一部分就是采取这样的方法。

第二种判断方法通过着眼于对处分自由的侵害来判断有没有财产损失。C1观点即欺骗行为还原说的一部分人就主张这种方法。这种方法特别强调行为人是否就重要事项进行了欺骗,只要就重要事项进行了欺骗就是有财产损失,当然成立了欺骗行为。在2017年无锡举行的中日刑事法研讨会上,杉本一敏教授发表的论文就是就重要事项的欺骗展开讨论的。日本的高尔夫球场禁止黑社会成员进入球场打球,日本最高裁判所有两个关于黑社会成员隐瞒身份,冒充普通人进入高尔夫球场打球的判例,其中一个认定了诈骗罪,另一个没有认定为诈骗罪。我在《外国刑法纲要》第三版一书里对此有一点介绍,有兴趣的话可以看一下。

第三种判断方法是着眼于交易目的是否实现来判断有无财产损失。采取B2、C1、C2、C3观点的学者,都可能采用这种判断方法。问题是如何理解交易目的,其中可以分为几种方法。(1)只要被害人自己的交易目的和实际上的交易内容不一致,就认定被害人有财产损失。这主要是B2和C1观点采取的方法。(2)交易目的不限于经济目的,还包含社会目的,有的学者认为包括重要的社会目的,C2观点即法益关系错误说会采取此观点。问题在于什么是重要的社会目的?17岁的人欺骗他人说自己18岁,让店主出卖烟酒给自己,构成诈骗罪吗?店主的经济目的是实现了,但对店主来讲保护未成年人的身心健康是不是店主的社会目的?有的人说是,有的人说不是。(3)只有当交易的经济目的没有实现时,才存在财产损失。显然,上述第(1)种观点认定的损失最宽,第(2)种有所限定,除了经济目的还包含社会目的,第(3)种观点就更窄了,只限于经济目的没有实现。这与诈骗罪的法益是否包括处分财产的自由存在关系。我倾向于第二种观点。比如,患者花了上万元在医院做了各种检查,拍了各种片子之类的,后来,行为人冒充患者将检查结果包括各种片子从医院的相关人员那里取走了。要不要认定为诈骗罪?行为人没有欺骗患者,也没有盗窃患者的财物,而是从医院的相关人员那里取走检查结果的。医院的经济目的实现了,但医院的社会目的没有实现,我觉得要认定行为人的行为成立诈骗罪。不能以医院没有经济损失为由,认为行为人的行为不成立犯罪。再如,被害人在疫情期间要购买可以防病毒的口罩,但行为人将只能防灰尘的纱布口罩假冒成可以防病毒的口罩出卖给被害人,价格仍然是纱布口罩的价格。可是,被害人买回去有什么用呢?这就是财产损失!你们千万不能说"被害人还可以再卖啊""纱布口罩也是口罩啊""纱布口罩总比没有口罩好啊",这不是学法律的人应有的回答。

诈骗罪还有很多问题,讲一个学期都没有问题,但因为时间关系就只讲这么多了。下面是提问时间。

课堂提问

问:盗伐林木数额特别巨大的时候,为什么是想象竞合,不是法条竞合？如果是法条竞合的话，就只能适用特别法条，怎么能成立事后抢劫罪呢？

答：我认为盗窃罪和盗伐林木罪究竟是想象竞合还是法条竞合，要看案件的具体情况，不可一概而论。如果考虑到侵害财产的数额，也只需要判处15年以下有期徒刑，这个时候可以认定为法条竞合，以盗伐林木罪论处。如果考虑到侵害财产的数额需要判处无期徒刑，则此时属于想象竞合，从一重罪处罚。再如，故意杀人罪通常是故意伤害罪的特别法条，但是，如果行为人持杀人故意，以特别残忍的手段实施杀人，虽然没有致人死亡，却造成重伤和严重残疾的，则要认定为故意杀人罪与故意伤害罪的想象竞合，从一重罪处罚。这个时候要适用故意伤害罪的最高档法定刑，而且不适用未遂的规定。如果按故意杀人未遂处罚，从理论上说就可以减轻处罚，因而不合适。但对这个案件又不能只认定为故意伤害罪，否则就没有评价杀人事实。在法条竞合、想象竞合、牵连犯中，只要任何一种情形中包括了可以评价为盗窃罪的事实，就可以说行为人犯盗窃罪，因而可以成立事后抢劫。即使在盗伐林木罪与盗窃罪是特别关系的时候，由于能够将盗伐林木罪评价为盗窃罪，所以可以成立事后抢劫。而不能说，只有最后应当认定为盗窃罪的时候，才能成立事后抢劫。

问：盗窃自己所有但由他人合法占有的财物后，又向对方索赔的，怎么定罪？

答：我觉得认定为包括的一罪好一点。前一盗窃行为侵害了他人的合法占有，所以构成盗窃罪；后一行为欺骗了他人，成立诈骗罪，诈骗对象不是原本的财物，而是索赔的财产。有学者认为，只有当行为人把自己财物盗回来后进而索赔的，才构成盗窃罪，但我难以赞成这一观点。这一观点将后面的诈骗当作前面的行为成立盗窃罪的条件，可能并不合适。另外，这一观点对盗窃罪可能采取了所有权说，但是，如果采取所有权说的话，则只有后面的行为成立诈骗罪，而非前面的行为成立盗窃罪。我认为，即使行为人不索赔，也没有索赔的意思，也成立盗窃罪，因为被害人也可能主动赔偿损失。当然，如果行为人盗窃回来后主动向被害人说明，在我国则不可能构成盗窃罪。由于上面的行为最终只是导致被害人一个财产损失,所以,评价为包括的一罪是比较合适的。

问:关于事后抢劫的问题,前面的盗窃、诈骗、抢夺要不要限定为财产犯罪?比如,盗窃尸体、抢夺枪支的,能否成立事后抢劫?

答:只要前面的行为能评价为犯盗窃、诈骗、抢夺罪就可以构成事后抢劫,在我国刑法中,尸体显然没有作为财产来保护,所以,盗窃尸体的不成立盗窃罪。同样,骨灰也不能评价为财物。但是,枪支是可以评价为财物的,抢夺枪支是可以评价为抢夺罪的,因而可以成立事后抢劫。当然,认定为抢夺枪支罪也可能重于事后抢劫罪,在这种场合,可以认定为想象竞合,从一重罪处罚。

问:可是,一些人盗窃尸体后,出卖给配阴婚的人,实际上是当作财物出卖的,为什么不可以认定为盗窃罪呢?

答:不能说,只要可以买卖的就是财物。一方面,刑法明显没有将尸体作为财产来保护。另一方面,卖淫与嫖娼也是一种买卖关系,但不能说行为人所卖的那个"淫"就是财物吧。再比如,在许多场合,行贿与受贿实际上也是就职务行为进行买卖,但不能说职务或者职务行为也是财物。

问:行为人谎称出卖苹果10手机给他人,先将真机给他人看,然后在交付时偷换成价值几百元但也可以使用的廉价手机,在认定诈骗罪时,能否扣除这几百元数额?

答:我认为不能扣除。一方面,这个几百元的手机其实是欺骗工具;另一方面,被害人本来要买的是高档手机,行为人给他人的手机不符合被害人的交易目的,或者说,被害人交易的经济目的没有实现,所以不能扣除。如果行为人提供的部分财物实现了被害人的部分交易目的,则可以扣除。例如,被害人要购买8部华为的最新款手机,行为人收取了8部手机的钱款,但将4部华为的最新款手机和4块小砖头交付给他人。由于4部华为的最新款手机实现了被害人的部分目的,所以,4部最新款手机的价值可以扣除。

问:信用卡诈骗中的恶意透支,为什么是三角诈骗?

答:我刚才是以持卡人持自己的信用卡到商店购物为例来说明的。

在这种场合,行为人没有归还相应款项的意思而透支,商店的相关人员误以为行为人要归还透支款,所以,行为人对商店的相关人员实施了欺骗行为,但商店会得到银行的付款,所以,商店没有损失。受损失的是银行,但银行的相关人员没有受骗,所以就形成了三角诈骗。顺便说一下,行为人根本没有归还透支款的意思却申领可以透支的信用卡的,这在日本就可以认定为诈骗罪,诈骗的对象就是信用卡本身。再如,日本银行不允许黑社会成员申领银行卡,黑社会成员隐瞒身份骗领银行卡的,就对银行卡构成诈骗罪。又如,行为人为了给他人使用却谎称是为了自己使用而在银行办存折的,就存折构成诈骗罪。

问:关于社会目的的问题。行为人的女朋友被藏獒咬伤后,行为人欺骗他人说,女朋友是为了救两个小孩被咬伤的,诱骗很多人给她捐款,最后认定为诈骗罪。这样认定有问题吗?

答:当然没有问题,因为捐款人的社会目的没有实现。

问:如果行为人冒用他人信用卡在银行取钱,是不是也是三角诈骗?

答:是三角诈骗,受欺骗的是银行职员,但被害人是银行本身,所以是三角诈骗。

问:有观点认为,行为人在机器上使用他人信用卡时,既不是欺骗自然人,也不是欺骗机器,而是欺骗机器人,您怎么看?

答:这个说法是没有意义的,只是导致局面更加混乱。我们现在说,对机器使用是盗窃,对自然人使用是诈骗,就是因为从刑法的规定来看,只存在机器与自然人之分。如果说既不是对机器使用,也不是对自然人使用,而是对机器人使用,那认定为什么罪呢?因为刑法没有就机器人设置专门规定,难道要求立法者增加一个罪名吗?这显然不合适。

课外作业

第一个作业是,现在有很多人倒卖三甲医院的挂号。挂号本来是实名制的,行为人以自己的名义挂号后又高价转给需要的患者。请你们论证这种行为构成诈骗罪,不要考虑数额问题。

第二个作业是,行为人冒充修理电脑的人,上门从保姆那里把电脑取走了。分别存在两种情形:一是关于主人是否有交待:(1)主人出门时跟保姆说过,今天有人上门取电脑;(2)主人没有跟保姆说过这件事情。二是关于保姆的情形:A. 保姆是常年住家的保姆,类似于家庭成员一样与主人共同生活;B. 保姆是钟点工,到主人家里打扫两小时卫生后就离开主人家。请你们组合成四种情形展开讨论什么情形构成诈骗罪,什么情形构成盗窃罪。

第十四讲

> **作业解答**

关于第一题,对倒卖挂号的行为如何处理?由于我要你们论证构成诈骗罪,你们都作了一些论证,如果我不这样要求,你们未必认为这种行为构成诈骗罪,甚至根本不可能想到构成诈骗罪。以前,公安机关有人问我对这种行为怎么定罪,我说定诈骗罪,他们都接受不了。其实,日本有很类似的判例:卖方明文规定不得转卖音乐会的演出票,只能由购票者自己观看。但行为人在网上购买音乐会的演出票后倒卖。日本裁判所就定为诈骗罪。与演出票相比,医院的挂号更加特定化,它是实名的;而且挂号的社会目的更重要,就是为了让特定的患者看病。票贩子自己挂号时隐瞒内心倒卖的想法且事后再倒卖给患者,当然对医院的相关人员实施了欺骗行为。反过来说,如果医院的相关人员知道行为人是票贩子,就不会给其挂号。所以,行为人实施了欺骗行为,医院的相关人员产生了认识错误,并基于认识错误处分了医院的挂号,这些都没有问题。剩下的问题就是说医院的损失是什么?你可能说,医院的经济目的实现了,没有财产损失,所以,票贩子的行为不构成诈骗罪。但是,如果认为财产损失不仅包括经济损失,而且包括重要的社会目的没有实现,则明显存在财产损失。给患者挂号是医院的重要社会目的,但医院的这个目的是落空的,所以,存在财产损失。你们可能说,患者最后还是得到挂号了,或者说,所有的挂号最终都是给患者了,所以,医院的社会目的实现了。不能这样粗放地看问题,医院的社会目的是让患者直接从医院挂号进而治疗,这个社会目的当然没有实现。此外,你们不要认为医院没有损失,只是患者有损失。票贩子对患者不可能构成诈骗罪,票贩子对患者没有实施任何欺骗行为,患者也明知票贩子是加价转卖的,因而没有产生认识错误。既然处分财产不是基于认识错误,那么,对方的行为就不可能对患者构成诈骗罪。

还要说一下的是,医院的挂号本身不管是一张纸条还是电子凭证,都是财物或者财产性利益,因为这是用金钱购买来的,是可以管理的,是有对价的,是有使用价值的,完全符合财产罪中的财物的条件。我以前讲过,日本刑法分两项规定诈骗罪,第一项规定的是对狭义财物的诈骗,第二项规定的是对财产性利益诈骗。所以,只要是有体物,在日本就可以成为诈骗罪的对象。于是,行为人办理登机牌给他人使用的,被日本裁判所认定为诈骗罪,登记牌就是有体物。再如,行为人办理银行卡或者存折给他人使用的,也被日本裁判所认定为诈骗罪,银行卡与存折也是有体物。同样,行为人以欺骗手段骗取了他人的护照的,在日本理所当然成立诈骗罪。但是,骗取他人护照的行为在德国则不成立诈骗罪,因为法院认为这种行为没有造成被害人的财产损失。

第二个案例设想了几种情形,是想让大家正确区分三角诈骗与盗窃罪。其中,最重要的问题是在认定三角诈骗的时候,对受骗者有何要求或者说采取什么学说。在德国最主要的学说就是权限说与阵营说。德国联邦最高法院采取阵营说,比如说按照1963年联邦最高法院的观点,行为人欺骗车库的看守人,把他人的车开走了,德国联邦法院也认为这种行为构成诈骗罪,这采取的就是阵营说,因为看守人是帮车主看车的。问题是,采取阵营说时是否需要具备一个前提,即是否要求受骗者主观上认识到自己的处分行为没有超出他的权限?或者说,是否要求受骗者主观上认识到自己现在把财物交付或者处分给他人是自己权限范围内的事情?如果应当这样要求的话,受骗者明知自己交付或者处分财物的行为超出自己的权限时,对方的行为就不构成诈骗罪了。我感觉,这样的判断实际上是将权限说的客观要求变成阵营说的主观要求。问题是,怎么判断受骗者主观上是否认识到自己的处分行为是否超出了其权限?有力的观点是,只要在生活经验上,财产的被害人把受骗者当作和自己的财产很接近的人的时候,受骗者所实施的行为就被认可为在权限范围内的行为。给你们布置的第二个作业在德国刑法学界也有讨论。如果采取上述观点,那么,当主人跟保姆说过有人来取电脑时,不管是常年住家的保姆还是钟点工,就都有将电脑交付给他人的权限。问题是,主人没有跟保姆说过有人来取电脑时,怎么处理?会有一些争议。

我是主张权限说的。当然,就本案而言,站在权限说和阵营说的角度有可能得出的结论相同。在我看来,如果主人跟保姆说过有人来取电脑,则冒充者的行为构成诈骗罪。如果主人没有跟保姆说过有人来取电脑,那么,冒充者欺骗住家保姆的,构成诈骗罪;但冒充者欺骗钟点工的,我觉得成立盗窃罪而不是诈骗罪。

总的来说,德国与日本关于诈骗罪的认定虽然有所不同,但认定的范围明显宽于我国的认定,这不是因为德国与日本刑法对诈骗罪没有数额限制的问题,而是刑事政策与司法观念问题。一个诈骗罪的适用,对建立社会的诚实信用体系起到了无比重要的作用。除此之外,广义的伪造文书罪,其中包括使用伪造的文书罪,也对建立诚信体系起到了重要作用。比如,替代他人考试的行为在日本被认定为伪造私文书罪,所以,他们的刑法不需要规定替代考试罪。如果严格限制诈骗罪的成立范围,如果不增加广义的伪造文书罪,我们的社会就无法建立起诚实信用体系。我还讲过无数次,如果没有暴行罪、胁迫罪、强制罪、背信罪、伪造文书罪等基本犯罪,我们的刑法不知道还要增加多少特别类型的犯罪。

【敲诈勒索罪】

接下来讲敲诈勒索罪。

一、基本性质

这里所要讲的是,敲诈勒索罪究竟是和诈骗罪的构造相同,还是和抢劫罪的构造相同?或者说,敲诈勒索罪是与诈骗罪相类似还是与抢劫罪相类似?如果刑法没有规定敲诈勒索罪,我们对敲诈勒索行为是按照诈骗罪定罪处罚还是按抢劫罪定罪处罚?很显然存在两派观点。

一种观点认为,敲诈勒索罪和诈骗罪的构造是一样的,区别只是在于:前者是欺骗行为导致对方产生认识错误,后者是恐吓行为导致对方产生恐惧心理,其他方面完全相同。费尔巴哈明确指出,敲诈勒索罪是诈骗罪的一种,也就是说可以将敲诈勒索罪归入诈骗罪。因为行为人在实施敲诈勒索的时候,要么是利用某种借口,要么是滥用权利去恐吓别人,实际上都属于欺骗行为。如果采取这种观点,就要求敲诈勒索罪的被恐吓者有基于恐惧心理的处分行为与处分意识。

另一种观点则认为,敲诈勒索罪与抢劫罪的构造相同,区别只是在于,前者的暴力、胁迫没有达到压制被害人反抗的程度,而后者达到了这种程度。如果采取这种观点,就不要求敲诈勒索罪的被恐吓者有基于恐惧心理的处分行为与处分意识。

日本刑法是分两款规定敲诈勒索罪的,前一款规定的是勒索狭义财物,第二款规定的是勒索财产性利益。但是,日本刑法理论似乎没怎么讨论敲诈勒索罪和强制罪是什么关系。德国刑法理论大多认为三个罪是一种递进的关系:第一个罪是强制罪,即以暴力、胁迫方法让他人做没有义务的事情或者妨害他人行使权利;第二个罪是敲诈勒索罪,与强制罪的表述有相似的地方;第三个罪是抢劫性敲诈勒索罪,是指以对他人实施暴力或者对他人身体或生命的现时危害相威胁实施的敲诈勒索罪。在德国,敲诈勒索罪是与抢劫罪规定在同一章的,这似乎表明敲诈勒索罪与抢劫罪更接近,但敲诈勒索罪又是对整体财产的犯罪,与诈骗罪更类似。

顺便说一下,上面所说的抢劫性敲诈勒索罪,要求"现在性",类似于我们所说的当场性。虽然要求现在性或当场性,但是他们在具体解释时也不是要求那么严格,比如一句并没有表明时间的恐吓:"如果你不给我钱,我就会杀死你的!"这句话里并没有说现在就杀害被害人,但刑法理论认为,这样的胁迫也具有现在性,因而构成抢劫性敲诈勒索罪。我的感觉是,在不少地方,德国刑法理论先提出一个很严格的要求,然后再对这个要求予以缓和。前面在讲诈骗罪的时候也提到,德国刑法理论要求诈骗罪的受骗者有积极的认识错误,单纯的不知情就没有认识错误,但是对于没有付款的意思的顾客到餐馆点菜吃饭的案件,德国的刑法理论又用"事物思考的共通意识"来放宽条件。有人在介绍国外学说的时候,只强调其严格的限制条件的表述,给人的感觉是外国刑法如何限定处罚范围,但忽视了放宽条件的另一面。

那么,在我国,敲诈勒索罪到底是和诈骗罪同类还是和抢劫罪同类呢?你们可以选择其一。不过,我觉得还有第三种思路,就是部分场合和诈骗罪同类,部分场合和抢劫罪同类。比如,行为人以暴力方式实施敲诈勒索时,与抢劫罪同类,只是暴力程度低于抢劫罪,不需要被害方具有处分行为与处分意识;行为人以胁迫方式实施敲诈勒索罪时,与诈骗罪同类,要求被害方具有处分行为与处分意识。这种思路也未尝不可。当然,也不一定是按照暴力、胁迫的方式来区分,还可能是一种综合判断。例如,采用类似于敲诈勒索的手段奸淫妇女的,不都是认定为强奸罪了吗?这可以说明,敲诈勒索罪与抢劫罪具有同类性,但不能因此否认与抢劫罪不具有同类性的情形。所以,我觉得可以采取第三种思路。例如,假如我国刑法明文规定了抢夺罪,我们是将抢夺行为归入盗窃还是归入抢劫呢?完全可以说,部分行为归入盗窃,部分行为归入抢劫。德国、日本就是如此。没有这个罪的国家,是都归到盗窃罪或者都归到抢劫罪吗?当然不是,而是既可能归到盗窃罪,也可能归到抢劫罪。

我们一定要把敲诈勒索罪当作重要的基础法条去考虑本罪与其他犯罪的关系,简单地说,不能因为刑法规定了强迫交易罪,就认为所有的强迫交易行为都不构成敲诈勒索罪,不能认为凡是有交易的就不成立财产犯罪。强迫交易罪与敲诈勒索罪完全可能成立想象竞合,而不要将二者变成不能竞合的对立关系。其实,如果刑法规定了强制罪,就根本不需要规定强迫交易罪。

此外还要讲一下的是,敲诈勒索罪是对个别财产的犯罪还是对整体财产的犯罪这一问题。日本的敲诈勒索罪属于对个别财产的犯罪。敲诈勒索罪的着手时期为开始实施恐吓行为之时;行为人排除被害人对财产的占有,将财产设定为自己或第三者占有时,就是本罪的既遂之时。德国刑法将敲诈勒索罪规定为对整体财产的犯罪,《奥地利刑法》第144条也有相同规定。财产损失要件的判断方法,与诈骗罪的财产损失的判断方法相同。比如,行为人以一时使用他人的出租车的意图对他人实施暴力、胁迫。在本案中,占有的丧失属于财产损失。再如,债务人为了使债权人免除自己的债务而实施暴力、胁迫。德国判例的立场是,如果不知道债务人身份的,就认定有财产损失;如果知道债务人身份的,由于暴力、胁迫行为并不导致行使债权的困难,因而不认定有财产损失。但是,由于宾馆对利用者的行李享有担保权,利用者使用暴力、胁迫方法将自己的行李拿走的场合,即使判明了利用者的身份,也因为侵害了担保权而认定有财产损失。又如,原本不存在债务,但行为人强制他人在债务书上签字。在这类案件中,对财产产生了具体的危险,也能认定有财产损失。也就是说,存在债权请求的预计,而且对已经签字的债务书缺乏确实的反证手段,故应认定为有财产损失。还如,行为人夺取银行卡后,使用暴力、胁迫手段让被害人说出密码。德国判例认为,在行为人打听到密码的时点,被害人就存在财产损失。我认为,我国的敲诈勒索罪应当是对个别财产的犯罪。

二、客观行为

敲诈勒索罪的客观行为就是通过恐吓行为使他人产生恐惧心理进而取得财物。恐吓行为包括暴力在内,当然更多的表现为胁迫。胁迫表现为以恶害相通告:如果不交付财物的话,行为人就会对被害人实施某种加害行为。但是,并不要求行为人确实具有加害的意思,即使行为人内心里想的是,如果被害人不交付财物就算了,而没有不交付财物就实施加害行为的想法,也属于胁迫行为。加害的对方可以是第三者,但第三者要与被害人有密切关系,即只要是被害人关心的人即可,不要求是近亲属。例如,行为人到银行大厅后,以当场加害大厅的顾客相威胁,要求银行职员交付财产的,德国法院就认定为抢劫性敲诈勒索罪。因为银行的管理者当然要关心自己银行大厅内的客户的生命、身体安全。加害的内容本身可以是合法的,比如,在德国有一些以提起民事诉讼相威胁的,也被认定为敲诈勒索罪。同样,第三者抓到小偷后,要求小偷给自己钱,否则以送到派出所相威胁,也构成敲诈勒索罪。加害的内容也可以是不作为。比如,如果对方不给钱,就不为对方做什么,也可能构成敲诈勒索罪。

不管敲诈勒索罪与哪一个犯罪同类,在暴力、胁迫手段这一点上,都涉及敲诈勒索罪和抢劫罪的关系。其中存在三种学说:第一种学说是客观说,也叫二元说。根据这一学说,只有当暴力、胁迫行为足以压制被害人的反抗,实际上也压制了被害人反抗时,才成立抢劫罪,否则成立敲诈勒索罪。也就是说,同时具备足以压制反抗的行为性质与实际压制反抗的中间结果这两个条件的,才成立抢劫罪,缺乏其中之一的成立敲诈勒索罪。第二种学说叫暴力、胁迫一元说。只要客观上实施的暴力、胁迫行为足以压制被害人的反抗,就构成抢劫罪;或者说,抢劫罪的成立不要求暴力、胁迫行为实际上压制了被害人的反抗。第三种学说为压制反抗一元说。虽然抢劫罪的成立需要有暴力、胁迫行为,但不要求行为本身达到什么程度,不过,行为必须现实地压制了被害人的反抗才成立抢劫罪,否则就成立敲诈勒索罪。

比如,一种情形是,行为人客观上实施的暴力、胁迫行为足以压制被害人反抗,但实际上没有压制反抗就转移了财物,如何定罪?说具体一点,行为人持枪胁迫被害人交付财物,但被害人知道行为人根本不可能开枪,并没有被压制反抗,但仍然向行为人交付了财物。根据暴力、胁迫一元说,行为人的行为构成抢劫罪;根据二元说与压制反抗一元说,只能认定行为人的行为成立敲诈勒索罪。

另一种情形是,行为人的暴力、胁迫行为不足以压制反抗,但被害人太胆小,实际上被压制了反抗。二元说和暴力、胁迫一元说认为,这种情形不构成抢劫罪,只能构成敲诈勒索罪,压制反抗一元说则认为构成抢劫罪。

暴力、胁迫一元说注重抢劫罪和敲诈勒索罪手段上的区别,压制反抗一元说是想从被害人交付财物的原因或者行为人取得财物的原因的角度处理抢劫罪和敲诈勒索罪的区别,二元说为了避免这两种学说的缺陷,主张同时考虑上述两个方面。我在讲抢劫罪时就说过,与抢劫罪的保护法益相对应,抢劫罪有两个结果,一个是侵害意志自由的中间结果,另一个是侵害财产的最终结果;中间结果就要求压制了被害人反抗,同时,只有压制了反抗所取得的财产,才符合抢劫罪的构造。所以,我主张二元说。对于上述第一种情形,应当认定为抢劫未遂与敲诈勒索罪的既遂,二者属于包括的一罪或者想象竞合,从一重罪处罚,或许认定为想象竞合更合适一些。日本少数学者认为这种情形属于包括的一罪,多数学者认为这种情形是想象竞合。对于上述第二种情形,在判断行为是否足以压制被害人反抗时,不能过于抽象,要考虑行为时的各种因素进行具体判断。如果行为人明知被害人胆小的,我觉得也可以认定为抢劫罪。如果不知道被害人胆小的,则只能认定为敲诈勒索罪。

三、处分行为

根据日本刑法理论的通说,恐吓是使用暴力、胁迫手段使被恐吓者产生恐惧心理,然后处分财产,进而使行为人取得财产。处分财产的人必须是被恐吓者。与诈骗罪一样,也存在三角恐吓(三角敲诈勒索)的情形。即被恐吓者与财产的被害人不是同一人。在这种场合,被恐吓者必须具有处分被害人财产的权能或地位。如果恐吓行为没有使被恐吓者产生恐惧心理,被恐吓者在毫不畏惧的状态下出于其他原因交付财物的,行为人仅成立敲诈勒索罪的未遂犯。同样,胁迫行为使被恐吓者产生恐惧心理后,被恐吓者告知警察,警察为了逮捕行为人而让被恐吓者前往约定地点交付财物时,行为人的行为也只成立敲诈勒索未遂。因为前面的恐惧心理与后来的交付财物没有因果关系。

德国刑法理论对处分行为存在必要说与不要说的激烈争论。根据处分行为必要说,如果暴力行为导致被害人没有意思活动的余地(绝对的暴力),则不成立敲诈勒索罪;但根据处分行为不要说,这样的行为也可能成立敲诈勒索罪。德国判例采取处分行为不要说。必要说与不要说在两个方面会产生区别。(1)行为人没有不法所有的意图,因而对行为人的行为既不能认定为盗窃罪,也不能认定为抢劫罪,又不存在处分行为的时候,该怎么处理？比如,行为人使用暴力、胁迫手段,强行将他人的汽车开了几个小时。这种行为在德国不成立盗窃罪和抢劫罪,因为在德国刑法中,盗窃财物和抢劫财物是对所有权的犯罪,行为人主观必须具有不法所有的意图,但在行为人只是借用并且归还的场合,其行为没有侵犯所有权,行为人主观上也没有把自己当成所有权人的意思,所以不能定盗窃罪、抢劫罪。但是,如果采取处分行为必要说,而被害人又没有处分行为,这在德国只能认定为强制罪。如果采取处分行为不要说,则可以认定为敲诈勒索罪。(2)使用暴力手段逃走而不履行债务的案件。比如,正常点菜吃饭后发现没有带钱,就使用轻微暴力手段逃走。这在我国也是争议很大的问题。如果采取处分行为必要说,就不成立敲诈勒索罪,因为被害人没有处分行为；如果采取处分行为不要说,则可以认定为敲诈勒索罪。

德国判例采取处分行为不要说。对于使用暴力不支付出租车费而逃走的行为,德国判例认定为抢劫性敲诈勒索罪。根据判例的观点,抢劫性敲诈勒索罪的构成要件内容是,通过对人暴力或者以对生命、身体的现在的危险相胁迫,而使财产转移的行为。抢劫罪只不过在适用于夺取财物时是特别的构成要件。因此,首先要讨论行为是否成立抢劫罪,如果不成立抢劫罪,就只需要讨论是否成立抢劫性敲诈勒索罪。据此,通过胁迫手段夺取财物的行为,同时成立盗窃罪与敲诈勒索罪。这一做法使得敲诈勒索罪成为轻微型抢劫罪。

就转移财物的行为同时成立抢劫罪与抢劫性敲诈勒索罪的情形而言,从首先判断是否成立抢劫罪的立场来看,什么样的场合成立抢劫罪就更成为问题。在这一点上,德国判例并不注重被害人的内心,而是从外观上看,可以评价为夺取(Nehmen)的,就构成抢劫罪,可以评价为被害人交付的,就属于抢劫性敲诈勒索罪。例如,行为人以殴打相威胁,让被害人自己将钱包递交给行为人的,判例认定为抢劫性敲诈勒索罪。在行为人使具有保护财产的意思与能力的第三人交付财产时,由于第三者处于财产的保护者一方,德国判例认定成立三角敲诈勒索。例如,行为人迫使一对恋人中的女方将受伤男友的手表交付给自己的,成立敲诈勒索罪。但是,如果是对无关的第三者实施暴力、胁迫而使之交付财物的,则成立强制罪与盗窃罪的间接正犯,而不成立敲诈勒索罪。

德国学说上的多数见解采取处分行为必要说,也就是说,敲诈勒索罪与诈骗罪一样,都要求被害人具有处分行为。但与诈骗罪不同的是,在被害人受到暴力、胁迫的敲诈勒索罪中,如何确定对财物的处分行为的内容则需要讨论。要认定被害人有处分行为,最低限度的要求是,被害人具有负担减少财产的行为的意思。在此基础上,有学者提出,只有当被害人的参与是转移财产的必要环节时,才能认定为有处分行为;有学者主张,只有当被害人具有现实的选择可能性时,才能认定有处分行为。但也有学者认为,不必附加上述要件。

四、特殊类型

下面我就我国的一些比较特殊的行为类型作一些说明。

第一是"碰瓷"行为。我觉得要区分不同情形,不能都定诈骗罪,也不能都定敲诈勒索。例如,有的案件是四五个人坐在一辆车上,在晚上向外地车辆"碰瓷",然后下车胁迫对方。被害人一看对方人很多,又是晚上,连报警的机会都没有,只好给一点钱了事。对于这种情形只能认定为敲诈勒索罪。但不能因此排除有诈骗罪的情形,有的人"碰瓷"后,反复声称被害人的行为违章,要求被害人赔钱,导致被害人误以为是自己违章。对于这种情形要认定为诈骗罪。如果要我提出一个一般性的区分标准,我觉得只要被害人认识到行为人是"碰瓷",但由于对方的人多势众或者其他恐吓行为导致被害人赔偿的,就认定为敲诈勒索罪;如果被害人没有认识到行为人是"碰瓷",而是误以为自己违章了进而赔钱的,就认定为诈骗罪。当然,也存在二者的想象竞合的情形。

第二是以上访相要挟要求政府补偿的情形。首先要考虑的是行为人有没有合理的诉求,或者说有没有要求政府补偿、赔偿等权利,如果有这样的权利,就绝对不要认定为敲诈勒索罪。如果没有任何权利基础,以上访相要挟的,则可能构成敲诈勒索罪。许多人说,政府不可能成为敲诈勒索罪的对象,因为政府不可能产生恐惧心理。其实,这是混淆了被恐吓者与被害人的区别。政府不可能成为被恐吓者,行为人不可能直接对政府实施敲诈勒索行为,但政府可以成为敲诈勒索罪的被害人。以上访相要挟的一般都属于三角敲诈勒索,也就是说,行为人是对政府的相关领导实施胁迫或者恐吓行为,要求相关领导处分政府的财产。现实状况是,如果本地有人进京上访,就会对当地领导产生严重的不利影响,所以,许多地方领导还是害怕本地有人上访的。于是,没有任何理由却以进京上访要挟地方领导,是会使地方领导产生恐惧心理的,当然有可能构成敲诈勒索罪。

在实践中要区分的是,行为人是以地方领导本身作为财产被害人而进行要挟,还是以政府本身作为财产被害人而要挟。行为人在以上访相要挟时,虽然被恐吓的都是地方领导,但财产的被害人则既可能是地方政府,也可能是领导本人。例如,被占用土地的农民,已经获得了超额的补偿,但仍然要求政府再度补贴,对地方领导声称,如果政府不再度补偿,就进京上访。由于进京上访会对领导形成严重的不利影响,领导会基于恐惧心理作出由政府再度补偿的决定,进而处分政府的财产。这就是三角敲诈勒索罪。再如,某县的做法是,镇长每年年初要向县政府交纳3万元的保证金,即保证本镇没有人进京上访。若本年度本镇没有人进京上访,则在年末时将3万元返还给镇长;若本年度本镇有人进京上访,则3万元不再返还。没有任何事由的被告人,得知此做法后购买了一个北京手机号,随后向镇长打电话,声称自己已经到北京,如果镇长给自己1.5万元,就不上访;如果不给便立即上访。镇长担心自己的3万元保证金没了,就让镇政府给被告人1.5万元。这个被告人的行为肯定构成敲诈勒索罪。问题只是镇长让镇政府出这1.5万元是否属于贪污行为。我觉得镇长的行为性质是贪污,只不过数额没有达到定罪的要求而已。我再强调一下,如果行为人有合理的诉求,就不能认定为敲诈勒索罪。

第三是盗窃车牌后要求车主给钱赎回的行为。实践中,有很多人盗窃他人车牌后,给车主留一个手机号,声称如果交付200元就还回车牌或者告知车牌的藏匿地点。一些地方将这种行为认定为敲诈勒索罪。但我不赞成这种观点与做法。因为被害人的车牌已经被盗,不可能有更严重的恶害,或者说,行为人并没有以恶害相通告,被害人也不会产生恐惧心理。不能说,只要行为人给被害人添麻烦的就都叫胁迫。在我看来,不给钱就不恢复原状的通告,一般不能构成敲诈勒索罪中的胁迫,胁迫必须是将要给被害人施加恶害。那么,德国以提起民事诉讼相要挟为什么认定为敲诈勒索呢?这是因为让被害人将来卷入民事诉讼,不仅要花太多时间而且要花钱请律师之类的,所以可以称为以恶害相通知。但盗窃车牌后索要赎金则不一样,不还回车牌或者不告知藏匿地点,并不会使被害人害怕什么。事实上,一两次行为都不可能成立任何犯罪,只有多次行为才构成犯罪。既然如此,认定为多次盗窃进而以盗窃罪论处更为合适。即使行为人没有将车牌拿回家,而是藏匿在某个地点,也完全可以肯定其具有排除意思与利用意思。利用意思是明显存在的,附条件的排除意思也并不影响排除意思的认定。

第四是拾得他人财物或物品后索要金钱的。在行为人拾得现金或者其他有价值的财物时,如果行为人只是单纯向失主索要金钱,不给钱就不归还拾得物的,我觉得只能认定为侵占罪,而不可能认定为敲诈勒索罪。但是,如果行为人拾得了护照等重要证件或者合同等重要文书,向失主声称如不交付金钱就销毁证件或者文书的,则可能构成敲诈勒索罪。当然,如果索要的金钱较少,则不成立敲诈勒索罪。

第五是冒充警察抓赌、扫黄的案件。一般情形是,行为人冒充警察抓赌或者扫黄,"没收"参赌人员的赌资,或者向卖淫嫖娼等人员"罚款"。总的来说,这类案件除触犯招摇撞骗罪之外,还可能触犯敲诈勒索罪、抢劫罪与诈骗罪。招摇撞骗罪与后三个罪之间是想象竞合关系,当然,敲诈勒索罪与诈骗罪的想象竞合也是很普遍的。比如,几名行为人带着手铐等工具,进入赌场后冒充警察,要求参赌人员原地不动,并交出桌上与身上的所有现金,否则就采取强制措施带到派出所给予行政拘留处分。这一行为同时触犯招摇撞骗罪、敲诈勒索罪与诈骗罪,但属于想象竞合。如果参赌人员识破行为人的身份进而反抗,而行为人对之实施暴力进而取得财物的,则应以抢劫罪处罚。当然,即使参赌人员没有识破行为人的身份,也有可能构成抢劫罪。比如,几名行为人带着仿真手枪,进入赌场后冒充警察,将仿真手枪指向参赌人员,要求参赌人员原地不动,并交出桌上与身上的所有现金,否则就采取强制措施的,应当认定为抢劫罪。

五、权利行使

在德国,通过恐吓的方法行使权利,是肯定不成立敲诈勒索罪的。《德国刑法》第253条明文规定了敲诈勒索罪必须是违法以暴力、胁迫方式强制他人实施一定行为、容忍或不实施一定行为,因而使受强制者或者其他人遭受财产损失。同时规定,所谓违法,是指行为人实施暴力或者胁迫行为所欲追求的目的是应予遣责的情形。如果行为人享有权利时,其行为就是为了实现正当目的,就不可能应予遣责,当然不可能成立敲诈勒索罪。

日本刑法对此没有明文规定,理论上存在激烈争论。比如,盗窃罪的被害人为了取回自己被盗的宝石,对盗窃犯进行胁迫的,是否构成敲诈勒索罪?本权说认为,只要行为人在私法上具有正当的权利,那么,实现这种权利的行为就不可能构成敲诈勒索罪。但着眼于行为人的违法手段,可以认为该行为构成胁迫罪。占有说认为,只要行为人的行为不符合正当防卫、自救行为等违法性阻却事由的条件,就能成立敲诈勒索罪。持中间说的论者则认为,即使是自己的财产,但只要是由他人平稳地占有时,就只能采取民事诉讼上的强制措施来恢复原状,不能允许被害人随意采取措施。因此,只要行为人的行为不符合正当防卫、自救行为等违法性阻却事由的条件,就成立敲诈勒索罪。再如,债权人为了救济自己的债权,对债务人实行胁迫使其交付财物时,是否构成敲诈勒索罪?(1)无罪说的理由是:胁迫行为本身虽然违法,但当胁迫行为是为了实现正当的债权时,则不违法;敲诈勒索罪保护私法上的权利,具有使对方交付财物的权利的人,只要是基于占有者的意图而接受交付,就缺乏敲诈勒索罪的定型性;敲诈勒索罪是对整体财产的犯罪,而以胁迫手段实现债权的行为没有给被害人造成整体财产的减少,故被害人没有财产损失。(2)胁迫罪说认为,敲诈勒索罪是对整体财产的犯罪,刑法设立财产罪是要保护私法上的权利关系,如果行为人具有基于交付者的意思而取得财物的权利,那么就表明行为人的行为没有使对方遭受财产上的损害,或者说没有使对方财产恶化,因而不成立敲诈勒索罪。但是,如果行使权利的手段超过了法律所允许的范围,则成立胁迫罪。这一学说受到的批判是,将敲诈勒索罪视为对整体财产的犯罪并不合适,也就是说,只要个别的财物、利益受到了侵害,就存在财产损失;敲诈勒索行为原本是一体化的行为,将手段行为与目的行为分开考察,缺乏合理性;根据法秩序的要求,即使是实现权利也必须采取合法的手段,对为了实现债权而采取违法手段的行为不认定为敲诈勒索罪,就破坏了统一的法秩序。(3)敲诈勒索罪说认为,敲诈勒索罪与盗窃罪一样,是对个别财产的犯罪,要求发生财产上的损害结果;债权人使用胁迫手段使债务人交付财产,事实上损害了债务人对财产的使用、收益与处分权,故应以敲诈勒索罪论处;既然否认私力救济,那么,不通过法律途径使他人交付财物,就可以认定该行为成立敲诈勒索罪;此外,要求他人履行债务的胁迫手段不具有相当性时,对这种行为就不能再评价为行使权利的行为,这种行为与取得财物的结果就要一体化地被评价为敲诈勒索行为。一些学者认为,只有在满足了处于权利范围内、有行使私力的必要性、在社会一般观念看来手段具有相当性这三个条件时,才可以阻却敲诈勒索罪的违法性。日本的判例曾经采取胁迫罪说,但后来判例态度发生变化,采取了敲诈勒索罪说。例如,数名被告人对负有3万日元债务的被害人实施胁迫,迫使被害人交付了6万日元。日本最高裁判所1955年10月14日的判决指出:"对他人享有权利的人,其行使权利的行为,只要在其权利范围内而且没有超出社会一般观念容忍的程度,不产生任何违法问题,但是,超出上述范围、程度时则是违法的……就上述6万元认定敲诈勒索罪的成立是正当的。"你们要注意的是,日本判例与理论的权利行使,一定是民法上认可的权利,而不是行为人从道德观念上主张的权利。比如,恋爱分手后向对方索要青春补偿费,这在日本不可能称为行使权利。

我国刑法没有胁迫罪,对于以胁迫方式行使权利的行为只能以无罪处理。比如，盗窃罪的被害人以胁迫手段索要自己被盗财物的，由于盗窃犯对赃物的占有不能与所有权人相对抗，所以，没有侵害盗窃犯的财产法益，当然不成立敲诈勒索罪。以胁迫方式要求债务人履行债务的，同样不能认定为敲诈勒索罪。中国"老赖"这么多，如果对以胁迫方式索债的行为认定为犯罪，只能培养出更多的"老赖"，这不合适。在这一点上，不可以照搬日本的判例与部分理论。

不过，我不承认所谓基于道德观念主张的权利，也就是说，并不是只要自认为自己有权利的情形都属于权利行使，只有行使法律认可的权利时，才是权利行使。财产罪的认定，一方面要保护法益，另一方面要维护法治国家的原理。如果承认基于所谓道德观念主张的权利，就明显不符合法治国家的原理。虽然法治的核心是限制国家机关的权力，但公民也应当尽可能通过法律途径解决争端，如果原本不存在法律上的争端，或者说行为人原本就不享有法律上的权利，通过胁迫方式索要自己主张的债务的，不阻却敲诈勒索罪的构成要件符合性与违法性，只是有没有可能阻却责任的问题。例如，行为人误以为自己主张的是法律上的权利的，则可以排除敲诈勒索罪的故意，但不能排除行为的违法性。

六、罪数问题

下面先讲一讲罪数问题，然后介绍一下德国关于敲诈勒索罪与诈骗罪的竞合的判例。

行为人盗窃他人财物之后，被害人上门讨回财物时，行为人对被害人实施胁迫行为的，应当如何处理？对此问题的处理，日本比较一致，一般认为前面的行为构成盗窃罪，后面的行为构成敲诈勒索罪，因为行为人使用胁迫手段使被害人免除了债务。但是，由于两个行为最终只侵害一个法益，所以，会认定为包括的一罪。德国的处理则不一样。有的观点认为，既然被害人的财产已经损害了，也就是说，被害人的财产已经由行为人前面的盗窃行为造成了，行为人后面的行为就不可能再构成财产罪，只能成立强制罪。我对这一说法表示怀疑。例如，德国的通说对盗窃罪采取所有权说，甲盗窃了丙的财物后，乙又从甲处盗窃了该财物。德国刑法理论认为,乙的行为也侵害了丙的所有权,所以仍然构成盗窃罪。可是,丙的财产已经由甲的行为侵害了,为什么还说乙的行为又侵害了丙的所有权呢?你们是否觉得这里存在矛盾?是因为侵害主体不同,还是基于其他原因?当然,在德国也有观点认为,上例中的行为人构成敲诈勒索罪。

敲诈勒索罪和受贿罪可以是想象竞合,也就是说,国家工作人员利用职务上的便利对他人实施胁迫行为,进而取得对方交付的财物的,就是敲诈勒索罪与受贿罪的想象竞合。例如,一个派出所所长甲,让社会上的一般人员乙寻找卖淫嫖娼的信息,约定一起通过抓嫖捞钱。乙在网上找到招嫖信息,联系卖淫的组织者谈好场所、价格等之后再告知甲。乙到卖淫女的房间后控制住卖淫女,随后甲带人到现场,让卖淫女联系卖淫的组织者。然后,甲将卖淫女带到派出所办案区,和卖淫的组织者商量交纳多少"罚款"就放人,否则不放人。组织者同意交纳"罚款"后,甲不再处理卖淫女与组织者,"罚款"由甲、乙等人据为己有。司法实践中对这种行为既有认定为受贿罪的,也有认定为敲诈勒索罪的,其实,这就是索取型受贿罪与敲诈勒索罪的想象竞合。在这样的案件中,被害人是否知道"罚款"由甲、乙等人据为己有,不影响受贿罪与敲诈勒索罪的认定。同样,如果是甲等人在抓到嫖客后,让嫖客交罚款然后放人的,也是受贿罪与敲诈勒索罪的想象竞合。

下面介绍德国法院涉及敲诈勒索罪和诈骗罪的想象竞合的几个判例。其中的判决结论并不是被德国学者普遍接受,我会谈一下我的看法,你们可以思考一下。

第一个是1890年的判例:被告人给自己的债务人A的妻子打电话,说你丈夫一直没有还我的钱,我已经从法院获得授权,可以逮捕你丈夫,如果你不替你丈夫还钱,我就逮捕你丈夫。原审法院认定被告人的行为成立敲诈勒索罪和诈骗罪的想象竞合,但上级法院认为欺骗行为没有起作用,只能定敲诈勒索罪。如果在中国的语境下考虑,不认定为诈骗罪的原因,恐怕是因为A确实是债务人。

第二个也是1890年的判例:被告人甲在酒吧与陷入酩酊状态的丙达

成口头约定,内容为丙以低价将土地出卖给甲。次日,甲与乙一起到丙家,谎称"该土地已经出租给乙,而且律师说昨天的口头约定是有效的合同,如果丙不同意出卖土地就要向法院起诉丙"。于是,丙与甲、乙分别签订以下书面协议:丙为了解除与甲的合同,给甲 750 马克补偿费;为了使乙放弃租借权而给乙 100 马克的补偿费。法院认为,行为人就补偿给乙的 100 马克成立诈骗罪,就给甲的 750 马克成立诈骗罪与敲诈勒索罪的想象竞合,因为声称向法院提起民事诉讼就属于以恶害相通告。

第三个是 1934 年的判例:被告人对 A 的继承人说,A 和我有一个约定,他死了之后每个月要给我 100 马克的生活费,如果你不同意我就向法院起诉你,事实上也起诉了。法院只认定为敲诈勒索罪,因为所谓的和 A 约定给 100 马克生活费是虚假的,这一欺骗行为仅仅是为了强化胁迫行为,因而没有独立的意义。如果说以提起民事诉讼相威胁属于敲诈勒索罪中的胁迫,我倒是觉得本案构成敲诈勒索罪与诈骗罪的想象竞合。

第四个是 1955 年的判例:女被告人在"二战"期间与其姐夫通奸而且怀孕,但小孩一出生就死亡了。后来,被告人通过熟人向有关部门递交文书,声称在战场中死亡的 A 就是小孩的父亲。次年,被告人就对姐夫说,A 实际上没有死亡,而是还活着。接着,被告人就以转述的方式对姐夫说,A 找我要封口费,如果不给封口费的话,A 就要揭露真相。但这些话都是被告人编造的。对方信以为真,就给了被告人 1.6 万马克。法院只认定为诈骗罪,没有认定为敲诈勒索罪的成立。因为被告人只是转述他人的表述,不是直接对他人实施胁迫。我认同这个判决结论。

第五个是 1956 年的判例:被告人是一名警察署长,他与被害人约定,如果被害人答应借钱给被告人,被告人就不侦查、不揭发被害人违反劳动法的行为,而且,被告人明知自己借钱后不能还清,但仍然说借款到期时一定还清。被害人害怕自己被揭发,而且以为被告人届时会还清借款,就向被告人出借了金钱。被告人事后没有揭发被害人的行为,在借款到期时也没有归还借款。法院认为,被告人以两个没有关系的手段侵害了被害人的意志,一个是以揭发相威胁,另一个是谎称还清借款。两个手段的共同作用,使被害人交付了金钱,所以,没有疑问成立诈骗罪与敲诈勒索罪的想象竞合。

第六个是1970年的判例：甲从报纸上看到12岁的X被绑架的消息后，就向X的家长乙打电话，声称自己就是那个绑架犯，如果不交付2.5万马克赎金就杀害X，但后来未能得逞。法院指出，诈骗罪的欺骗与敲诈勒索罪的胁迫在法律本质上是否一致，没有必要进行讨论。甲谎称是绑架犯，而且假装自己可以支配实现其胁迫行为的内容，这不妨碍甲的行为成立抢劫性敲诈勒索罪。甲所引起乙的认识错误，只是对显示甲具有实施胁迫行为、实现胁迫内容的能力起作用，即甲并不是意图以独立于胁迫行为之外的欺骗行为的作用来使乙交付财物。甲为了实施胁迫行为所实施的欺骗行为，只是与甲具有对X实施暴力的可能性相关联。因此，这一欺骗行为只是为了使胁迫行为更有效果。在这种场合，这种认识错误的引起，只不过是胁迫的本质的构成要素，因而只成立敲诈勒索罪，而不成立诈骗罪。由于不能认定诈骗罪存在独立的构成要件意义，所以，不同时成立诈骗罪与敲诈勒索罪的想象竞合。我感觉类似这样的判决结论，可能过于重视行为人的主观想法了。其实，只要被害人知道了真相，就不可能产生恐惧心理。既然如此，可能难以否认想象竞合的成立。

事实上，有关敲诈勒索罪与诈骗罪的关系，德国存在许多不同的学说。总的来说有两个路径，一个就是构成要件路径，主张通过构成要件的解释来处理，其实是不承认二者的竞合，试图通过某个标准明确区分敲诈勒索罪与诈骗罪。另一个就是竞合的路径，包括想象竞合与法条竞合的路径。我主张想象竞合的路径，既简单明了，又有利于发挥想象竞合的明示机能。当然，要认定为想象竞合，前提是行为人的行为同时包括了恐吓与欺骗，被害人同时产生了恐吓心理与认识错误。

【职务侵占罪】

下面讲职务侵占罪，同时也讲一下贪污罪。

在旧中国刑法、日本与韩国刑法中，职务侵占罪只限于行为人将基于职务或业务而占有的他人财物变成自己所有的行为，并不包括所谓利用职务上的便利的盗窃与诈骗。委托物侵占时,行为人据为己有的是他人委托行为人占有的财物;职务侵占时,行为人据为己有的是基于职务或者业务占有的财物。这里的占有,与盗窃罪中的占有是一个含义。职务侵占罪侵害的也是他人财物的所有权,所谓他人,当然包括单位。我国刑法规定与刑法理论习惯于表述为公私财物或者公私财产,其中,对财物的占有者只能是自然人,而不可能是单位本身,单位只是可以成为财物的所有权人。如果说财物是由单位占有的,那么,任何人非法取得单位的财物时,就是盗窃,而不可能是侵占,因为侵占原本就是将自己占有或者脱离占有的他人财物变为所有。所以,你们不要承认单位占有,单位所有的财物一定是通过相关的自然人来占有的,而不可能由单位本身占有,否则,我们就没有办法定罪了。比如,一个单位会计室保险柜里的金钱,当然是谁管保险柜谁就占有其中的金钱,一般当然是单位的会计、出纳占有,而不是单位领导占有。基于职务占有了单位的金钱,却将金钱据为己有的,就成立职务侵占罪。职务侵占罪中的利用职务上的便利,并不是指据为己有的行为需要利用职务上的便利,而是指基于职务占有了单位所有的财物。

我认为,职务侵占罪只能包括上述一种情形,即将基于职务占有的单位财物据为己有,当然包括使第三者所有。但是,我国刑法理论的通说又认为职务侵占行为包括利用职务上便利的窃取、骗取、侵吞三种情形。这样的观点是怎么形成的呢?旧刑法原本没有规定职务侵占罪,只是规定了贪污罪。现行刑法不仅规定了贪污罪,而且规定了职务侵占罪,由于《刑法》第382条对贪污罪构成要件的表述包括了利用职务上的便利的窃取与骗取行为,所以,刑法理论想当然地认为,职务侵占罪与贪污罪的构成要件行为一样,只是行为主体与行为对象不同,于是,使得职务侵占罪的行为与贪污罪完全相同。

本来,如果职务侵占罪的定罪起点与盗窃罪、诈骗罪相同的话,问题不会太大。可是,司法解释对贪污罪、职务侵占罪规定的起点数额太糟糕了。比如,3000元就是盗窃、诈骗的数额较大起点,但职务侵占罪的数额较大起点却是6万元,而这一起点又是为了与贪污罪相协调。职务侵占罪的定罪起点数额居然是盗窃罪、诈骗罪的 20 倍！这是为什么？因为利用了职务上的便利而导致行为的不法减少还是责任减少？这是司法解释不会考虑的问题，凭什么多了一个利用职务便利的行为，定罪起点反而更高、量刑也更轻呢？利用职务上的便利不可能一概成为不法减轻或者责任减轻的要素。就贪污罪而言，利用职务上的便利反而同时触犯了滥用职权罪，应当是定罪起点数额更低、量刑更重才合适。

倘若认为职务侵占罪仅包括将自己基于职务占有的单位财物据为己有，则勉强可以说明职务侵占罪的定罪起点数额较高以及量刑较轻的原因。也就是说，由于行为人已经占有了单位财物，因而对行为人有一定的诱惑性，所以，期待可能性有所减少。虽然这一说法也比较勉强，但多少还是可以成立的，如同委托物侵占罪与盗窃罪的关系一样。可是，一旦认为职务侵占罪包括了所谓利用职务上便利的窃取与骗取，则是无论如何都解释不了的。

所以，我现在极力主张，职务侵占罪只限于行为人将自己基于职务占有的单位财物据为己有或者使第三者所有的情形，即职务侵占只包括狭义的侵占行为。但是，这样解释时有一个障碍，那就是《刑法》第 183 条。第 183 条第 1 款规定："保险公司的工作人员利用职务上的便利，故意编造未曾发生的保险事故进行虚假理赔，骗取保险金归自己所有的，依照本法第二百七十一条的规定定罪处罚。"一般来说，这是指没有占有保险金的工作人员通过实施欺骗行为，尤其是欺骗保险公司具有处分权限的人，进而取得财物。也就是说，这似乎是一种典型的利用职务的骗取行为，但法条明文规定以职务侵占罪定罪处罚。虽然也还有解释的可能，比如，我可以将这一条中的保险公司的工作人员限定为基于职务占有了保险公司的保险金的工作人员，也就是说将这一款规定的行为也限定为行为人将基于职务占有的单位财物据为己有的行为，但我估计一般人不会同意，所以我在教材与论文中就没有这样解释。于是，我只能说，《刑法》第 183 条是一个特别规定。特别在何处呢？就是原本构成诈骗罪的，但《刑法》第 183 条却规定为以职务侵占罪论处？那么，作出这种特别规定的理由何在呢？是因为这类工作人员每天从事的是实际上、实质上处分保险公司财物的行为,但形式上又需要负责人批准,因而实质上类似于将基于职务占有的财物据为己有的情形。

将职务侵占罪限定为狭义的侵占,会产生一个与司法惯例不同的后果,即公司领导指使单位出纳将100万元现金给自己私用时,应当怎么办?因为公司领导并没有直接占有单位现金,现金是由出纳占有的。在司法实践中,一般只认定领导构成职务侵占罪,而不会认定会计构成职务侵占罪。可是,即使退一步认为职务侵占罪包括利用职务上的便利窃取与骗取,我们也不能认为领导的行为属于窃取与骗取,还是要回归到狭义的侵占上来。也就是说,在这样的案件中,直接正犯是出纳,领导是共同正犯。按照我的观点,直接正犯与间接正犯是需要身份的,但共同正犯不需要具备身份。所以,认定领导构成共同正犯没有问题,因为领导起到了重要作用。这样认定的话,是不是说对领导的量刑要轻于出纳呢?也不是,因为出纳要听命于领导,所以,出纳的期待可能性很小,在某些场合甚至没有期待可能性,所以,即使对出纳定罪,也完全可以对之科处较轻的刑罚。

就贪污罪而言,我没有办法说,贪污行为仅限于国家工作人员的狭义侵占行为,因为法条明文规定:"国家工作人员利用职务上的便利,侵吞、窃取、骗取或者以其他手段非法占有公共财物的,是贪污罪。"那么,怎么让贪污罪的认定与盗窃、诈骗的认定相协调呢?

首先,国家工作人员利用职务上的便利窃取或者骗取公共财物,虽然达到了盗窃罪、诈骗罪的数额较大起点,但没有达到贪污罪的数额较大起点的,要按照盗窃罪、诈骗罪定罪处罚。我也知道司法机关不会接受我的这个观点,但不管是从维护刑法的公平正义性的角度来说,还是从法条关系上说,这个观点是没有问题的。你们可以说,贪污罪是盗窃罪、诈骗罪的特别法条,我也坚持特别法条优于普通法条的适用原则,但是,适用这一原则是以行为同时符合两个法条为前提的,数额是构成要件要素,如果窃取、骗取的数额没有达到贪污罪的要求,但达到了盗窃罪、诈骗罪的要求,这个行为就只符合盗窃罪、诈骗罪的法条,根本不符合贪污罪的法条,当然不存在适用特别法条的前提。这一点在德国、日本的判例与理论中没有任何疑问。你们可能说,国家工作人员利用职务上的便利窃取 5000 元就是贪污行为,怎么是盗窃呢?这是你们先入为主进行的反问,而不是将刑法规范与案件事实进行对应后的反问。如果你进行对应,就会发现国家工作人员利用职务上的便利窃取 5000 元的行为完全符合盗窃罪的成立条件,没有丝毫疑问。那么,能不能仅以行为类型为根据认为贪污罪是盗窃罪、诈骗罪的特别法条呢?我认为不能。比如,一般认为故意杀人罪是故意伤害罪的特别法条,或者说,在绝大多数场合故意杀人罪是故意伤害罪的特别法条。当行为人的行为导致被害人死亡,但行为人又没有杀人故意时,我们不可能说,行为人的行为属于杀人行为,只能适用故意杀人罪的规定,但由于其没有杀人故意,所以不成立故意杀人罪,因而无罪。

其次,要合理解释利用职务上的便利盗窃。利用职务上便利的盗窃很罕见,只有在共同占有的场合,才有可能存在利用职务上便利的盗窃。例如,国有公司会计室的保险柜,由会计管密码,出纳管钥匙,同时使用密码与钥匙才能打开保险柜。管钥匙的出纳偷看了会计的密码后,使用钥匙与密码取走了保险柜里的现金据为己有。这可以说是利用职务便利的盗窃,也只有这种情形属于利用职务上便利的盗窃。如果国家工作人员自己一个人占有了财物,他将占有的财物据为己有的,就不可能是盗窃,只能是侵占或者侵吞。如果是其他人占有着国有公司的财物,行为人又没有占有这个财物,行为人就不可能利用职务上的便利盗窃。例如,一个国家机关的保险柜里的现金是由会计与出纳占有的,国家机关的领导怎么可能利用职务上的便利盗窃呢?他只能利用工作机会盗窃,这就是典型的盗窃,而不可能是贪污。反过来,如果行为人基于职务占有了单位财物,那么,不管他采取什么方式,都不可能是盗窃。比如,一个国有加油站的站长,将下午 5 点后至 12 点收取的现金锁在加油站的一个铁柜子里,铁柜的钥匙与加油站的大门钥匙都是由站长本人保管。站长回家后,凌晨 3 点回到加油站,用铁锤砸开加油站的大门和铁柜,然后拿走现金。这一行为当然不是盗窃,只是狭义的侵占。因为现金是由行为人占有的,怎么可能盗窃自己占有的财物呢?所以,所谓监守自盗这个词,也是不能再使用的。如果说监守是指自己占有了财物，就不可能自盗；如果要认定为盗窃，他就不可能占有。如果说监守不是指自己占有了财物，监守这个词的使用不仅没有意义，而且导致定罪的混乱。

最后，对于贪污罪中的利用职务上便利的骗取，不能扩张解释，只能限制解释。我认为，只有类似于《刑法》第183条第2款规定的情形，才可以评价为利用职务上便利的骗取。也就是说，国家工作人员事实上没有占有单位财物，形式上也没有处分权限，但实际上、实质上具有类似处分财产的权限。比如，国有保险公司的理赔员，属于国家工作人员，他事实上能决定是否支付保险金，但最终有一个形式的决定权不在他手上，而是在公司负责人那里。理赔员利用职务便利，编造未曾发生的保险事件，欺骗领导使领导同意支付保险金的，可以说是利用职务上的便利骗取财物。只有类似的情形，才属于利用职务上便利的骗取。但司法实践对于利用职务上便利的诈骗认定得太宽了，比如，国家工作人员出差后伪造发票数额多报销的，司法实践都定贪污罪，这怎么是贪污呢？他利用了什么职务上的便利呢？他有司法解释所说的主管、管理、经手、经营公共财物的职权吗？出差本身是诈骗行为吗？当然不是，所以，这种行为只成立诈骗罪。报销行为本身与职务没有直接关系，报销行为本身可以由他人替代实施。司法机关实际上将贪污罪中的利用职务上的便利与受贿罪中的利用职务上的便利作了等同理解，这是不合适的。受贿罪中的利用职务上的便利，只是意味着行为人所取得的财物与职务具有关联性，但对贪污罪中的利用职务上的便利不能这样理解。国家工作人员出差就当然主管、管理、经手后来报销的单位现金吗？显然没有。如果国家工作人员事先从单位支出现金或者其他财物，则基于职务占有了单位财物，将支出的现金或者财物据为己有的，则是侵占，而不是诈骗。

课堂提问

问：国外的强制罪和胁迫罪是法条竞合关系吗？
答：没有见过这样的说法。因为胁迫罪对胁迫的内容有明确的要求，就是说对胁迫的对象与恶害的内容有明确的限定；但强制罪中的胁迫没有这样的要求，所要求的是通过暴力、胁迫手段让他人做没有义务做的事情或者妨碍他人行使权利，没有对胁迫本身作限制性规定。所以，不一定能说是法条竞合关系。

问：有一个 8 岁的小孩在邻居的酒中放入毒药，8 年后邻居喝酒被毒死了，小孩是否构成不作为的故意杀人罪？

答：按照我的观点是先前行为产生了作为义务，构成不作为的故意杀人罪。也就是说，他达到责任年龄之后，没有履行作为义务，所以构成不作为的犯罪。当然，如果小孩在已满 14 岁之前就完全忘记了此事，则不能认定为不作为的故意杀人罪了。

问：可是，如果邻居当时喝了酒就死了，小孩不承担责任，邻居过了 8 年后才死亡的，小孩怎么反而要负刑事责任呢？

答：这没有什么奇怪的，因为如果邻居在 8 年前死亡了，小孩没有达到责任年龄，但 8 年后小孩达到责任年龄了。小孩的行为在 8 年前是违法的，在 8 年后也是违法的，区别只是是否达到责任年龄的问题。你不能说，被害人 8 年前的死亡与 8 年后的死亡存在不法程度上的区别。

问：关于三角诈骗的问题：一个人原本是想成为盗窃的间接正犯，但由于认识错误最后实施的是诈骗行为。比如，行为人欺骗一个小孩说那个花瓶是自己的，让小孩把花瓶给自己，事实上，那个花瓶就是小孩家里的，他有处分权。这该怎么定罪呢？

答：我知道你的意思，但你的这个例子举得不理想。小孩对自己家里的财产也没有处分权限，你举的案例就是盗窃。你实际上是想问，如果认为盗窃与诈骗是对立关系，那么，行为人只有诈骗的故意，但客观上实施了盗窃行为，或者相反的，该怎么办？例如，甲欺骗他人，想让他人将放在桌子上的手机交付给自己，可是，他人还没有听清楚时为了表示礼貌就点了一下头，于是行为人就将他人手机拿走了。行为人只有诈骗的故意，客观上也实施了欺骗行为，但对方没有处分行为与处分意识，或者说，行为人客观上实施的是盗窃行为。由于诈骗罪与盗窃罪是对立关系，所以，只能认定行为人的行为构成诈骗未遂与侵占罪，而不能认定为盗窃罪。再如,甲误以为16岁的乙是A的儿子,于是就通过欺骗手段让乙将B家的花瓶拿给自己,事实上,乙就是B的儿子,假定B作为受骗者具有处分权限,那该怎么办呢?按照我的观点,只成立盗窃未遂与侵占罪,而不能认定为诈骗既遂。如果认为诈骗罪与盗窃罪不是对立关系,认为二者有重合部分,则可能认定行为人的行为构成盗窃罪。但我不同意这种观点。

问:法人也不能占有自己的财物吗?比如,银行ATM里的现金是谁占有呢?

答:法人当然不可能占有法人的财物,一定也是由自然人占有,银行也不例外。如果说银行的现金是由银行本身占有的,那么,银行所有的人对银行的现金只能成立盗窃罪、诈骗罪,而不可能构成职务侵占罪,这显然不合适。ATM里的现金由谁占有,取决于银行的管理状态,既可能是银行的管理者如行长占有,也可能是具体负责ATM的自然人占有。

问:问一个有关敲诈勒索罪和抢劫罪的案例。甲出老千,乙、丙、丁知情后将甲关起来,向他索回所输的钱,也实施了暴力,同时还威胁如果不交出来就要在圈子里说甲出老千的事,这是抢劫罪还是敲诈勒索罪?

答:应该构成抢劫罪吧,因为将被害人关押起来的行为,都会评价为压制了被害人反抗。在暴力行为压制了被害人的反抗后,不能因为同时实施的胁迫行为没有达到压制反抗的程度,就否认抢劫罪的成立。

问:关于利用职务上便利的盗窃案件,出纳偷看了会计的密码后从保险柜取出现金的,利用了职务上的便利吗?

答:因为是共同占有,又由于是偷看了会计的密码,所以,才评价为盗窃;又由于行为人利用了自己管理的钥匙,所以利用了职务上的便利。

问:用财产处分自由的视角去重构财产罪的法益有没有可能?

答:日本学者足立友子写了一本书,就是这个观点。但我觉得疑问太大,可以认为财产处分自由是所有财产罪的保护法益的一个内容,但不能用这一点取代财产法益本身,否则,侵犯财产罪与侵犯人身罪就没有区别了。

> 课外作业

第一个作业是案例分析:甲、乙二人实际上是要对丁实施敲诈勒索行为,于是告诉丙,跟丙说,我们想骗丁的一点钱,你帮我们把他叫来。丙将丁叫来后,甲、乙对丁实施了敲诈勒索行为。请问丙的行为是否构成犯罪?构成何罪?

第二个作业是真实案件:被告人张某是一个无业游民但想发财,某天他在地方电视台财经频道上看到一个节目,节目讲述了当地的李某怎么白手起家成了房地产公司的老总。张某看了之后也想学李某,于是,成立了一个房地产有限公司。但是,张某对公司经营一窍不通,根本没有经营。一个月之后,张某拿着事先准备好的菜刀,来到了李某办公室,要求李某出资100万成为他自己公司的股东,不然就要李某的命。李某说,我这里有10万元现金,你拿走就算了。但张某不同意,坚持要李某出资100万元成为股东,并强迫李某签了投资入股协议。张某拿着这个协议,让李某在一天之内准备100万元。第二天,张某拿着协议来到李某办公室准备取走100万元时,被守在那里的民警抓获。张某的行为构成何罪?

第十五讲

作业解答

先把上次作业讲一下。

第一个作业是基于德国的真实案例而提出的。实际的简要案情大体上是，被告人 X 基于以下认识，帮助了 A、B 的犯罪行为：A 与 B 对被害人 V 说，V 因为在国外实施了违法行为而在国内会进入刑事诉讼中，如果 V 向 A、B 提供必要的资金的话，就可以通过这些资金使 V 避免刑事诉讼。也就是说，被告人 X 是基于这一预定的诈骗内容而实施帮助行为的。但事实上，A、B 对 V 进行胁迫，声称如果不交付金钱的话就逮捕 V，让其在法院受处罚，而且暗示 A、B 也希望如此。德国的判例认为，本案中的 A、B 为了强化胁迫行为，欺骗 V 说当局的立案侦查并没有撤销。在这样的场合，由于这一欺骗行为融合到胁迫行为中，故 A、B 的行为仅成立敲诈勒索罪，而不成立诈骗罪。但如果不成立敲诈勒索罪，则会成立诈骗罪。因此，即使 X 对正犯者的胁迫行为没有任何认识，也实施了诈骗罪的帮助行为，所以，X 成立诈骗罪的共犯。

可以这样理解这个判例：一方面，A、B 二人为了强化胁迫行为，对 V 实施了欺骗行为，但二者不是想象竞合，或者说欺骗行为没有独立的意义，只是胁迫行为的一部分。但另一方面，如果将其中的胁迫行为去掉，则存在诈骗罪的欺骗行为。于是，虽然 X 不知道 A、B 二人实施了胁迫行为,但由于A、B行为中存在欺骗行为,或者说由于正犯实施了欺骗行为,所以,X的行为构成诈骗罪的帮助犯。其实,按照我的看法,对上述情形认定为敲诈勒索罪与诈骗罪的想象竞合,进而将X的行为认定为诈骗罪的帮助犯,就没有任何疑问了。

不过,我是想让你们回答这样的问题:如果A、B没有实施欺骗行为,只是实施了胁迫行为,对被告人X应当如何处理?有的同学说,由于敲诈勒索罪与诈骗罪具有类似关系,所以,X的行为成立诈骗罪的共犯。但这样回答是不行的。因为敲诈勒索罪虽然与诈骗罪有类似关系,但二者毕竟是两个不同的构成要件。只要承认共犯的从属性,要认定X成立诈骗罪,就要求正犯实施了诈骗行为。除了共犯的从属性之外,还存在事实认识错误如何处理的问题。

所以,在正犯没有实施欺骗行为的情况下,X是否成立诈骗罪的共犯,就取决于敲诈勒索罪是否同时包含了诈骗罪的构成要件行为,或者说,敲诈勒索罪与诈骗罪有没有重合的地方。如果采取费尔巴哈的观点,认为敲诈勒索罪就是诈骗罪,则上述X的行为成立诈骗罪的帮助犯。但是,如果认为敲诈勒索罪与诈骗罪并不存在重合部分,根据共犯从属性的立场,则难以认为X构成帮助犯。总之,以敲诈勒索罪与诈骗罪类似为由,还不能为X成立帮助犯提供根据。另一问题是,假如敲诈勒索罪与诈骗罪存在重合关系,那么,X究竟是成立敲诈勒索罪的帮助犯,还是成立诈骗罪的帮助犯?可以肯定地说,假如肯定敲诈勒索罪与诈骗罪有重合部分,也只是说敲诈勒索罪中包含了诈骗,而不能说诈骗罪中包括了敲诈勒索,所以,即使承认二者的重合,也难以认为X的行为成立敲诈勒索罪的帮助犯,只能认定为诈骗罪的帮助犯。

第二个作业是一个真实案件,没有改编。其实主要涉及两个问题:一是构成抢劫罪还是敲诈勒索罪?二是构成既遂还是未遂?

首先,从行为手段上看,行为人张某持刀进入被害人办公室进行威胁,不仅足以压制被害人反抗,事实上被害人也被迫签订了所谓投资协议,也就是说,已经压制了被害人反抗。既然如此,就应当认定为抢劫罪。有同学回答说,张某行为仅成立强迫交易罪,这显然不合适。我多次讲过，不能因为刑法规定了强迫交易罪，就将有交易的抢劫罪、敲诈勒索罪都归入到强迫交易罪中。认为张某的行为成立强迫交易罪是可以的，但不能据此否认张某的行为同时成立抢劫罪。当然，主张张某的行为仅成立强迫交易罪的同学，可能认为张某没有非法占有目的，只是让李某投资，而不是将李某的投资款据为己有。但我不赞成这一结论。张某完全没有经营能力，如果李某的100万元投资款进入张某的公司，也就打水漂了。另外，就对这100万元投资款而言，张某显然具有排除意思与利用意思。只是说，如果张某内心里确实认为，将来有收益的话李某可以得到分红。但是，即使将抢劫罪认定为对整体财产的犯罪，但从行为时来看，李某的整体财产遭受了损失，亦即，其整体财产中类似于多了一项债务。况且，我不认为抢劫罪是对整体财产的犯罪，而是对个别财产的犯罪。所以，只要丧失了特定的财产，就要认定为抢劫既遂。

其次是张某的抢劫行为是既遂还是未遂。我觉得在德国会认定为抢劫性敲诈勒索罪的既遂犯，日本的裁判所也会认定为抢劫财产性利益的既遂，但日本会有部分学者认为只构成抢劫狭义财物的未遂犯。也就是说，由于张某次日来李某办公室取现金未遂，所以成立抢劫财物的未遂犯。我估计我国的司法实践与刑法学者都不会认为张某的行为构成抢劫既遂，因为大家都会说，李某虽然签订了投资协议，但完全可以不履行。至于按照协议本身，张某取得了类似于债权的利益，我国的司法机关与刑法理论大体上也是忽略不计的。如果哪一天我们一致认为张某的行为成立抢劫财产性利益既遂，就表明我国建立起了诚实信用体系。

不管怎么说，即使按照司法实践的做法，对张某的行为也应当认定为抢劫未遂。这就涉及另一个问题，即所谓抢劫罪的两个当场，我在这里顺便讲一下。其一是抢劫中的强取财物是不是必然在当场？我是持否认态度的。比如，在本案中，如果说张某构成抢劫100万元现金的未遂犯，就必须否认当场取得财物的要求。因为张某并没有在以暴力相威胁时要求李某当场交付100万元，而是让李某花一天的时间准备100万元。也就是说，张某原本就没有要求李某当场交付财物，或者说，张某原本不打算当场强取财物。第二天张某到李某办公室时，还没有实施暴力、胁迫行为就被民警抓获了,张某第二天的行为本身并不成立抢劫罪。所以,如果要求当场强取财物,张某的行为就不成立抢劫罪,只能成立敲诈勒索罪了。但这一结论显然不合适。我以前讲过一个真实案件:被告人在小学生回家的路上拦住四五个一二年级的小学生,将一个小孩倒吊在树上打,打了一会后就跟这些学生说:"你们看到了吧,晚上回家找家长要钱,就说老师要的,不能说是我要的!如果明天早晨上学时不给钱我,我就把你们所有的人吊在树上打。"这些学生回家就跟父母说老师让交钱,家长就给小学生十几元,第二天早晨小学生上学时就把钱交给被告人了。对这个案件的被告人当然要认定为抢劫,难道还能认定为敲诈勒索罪!认定为敲诈勒索罪也不够数额较大啊,难道退而求其次认定为寻衅滋事罪?显然不合适!事实上,有的行为人明知被害人身上没有财物,但通过暴力或者严重威胁,要求被害人次日交付财物的,不认定为抢劫罪明显不合适。其二是胁迫的内容也不要求当场实现。一方面,有的抢劫犯虽然口头威胁,但并没有实现胁迫内容的打算,但这种情形并不排除抢劫罪的成立。另一方面,即使是胁迫的内容本身就表明不是当场实现而是日后实现,但只要足以压制被害人反抗,也应当认定为抢劫罪。例如,行为人对被害人说:"我已经在你家里安置了炸弹,如果明天不给我100万元,我后天就把你的别墅炸了。"在我看来,不管行为人是否在被害人家的别墅安置了炸弹,并到此为止,行为人的行为都成立抢劫罪,而不能只认定为敲诈勒索罪。

我还要顺便说的是,我国刑法与日本刑法一样,并没有明文规定抢劫罪中的胁迫必须是以暴力相威胁,日本刑法理论没有将抢劫罪中的胁迫限定为以暴力相威胁,但我国刑法理论一直将抢劫罪中的胁迫限定为以暴力相威胁,这样限定的目的是为了与敲诈勒索罪相区别。但是,这是以前的刑法理论从形式上所作的限定。如果认为抢劫罪是压制被害人反抗后强取财物,而敲诈勒索罪只是使被害人产生恐惧心理进而取得财物,那么,就只需要根据案件事实判断行为人的胁迫行为是否压制了被害人的反抗,而不应当仅从形式要求以暴力相威胁。你们可能认为我这个观点将抢劫罪的范围扩大了,其实不然,我的观点也可能缩小了抢劫罪的处罚范围,因为暴力的类型与程度不同,并不是任何以暴力相威胁的行为都能压制被害人的反抗。当然,我也不是很反对将抢劫罪中的威胁限定在以暴力相威胁,但这样的限定不能替代压制被害人反抗的实质要求。我主要反对的是两个当场的要求。

【挪用资金罪】

接下来讲挪用资金罪,同时也一起讲挪用公款罪。

一、挪用罪的基本性质

国外刑法一般没有挪用罪,但挪用资金的行为在国外并非不构成犯罪,而是会成立其他犯罪。一方面,大部分挪用行为在国外可能被认定为职务侵占罪。因为国外对非法占有目的的认定比我国要宽泛一些。对于挪用时间较长的,以及从案件事实来看行为人不可能立即填补或者归还的,就会认定行为人具有非法占有目的,进而认定为职务侵占罪。另一方面,如果确实没有非法占有目的,就会认定为背任罪或者背信罪。德国、日本刑法中的背任罪,都要求行为人违背任务的行为给委托人或者单位造成财产损失,但判例与刑法理论的通说都认为,只要有造成财产损失的危险就具备了构成要件结果。也就是说,在背任罪中,具体危险与实害就等同了。其实,德国关于诈骗罪的认定也是如此,也就是说,诈骗行为造成财产损失的具体危险的,在德国就认为造成了财产损失,这就使既遂提前了。德国不处罚背任罪的未遂犯,这可能是其判例与学说主张造成危险就是既遂的一个原因。我只是说"可能是",因为没有考证。

我国司法实践对非法占有目的的认定很窄,加上没有背任罪,所以,对于挪用资金或者公款应当如何处理就成为问题。1979 年刑法没有规定挪用罪,于是早先的司法解释规定,将挪用公款超过 6 个月不还的以贪污罪追究刑事责任。也就是说,司法解释将挪用公款超过 6 个月的,推定为行为人具有非法占有目的。后来,全国人大常委会的一个决定增设了挪用公款罪,1997 年刑法不仅规定了挪用公款罪,而且规定了挪用资金罪。

挪用罪是侵犯财产的犯罪,保护法益是资金或者公款的占有、使用、收益的权利,所以,挪用行为侵犯的是单位对资金的占有、使用、收益的权利,当然主要是其中的占有。我们以前讲过,盗窃罪的保护法益也是一定的占有,既然如此,挪用资金罪的法定刑为什么轻于盗窃罪呢?虽然挪用公款罪的法定刑不轻于盗窃罪,但成立犯罪与适用升格法定刑的数额要求都远远高于盗窃罪,这是为什么呢?可以这样回答:如果说非法占有目的是主观的不法要素,则由于盗窃罪具备这一不法要素,使得其不法程度整体上重于挪用罪;如果说非法占有目的是责任要素,则可以认为挪用罪与盗窃罪的不法程度相当,但盗窃罪的责任程度明显重于挪用罪。

二、客观行为与主观要素

刑法对挪用资金罪与挪用公款罪的构成要件行为表述不完全相同,但你们不要作不同理解,也就是说,除了主体要素与挪用对象以外,对这两个罪的三种行为类型可以作完全相同的理解,立法解释以及司法解释关于挪用公款罪的合理规定,也完全可以适用于挪用资金罪。

刑法条文按用途规定了三种行为类型,即进行非法活动、进行营利活动与归个人使用。问题是,这三种用途是按行为的客观用途判断还是按行为人的主观想法判断?或者说,是否要求行为人使用了资金或者公款(下面一般仅表述为资金,但同时适用于挪用公款罪)?我是这样想的:对于进行非法活动、进行营利活动,必须按客观事实进行判断。例如,行为人为了去澳门赌博而挪用资金30万元,但因为疫情未能去澳门,于是将30万元用于炒股。对此不能认定为进行非法活动,只能认定为进行营利活动。对营利活动的认定也是如此。也就是说,只有当行为人客观上使用资金进行非法活动或者营利活动,才能认定为挪用资金进行非法活动或者营利活动。但是,对于挪用资金或者公款归个人使用的,则不要求行为人已经使用。或者说,只要没有将资金用于非法活动与营利活动的,就属于挪用资金归个人使用。例如,我知道的一个案例:一个年轻出纳,将单位保险柜的60万元现金拿回家放了5个月,一直放着。我认为,这种情形属于挪用资金归个人使用。否则,只要保管现金的人都可以把单位的现金拿回家,这显然不合适。所以,所谓"挪而未用"是否成立犯罪,不能一概而论。没有利用资金进行非法活动与营利活动的,不管是使用了还是没有使用,都属于挪用资金归个人使用。

总之,如果挪出资金时的想法与后来的用途不一样的,要按后来的用途来认定。例如,行为人挪出资金时原本是打算用作购房首付的,但后来发现股市行情不错就用于炒股了,这该怎么认定?当然要认定挪用资金进行营利活动。这样说的话,什么时候构成既遂呢?其实也容易解决。如果行为人挪出资金是想用作购房首付的,但后来用于赌博了,用于赌博时就是挪用资金进行非法活动的既遂。反之,如果行为人挪出资金是想用于赌博的,但客观上没有用于赌博,而是一直放在家里,那么,经过了3个月就构成挪用资金归个人使用的既遂。

有争议的是,行为人挪出资金时原本是想用于购房首付的,但过了3个月还没有使用,经过了3个月之后,用挪出的资金去澳门赌博了。这个行为当然成立挪用资金罪,只是适用哪一行为类型规定的问题。我觉得,哪个类型重就适用哪一规定。在数额相同的情况下,应当认定为挪用资金进行非法活动。

行为人原本想挪用资金归个人使用6个月,但使用两个半月后被单位发现而追回的,有没有可能成立挪用资金罪的未遂?这涉及挪用资金超过3个月未还是犯罪的成立条件还是既遂条件的问题,从理论上说,认为成立未遂犯也完全可能。不过,我国司法实践都没有将这种情形认定为犯罪未遂。

刑法之所以对挪用的三种情形设置了不同的条件,显然是因为不同类型使单位资金流失的危险性不同,或者说归还的可能性不同。既然如此,一方面不能超出法条用语的含义认定三种行为,另一方面要实质地、规范地判断这三种行为。比如,行为人挪出资金后直接存入银行的,虽然司法实践一直认定为挪用公款进行营利活动,但我主张认定为挪用资金归个人使用。因为与通常的归个人使用的情形相比,这种行为使公款流失的危险更低。至于行为人将利息据为己有的行为是否成立职务侵占罪,则是另一回事。再比如,行为人挪出资金用于注册,验资后立即将资金归还给单位的,虽然司法解释主张认定为进行营利活动,但我主张认定为挪用资金归个人使用。一方面,行为本身导致单位资金流失的危险性小,另一方面,注册本身并不是营利活动,只是营利活动的预备。反之,表面上是归个人使用,但不仅风险大、而且实质上是一种营利行动的,则要认定为挪用资金进行营利活动。

司法解释根据不同的行为类型,对挪用资金罪与挪用公款罪规定了不同的数额要求,对此要进行规范的评价,当行为人的挪用数额分别按用途计算都不符合要求时,完全可能将用于非法活动(如赌博)的数额评价为进行营利活动的数额;用于非法活动与营利活动的数额都可以规范地评价为归个人使用的数额。对于这个问题,《刑法学》教科书写得比较清楚。但是,反过来的评价则不被允许。比如,不能将归个人使用评价为进行非法活动。

关于挪用资金罪与挪用公款罪的主观要素,根据构成要件内容来表述其认识因素与意志因素即可,没有必要加上一个主观的超过要素。比如,不要增加一个"主观上没有非法占有目的""主观上具有归还的意图"的表述。因为这样添加之后,在事实不清的时候就麻烦了。比如,行为人挪用了公款,但既不能证明行为人具有非法占有目的,因而不能认定为贪污罪,也不能证明他具有归还的意图,因而不能认定为挪用公款罪,怎么办呢?难道要认定为无罪吗?显然不可能,必须认定为挪用公款罪。你们一定要知道,挪用公款罪与贪污罪不是对立关系,贪污罪也完全可能符合挪用公款罪的构成要件。但一旦在挪用公款罪中添加"主观上没有非法占有目的""主观上具有归还的意图"的表述,就使这两个罪成为对立关系。所以,不要添加那些不仅没有意义反而徒增麻烦的表述。如果你们就是想要在故意之外添加一个主观内容的表述,你们就只需要说"不要求行为人具有非法占有目的"。可是,你再想一想,我们对具体犯罪只是讲必须具备什么要素,根本没有必要讲不需要具备什么要素。再比如,拐卖妇女、儿童罪必须以出卖为目的,这是刑法条文明文规定的,那么,收买被拐卖的妇女、儿童罪主观上是否必须"不以出卖为目的"呢?千万不要添加这一句。因为添加之后,如果不能查明收买者是否具有出卖目的,那就既不能认定为拐卖妇女、儿童罪,也不能认定为收买被拐卖的妇女、儿童罪。显然不合适!如果添加的人是司法工作人员,他就是在给自己找麻烦;如果添加的人是学者,他就是在给司法工作人员添麻烦。因为这两个罪不是对立关系,凡是收买被拐卖的妇女、儿童的,首先成立收买被拐卖的妇女、儿童罪,在此基础上如果证明行为人具有出卖目的,则只需要认定为拐卖妇女、儿童罪。

三、关于变相挪用的问题

我讲三个案例,来说明所谓变相挪用的认定。当然,所谓变相挪用的情形,也不限于这三个案例。

第一个案例是:一个国有房地产公司的负责人甲个人欠乙500万元,一直没有还,乙不断地催讨,但甲一时没有钱归还。于是,甲就建议乙购买本单位的一套住房,金额刚好也是500万元,乙不需要再交付购房款了。乙同意后,甲让公司将一套房子交付给了乙,由甲负责付款。公司的财务账上显示的是,甲欠公司500万元。如果说这是一种变相挪用,就可能认定甲的行为成立挪用公款罪。也有人会说,这表面上是挪用公司一套房,实际上是挪用公款500万元。但我还是倾向于不认定为挪用公款罪。因为挪用公款的行为,表现为将公司占有的公款转移为行为人或者第三者占有、使用。可是在本案中,行为人并没有实施这样的行为。行为人的行为只是将公司的应收款变为自己的借款,而没有将公司已有的公款转移出去。所以,认定为挪用公款罪不合适。可能有人会说,能不能说甲是以不作为的方式挪用公款呢?也就是说,甲有义务将应收款归入公司账户但没有履行这一义务,但我觉得这样认定有疑问。比如,国家工作人员出差前预支了一笔钱,按规定出差回单位后要立即报销,将没有用完的钱归还给单位,但国家工作人员超过了三个月还没有报销,是不是也构成挪用公款罪呢?显然不能吧!

第二个案例是:被告人甲为某银行的行长,乙到甲的银行申请贷款800万元,但并不符合贷款条件。于是,甲就找到丙,以丙的名义贷出800万元后给乙使用。乙使用2个月后,将800万元归还给甲,由于贷款期限是1年,甲就以个人名义将这800万元借给其他人使用,贷款到期时,甲通过其他方式归还了800万元。甲的行为成立违法发放贷款罪没有疑问,问题是将乙归还的800万元出借给其他人是否构成挪用资金罪?一种观点认为,甲的行为不成立挪用资金罪。理由主要有两点:一是贷款800万元一年后才到期,而且到期后也归还了贷款;二是乙将800万元还给甲后,该800万元就是甲个人所有的现金,而不是银行占有的现金。另一种观点则认为甲的行为构成挪用资金罪。我赞成后一种观点。前一种观点的第一个理由不成立,或者说不是理由。事实上,提前还贷的现象并不罕见,显然不能认为,提前还贷时由于贷款没有到期,银行的负责人就可以使用他人提前还贷的现金。关键是如何说明乙归还的800万元要评价为银行的资金。我觉得是可以说明的,一方面,乙虽然没有直接将贷款还到银行账户上,但这是因为乙不是名义上的借款人,但可以肯定的是,乙显然是向银行还贷款的,而不是向甲个人还贷款。另一方面,银行的资金本来就是由银行管理者占有的,所以,即使乙将800万元还到甲的个人账户上,也应当认为是甲代银行管理这笔资金。既然如此,就可以认为甲仍然是将单位的资金转移为第三者占有、使用,所以,符合挪用资金罪的构成要件。那么,认定甲的行为构成挪用资金罪与认定其行为成立违法发放贷款罪是否有冲突呢?也没有,因为甲以丙的名义将800万元贷款给乙使用时,就已经构成违法发放贷款罪的既遂了,后面的行为与这一犯罪没有直接关联。或者说,甲违法发放贷款的行为给银行财产造成的风险,由于乙的归还已经不可能现实化了,但是,甲又将这笔钱出借给他人,则又使银行资金处于风险之中。不能将第二个风险评价到第一个风险中,反之亦然。或许你们认为第二个案件与第一个案件的结论应当是一样的,但我觉得事实还是存在区别的。第一个案件是负责人直接使用单位的住房,或者说是挪用住房,而第二个案件是负责人直接使用单位的资金。我将第一个案例改编一下:假如甲并不欠乙500万元,而是正常向甲的公司购买住房,甲让乙将500万元汇到自己的账户上,然后让会计在公司账目上记载自己欠公司500万元,就当然构成挪用公款罪。

第三个案例是:某开发区的负责人甲,负责开发区的工程建设,其中一个工程的3000万元工程款原本应当在3个月之后才能支付给施工单位,但是,甲的特别关系人乙找到甲,希望甲从开发区借3000万元给自己用。甲明知这是犯罪,于是,甲就找到施工单位的负责人丙,由开发区政府立即将3000万元工程款提前付给施工单位,但施工单位必须将这3000万元给乙使用3个月。丙就同意了,于是这样操作了,乙使用了3个月后,就将3000万元还给了施工单位。甲的行为是否成立挪用公款罪?争议肯定是有的。从银行流水来看,这3000万元经过了施工单位之后就进入了乙的账户,就此而言,是不会影响挪用公款罪的认定的。但持反对观点的人会说,甲只是让政府提前支付了工程款,因为这笔款不存在需要归还的问题。如果这样的话,则可以考虑定滥用职权罪的。可是,滥用职权的内容是什么呢?挪用公款罪也可能符合滥用职权罪的构成要件,所以,不能因为行为构成滥用职权罪就否认其他犯罪的成立。如果说甲的行为形式上就是挪用公款,还必须实际上判断甲的行为是否使公款处于风险之中。我觉得答案是肯定的,施工单位负责人丙不可能不听政府领导的,但是,倘若乙不能归还这3000万元,施工单位应当承担这种损失吗?从民法上或许是,但从事实上则不是,施工单位无论如何会说,以前的付款只是形式,根本不是付款,进而要求政府再付款,因为甲毕竟是负责人,是代表政府的。况且,如果这个案件不认定甲的行为构成挪用公款罪,就会认定丙的行为构成挪用公款罪或者挪用资金罪。可是,我们比较一下,认定谁的行为构成犯罪更合适呢?应当是认定甲的行为构成挪用公款罪更合适吧?当然,丙是否构成共犯,则是另一回事。不过,在这个案件中,我不主张将丙的行为认定为挪用公款罪的共犯。

四、个人决定将公款给其他单位使用

根据立法解释的规定,国家工作人员"有下列情形之一的,属于挪用公款'归个人使用':(一)将公款供本人、亲友或者其他自然人使用的;(二)以个人名义将公款供其他单位使用的;(三)个人决定以单位名义将公款供其他单位使用,谋取个人利益的。"这一解释完全适用于挪用资金罪。第(一)种情形不需要解释;第(二)种情形实际上是指将公款当作个人的资金供其他单位使用,也容易理解。我主要讲一下第(三)情形:其中的个人决定,不是指一个人决定,完全可能是共同决定。比如,国有公司的所有负责人集体研究决定,将公款借给某民营企业使用,收取的利益由所有负责人平分的,就构成挪用公款罪的共犯。再比如,国有公司的一把手与其他负责人商量将公款供民营企业使用,一把手个人谋取个人利益,一把手构成挪用公款罪;如果其他负责人知情的,可能成立挪用公款罪的共犯。有一些律师习惯于认为,这样的行为由于是单位领导集体研究决定的,不属于个人决定,所以不成立挪用公款罪。但这样的理由明显不成立,而且完全否认了共同犯罪的情形。其实,上述第(三)项排除的不是共同犯罪的情形,而是排除集体研究的负责人不是为了谋取个人利益的情形。比如,单位领导集体研究决定,将公款供民营企业使用收取利息归单位所有的,不成立挪用公款罪。

需要研究的是立法解释中"谋取个人利益"这个要素。(1)谋取个人利益是否仅限于经济利益?我持否定回答,我觉得谋取个人的任何利益都可以。这是因为,挪用公款行为给公款造成的风险本身是由挪用行为决定的,而不是由谋取个人利益决定的。也就是说,不需要通过谋取个人经济利益来增加这种情形下的挪用公款行为的不法程度。谋取个人利益这一要素旨在说明,行为人表面上将公款给单位使用,但实际上是将公款当作了自己谋取利益的工具,因而实际上属于归个人使用。至于当作自己谋取什么利益的工具,则无关紧要。所以,将谋取个人利益限定为谋取经济利益是没有意义的,也是没有必要的。(2)谋取个人利益是限于不正当利益还是包括正当利益?与前一点相联系,显然包括正当利益。也就是说,即使行为人是为了谋取正当利益,也不能将公款当作自己谋取正当利益的工具或者手段。(3)个人利益是指国家工作人员本人的利益,还是包括其他个人的利益?我倾向于认为包括国家工作人员本人、近亲属以及其他密切关系人的利益,而不包括无关第三者的个人利益。(4)谋取个人利益是主观要素还是客观要素?我倾向于认定为主观要素,也就是说,当行为人主观上将公款当作谋取个人利益的工具时,就可以认为行为人挪用公款归个人使用。不过,这一点虽然在理论上有意义,在司法实践中却意义不大。可以肯定的是,如果客观上谋取了利益的,没有任何疑问构成挪用公款罪。如果我们说谋取个人利益是主观要素,但倘若没有任何客观事实证明这一点,司法机关根本不能认定行为人存在这一主观要素。所以,只有当国家工作人员与对方有约定或者事实上是谋取个人利益时,才能认定为谋取个人利益。谋取个人利益不需要现实化,也就是说,即使只是约定了个人利益但没有实现的,也符合谋取个人利益的要件。(5)最后要说明的是,谋取个人利益不必是唯一的动机或者目的,客观上不仅为个人谋取了利益而且为他人谋取了利益时,也不影响谋取个人利益的认定。例如,国家工作人员个人决定将公款供妻子持有股份的公司使用,即使公司及其他股东从中获益,也不影响国家工作人员的行为构成挪用公款罪。

五、共犯

关于挪用资金罪与挪用公款罪的共犯,我简单讲两个问题。

第一是教唆犯与间接正犯的问题。由于挪用公款存在不同类型,因而一般人可能利用国家工作人员的认识错误挪用公款。我在教科书的总论部分讲过这个问题。例如,一般主体甲欺骗国有公司出纳乙,要求乙从公司借30万元给自己用于购房首付,并谎称自己的定期存款10天后就到期,即10天后归还30万元。乙将国有公司的30万元借给甲后,甲将30万元用于非法活动或者营利活动,10天后归还了30万。如果按照德国的刑法理论,甲的行为就不构成犯罪了,因为甲没有国家工作人员的身份,所以,不符合间接正犯的主体要素;甲没有引起乙实施构成要件行为的故意,所以不成立教唆犯。但我不同意他们的这套理论,根据我的观点,成立教唆犯不需要引起被教唆者的犯罪故意,只要引起被教唆者实施符合构成要件的不法行为的意思就可以了。其实也可以这样说,只要教唆行为引起被教唆者实施了符合构成要件的不法行为就可以了,不要求被教唆者产生犯罪故意。因为故意不是违法要素,而是责任要素。所以,按照我的看法,甲的行为成立挪用公款罪的教唆犯。挪用公款罪的正犯是乙,但由于乙不具有故意,所以不成立犯罪。

第二是使用人在什么情况下构成挪用资金罪或者挪用公款罪的共犯？最高人民法院1998年4月29日《关于审理挪用公款案件具体应用法律若干问题的解释》第8条规定："挪用公款给他人使用,使用人与挪用人共谋,指使或者参与策划取得挪用款的,以挪用公款罪的共犯定罪处罚。"这一规定实际上多多少少限制了使用人成立共犯的范围,但司法实践却认定得比较宽。我还是倾向于稍微限制一下这两个罪中的使用人成立共犯的范围。使用人单纯要求国家工作人员出借公款给自己使用的,不成立挪用公款罪的教唆犯。与国家工作人员形成共谋共同正犯关系的,应当认定为共犯。

顺便指出的是,在某些场合,完全可能出现使用人构成诈骗犯,国家工作人员仅构成挪用公款罪的情形。例如,使用人没有归还的意思,却对国家工作人员实施欺骗行为,要求国家工作人员出借公款给自己使用。国家工作人员误以为对方会归还借款而出借,但对方取得公款后逃之夭夭。使用人的行为构成诈骗罪,国家工作人员构成挪用公款罪。

六、罪数

上述司法解释第7条规定："因挪用公款索取、收受贿赂构成犯罪的,依照数罪并罚的规定处罚。""挪用公款进行非法活动构成其他犯罪的,依照数罪并罚的规定处罚。"这样的规定我都赞成。但问题是,国家工作人员个人决定以单位名义将公款供其他单位使用,谋取个人利益的表现是索取或者收受其他单位的财物即同时构成受贿罪时,是否实行数罪并罚？

在这样的场合,可以肯定的是,国家工作人员的行为触犯了两个罪,即挪用公款罪与受贿罪。但能否因为二者有重合关系而不实行数罪并罚？一种观点认为,受贿与挪用公款罪中的谋取个人利益是重合的,如果实行数罪并罚就是重复评价了。但我还是倾向于数罪并罚。一方面,立法解释中的谋取个人利益的要件,主要不是为了说明挪用公款罪的不法与责任,只是为了确认挪用公款是否给个人使用,即确认行为人是不是将公款作为谋取个人利益的工具或者手段。另一方面,立法解释中的谋取个人利益的要件,范围很宽泛,而不是限于索取、收受对方财物。所以,这一要件与受贿罪的故意内容不是重合关系。所以,我认为可以实行数罪并罚。退一步说,即使认为有重合之处,但由于重合的是极小部分,主要部分不是重合的,所以,不宜认定为想象竞合,而应实行数罪并罚。

【故意毁坏财物罪】

关于故意毁坏财物罪,主要就如何理解"毁坏"讲三个问题。

一、德国的判例与学说

德国刑法规定了毁损财物罪、毁坏电磁记录罪、干扰电脑使用罪、毁损公共物品罪、毁损建筑物罪、毁损重要机械罪等罪名。下面只是就毁损财物罪中的损坏概念作一些说明。

(一) 德国判例的变迁

德国刑法中的故意毁坏财物罪,原本限于损坏与毁坏两种行为,2005年增加了外观变更行为。其中,毁坏是比损坏的程度更为严重的情形。所以,我下面只介绍德国判例关于损坏概念的变迁,2005年前的判例与学说的观点,包括外观变更是否属于损坏的问题。

德国1885年帝国法院的判例采取了物质的损伤说。行为人将他人为了挡水所设置的挡板卸下,毁坏了堤防。帝国法院的判例指出,按照损坏一词的文意,只有使财物产生实质性变更、破坏了财物的完整性这样的作用于财物本身的行为,才可能属于损坏;如果并非如此,只是损害了财物的价值或者目的用途的,或者使财物的所有权人丧失财物价值的,即使完全剥夺了财物本身,但这样的作用也不属于损坏,于是,否认了故意损坏财物罪的成立。显然,这一判例采取的是物质的损伤说或者物理的毁损说。

但在5年后,帝国法院就扩大了损坏的概念。被工厂解雇的职员,为了泄愤,通过在机器装置中插入木块、铁片的方法,导致机器装置处于不能发挥作用的状态。帝国法院的判决指出,没有使财物本身发生变更,只是变更财物与所有权人的关系,通过转移财物的所在地从权利人处剥夺财物时，应当否认损坏财物罪的成立。但是，对于损坏财物罪的构成要件中的可罚的样态，不能将物质的损伤作为损坏的全部情形来把握。特别是在集合物的场合，即使各个部件还是完整的，受损坏的部件不需要花费劳动力或者费用就可能交换，但仍可能对集合物本身存在损坏。在本案中，由于所有权人的机器受到破坏，导致机器设置不能被利用，需要花时间才能恢复机器的机能，所以，应当认定为对财物的实质的变更，即作为损坏财物罪的对象，即使机器的部件并无物质的损伤，但通过"物质的变更"导致了机能的损害，就可以成立损坏财物罪。实质上，这一判决可谓后来将损坏界定为通过有形的作用使财物的效用低下的判例的先驱性判例。判决所提到的需要花时间才能恢复机器的机能，与后来的判例要求侵害的重大性的标准，实质上具有相同的旨趣。概言之，这一判决将效用的低下与机能的侵害的重大性作为损坏的标准被后来的判例所沿袭。

不过，这一判决所说的使财物的效用低下，是以财物的物质变更为前提的；另一方面，如果对财物有物质的影响但没有使财物的效用低下，也不成立损坏。至于重大性的标准，只能就个案进行具体判断。其中，1910年关于污损外观的案件的判决引人注目。行为人将白色大理石雕像涂上了红色涂料。原审法院认为该行为不构成损坏财物罪，但帝国法院的判决指出，损坏，是指通过并非特别轻微的有形的作用，使财物的物质的结构发生变更，或者使财物的本来的效用受到损害；即使不存在物质的减少与恶化，但如果财物的外观与形态发生了重大变更，也符合损坏财物罪的构成要件。例如，像在玻璃上涂颜料这种即使不需要花费劳动力或费用就可能洗净的场合，也应当认定为损坏；至于能否恢复原状则与是否属于损坏没有关系。大理石对于雕像的美观与威容是不可缺少的，也是基于这样的目的而选择大理石作为雕像的材料，雕像的美丽外观对观看的人产生良好的影响，这是大理石雕像本来的效用，但行为人通过污损而侵害了这一效用，故构成损坏财物罪。不难看出，这一判决一方面要求行为对财物有重大的变更，另一方面也不要求达到不可能或者难以恢复原状的程度。

显然，帝国法院的判决在逐步扩大损坏的范围，即使不存在物质的损伤也能肯定损坏财物罪的成立,而且,认定机能侵害与效用低下的范围也在逐步扩大。与此同时,又都要求财物本身的某种变化,从而使财物本身的变化成为损坏的必要条件。

但是,其后出现了财物本身没有物质的变化时,却以财物的效用低下或者受到侵害为由而认定为损坏财物罪的判例。例如,行为人将树木横在道路中间,导致机动车不能通行。1939年的帝国法院判决认为,这一行为使得道路的效用低下,因而对道路构成损坏财物罪。在此案例中,虽然并不存在道路本身的任何变化,但法院依然认定为损坏财物罪。这便采取了效用侵害说。

第二次世界大战后,联邦德国最高法院的判例,基本上沿袭了帝国法院后期的判例。

第一是关于重大性的标准,联邦德国最高法院实际上有所降低。例如被告人在夜里将他人停放在停车场里的汽车的四个轮胎的空气全部放掉。联邦德国最高法院1959年的判决认可了原审肯定损坏财物罪的判决。最高法院的判决引用了前述帝国法院的相关判例,认为汽车本身是损坏财物罪的对象,而轮胎是汽车的组成部分,应当具体地判断利用可能性的低下;而且被害人需要花一定的劳动力或者费用才可以恢复原状,进而肯定了侵害的重大性,最终认可了损坏财物罪的成立。再如,行为人在某团体所有的用于选举的广告上贴上了其他广告。联邦德国最高法院1982年的判决指出,所谓物质的损伤轻微的情形,是指恢复原状时,不需要花费过多的时间、劳动力的情形,本案被告人的行为并不属于造成物质的损伤轻微的情形,进而肯定了损坏财物罪的成立。总之,根据判例的立场,只要行为造成了重大的物质的损伤或者重大的效用的低下或者说重大的机能侵害,就成立损坏财物罪。

第二是关于美化目的与技术性效用的区别。例如,行为人在德国联邦邮政的电话线盒上贴上了广告。联邦最高法院的判决指出,只有对重要的文化财产、美术品这样的主要以美化为目的的财物造成外观的重大变更时,才成立损坏财物罪;此外的财物的外观美丽不是损坏财物罪的保护对象。换言之,对此外的财物造成了技术性效用的低下时,才成立损坏财物罪。

第三是不以物质的损伤为条件以及物质的损伤的概念的扩大,亦即,承认了间接的物质的侵害。例如,在行为阶段不存在物质的损伤,但如果不进行清扫等作业就必然产生物质的损伤即间接的物质的侵害时,判例认为在侵害行为的时点就应认定为物质的损伤,进而肯定损坏财物罪的成立。换言之,行为人的行为导致被害人对财物的清洗等行为必然造成财物的物质的损伤或者技术性效用的低下时,也构成损坏财物罪。

第四是关于有形的作用的含义。前面所说的物质的损伤与效用的低下都以行为对财物的有形的作用为前提,德国联邦最高法院的判例基本上一直坚持这一立场。这可谓有形侵害说。但是,下级法院肯定损坏财物罪的判例是否以此为前提,还有疑问。例如,被告人为避开交通监控摄像,在自己的机动车内安装了数个反射镜,致使交通监控摄像头在开启闪光灯时过度曝光,不能拍出足以确认开车人身份的监控摄像。德国巴伐利亚州高等法院于2006年的判决肯定了损坏财物罪的成立。判决理由是:损坏这一概念并不以物质侵害为前提,而是通过对财物所施加有形的影响,进而使得该财物依照本来的用法所体现出的(技术层面的)使用可能性持续性地低下或是减少。就依照本来的用途所体现出的使用可能性这一点而言,被告人的行为使得测速装置已完全无法按照其功能来被加以利用,所以构成损坏财物罪。有的学者认为,本案行为并不存在对财物的有形的作用,或者监控摄像装置本身没有任何变化,其作用也没有变化。但在我看来,光的作用的确可以评价为有形的作用,行为人的行为导致摄像装置对行为人的机动车不能产生作用了,不能说其作用没有任何变化。

第五是关于遵从财物的本来用途的消费与效用低下的关系。例如,行为人向他人发送他人根本不需要的传真广告,使他人消耗了传真用纸与油墨。法兰克福高等法院认为,虽然可以认定对传真用纸与油墨的直接作用,以及对油墨的物质的损伤,但没有侵害传真用纸的本来的利用可能性,因而否认了损坏财物罪的成立。不过,我对这一判决存在疑问。

(二)德国的理论学说

总的来说,德国的刑法理论存在三种学说:

第一是支持判例立场的通说。根据通说,所谓损坏,是指通过对财物的(直接的)有形的作用,使财物的完整性产生并不轻微的变更(或者说,使财物遭受并不轻微的损伤),或者使财物的本来的效用遭受并不轻微的侵害的行为。Fischer指出:损坏的前提是通过对财物自身的物理性作用,从而致使其受到了显著的"物质性损伤"或者"持续性的使用可能性(效用)的减少"。与判例一样,通说认为,损坏包括物质的损伤与效用的低下两种形态,而且两者都需要由重大性予以限定。此外,其中的效用是指财物本来的效用,至于本来的效用是什么,则应当进行客观的判断。如果财物的所有者对财物所设定的目的能够被外部认识,则根据所有者设定的目的确定本来的效用;如果所有者没有设定目的或者所设定的目的不能被外部认识,则进行客观的判断,即根据一般人认为该财物是何种效用进行判断。

通说与判例一样,认为损坏财物罪所保护的财物的本来的效用,原则上是指财物的技术的或者机能的效用,但就重要的文化财产或者美术品这样的财物而言,由于外形就表明这种财物具有美观作用,所以,损害这种财物的美观的,也成立损坏财物罪。

至于违反所有权人的意志修理他人物品的行为能否认定为使财物的效用低下进而认定为损坏财物罪,则存在不同观点。有的学者采取全面否定说,有的学者原则上采取否定说,但同时认为,在所有权人维持财物的原有状态的意思能够被外部认识时,则修理行为成立损坏财物罪。

关于食品的消费、动力燃料的消费,提前点燃他人烟花爆竹,以及发送广告对传真用纸与油墨的消费,通说否认损坏财物罪的成立。因为按照一般人的基准,这些财物本身就是用来消耗的,所以,不能认为上述行为使财物的效用低下了。也有学者反对通说的观点,认为违反被害人的利用行为就没有遵从财物的本来的用途,而且事实上产生了物质的损伤却不认定为损坏是缺乏理由的,因而主张对上述行为也认定为损坏财物罪。

通说也认为,间接的物质的损伤也属于产生了物质的损伤。按照通说的观点,只要事后的清洗等作业必然导致物质的损伤,即使尚未清洗即还没有产生物质的损伤时,在加害行为的时点也成立损坏财物罪的既遂。也有学说认为,在加害行为的时点,只是损坏财物罪的未遂。

通说认为,损坏财物罪的成立,必须是以某种方法使财物发生变更或者对财物产生作用,即使是在造成了重大的物质的损伤或者重大的效用低下的场合,也要求行为对财物存在有形的作用。但是,如果仅有对财物的有形的作用,如没有非法占有目的单纯剥夺他人财物的行为,没有造成物质的损伤或者效用低下时,则不成立损坏财物罪。例如,行为人将他人的戒指扔入河中,仅此还不成立损坏财物罪,但河水导致戒指生锈时,则成立损坏财物罪。当然,对此还存在争议。有学者认为,只要通过剥夺行为产生的有形作用可以客观地归属于行为者时,就应当认定为损坏;有的学者认为,对财物的剥夺可以评价为直接损害这种有形的作用时,就属于损坏;有的学者认为,剥夺行为所导致的后续的损害不能包括在损坏财物罪之中。

第二是认为判例的立场过于狭窄,主张着眼于被害人的主观内容扩大处罚范围的学说。这种学说主张,对违反被害人意志的外观的改变都应当认定为损坏财物,而不管行为是否造成了效用低下。例如,Schroeder认为,违反所有权人的利益或者意志的状态变更,都属于损坏财物。再如,Kindhäuser认为:"当某财物的状态被并非不显著的手段予以了不利变更时,该财物即为被损坏。在判断此点时,财物眼下的状态是具有决定性意义的。"[①] 根据这种观点,损坏的内涵应当超越物质的损伤与效用的低下或者机能的侵害这两个层面,并将一切有违所有权人的利益的状态变更均解释为损坏。因此,在利用物理手段损坏财物这一行为类型之外,任何违反所有权人的意志而将财物的外观予以改变的行为也属于损坏。

第三是认为判例所主张的效用低下、重大性标准缺乏明确性,因而违反罪刑法定原则,进而主张物质损伤说的观点。例如,Kargl认为,从损坏一词的文义以及明确性的要求来看,损坏是指作用于财物,进而使物质受到损伤的行为。没有达到这一程度的,应当由私法进行处理。就刑法的解释而言,不限于对损坏财物罪的解释,国内外所有反对扩大解释、主张限制解释的学者,理由都是他人的解释违反罪刑法定原则。为什么违反了罪刑法定原则呢?理由同样都是两点:其一是从文字含义来看,其二是从刑法的明确性来看。可是,文字含义是什么,各人的理解显然不一样。一些人习惯于认为,词典的解释是正确的。可是,你们可以看一本美国学者写的《表象与本质》一书,这本书说,词典的解释只是触及了概念的皮毛。至于刑法的明确性,只能是一个相对的要求。例如,抢劫罪中的胁迫并不明确,但我们不可能认为胁迫手段不成立抢劫罪。暴力一词也不明确,我们是不是可以认为,只有造成轻伤手段进而取得他人的财物成立抢劫罪的观点,才是明确的呢?这一观点的确非常明确,但我们不可能采取这一观点,也不可能提出这样的立法建议。

二、日本的判例与学说

与德国的判例不同,日本的判例一开始就采取效用侵害说。根据此说,凡是有害财物的效用的行为,都属于毁弃、损坏。因为毁弃罪的核心就是损害财物的效用;财物的效用的减失与财物的物质性的破坏,在反价值性上是完全等同的,都是导致财物不能使用。使物的效用减失的行为,包括在事实上、感情上有害于物的本来效用的行为。效用侵害说可以分为一般的效用侵害说与本来的用法侵害说。根据效用侵害说,无论是直接剥夺所有权人对于财物的占有还是间接地妨害所有权人对于财物之利用的行为,都有可能构成损坏器物罪。例如,在他人的餐具中投入粪尿的,使他人鱼池中的鱼游走的,在他人的条幅上写上"不吉"二字的,都属于损坏行为。

效用侵害说受到了一些学者批判。如松原芳博指出:"如果将损坏财物的不法内容理解为对财物本来的效用予以持续性侵害,则有超出文本所规定的'毁弃'、'损坏'、'伤害'等行为去加以定罪处罚之嫌。如将他人监禁使其不能在假期中利用其别墅、将他人机动车的钥匙藏起来、谎称自己将餐具浸染了尿液等行为,即便是支持效用侵害说的学者也不会认为成立损坏财物罪。同样,如果将餐具浸过尿液的行为称为对餐具的'损坏',就违反了日常用语常规。再如,如果将放走他人养的鲤鱼的行为称为对鲤鱼的'伤害',就完全无视了用语的含义。如果说这不违反罪刑法定主义,那么,就几乎不能认为还有违反罪刑法定主义的解释了。"② 但是,对于不具有物理性毁损的行为一概不以损坏器物罪论处,必然导致处罚范围过窄。所以,日本的判例与通说一直采取效用侵害说。

有形侵害说认为,通过对财物的有形的作用,毁损财物的无形的价值,以及毁损财物的物体的完整性的行为,就是毁弃、损坏。此说旨在限制毁弃罪的处罚范围。但是,"有形的作用"的界限并不明确(例如,隐匿行为也对财物存在有形的作用),结局与效用侵害说没有实质区别。

物质的毁弃说(物理的毁弃说)认为,从物质上(物理上)破坏、毁损财物的一部或者全部,因而侵害财物的本来的效用的行为,才是毁弃、损坏。理由是,毁弃、损坏概念的本来的意义,不在于有形的作用、有形力的行使这种手段、方法自身的有形,而在于通过这样的方法物质性地破坏、毁损财物的全部或者部分,从而造成侵害财物的效用的结果。这种观点的出发点在于,物的使用可能性(效用)并不具有客观的"对物的意义",而只是具有"对人的意义"。如果采取效用侵害说,就将"所有权人对于财物的利用"以及"所有权人对该财物所享有的利益"当作损坏器物罪所保护的对象,从而忽略了财物本身的物质性。但是,财物是供人利用的,完全不考虑财物效用就走向了另一个极端,导致损坏器物罪所保护的对象从财物的"所有权"变成财物的"无损性"。于是,物质侵害说导致处罚范围过窄。例如,根据这种观点,行为人夺取他人的财物后予以隐匿,但没有非法占有目的的,既不成立盗窃罪也不成立损坏器物罪。这便不能被判例和多数学者接受。

附带说明的是,日本刑法规定了损坏建筑物罪。存在争议的是,有损他人建筑物的美观的行为(如在他人建筑物上张贴广告),是否成立本罪? 根据效用侵害说中的一般的效用侵害说,由于有害财物的本来的用法或者效用的一切行为都是损坏,而建筑物的外观、美观也是建筑物的重要效用,所以,在建筑物上张贴广告的行为也属于损坏。根据效用侵害说中的本来的用法侵害说，只有物质性地损害了财物的全部或者一部，或者导致财物处分不能根据其本来用法进行利用的状态，才属于损坏。所以，只有当张贴广告的行为导致不能按照建筑物的本来用法利用建筑物时，才成立破坏建筑物罪。对建筑物美观的侵害，只是判断是否导致效用减失的一个资料。根据物质的毁弃说，张贴广告等损坏建筑物美观的行为，不属于损坏。日本最高裁判所的判例，对于在建筑物上张贴多张广告的行为，认定为破坏建筑物罪。

三、我国刑法中的毁坏概念

德国、日本刑法中的狭义的故意毁坏财物罪，只限于狭义的财物，不包括财产性利益。如果认为我国刑法中的盗窃罪、诈骗罪等犯罪的对象包括财产性利益，就没有理由认为故意毁坏财物罪的对象不包括财产性利益。如果认为故意毁坏财物罪的对象包括狭义财物与财产性利益，就必然导致毁坏的概念不能比德国、日本的窄，而应适当宽一点。比如，如果采取物质的毁损说，就意味着不能毁坏财产性利益，这便导致财产罪的处罚不均衡。我的看法是，直接或间接对财物或财产性利益施加影响导致财物或者财产性利益的价值减损或者使财物的完整性受到破坏的，都是毁坏。所谓价值减损，包括客观交换价值的减损以及使用价值的减损即效能低下；其中对狭义财物的影响应当是有形的，但对财产性利益的影响，则不必是有形的。下面主要就几种争议的情形解释一下。

第一是混合行为，即将不同性质的财产混合在一起，导致不同性质的财物不可能再分开或者分开需要花费劳动力的行为。这种行为属于毁坏没有疑问，在德国也没有争议地认为是毁坏。例如，将炼油厂的汽油与柴油混合在一起的，将食油与柴油混合在一起的，没有争议地属于毁坏。再如，被害人生产的各种不同颜色、大小的纽扣，分别装在不同的箩筐里，行为人将这些不同的纽扣全部混在一起。这当然也是毁坏，不要有疑问。你们可能认为，每一颗纽扣都还是好好的，怎么是毁坏呢？在这样的场合，不能按一颗一颗的纽扣是否被毁坏来判断，而应当整体性地判断。前面介绍的德国的判例，就是如此。机器零件没有被破坏，但机器本身可能被破坏了,这个道理不难懂。

第二是剥夺行为,即行为人没有非法占有目的,但剥夺了他人对财物的占有,隐匿行为就是如此。由于没有利用意思,不能认定为盗窃罪,所以需要讨论是否构成故意毁坏财物罪。如果采取物质的毁损说,这种行为当然不成立故意毁坏财物罪。但在财产性利益也是本罪对象的立法体例下,我们不可能采取这种学说。我肯定这种行为属于毁坏。例如,行为人到被害人家抢劫杀人后,为了避免司法机关发现自己与被害人的通话记录,将被害人的手机等物取走,长时间放在自己家的花盆下,准备伺机扔掉。但案发时,手机等仍然在自己家的花盆下。行为人的这一行为通过对手机等物施加影响,使被害人丧失了财物的使用价值,没有理由不认定为毁坏。我要强调的是,要联系法益主体的法益判断财物是否被毁坏,而不能离开法益主体去判断。

第三是外观改变。对于比较重大的外观改变,应当认定为毁坏。美术作品、艺术作品、文化作品之类的财物的外观改变,很容易被人们认为是毁坏。其实,建筑物也是美术作品、艺术作品。我们国家贴小广告的太多了,人行天桥上基本上贴满了,环卫工人清除后又被贴上,被老百姓称为"牛皮癣",还催生了一个生产清除"牛皮癣"工具的产业。我觉得这种行为虽然没有使人行天桥供人们行走的功能减损,但使天桥的美观功能减损,属于毁坏财物。此外,那些盗窃马路上的窨井盖的行为,如果不构成盗窃罪,也不危害公共安全的,完全可以认定为故意毁坏财物罪。这一行为不只是改变了道路的外观,而且使道路的使用价值减损。

第四是消耗物品。消耗他人物品的行为,部分成立盗窃罪,部分成立故意毁坏财物罪。例如,喝了他人的酒,吃了他人的鱼,燃放了他人的鞭炮等,应当构成盗窃罪。但是,向他人的传真机发送大量他人不需要的广告,消耗了他人大量的传真纸与油墨的,不能以被害人的传真纸与油墨本来是用于消耗的为由,否认故意毁坏财物罪的成立。被害人的这些物品的确是用来消耗的,但被害人是为了实现自己的目的而消耗的,违反他人的意志消耗他人的物品,已经属于物质的毁损了,没有理由否认这种行为成立故意毁坏财物罪。

第五是间接的物质侵害。前面说过的,德国的判例与通说认为这种行为属于损坏。比如,行为人向被害人的物品上泼洒油漆等,被害人的清洗不仅花费劳动力,而且清洗行为必然导致物品本身的毁损。介入被害人的清洗行为很正常,所以要将毁损结果归属于行为人的行为。不应当将这种行为评价为间接正犯,因为毁损财物的行为不是被害人的清洗行为,而是泼洒油漆的行为本身。

第六是对财物缺乏直接有形作用的毁坏行为。争议特别大的是,行为人将他人的戒指扔到大海里,把他人鸟笼打开让鸟自己飞走,把他人鱼塘闸门打开让鱼游到大河里。对于这类行为,日本的判例都会认定为毁坏,德国也有学者主张认定为损坏,但德国的多数学者不认为是损坏。在我看来,虽然这种行为不是直接作用于财物本身,但存在间接作用或者影响,可以认定为毁坏。另外,从毁坏的文义来说,并没有必须直接对财物产生有形的作用这一要求。国外学者提出这一要求,主要是为了防止将拘禁他人使之不能驾驶车辆等行为认定为故意毁坏财物罪,事实上也没有人会认为这种行为成立故意毁坏财物罪。德国的通说认为,如果戒指在河里生锈了,则应当认定为损坏。可是,如果戒指容易从水中捞上来,在我国当然不会认定为毁坏,但在戒指不可能被捞上来时,以戒指生锈为条件认定为毁坏,实际上也没有什么意义。

第七是导致他人财产性利益减少的行为。既然认为财产性利益属于财物,也是故意毁坏财物罪的对象,就没有理由否认导致他人财产性利益减少的行为成立故意毁坏财物罪。以前发生过这样的案件:行为人将他人的优质股票以最低价格抛售,导致他人遭受重大财产损失。法院认定为故意毁坏财物罪,但许多学者持反对态度。我觉得这个认定是正确的,不能以对狭义财物的物质性毁损来判断这种行为是否构成故意毁坏财物罪。现在争议比较大的案件是,行为人在餐馆吃饭之后发现没有带钱就偷偷溜走了,或者驾驶机动车在高速公路的收费处跟着前面的车辆突然闯过去,或者将机动车从高速公路护栏的某个缺口处开出去。由于行为人没有实施欺骗行为,不可能成立诈骗罪;由于没有转移财物的占有,不可能成立盗窃罪。有学者主张这种行为成立盗窃罪,但在我看来,与其认定为盗窃罪,不如认定为故意毁坏财物罪。当然,我并不是说一定要认定为故意毁坏财物罪,只是觉得认定为故意毁坏财物罪比认定为盗窃罪更有理由。

【破坏生产经营罪】

最后把破坏生产经营罪简单说一下。

《刑法》第276条所规定的破坏生产经营罪的罪状是,"由于泄愤报复或者其他个人目的,毁坏机器设备、残害耕畜或者以其他方法破坏生产经营的"。现在,不少学者认为,破坏方法不限于对生产资料的毁坏,而是包括其他破坏行为。换言之,就本罪的手段而言,不需要进行同类解释。但我不赞成这样的观点。其一,既然本罪属于侵犯财物罪的具体犯罪,就要按侵犯财产罪的类型来解释这个罪的构成要件,除了拒不支付劳动报酬外,侵犯财产罪只有两个类型:取得型与毁坏型,显然,对于破坏生产经营罪只能归入毁坏型财产罪来解释。如果行为人没有对财物本身实施毁坏行为,就不应当认定破坏生产经营罪。其二,破坏生产经营罪的成立之所以不要求数额较大与情节严重,就是考虑到行为人毁坏的是生产资料,即使对生产资料的毁坏没有达到数额较大的程度,给被害人造成的财产损失也会比较严重。就毁坏对象而言,破坏生产经营罪就是故意毁坏财物罪的特别法条。其三,如果不将手段行为限定为对生产资料的毁坏,仅按"破坏生产经营"来解释本罪的构成要件,本罪的成立范围就漫无边际了。因为"破坏"这个动词与"生产经营"这一对象几乎都没有什么限定,所以,没有手段的限制,刑法中的诸多犯罪都构成本罪,而且现实生活中的大量行为都成立本罪,因而有疑问。例如,根据不要求同类解释的观点,毁坏商业信誉、商品声誉的行为都成立破坏生产经营罪,企业人员滥用职权、玩忽职守的都成立破坏生产经营罪,假冒他人商标、假冒他人专利等行为,同样成立破坏生产经营罪,聚众扰乱社会秩序罪中的大部分也成立破坏生产经营罪。不仅如此,我国刑法没有规定的妨害业务罪,基本都可以包含在破坏生产经营罪中。于是,破坏生产经营罪的构成要件行为就完全没有定型性,必然成为刑法中的一个最大的口袋罪。这样的解释其实违反了明确性原则,我难以赞成。

> **课堂提问**

问：关于挪用公款罪中的罪数问题，个人决定把公款给其他单位使用并收受财物的，如果实行数罪并罚，主观上有无重复评价？

答：要说主观方面有重合完全是可能的。你无非是说，谋取个人利益的动机包含了受贿的故意。但谋取个人利益的动机充其量只是受贿故意中的部分内容，而不是全部内容。也就是说，挪用公款罪中的谋取个人利益，并不要求达到有受贿故意这样的程度。如果你认为，只要任何一点重合都属于想象竞合，不能数罪并罚，那你可能认为重复评价了。但是，如果只有小部分重合，而主要部分不重合，不能认定为想象竞合，就可以实行数罪并罚。我的观点可能与我主张对职务犯罪严厉打击的观念有关系。我一直主张对职务犯罪与诈骗犯罪的处罚范围宽一点，因为这两类犯罪对社会产生了全方位的危害。

问：对挪用公款用于赌博的，有无可能认定为贪污罪？

答：当然有。对于行为人将吸收的公款、集资款等用于违法犯罪活动的，司法解释都规定成可以认定为具有非法占有目的的一种情形。挪用公款罪与贪污罪不是对立关系。其实，立法上将挪用公款分为进行非法活动、进行经营活动与其他个人活动并不是特别理想，应当在法律用语可能具有的含义内进行实质判断。

问：司法解释规定："多次挪用公款不还，挪用公款数额累计计算；多次挪用公款，并以后次挪用的公款归还前次挪用的公款，挪用公款数额以案发时未还的实际数额认定。"后面一句究竟该怎么理解？

答：按刑法规定的挪用公款罪的构成要件来理解，不要将司法解释的规定当作法条本身来理解。以挪用公款归个人使用为例，如果前次的挪用都没有超过3个月，也就是说，在3个月内就通过后次的挪用款归还前次的挪用款，这种情形就以案发时未还的实际数额认定。如果前次的挪用超过了3个月后，行为人用后次的挪用款归还前次的挪用款的，前次的挪用数额要计算在挪用公款的总数额中,而不能仅以案发时未还的实际数额认定。

问:您讲了挪用住房的案件不能认定为犯罪,总感觉不合适。

答:刑法没有将挪用一般公物的行为规定犯罪,也没有规定背任罪这样的基本犯罪,必然存在处罚漏洞;一旦有处罚漏洞,人们就会觉得处罚不公平、不协调。这在解释论上是没有办法的事情。

问:向他人不断地打骚扰电话导致他人话费减少,可不可以定故意毁坏财物罪?

答:接电话不需要花钱吧。

问:可不可以认为,被害人的手机因为骚扰电话导致其他正常电话打不进来因而侵害了手机的效用?

答:如果是一次打不进来,怎么可能认定为故意毁坏财物罪?如果骚扰电话导致手机不可能再接听其他电话了,当然就是毁坏了手机。但骚扰电话一般并不如此。

问:如果对方反复打,被害人一直不能接听正常电话呢?

答:你不接骚扰电话或者将对方手机号列入黑名单不就可以了吗?

问:被害人开染织企业,客户把布送来染色,不同客户的布头上会有标记,写明客户的姓名与印染要求,行为人把布头的标记部分给剪掉了,导致不知道布是谁的,也不知道怎么染色了。这个行为成立破坏生产经营罪吗?

答:按照我的观点,这个行为首先是故意毁坏财物,也就是前面所说的将不同的物混合在一起导致无法区分的情形。如果说待染的布属于生产资料的话,行为人的行为当然也符合破坏生产经营罪的构成要件了。这两个罪不是对立关系。

注释

① Kindhäuser, Strafrecht Besonderer Teil Ⅱ, 8. Aufl., Nomos 2014, §20 Rn. 9f.

②〔日〕松原芳博:《刑法各论》,日本评论社 2016 年版,第 372—373 页。

附录　期末试题

开卷考试,每题 10 分,共 100 分,在 2 小时内完成。

一、《刑法》第 247 条规定:"司法工作人员对犯罪嫌疑人、被告人实行刑讯逼供或者使用暴力逼取证人证言的,处三年以下有期徒刑或者拘役。致人伤残、死亡的,依照本法第二百三十四条、第二百三十二条的规定定罪从重处罚。"如果要将本条后段解释为结果加重犯,有哪些理由与障碍?

二、如果认为我国《刑法》第 234 条第 1 款所规定的"故意伤害他人身体"包括造成轻微伤,存在哪些理由与障碍?

三、被告人甲见到一名流浪的女患者(精神正常)后,将其带回家与之同居,其间女患者病情恶化,丧失了身体活动能力,但被告人仅提供少量食物,也没有提供医药治疗,导致患者死亡。对甲的行为应当如何处理?

四、如果现在修改强奸罪与强制猥亵、侮辱罪的规定,你有哪些建议?

五、司法实践大多将债权人为了讨债(包括高利贷)而对债务人实施的跟踪、纠缠、恐吓等行为认定为寻衅滋事罪。请问这种做法与刑法规定、已有的司法解释存在哪些冲突?

六、关于财产罪的保护法益,为什么分别存在本权说、占有说及其中间说,以及法律的财产说、经济的财产说及其中间说(法律的经济的财产说)的争论？可否将这两类争议融为一体(如将本权说与法律的财产说融合为一种学说,依此类推)？

七、出售口罩的商店在疫情期间明文规定,每个人每次只能购买一盒口罩。甲到商店后持枪威胁店员,要求购买十盒口罩,店员被迫同意卖给行为人十盒口罩。请问甲的行为是否成立抢劫罪？

八、甲抢劫丁的银行卡后,迫使丁说出密码,并且威胁丁3天内不得报警,丁回家后立即报警,但警察未能抓获甲。第二天,甲逃往外地,第三天,甲利用丁的银行卡从自动取款机取走6万元。甲对6万元现金是否构成抢劫罪？倘若丁没有报警,是否影响本案的处理结论？

九、甲先盗窃了乙的手机,然后向乙的微信好友丙发短信,假冒乙向丙借款,丙将钱转入乙的微信后,甲再将乙微信里的钱转移到自己的微信中。对甲的行为应当如何定罪量刑？

十、甲以自己的名义办理了一张银行卡,并存入200万元,然后将银行卡行贿给国家工作人员乙,同时也将密码告诉乙,乙收下银行卡后过了一个星期就被监察机关留置。甲估计乙还没有使用银行卡,就持身份证到银行柜台挂失,补办了银行卡,使200万元又回到了自己的银行卡上。如果论证甲的行为成立诈骗罪,理由是什么？如果论证甲的行为构成盗窃罪,理由是什么？